奄美・徳之島の重要古文書

仲為日記

犬田布一揆を記した唯一の文書、薩摩藩砂糖政策の第一級史料

「仲為日記」は、文久三（一八六三）年から明治元（一八六八）年までの日記である。原本は徳之島町郷土資料館に所蔵されている。

この日記は、徳之島の現天城町岡前出身の島役人であった琉仲為が書いた、貴重な記録である。当時、仲為は惣横目（寄）役であった。

総目次

本書の構成

本書は翻刻文および口語訳などを記述した第一章と、全体の解説および検索項目について記述した第二章の二部構成とした。

第一章では上段に翻刻文を記載し、下段には［文面］として本文の口語訳や要約を載せ、［解説］で注釈や関連事項などの概要を記した。また、重要な歴史用語や事象については項目を設けて解説した。

さらに、下段に余白が生じたときには、同時代の記録として貴重な『道統上国日記』から、主要な記事を口語訳や要約で転載した。

なお、目次については各章ごとに示した。

第二章においては初めに、『仲為日記』の解題を述べ、その後に翻刻文から右の事項ごとに検索した日記文を要約した。この検索項目は薩摩藩の砂糖政策に関わる事項を抽出したものであり、各項目が関連し合って、道之島支配の具体的な政策が分かるように編集し解説したものである。

1　砂糖黍の栽培作業
2　黍地検査
3　砂糖樽の作製
4　砂糖生産の見積と届出
5　製糖作業
6　砂糖樽の積渡し
7　砂糖隠匿や密売の記事
8　羽書制度（砂糖札）と砂糖代米の配当他
9　焼酎製造用甑
10　砂糖小樽と島役人

これらの項目は本文から抽出した日記文を時系列で転記したものであり、奄美の島民が収奪されながらも、薩摩藩の倒幕資金調達に励んできた苦難の歴史を如実に物語っている。

このような二部形式の構成は、古文書解読書では珍しいことであろうかと思う。第一章では口語訳の他に［解説］や関連史料の引用などを工夫してみた。これは当該古文書の歴史的な位置付けとその価値を実証するための試みである。この試みは拙著『与論島の古文書を読む』でも取り入れた手法であり、今回もこれに倣った。

しかし、第二章のような構成は、今回初めての試みである。

『仲為日記』は、奄美の島々が薩摩藩の砂糖政策に呻吟した当時の史実を記録した一級の第一次史料であり、その価値は奄美の古文書群の中でも特筆すべきものであると考えている。このような貴重な古文書をどう読み解くべきか、研究者としていろいろ試みる必要があろうかと考えてきた。その結果、日記の中から同じ項目を拾い出してまとめてみようと思いついたのである。

しかし、私の本来のねらいは別にあった。

「黒砂糖の収益なんて、もうとるにたりません。薩摩の倒幕資金、つまり中央での政治資金というものは、黒砂糖の収益から出てきたわけではありません」と、原口泉教授（当時は鹿児島大学教授）が新説を公表されているので、この新説を反証するための重要な史料として、『仲為日記』が活用できないかと考えたからである。

果たして「黒砂糖は取るに足りないもの」なのか、当時の記録で原口説を検証してみたいのである。また、現代の研究者が個人的感覚で歴史的意義を判断していいものかどうか。さらには、収奪され続けた道之島の真実の姿を『仲為日記』で明らかにしたい思いがあった。そのねらいの当否については読者の判断にゆだねたいと思う。

凡例

一、翻刻に当たっては、原文書に従って漢字表記にしたがカタカナはひらがなに改め、符合で記されている異字「より」や「として」などもひらがな書きにした。

一、原文書に「之」「ニ者」「江」「ニ而」「ハバ」と書かれている文字については、現代読みの「の」「には」「へ」「にて」「はば」に書き改めた。

一、「井之川」については、原文書の前半に「井之川」が用いられているので、後半の「井ノ川」も「井之川」に統一した。

一、破損や虫食いのため判読できない文字については、□□□で示した。ただし、□の数と原文書の文字数は同一ではない。

一、破損や虫食いのため判読はできないが、前後の文章から類推できる文字や文章については、翻刻文に傍線をつけた。

一、判読に疑問が残る文字については、「ｶ」を付け、原文の誤字についてはルビに「ママ」をつけた。

一、原文書には句読点はつけられていないが、翻刻に当たっては句読点を施した。

一、原文書では日記を書いた後で追加した記述が、朱書で「本文」として挿入されている場合が多い。翻刻に当たっては、この「本文」を（朱書）として、その日の日記の後に文字を小さくして追加した。

一、原文書の日付については、日記文と区分けするために、頭注として「・」をつけた。

一、原文書には数多くの「覚」や「写」が記録されている。これについては日記の本文より一字下げにして翻刻した。なお、「覚」「写」が記されていないものもあり、その箇所については（覚）（写）として追記した。

一、一ページの中では上段に翻刻文を、下段に翻刻文の口語訳の文面や解説・関連事項の注釈などを記した。

一、下段の文面や解説などの文章はそのページで終わるようにしたが、項目によっては次ページの下段に続く文章もある。

一、下段に文面や注釈を書いた後に余白が残った場合は、同時代の貴重な古文書記録である『道統上国日記』から、重要な関連事項などを追加した。

一、文献や史料引用に当っては、書籍と単独史料の場合は『　』で、史料集などの一部として所収されている場合は「　」で示した。

一、本書は構成を二部形式にしたので、それぞれ最初のページに目次をつけた。

一、第一章の原文書の日記には欠落した箇所があるので、日記の記載されている日付について、月初めのページを目次としてつけた。また、下段の解説事項などについても検索できるように目次をつけた。

一、文献や史料の引用に当っては、書籍や単独史料の場合は『　』で、史料集などの一部として所収されている場合は「　」で示した。

一、ワープロ入力の変換に当たっては、「申し出る」と「申出る」があるが、字数を少なくするために「申出る」とした。しかし、「願い出」などのような用語も用いているので、送り仮名については統一していない。

一、本書は原稿をワープロ入力にしたために、変換ミスもあるかと思われるので、読者各自で訂正されたい。

第一章　翻刻本文と口語訳・解説

第一章　目次

■本文

■解説と関連事項の目次

ページ　項　目　（　）内は注釈と主な内容

本文（原本には縁の部分が破損などにより、判読できないページがある。）

（前を欠く）□□被仰渡七つ時分井之川へ□□□

写

一其元御蔵より追々手形相成候鍋御品物払方見分として、来廿五日より見聞役福島新二郎可被差入候条、諸事毎々通り手当可致候、此段申渡候、

代官勤　上村笑之丞

亥九月廿一日

井之川噯　与　人

惣横目

写

一井之川御蔵より追々手形相成候御品物、御免斤茶払方見分として（以下二行虫食い）御蔵元へ出揃候様可申渡、此段申渡候、

代官勤　上村笑之丞

亥九月廿一日

井之川

西目間切　与　人

惣横目

（追記）本文同日七つ時分拝見、為基衆次廻にて

触番井之川村、

右の通被仰渡候間、来る廿五日正六つ時、御蔵元出揃候様、申請人共へ堅く可申渡、此旨申渡候、以上

惣横目寄　仲　為

亥九月廿一日

井之川噯　掟中

黍見廻中

右弐通の通被仰渡、平氏并横目役へ□□問合いたし候、

文久三（一八六三）年九月

［文面］〈文意が通じるように文章を加除した。発令者・月日・宛先などは省略〉

・写～井之川の御蔵より追々手形で注文した鍋や御品物の支払見分のため、二五日に福島新二郎が出向くので、諸事に付きいつも通り準備するよう申渡す。

・写～井之川の御蔵より追々手形で注文した御品物と許可された茶の支払につき、見分のため福島新二郎が出向くので、蔵元へ出揃うよう連絡の件申渡す。

・右の二通の仰渡しがあったので、来る二五日朝六時に御蔵元へ出揃うよう、申請《もうしうけ》（受取）人へしっかりと連絡すること。

［解説］

これらの「写」は文久三（一八六三）年亥九月二一日、徳之島代官上村笑之丞が井之川噯《あつかい》（東間切）と西目間切《にしめまきり》に出した通達である。この通達を受けて、惣横目《そうよこめ》寄仲為《よりなかため》は管轄（井之川噯）の掟《おきて》と黍見廻《きびみまわり》に、該当者は朝六時蔵元へ集合するようしっかりと連絡せよと命じている。なお、平氏と横目役にも連絡し相談している。

このときは「手形相成候鍋御品物払方」のため、見聞役福島新二郎が直接現場に出向いて監督するというのである。この「手形相成候御品物払方」が具体的にどのような業務のことかはっきりしないが、村人が砂糖と交換するよう申出ている品物を蔵出しして配当するということだと、考えてみた。この時、シマ役人の掟と黍見廻役が立会い、個々人の注文に応じて「御品物払方」が行われたものと思われる。

［行政区画と島役人］

徳之島には三間切《まぎり》六噯《あつかい》の区画があった。東間切に亀津噯と井之川噯、西目間切に岡前噯と兼久噯、面縄間切に伊仙噯と喜念噯があり、この噯の下にシマ（集落）が位置していた。亀津噯と井之川噯は三ケ所と二ケ所の飛び地になっている。なお、噯という名称は徳之島特有の区画名称であり、大島では「方《ほう》」という。

島役の最高位は与人《よひと》であった。与人は各噯に任命され、下に惣《そう》（間切）横目が置かれた。その下位にシマ役としての掟《おきて》がいて、住民に下知《げち》していた。さらに、砂糖政策に基づく黍横目《きびよこめ》が噯に置かれ、各シマには黍見廻《きびみまわり》がいて直接作民を指導監督した。こうして彼らが薩摩藩代官支配の下で島民を統治したのである。この他に、津口《つぐち》横目・山方《やまがた》横目などがあった。各役職には補佐役あるいは臨時役があり、彼等は「与人格《よひとかく》」「与人寄《よひとより》」などと「格」「寄」をつけて呼称されていた。

・九月廿二日　晴天北風　在井
一来る廿五日、上御横目様御差入、御免斤茶ヵ并御手形相成居候鍋御品物、御払可被仰付旨被仰渡、福與衆・益実衆へ問合候事、
・同　廿三日　南風晴天　在井
・同　廿四日　晴天小風　在井
一黍喰禿一件に付、先日東様御方より承知之趣有之、村々黍見廻中、去廿二日御用申渡置候処、今日佐和賢を以御伝言の趣有之、亦々申渡平氏へも問合越候事、
・同　廿五日　晴天北風　在井
一今日四つ時分、上御仮屋様御差入、井之川・兼久両嗳御免斤数、其外御手形相成居候品々御払方有之、井之川御止宿御宿奥氏宅、
・九月廿六日　□□□□　在井
一今日亀津嗳・面縄間切鍋御品物并花徳・阿権両村御免斤茶配当、尤御品物皆同御払不相成、今日迄御止宿、
・同　廿七日　曇天北風　在井
一今日上御館様御品物御蔵直し并御払、残御品物御払方にて、昼時分より御帰館、御供前織衆、
一棕梠木并蘇鉄・竹・芭蕉植付御届方、今月中被仰渡置候処、植付方不相成、来月十日比迄日延の儀、平氏より申来、前織衆上御館様御供にて、亀津へ差越候に付、東様御方へ右の趣被申上候様、申談候事、
・同　廿八日　晴天北風　在井
一今日母間村拾六人のもの共、当春砂糖□隠持合居候御聞得有之、□□銘々糺方いたし、御届□□旨東様御方より福與衆承知□有之、奥氏并井之川嗳横目役□□、井之川・諸田・久志在合横目役并下役中召列差越、拾六手にて拾六人宅走込改并拾六人のもの共御用にて、押隠候次第致糺明候処〔ママ〕、有筋申出候共ヵ三人違背のもの有之、夜通し致折檻候処有筋及白上候事、

【文面】〈同じ事項についてはまとめて要約した。以下同じ〉
・九月二五日一〇時ごろ上御仮屋様が来られ、井之川・兼久嗳注文の御品物を配当し、今日まで宿泊された。二六日には亀津嗳・面縄間切の御品物などを配当し、井之川に宿泊された。二七日には上御館様が残りを配当し、昼過ぎにお帰りになった。
・黍食い荒らしの件につき東様から連絡があり、二二日に村々の黍見廻役に申渡してあったが、今日佐和賢より伝言があったので再度申渡した。平氏へも連絡した。
・棕梠木・蘇鉄・竹・芭蕉の植付け届を今月中に出すよう仰渡されていたが、植付けが出来ないので、来月一〇日ごろまで日延べするよう平氏から申出があり、上御館様のお供で亀津に出かける前織衆に、東様に事情を申上げるよう相談した。
・二八日、母間村の一六人が今春できた砂糖を隠し持っているとの情報があり、銘々取調べて届けるよう東様から連絡があり、奥氏と井之川嗳の横目役、井之川・諸田・久志村に居合わせの横目役と下役中が一六手に分れて自宅に踏み込んで改め、隠匿の件を糾明したところ、三人が違反していたので夜通し折檻し、白状させた。

【薩摩藩の派遣役人】

薩摩藩は慶長一四（一六〇九）年琉球王国へ侵攻し、奄美諸島を割譲して直轄地とし、現地に藩士を派遣して支配体制の確立を図った。

徳之島には元和二（一六一六）年、徳之島奉行（後に代官）を派遣して役所（御座）を亀津に置き、南三島を支配した。元禄四（一六九一）年に沖永良部島代官が分離した。派遣役人を詰役《つめやく》ともいい、代官《だいかん》一名・附役《つけやく》四名・横目《よこめ》二名が来島した（人数には変更がある）。彼らは単身赴任で亀津の仮屋《かりや》に住み、島娘が世話をした。

『天城町誌』によると、文久二年派遣の詰役は、一二九代代官上村笑之丞、附役中原万兵衛・福島新二郎・根占助右衛門・寺師孫次郎、横目平川助七・橋口清之進であった。「仲為日記」では、各詰役は住んでいる仮屋名で記されている。一〇月二六日の日記には「五御仮屋」とあり、五軒あったようである。山下文武氏解読の『仲為日記』によると、「大御仮屋様」が代官上村笑之丞、「東様御方」が禰寝〔ママ〕助右衛門、「西目様方」が寺師次郎右衛門、「上御館様」が福島新二郎、「前御仮屋様」が新納次郎五郎と記されている。ここでは新納が中原と入れ替わっている。


【棕梠木・蘇鉄・竹・芭蕉の植付】

これらの樹木には重要な役割があった。シュロは縄用に、芭蕉は芭蕉布の原料となり、上納品であった。竹は砂糖樽の帯に使われ、蘇鉄は救荒植物であった。

・同　廿九日　晴天北風　在井
一今日朝の間、砂糖方取締向之儀共、掟黍見廻村役中へ申渡、夫《ママ》福與衆・
奥氏同道井之川へ帰候、益実衆□□美代川衆花時名へ被差入候、

掟

□明後日四つ□□□、　□□相付罷出届申出候□□、
代官勤　上村笑之丞

亥九月廿九日
井之川噯　与　人

右の通被仰渡候間、此段申達候、以上
九月廿九日
惣横目寄　仲　為

掟　作　民

覚
一砂糖皆掛拾八斤
右入取掛小樽壱挺
麦田村　貞　政

一同　廿七斤
右入取掛小樽壱挺
右　同　富　傳

□□走込改候処、右の通所持致候に付、取揚切封仕置申候間、□
□□、
九月廿九日
黍横目　福　與
惣横目寄　仲　為

・十月朔日　曇天北風　在井
写
一牢屋御取締向の御條書写、先達て差廻候に付、掟方へ御申達被成たる筈候得共、此節仕損に付、定番并会所方掛役々都て御役御免にて、別段立代被仰付候に付ては、此上仕崩等到来候ては、頓と無申訳次第柄にて堅申付置候間、同順の通り慥成者御聞届重番人一日四人つ

[文面]

・九月二九日の朝、砂糖の取締について、(厳重に行うよう) 掟や黍見廻など村役中へ申渡した。それから福與衆・奥氏と一緒に井之川へ帰った。益実衆は□へ、美代川衆は花時名へ入られた。
・代官から掟作民に、与人が付き添って出頭届を出すよう命じられた。
・覚 ~ 砂糖一八斤 (小樽一丁) を麦田村貞政が、二七斤 (小樽一丁) を同村富傳が緊急捜索のときに所持していたので、取上げて封印し保管した。
・写 ~ 牢屋取締については、條書 (条文) 写を先達て差廻し、掟役へ申達してあったはずだが、今回の仕損じ (不始末) により、牢番や係がすべて罷免となり、新に代わりを置けと仰付けられた。この上は再び仕崩れ (不始末) があっては申訳ないので、厳しく申付けて普段からしっかりした番人二人を一日四人ずつ、滞りなく配置するよう御意 (指図) を得たので、承知して置くこと。

[砂糖政策と厳しい取締]

九月二八日の日記には、母間村で一六人が砂糖を隠し持っているという情報が入り、急遽捜索を行って三名を捕らえ、夜通し折檻して白状させたと記されている。その結果、翌二九日には、麦田村 (母間村内の集落) の貞政と富傳から所持していた砂糖を取上げ、厳重に保管したのであった。同時に、砂糖の取締り方についても、各シマジマの掟と黍見廻に通達を出したと記している。

砂糖製造は三月には終了し、三月~四月にはすべての砂糖が鹿児島に運ばれていて、島には一斤たりとも残してはならない藩命であった。『奄美史談』は「凡藩代ニ於テ、人民ハ砂糖一斤ダモ自宅ニ蓄蔵スルヲ許サズ、製出スレバ直ニ藩ノ倉庫ニ納シム」と記録している。

製造した砂糖は、様々な名目ですべて藩庁に吸い上げられていた。その基本が定式買入糖である。徳之島は明和三 (一七六六) 年に定式糖七三万斤と定められていた (『徳之島前録帳』による。以下『前録帳』)。この他に、藩庁が必要に応じて買上げる買重糖《かいがさみとう》があり、残った分が島民のものとなったが、これも品物と交換する余計糖《よけいとう》として、藩に引き渡さなければならなかった。そして最後に残った砂糖が正《せい》余計糖《よけいとう》であったが、これらも砂糖現物はすべて鹿児島に運ばれて行った。島民には正余計糖の斤数を記した帳簿と、賃貸が出来るよう少額に分けられた羽書《はがき》という札が渡された。〈ここでは従来の通説に従ったが、年貢糖などについては後述する〉

つ無滞様御遣有之度、此段亦々得御意候間宜に可承候、以上

亀津嗳　同役

九月廿九日

井之川嗳

西目間切　与人衆

惣横目衆

・十月二日　晴天□□

一今日奥氏・竹氏同道、諸田・神之嶺黍畑為見分廻原、夕入帰旅宿、

・同　三日　晴天東風　在井

一今日福與衆・奥氏・竹氏旅宿にて、黍見廻中御用にて砂糖方其外諸事御用談いたし候、

・同　四日　晴天東風

一先日母間村砂糖押隠居候御聞得に付、走込改且相糺候処、昨日福與衆を以御届申上、尤格別不正の手筋とは不相見得趣を以、無事に相済候様御願申上候処、其通相済候に付、今日福與衆同道母間村へ差入、拾六人のものどもへ、右の趣申達候処、別て難有□□、已来猶亦致精作有限り□□□いたし候、尤外作人中取締□□□度申置候、且相済候処、□□□福與衆・奥氏・竹氏へ相頼岡前へ帰宅、

・同　五日　晴天南風　在岡

・同　六日　右同　在岡

・同　七日　曇天西風　在岡

一来巳《ママ》春御品物申請通帳、来る拾五日迄差出候様被仰渡、其段申渡候事、

写

与人

惣横目

黍横目

[文面]

・一〇月二日、奥氏や竹氏と一緒に諸田・神之嶺の黍畑を検査して廻り、夕方に旅宿に帰った。

・三日は旅宿にて、福與衆・奥氏・竹氏とともに、黍見廻役を集めて砂糖の取締や諸事について話合った。

・四日、先日母間村の一六人が砂糖を押し隠していたという噂があり、捜索して糾したことについて昨日福與衆が代官所へ報告した。特に不正の手筋は見えなかったので無事に済ますようお願いしたところ、そのように許可された。今日このことを福與衆と一緒に母間村に出かけて行って一六人へ申達した。(代官が問題にしなかったことは)特別に有難いことであり、今後ますます精作に励み、出来た砂糖はすべて上納するよう申渡した。また、他の作人へも取締など申置き終了したので、後を福與衆と奥氏・竹氏に頼み、岡前に帰って来た。

・六日、来る子年(元治元)の春砂糖と交換する品物の申請通帳を、一五日までに提出するよう仰付けられたので、そのことを連絡した。

[姓名と郷士格《ごうしかく》]

藩政時代、奄美諸島は「道之島《みちのしま》」と呼称された。薩摩藩は道之島に「島人の姿」と「島人の名」以外の身なりと名前を禁止した。元禄一二(一六九九)年、大和(鹿児島領民)に紛らわしい何十郎や何兵衛という名前をつけた島民がいたのであろう、「早速名を替えよ」と命じられている。

また、道之島島民はすべて百姓身分のため、名字《みょうじ》を用いることも禁じられていた。しかし、一七二六年、大島の与人佐文仁《さぶんじ》は新田開発の功績で、外城衆中格《とじょうしゅうちゅうかく》(後に郷士格《ごうしかく》・武士に準ずるという意味)となり「田畑」姓が許された。その後一七八三年、藩主島津重豪《しげひで》は「二字姓では鹿児島の名字に紛らわしいので、一字姓にせよ」と命じ、「田畑」も「龍」と改めさせられた。以降の郷士格になった者はすべて一字姓を名乗った。

徳之島では『前録帳』によると、宝暦一一(一七六一)年井之川与人嶺澄が、砂糖増産の功労で外城衆中格になっているが、その姓は記されていない。

仲為日記には郷士格として、奥亀山・平福憲・東遊鶴・系米統・義美屋・栄福喜・紀喜美廣などが記されている。仲為も後に郷士格となり、琉姓を名乗った。姓のない上役には「衆」という尊称を付けていたと思われる。

津口横目

右者来る十日四つ時、御用候条□□届可申出候、

代官勤　上村笑之丞

亥十月七日

井之川噯
西目間切

右の通被仰渡候間、各御承知□、此旨及廻達候、以上

与人　平　福憲

亥十月七日

井之川噯　惣横目衆
黍横目衆
津口横目週

右七日戌刻ヵ届来承知にて奥氏へ廻す、

・十月八日　晴天北風　在岡

井之川噯　遠島人
居住人
他村配所　中宿人

一今日正五九月、兼て被仰渡置候□取締向申渡、容貌見分仕□□□□候様、堅申渡置候間、□□□届申上候、以上

惣横目寄　仲　為
与人寄　平福憲

十月八日

御横目所
月番
御附役様

〔文面〕

・写～来る一〇日午前一〇時に、御用があるので参上すること。（井之川噯と西目間切の与人・惣横目・黍横目・津口横目宛）
右の通知が、七日夜八時に届いたので、奥氏へ回覧した。

・（覚）～遠島人などに対してかねてから仰渡されている通り、正月・五月・九月の取締のため容貌の検査を行い、月代《さかやき》などをしないように申渡したので、この段お届け申上げます。

〔解説〕

九月二一日から始まる日記には、一〇月三日まで「在井」と記されている。

西目間切岡前村居住の仲為は、約二週間も井之川に宿泊していて、他の島役と共に黍畑の巡廻検査を行ったり、余計糖と交換した品物の配当に立ち会ったり、さらには緊急の砂糖隠匿嫌疑の捜索や牢番の取締対策などに当たっている。

ここで注目すべき事項は、隠匿の嫌疑である。どこから隠匿の噂が流れたのか。誰が取り調べにあたったのか。そのとき詰役は立ち会っていたのか。「折檻」したとき村人は居合わせたのか。また、所持していたことを白状し、現物が没収出来たので、代官所も穏便に収めたのであろうか。いずれにしてもこの事件と後に起こる「犬田布騒動」との違いは比較して考えて見る必要があろう。こうして島役人たちは、無事に済んだことに対して有難いことであり、「已来猶亦致精作有限りの砂糖上納いたし候様」にと村人を説諭している。その後、仲為は岡前に帰って来たが、九日には再び井之川に出向かなければならなかった。

仲為は井之川では「旅宿」に泊まっている。井之川は鹿児島から派遣された詰役の発着港であり、重要な砂糖積出港でもあったため、船宿や島役滞在のための宿屋も設けられていたのであろうか。

それにしても約二週間の滞在は自家の農作業に差し障るはずであるが、おそらくその間、チキベー（大島のヤンチューにあたる）といわれた債務下人が、仲為家の耕作を請け負っていたものと考えられる。

〔横目役〕

横目《よこめ》という役名は、詰役と島役双方に見られる。詰役の場合は、一七四五年以降「御横目」二名が派遣された（見聞役《けんぶんやく》ともいう）。島役の横目は、間切（惣《そう》）横目・黍横目・津口横目・山方横目がいた。遠島人を監督するのは間切横目であった。

・同十九《ママ》日　晴天北風　在井
一今日岡前出立、井之川迄差越候、
・同　十日　曇天北風　在井
一今日三間切与人・惣横目・黍横目・津口横目四つ時分御用に付、役々中亀津へ差越、役座へ控居候処、御居へ罷出候様被仰渡罷出候処、砂糖其外島中諸取締向の儀、左の通被仰渡候事、

一焼酎甑年々切封相成候外、毎々□□所持の者余多有之哉に聞得、別て不届の至候に付、此節嗳中村々都て厳密相改、無残員数可書出候、左候て已来取締向に付村中役々初五人組相立、万一此上押隠の者於有之は、田畠御取上の上島法様の取扱可申付候間、組合中の内壱人相背候はば、皆とも本人同様被仰付候ても不苦旨、證文取添代官所へ可差出事、
一新黍植付方并一番二番三番草取の儀、已来屹と日限通為相済、日延の願致間敷候、万一無余儀故障等も有之、不相済地面於有之は、惣夫立にて□□究通可相仕廻候事、
一牛馬皮取締向の儀は、去る未年厳密□□候得共、当時甚緩せ相成不都合□□、已来未年達の趣に基厳重に可致取締候事、
一与人前より申付相成候村々下役の儀□□有之候節は代官所へ申出、代官御差図の上可申付事、
一島中の者共通帳を以御品物申請の願申出候節は、注文本へ引合注文申出候品は与人致見届印、注文無之品は一切印形致間敷事、
一年々砂糖掛渡相済候上、過砂糖有之者共へは黍横目より羽書を以留帳へ致割印、与人惣横目立会作人銘々へ相渡置、右を以島中貸借致取引旨被仰渡置候間、已来屹と□可相守候、決て掟方より自侭□□□共無之様堅可致取締候事、

[文面]
・一〇月一〇日一〇時、三間切の与人・惣横目・黍横目・津口横目が、御用のため亀津に差越し役座に控えていると、呼び出しがあり出かけて行ったところ、砂糖取締や島中の諸取締向きについて、左のように仰渡された。
一焼酎製造用の甑《こしき》は封印した他に、隠し持っている者が多くいると聞く。別けても不届きなことであり、この節村中を厳密に調べて、その数を残りなく書き出すこと。以後は村中の役々を初め、五人組を設けて押隠す者がいる場合は、その田畑を取上げ、島のしきたりにより裁きを申付けるので、五人組中一人でも違反する者があれば、全員が処罰されても構わないという證文を取り、代官所へ提出すること。

一新黍の植付けと、一・二・三番の草取りは期日通りに終了し、日延べ願いをしてはならない。万一やむをえない故障で終了しない畑がある場合は、村中総出で予定通り完了すること。

一牛馬皮の取締については、安政六（一八五九）年に厳密に申渡したが、最近取締が緩み不埒なことである。以後、安政六年の令達に従い厳しく取締を行うこと。

一与人が以前から任命している村々の下役については、任命時に代官所へ申出て、代官の指図を受けて申付けること。

一島民が通帳の品物の受取りを願い出たときは注文本（原本）と照合し、与人が見届印を押して注文の品を渡すこと。注文なき品物には押印してはならない。

一毎年、砂糖の上納など掛渡し（船積み）が終った後、余った砂糖のある者には、黍横目から羽書《はがき》をもって留帳（記録簿）に割印を押し、与人・惣横目立会いの下で渡して置き、この羽書で貸し借りを行うよう命じてあるので、以後これを守り、勝手な貸し借りがないよう、厳しく取締まること。

[砂糖政策と羽書]
薩摩藩は天保の改革の基本政策として、道之島の砂糖惣買入制を実施し、砂糖黍栽培を強制的に割り当て、製造した砂糖はすべて藩庁へ納めさせたのであった。
島民は貢糖や物品代を納めて余った砂糖も、すべて藩庁に売り渡さなければならなかった。しかも、金銭の使用は禁止され、正余計糖の斤数を細分して記載した羽書が金銭代用として手渡されている。この羽書の斤数で、賃貸や物品の売買を行うよう命じられたのであった。

写

一砂糖焚方の儀、年内中砂糖木屋造調、薪并諸道具等寄置、正月四日より十日迄の間惣車立申付、焚仕廻に付ては嗳々日限取究、役々請合書迄も差出置候に付、当春壱ヶ年為試申出通申付置候処、作人共時気の職業も相分り、取締向に付ても弁別宜候に付、已来去閏八月申渡置候通、規定相究候間、何篇厳重行候様可致取扱候、

一砂糖決算亦は何そに付無拠、互に砂糖或は米諸品物等貸借等の儀はなくて不叶儀候故、其通候へども□頃日格別不相応の利相掛致引結□□、右に付ては三割利以上不相成旨、先年より度々分て被仰渡置候得共、□□自己の遂利欲適々被定置御作法も等閑に相考、間には□□□其手筋取計候やに相聞得、□□不似合仕方に候、夫々屹度可及沙汰□筈候得共、此節迄は別段の吟味を以勘弁召加へ置候間、此已後一切右躰の所業無之様、一廉役々尽吟味可致取締候、兼て富家の者共是迄無法過分の利付を習俗に致居候に付、三割利付等については僅計無益の様差心得、譬へ無非理逢相談候ても時宜見合貯置候も難計、万一右様の者於有之は屹度可及沙汰の条、已来御法の利付を以是迄通互に融通可致候、

一徒酒会は勿論年忌法事等の節、仰仰に取仕立終には身上令逗《ママ》迫、作職等も取細候哉に相聞得、別て無用の驕に付、先度取締向申渡置候はば、役々専気を付取締□□、右様の次第承及候はば、嗳にて□□□承得の形行則可申出候、左候て夫々糺方の上可及取扱候、

一津々浦々取締向の儀、追々被仰渡趣も有之候に付、緩の儀無之筈候処、当春菓子用の砂糖亦は牛皮等船中の者共へ密々売渡候儀も有之、就ては当三月廻文を以向後取締向行届候様細々申渡候処、山原辺亦は隣島より無手形船等追々差越、場所に依ては色々品替等いたし候やに相聞得別て不届の事候、畢竟役々共取締不行届処より右様相成

【文面】〈この「写」については各条文の前に小見出しを付した〉

・写

〈砂糖焚の準備と時期〉

一砂糖焚きについて、年内に砂糖木屋を造り調え、薪や諸道具を準備し、一月四日より一〇日までの間に砂糖車を組立て、製糖終了などの期限は各嗳で取り決めて、役々が請合書（計画書）を差出すこと。当春は申出の通り一年間試験的に実施してみたところ、作人共は時期の仕事が分り、取締もよくなったので、以後閏八月に申渡したように規定を決めて、厳重に執行出来るよう取扱うこと。

〈賃貸の利息三割を厳守〉

一砂糖の決算（貸し借り）ややむをえず砂糖や米・諸品物の貸借はなくては叶わないことであるが、最近格別不相応の利息をかけて契約しているようであり、右の利息については三割以上にならないよう先年より仰渡してあるが、自己の利欲のためにこの定めをなおざりにして、不当な利息をかけているという。これは不法のことであり処罰すべきであるが、今回は特別な吟味を持って勘弁して置くので、今後一切このようなことがないよう一層役々は吟味して取締を行うこと。兼て富家の者は法外の利付けが慣例になっていて、三割では利益が少ないと考えて、無理な相談（貸付）を行って貯め置くこともあるかも知れない。このようなことがあれば必ず処罰するので、今後は御法の利息で融通し合うべきこと。

〈年忌など無駄な出費の禁止〉

一酒宴は勿論、年忌法事などの節に（過分な費用を使い）終には生活が逼迫し、農作業なども減少していると聞く。これは特に無駄な驕り（支出）であり、取締向については先に申渡してあるので、役々は特に気をつけて取締ること。右のような噂があるときは嗳において成り行き（実態）を調べて、それぞれについて糾明し処置すること。

〈港にての売買・物々交換の禁止〉

一島中の津々浦々の取締については度々申渡してあるので、緩みはないはずであるが、今年の春は菓子用の砂糖や牛皮など、船中の者へ密かに売り渡した者があり、ついては三月に廻文をもって取締を徹底するよう細々申渡したが、琉球山原や隣島（大島や与路島など）から無手形（無許可）の舟がやってきて、場所によっては色々な品と交換していると聞くが、不届きなことである。結局役々の取締が不

成立、今通にては役場の詮も無之、甚以大形の至候、就ては追付大和船入津有之に付、船改は勿論取締向等、□年来申渡置候通、諸事厳重に取締扱聊緩怠の儀共無之様、申談□□可相努候、□□申付候、

代官勤　上村笑之丞

亥十月十日

井之川嗳　与　人
惣横目
黍横目
津口横目

写

一牛馬皮取締に付ては先年来被仰渡置、尚亦去る未年宮内藤助代、卯年速水五右衛門代、前文未年申渡候書付写相添、分て申渡候て未年より牛馬死失無有之訳、且は死失の節、皮并小道具類取始末為致置、其段月々惣横目より月末当座へ申出候様申渡有之候処、皮の儀は届申出候得ども、小道具類は全く届無之候間、何様の訳にて不頓着□□や、右の通不締の所より□□□当□□□もの共致抜買居□□□事候間、已来は屹と不締の儀□□致取締、小道具類も取始末為致置一緒に月々届可申出候、乍此上緩の儀有之候はゞ、掛役々并皮主屹と可及迷惑候条、聊迚も取違無之様、末々迄も無洩目可申渡、此旨申渡候、

代官勤　上村笑之丞

亥十月十八日

三間切　与　人

写

一当島薬種の儀、去る午年岩切彦兵衛御代吟味の訳有之、薬種代の儀

充分なため、右のようになったのであり、このままでは役所としての立場がなく、いい加減なことである。ついては追々大和船の入港もあるので船の検査は勿論、以前に申渡して置いた通り取締を厳重に行い、少しも緩怠がないよう役々が相談して相努めるよう申付ける。

【解説】

砂糖焚きについて、文久二年八月、徳之島配流中の大島吉之助（西郷隆盛）が大島赴任中の木場伝内宛に、次のように書く送っている。

「寒中砂糖煎じ方、嶇《とん》と取り実もなく、実に作人共込《こま》り入り候由に御座候処、十分熟し候上、春正月にても宜敷《よろしき》候間、作人の心次第、煎じ方取り付け候様との趣に御座候処、一同雀躍いたし候由に御座候」

この書状によれば、第一条の一月四日以降に製糖を始めたのは、島民の切実な要望により、時の代官が認めたものであったことが分る。この他西郷の書状には、役人の姦計を禁じ、配当米が速やかに配当されたとの「仁政」が記されている。

【文面】

・写～牛馬皮の取締については、去る未年（弘化四・一八四七年）の宮内藤助代と卯年（安政二・一八五五年）の速水五右衛門代に、未年の申渡書の写を添えてさらに令達し、牛馬死失の有無や皮と小道具の処分について、月末に惣横目より代官所へ届けるよう申渡してあった。しかし、皮については届けがあったが、小道具類の報告はない。小道具類の抜き売りもあると聞く。これ以上緩怠があるならば役々と皮主に迷惑（処罰）が及ぶので、手違いがないよう下役まで申渡すべきこと。

【解説】

牛馬皮は重要な商品であり、特に牛の皮については『大島規模帳』にも「牛皮壱斤ニ付　代米五合先」と記されている。藩が元治元（一八六四）年、大坂蔵屋敷で売り払った牛馬皮は一万五千両余にも及んでいる（『鹿児島県史料』）。この「写」では牛馬用の小道具が密売されていて、今後厳しく取締まることが命じられている。

当時、馬は乗物用として、島役にとっては不可欠な家畜であり、牛は農耕用としてなくてはならない家畜であった。また、徳之島では後の日記にも記されているように「牛突」用の闘牛も飼われていた。

は島中砂糖代米の内より致上納、年々払方有之候に付ては、医師方よりは□□も失費可相及、然に依病人に□□□軽粉等不及調合、其侭にて□□度旨及相談、相渡候につきては全□□取次迄の事候処、右人参軽粉□外々煎薬同様謝礼米相受取候儀共有之候ては法外の事候条、右式の間違共屹と有之間敷候、

一病症により人参相用候節は、右人参の儀も矢張煎薬一貼に相込、謝礼米相受取賦の事候処、人参の儀は別段謝礼米相受取の儀ども有之候ては、是迄不法の事候条、右等の手筋屹と有之間敷候、

一煎薬を初丸薬并膏薬五宝丹・寄験坊等謝礼向の儀、右午年細々取究申渡置候、付ては右に基き少たりとも過当に相受取の儀共屹と有之間敷候、

一病人の儀、医師薬力を以一命□相助り候儀、容易□□□□謝礼の儀は不限誰人□□貼数に応じ無滞相遂候様、□□可申渡置候、

一年々致服用候謝礼米十二月迄払方不相調候者有之候か、亦は払残有之候はば、翌春配当米申請分の内より医師方へ相渡候様申付候間、右式の者は銘々医師方より貼数并名前相立、与人方へ可差出候、左候て与人方より掟へ申付、右銘々へ引合の上於無相違は、右謝礼米丈けの員数銘々抜書へ相載、月番附役方へ可差出候、

一□取扱に付、御定式砂糖作方不致、□米申請方無之者共儀は、医師相対の取計たるべく候、

右の通申付候条、医師中へ此旨可申達、且役々中には□□□□末々に無洩目様可申渡候、

午八月廿六日

代官勤　川上七九郎

三間切　与人
惣横目
黍横目

【文面】

・写～一徳之島における薬種については、午年（天保五年）岩切彦兵衛の代に吟味され、島内一括して砂糖代米で上納するようになった。（以下虫食あり文意不明）人参や軽粉等についても、煎薬同様に謝礼米を受取る医師がいるが法外のことであり、このような間違いはあってはならない。

一病状によっては人参を用いることもあるが、謝礼米は煎薬に含めるので、別段謝礼米を受取ることは不法なことである。このような手筋はあってはならない。

一煎薬を初め丸薬・膏薬・五宝丹・寄験坊等の謝礼向きについては午年に細かく取り決めておいたので、過分な受取はしてならない。

一病人は医者の薬によって助かるので、大変有難いことであるが、謝礼は誰でも貼数（使用数）に応じて滞りなく処置するよう申渡しておくこと。

一毎年の薬服用の謝礼米が一二月中に支払出来ない者や支払が残っている者は、翌年春の配当米の中から医者へ支払うこと。これらについては医師方が貼数と名前を書き出して与人へ差出し、与人は掟へ申付け、掟は各人に照会して、謝礼米の数量を書き出し、月番の附役へ差出すこと。

一定式砂糖を作らないために、配当米（代米）を申請することが出来ない者は、直接医師方と相談して処置すること。

【解説】

一条目と六条目は、文意がはっきり把握できない条文である。

この写（薬種支払い規定）は、代川上七九郎が天保一一午（一八四〇）年に、天保五午（一八三四）年の規定を改めて仰付たものであり、さらに、文久三（一八六三）年そのままの条文で令達したのであった。

『前録帳』には天保五年の「写」が記載されているので、要約してみよう。

・薬種代米は島中より上納し、医師方謝礼としては煎薬一帖につき米起二合を支払い、膏薬は七寸以下一付に起一合宛とする。（他に二項あれども文意不明）

・「（前略）来未年（天保六）より御買下し薬種代米島中より惣買入方へ上納いたし、医師方謝礼の儀、ヶ条の通代米迄相払候様申付候（後略）」

後の条文の意味もはっきりつかめないが「薬代は島内一括して惣買入方に米を以て上納して置き、この中から医師に治療代を支払う」という文意であろうか。

本文鍼料の儀は一度に付謝礼起五合ずつ可相受取旨、向井源蔵代究置候、付ては至当分に其通たるべく事候処、若末々の者頼に応じ候節抔、右より過当の謝礼米等相受取候儀共有之候ては、屹と不可然事候条、其段分て鍼科医師へ可申渡置候、

御口達を以被仰付候条々左の通

一砂糖煎方黍弐度□□□いたす間敷候事
一遠島人取締の事
一船乗女已来大和船は勿論、他島舟乗付致交合の儀一切不相成候事、
一焼酎甑御切封の節、不隠置段役々初作人中五人組為致届申出旨、別紙を以被仰渡置候得ども、三役の分は不及其儀に候事、
一焼酎甑細工人已来屹と差留候事、
右五ヶ条御口達を以被仰付候、

一右数ヶ条御読聞せ并御口達を以被仰付候趣致承知、右談合旁の儀、与人衆中へ相頼、惣横目・黍横目・津口横目引取に付井之川へ帰候、
・十月十一日　曇天北風　在井
一今日七つ時分平氏亀津より役所へ被帰□□出張の処今朝与人衆中より左の通伺申上候由、

一焼酎甑五人組一件、役々分は其身抔より御受書為差出度奉存候、
一年内砂糖煎方取付度申出候へば、其節可願出候間、御免被仰付度奉存候、
一御免丁数小樽仕登方、是迄の通被仰付度奉存候、
一掟三年交代被仰付度奉存候、
右旁口達を以被申上候由、

[文面]

一鍼治療をするときは一度に付き謝礼米は起五合ずつとする。これは代官向井源蔵代（文政一三年・一八三〇）に定め置いてあるので、当分はその通り実施するが、下々の者に依頼されて治療を行っても、過分の謝礼米を受取ることがないよう、鍼灸師へ申渡すべきこと。
・口達の項目〈代官から口頭で、次の事項が仰付けられている〉
一砂糖の二度焚きはしてはならない。（焼き焦げて売り物にならない）
一遠島人の取締のこと。（一・五・九月に遠島人を調査し、報告すること）
一船乗女が大和舟は勿論、他島の舟に乗付ける事も以後禁止する。
一甑を封印する時、隠し置くことがないよう五人組を組織すること。
三役（与人・間切横目・黍横目）の分は五人組を作る必要はない。
一甑の細工人（製作者）は、以後禁止する。
一これらの箇条を村人に読み聞かせ、右についての協議は与人に頼み、惣横目・黍横目・津口横目も引取ったので、井之川へ帰ってきた。
・一〇月一一日、午後四時ごろ平氏が亀津から役所へ帰って来られた。今朝与人衆中が左の件について、代官所へ伺って口頭でお願い申上げたという。
一焼酎甑取締の五人組については、役々も誓約書を提出して置きたい。
一年内に砂糖焚きの申出があり願い出たときは、許可していただきたい。
一鹿児島に送っていた私用の砂糖小樽数は、これまで通り許可していただきたい。
一掟役の任期は三年交代にしていただきたい。

[焼酎醸造用の甑の取締と五人組]

焼酎甑の取締については一〇月一〇日の日記に、代官所から五人組を組織するよう厳しく命じられている。さらに、この後、一〇月二二日に各村で焼酎甑の調査を行い、その数を届出ている。焼酎の二次仕込みに砂糖が使われる虞があり、代官所は厳しく取締るよう命じたのである。一〇月に入ると製糖期を前に甑を調査し、封印をしてその使用を禁じたのであった。

五人組の編成は相互監視と連帯責任を負わせるための支配政策であった。藩役人は島民を支配するために島役人を配下において、彼等に島民を管轄させていたので、島役人には五人組の編成を免除したのである。このように一般島民と島役を分断する巧妙な支配政策がとられていたことが、この日記には記録されている。

・同　十二日　曇天北風　在井
一今日終日役所にて諸事申談候事、
・同　十三日　晴天北風　在井
一今日朝の間、此節被仰渡候御趣意の趣、諸田・神之嶺作人中へ申渡、
昼過井之川村同断、
・同　十四日　晴天北風　在井
一今日平氏四つ時、御用暁出立被差越候処、井之川銘々御赦免并森富尋
方為御奉公出候銘々褒置候様被仰付候由、其外段々支配中取締向の儀
ども被仰付候由、略す、
・同　十五日　晴天北風　在母
一今日早天出立、平氏同道、田地横目・津口横目列立、久志・池間両村
作人どもへ御趣意書申渡、麦田村止宿、
・同　十六日　晴天北風　在轟
一今日麦田・花時名御用申渡、□□村止宿、尤通掛美代川衆宅にて段々
御馳走給候、
・同　十七日　晴天北風　在山
一今日朝の間轟木村作人中へ同断、昼《ヵ》飯後かろふ内より小さらし迄狩
立の所、四才完壱丸福成、三才完壱丸前広、都合弐丸得物にて、今晩
於山村に開方の上止宿、
・同　十八日　晴天北風　在山
一今日朝の間山村作人中にへ御用申渡、引次井石松山かり立いたし候処、
得物無之山村止宿、
・同　十九日　晴天北風
一今日山村出立岡前へ帰宅、尤平氏井之川へ被帰候、
・同　廿日　晴天北風　在井
一今日岡前出立、井之川へ参候、

【解説】

上段は日記のみが記されているので、まとめて要約し解説しておこう。

一〇月一〇日に代官所から三間切の与人・惣横目・黍横目・津口横目を集めて仰渡された「砂糖其外島中諸取締向」を一三日から各集落へ申渡している。

その内容は、焼酎甑の管理と五人組の編成・砂糖黍畑の除草・牛馬皮取締・羽書による貸借・砂糖焚の準備・三割の利掛・無駄な出費の禁止・港における砂糖密売の禁止・薬種代と治療謝礼米・遠島人・船乗女の禁止等など、多岐に渡っていた。

日程としては、管轄の井之川噯を次のように巡回している。一三日に諸田・神之嶺・井之川、一五日に久志・池間（母間）、一六日に麦田・花時名（母間）、一七日に轟木、一八日には山村へ廻って作人を集め令達した。この間、与人平氏と田地横目・津口横目が同行している。

一六日の日記には「通りがかりに美代川衆宅にて段々御馳走を給わった」と記されている。美代川衆は井之川噯の下役であるが、自宅は亀津噯の花徳にあった。花徳は母間と山の中間にあるが、亀津噯の飛び地になっていたので、ここでは作人に令達する必要はなかったが、美代川衆が一行の労をねぎらうため招待し、御馳走したのであろう。

一四日に記されている「井之川銘々御赦免并森富尋方為御奉公出候銘々褒置候様被仰付候由」については、関連する事項が見当たらないので、詳しいことは分からない。文面は、井之川の事件については代官所から赦免され、森富の探索ではよく奉公したのでお褒めがあったということであろうか。井之川の事件とは一〇月一日の「写」にある牢番の不始末のことか。森富について小林正秀著『仲為日記　犬田布騒動』には、関する該当の文面はなく、代りに「御赦免以来東富四郎病気にて滞島伝《ママ》えつけられ候由」と記されている。そして「島流しされている人々は、藩から刑期がくると許され（これを赦免、方言ではサメン）、必ず帰国しなければならないが、病気その他の事情で帰れない者は、借島願を出して許可を受けて滞在することができた」と解説している。

一七・八日には用務が終ると猪狩を行った。轟木村のカロフから小サラシまで狩を行って、福成が一頭、前広が一頭仕留めたので解体して食べたが、一八日の狩では獲物は獲れなかったと記している。なお、「完」は「宍」（シシ・猪）の代用字、「丸」は数詞「頭」にあたる。鹿児島で用いられていたという。

・同　廿一日　晴天北風

一大島吉之助様へ書状并猪肉弐斤半わら包壱つ、地豆一包為厚衆を以廣徳衆へ届方相頼御届候処、先日出帆の段承り岡前へ遣候、

・同　廿二日　晴天北風

一今日三役并津口横目列立和瀬村へ差越、東様御供にて諸田黍地位付、御見分御廻原御供、半方丈ケ今日相済候事、

村々焼酎甑挺数覚

一焼酎甑拾弐挺　諸田村
　内三挺　去冬御届本
　九丁　去冬御届後相求候

一同　四挺　神之嶺村
　内三丁　去冬御届本
　壱丁　御届後相求候

一同　弐拾七挺　井之川村
　外に弐挺　与五郎
　但井之川村奥次預り居候付、相改預り申付置候、

〆弐拾九挺
　内三丁　去冬御届本
　弐拾六挺　御届後相求候
　外に六挺　但損物用立不申由

一同　拾挺　久志村
　内三丁　去冬御届本
　七丁　御届後相求候

一同　八拾四挺　母間村
　内三拾壱丁　去冬御届本

［文面］

・一〇月二一日、（沖永良部島に流罪となった）大島吉之助へ手紙と猪肉二斤半、地豆（落下生）一包、藁包一個を廣徳衆に届けて貰うよう為厚衆へ頼んだが、先日出帆したと聞いたので、岡前の自宅に届けさせた。

・二二日、三役（与人・惣横目・黍横目）と津口横目が連れ立って和瀬村に行き、東様をお供して諸田村の黍畑の等級検査を行った。半分だけ済ませた。

［西郷隆盛と仲為］

文久二（一八六二）年七月初め、大島吉之助と改名した西郷吉之助（明治二年以降西郷隆盛と名乗る）が、島津久光の怒りに触れて徳之島に流され、湾屋に着船した。間切（惣）横目（寄か）であった仲為は上陸してきた吉之助を見分し、その住居を定めるなど流罪生活の世話をしていたが、七月一四日に「沖永良部島江遠嶋……着船之上囲入被仰付候…」という命令書が出されていた。大島からは島妻と子供二人が訪ねて来ていたが、再び離別しなければならなくなった。八月下旬、吉之助は岡前から井之川に護送され、閏八月一四日沖永良部に送られ入牢を命じられた。八月～一〇月は吹きさらしの牢屋にいて生命の危機に晒されたが、間切横目（牢番）政照が座敷牢を造って移転させたため、健康を快復することができた。翌三年三月以降、吉之助は書状を出すことが許された。六月二日、大島吉之助は仲為宛に次の手紙を送っている。〈原文書は天城町ユイの郷に保存されている〉

暑気甚敷御座候得共、弥以御壮健可被成御勤務、珍重奉存候、随て野生も無異儀獄中ニ消光仕居候間、乍憚御放慮可被下候、然ハ其元江罷在候時分ハ御一同様別て御丁寧被成下、別て忝次第一筆御礼答可申上、山々相考居候得共、御案内之通外出不相成事にて便宜も不承、空敷罷在候処、此度禎用喜衆より御状被下幸之事にて、是迄之御厚礼乍延引荒々申上候事ニ御座候、将又大島よりも書状参候処、豚子抔帰島之節ハ御土産抔過分被成下候由、細々申来重畳御深切之次第厚御礼申上候、此旨荒々如此御座候、恐々謹言

　六月二日　　大島吉之助

仲為様

追啓上御賢息様えも別啓不仕候間、宜敷御鶴声奉希候、滞島之節ハ御芳志不浅次第忘却不仕段、宜敷御伝可被下候、

五拾三挺　御届後相求候
外に 五丁　但去冬御届申上後損物
拾四丁　但損物
損物〆 拾九丁
一同　八挺　轟木村
内三挺　去冬御届本
五丁　御届後相求候
外に弐丁　但損物
一同　弐拾挺　山村
内七挺　去冬御届出
拾三挺　御届後相求候
一合　百六拾七挺
内五拾三丁　去冬御届出
百拾四挺　御届後相求候
外に 弐拾七丁　損物
二口合　百九拾四挺
但銘々面付役所へ有り
右は井之川嗳村々焼酎甑取調方被仰付趣承知仕、御趣意の趣申渡為取調申候処、右の通相及候段申出候付、此段御届申上候、以上

黍横目　福　與
亥十月　惣横目寄　仲　為
与人寄　平福憲

・十月二十三日　晴天北風
一今日七つ時分迄諸田・神之嶺黍地并井之川入作黍地迄御見分相済候、尤今朝の間諸田・神之嶺両村掟、黍見廻村役中へ御用申渡候、

[焼酎甑の調査と黍畑の検分]

焼酎製造用の甑については、一〇月一〇日に厳しく調査し、封印するよう命じられていたので、その後、井之川嗳の諸田・神之嶺・井之川・久志・母間・轟木・山村を取調べて、一〇月二二日に報告している。

調査の結果、井之川嗳の甑は総計一六七丁あり、内一一四丁は昨年の冬以降に購入したものであった。この甑の取締と平行して黍畑の検査が行われている。一ヵ月後に製糖期をひかえ、黍の生育状況や耕作者の手入を点検し、おそらく不十分な黍畑については、厳しい下知が行われたものと考えられる。

[焼酎製法の様子]

焼酎醸造において甑は重要な用具であったが、徳之島についての史料が検索できないので、大島の『南島雑話』から当時の焼酎製造の様子を要約しておこう。

米一俵（三斗入の場合）で焼酎を造るときは、一斗を麹にし、二斗を飯に炊いて冷やし、筵の上で飯と麹をよくよく混ぜ合わせて置き、よく冷えた頃に甕に入れる。米一俵で製造するときは、水二升ほど入れてよく揉みほぐして封をして置く。夏時期には五日目に柄杓で汲み取って仕込みの様子を見る。固めのときはさらに水を加えて粥状にし、三日目ぐらいに煎じている。冬の時期は七・八日目に水を加え、さらに、七・八日後に煎じる。（中略）麹がよく立たないときは水を入れて、酢のように苦くなったときに煎じることもある。（中略）煎じるときは、鍋に焼酎のもろみ入れ、鍋の上に灰輪《へわ》を載せ、その上に甑を置く。甑の上部に水を入れ、この水が湯になれば度々水を入れ替える。焼酎の垂れ糟は五度まで煎じることができる。（以下略）

下の図によると、甑は桶状の筒型になっていて、上に水を入れた容器をかぶせている。この容器に水を入れて置くと沸騰して蒸発したアルコールが冷やされ、滴り落ちる仕組みになっていることが分る。

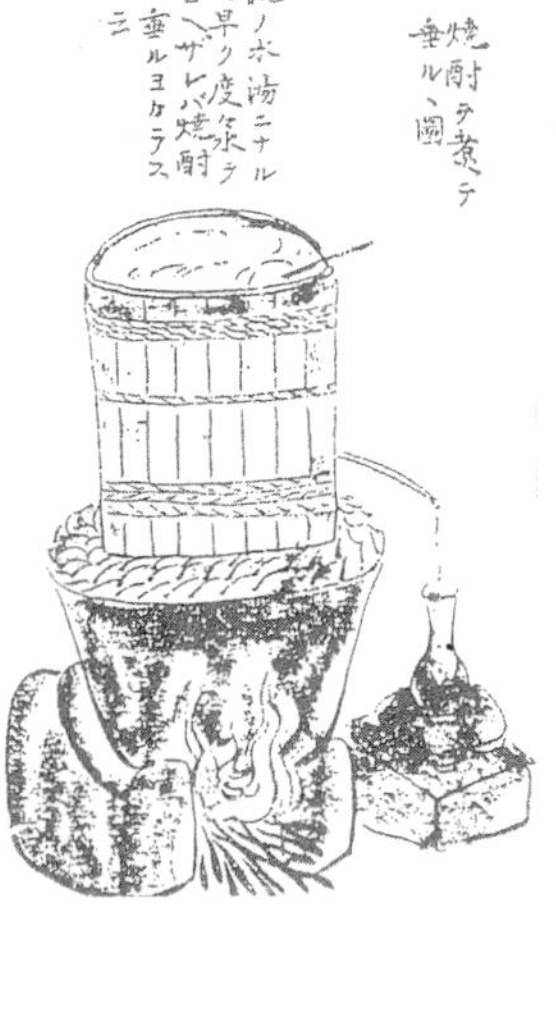

写

小番

亘　三男

九良加野六郎

右者当島居住被仰付被差下置候処□□妨相成候付、大島へ借島申付、母間村福崎板付舟差渡候付、□役々才領にて其許へ差越候条取締向等入念、順風次第早々□付為出帆其届可申出候、此旨申渡候、以上

代官勤　上村笑之丞

十月廿三日

井之川噯

与人

惣横目

津口横目

右の通被仰渡、九良加野六郎殿、義美屋衆・福世喜衆被召列、花時名村へ差越候付、竹氏同道夜入時分井之川出立花時名村へ差越候、且山村汐掛久高船賃米を以乗付、大島へ押渡候儀致相談候様東館より承知の段平氏より申来、飛脚を以夜通し山村出張前織衆へ申越候処、冬海上小船其上古舟にて押渡難き仕合申出候段申来、其段平氏へ問合越候、尤福崎儀は致舟□□□

・十月廿四日　晴天北風

一今日六郎殿、義美屋衆より相請取、福崎村役相付番方為致置候、

・同　廿五日　晴天北風

一今日福崎舟仕廻為致候、

・同　廿六日

一今日押渡りとして六郎殿乗付致出帆候、

［文面］

・写～右の者は徳之島に居住仰付けられて来島していたが、（村の）妨げになっているので大島へ借島を申付け、福崎の板付舟で送ることにした。役々の宰領により順風次第出帆させ、その届を申出すべきこと。

・右の通り仰渡され、九良加野六郎殿が義美屋衆と福世喜衆に召し連れられて、花時名村へ差越すので、（私も）夜分竹氏と同道して井之川を出発し、花時名村へ着いた。また、山村に汐掛りしている久高舟に、賃米を支払って大島に送るよう相談してほしいと詰役の伝言が平氏からあり、飛脚をもって山村に出張中の前織衆へ連絡した。（前織衆が）冬の海は小舟の古舟には航行が難しいというので、平氏へその事情を伝えた。もっとも福崎は（以下不明）

・六郎殿を受取り、村役と福崎が見張番をし、二六日、福崎舟で大島に護送した。

［遠島人の人数］

九良加野六郎が徳之島に送られてきたのは「居住」のためであったが、住民とのトラブルがあったようであり、代官上村は大島へ「借島」を仰渡したのであった。

『前録帳』によると、徳之島の遠島人は次のように記録されている。

文政七（一八二四）年　流罪人一八四人　（徳之島の人口一八一五五人）

天保九（一八三八）年　遠島人一九九人　（徳之島の人口一九六六四人）

嘉永五（一八五二）年　流罪人一九七人　（女一人）（人口二三四四七人）

この記録によると年毎に人数の変動が見られるが、沖永良部島にも一〇〇人前後の遠島人がいて、おおよそ人口の一％の遠島人が配置されていたことが分る。これらの遠島人は島内の各集落に割振られて、その地にて自前で生活しなければならなかった。しかし、重罪人は牢獄に収容された。大島吉之助（西郷隆盛）の場合は徳之島では収監されることなく、自前の生活を送ることができたが、沖永良部島へ「遠島」が命じられると、囚人として吹きさらしの牢獄生活が始まった。

最初の「写」からは、六郎がなぜ徳之島「居住」を命じられたのか分らない。このような「居住」については、次のように親類が折檻のため遠島を願い出た例がある（『鹿児島県史料　新納久仰雑譜一』）。

私共親類新納権左衛門事、気任せに有之、一往為折檻、徳之島江依願居住被仰せ付置候（以下略）

覚

一板付舟壱艘　　船主母間村の　福崎
　但船頭水主六人
右は帯竹求方として大島へ渡海御免被仰付置候処、九良賀野《ママ》六郎大島へ借島被仰付、便船にて今四つ時分花時名浦より出帆仕候間、此段届申上候、以上

亥十月廿六日　　津口横目　竹為二
　　　　　　　　　　　　　美代川
　　　　　　　　惣横目寄　仲為

□□御廻勤、
　五御仮屋様へ向々へ宛遣候

右御届書相調向々へ遣候、尤竹氏美代川衆同道井之川へ差越候、尤前文の成行東御方へ申上候、然処今日井之川嶽御狩立の所、大三才完壱丸益実衆、三才完壱丸前織衆打留にて、今日骨中身開方有之候、

・同　廿七日　晴天東風
一今日井之川村病者牛馬御見分、引次御蔵払に付終日差引いたし候、尤御蔵御引□□村役中へ御□□□
・十月廿八日　半天東風
一今日井之川村残黍地御見分為御済、久志村黍地御通筋御見分、昼時分相掛御宿にて御中飯被召上候処、雨天に相成御取止、
・同　廿九日　半天西風
一今日は雨天故御休み
・同　晦日　晴天北風
一今日久志村残黍地昼時分迄相済、池間村黍地御見分、同村御仕宿、

これによると、気ままで手に負えない者を一族が相談して、藩役人の許可を得て折檻のために島送りしたというのである。

遠島にはこの「居住」（流罪人ではないので「殿」を付けている）の他に借島・居付・滞島という区分けがあり、さらには道之島では相互に島流しを執行している。その例を『沖永良部島代官記』で見ると、天保九（一八三八）年の遠島人は一〇〇人いたが、その内遠島人（流罪）は領内（種子島以北）三九人・大島一人・徳之島一人、居住者は領内四七人、借島は徳之島三人・喜界島一人、赦免にて滞島は領内二人・大島一人、そして居付が領内三人、徳之島一人と記録されている。

ここで注目すべき者は「居付」である。この「居付」は赦免にはなったが、帰郷することなく配流地にとどまり、一生を島で過ごした人達である。彼等は島妻や子供がいて、終生島に愛着を持った遠島人であった。

[地舟《じぶね》・久高舟《くだかぶね》・福崎舟]

六郎の大島送りには福崎所有の板付舟が用いられている。この福崎舟は砂糖樽の帯竹を買い求めに、大島に行く舟であった。おそらく帯竹の購入を集落の分をまとめて購入するよう、島役人から許可されたものであろう。与人は福崎に渡航を許可する津口通手形を与え、津口横目等は五仮屋に福崎が六郎を乗せたという「覚」を届けている。詰役からは久高船に賃米を支払って大島へ送ってもよいと伝言されていた。この久高船は琉球久高島所属で、島嶼間を往来していた船であろうか。『前録帳』にも、文化一一（一八一四）年の大凶年のとき、久高船と渡名喜島船を雇入れて鹿児島から救助米を運送したと記されている。このように久高船は緊急時の輸送や、遠距離航行に雇われた航海専門の帆船のようである。

この他に間切の公用の舟として地舟があった。特に緊急時の連絡用として島次の飛舟が造られていた。「與論在鹿児島役人公文綴」（『道之島代官記集成所収』）には「御用船として島中模合をもって造った二七石積舟一艘と一〇～一四石積三艘があった」という記述があり、各島々で公用の地舟が常備されていたものと考えられる。

[文面]

・一〇月二六日、井之川嶽で御狩立を行い、三才猪二頭を仕留め解体した。
・二七日、病人や牛馬を調べ、その後御蔵払（在庫の調査か）の計算をした。
・二八日、井之川村と久志村の黍地御見分を行った。午後は雨天のため中止となる。
・二九日、雨天でお休み。三〇日、久志村・池間村の黍地御見分。池間村にお泊り。

・十一月朔日　曇天北風
一今日は御頭様御不塩梅に付御休み、□□井之川村行違居候病者□□参候付、成行申上候処、□□見分候様致承知、書役□□見分いたし候、
・同　二日　曇天北風
一今日も御休み、尤拙者儀は鎌くわ不塩梅の段申来帰宅、
・同　三日　右同
一今日池間村黍地御見分、
・同　四日　右同
一今日岡前出立麦田村へ参候処、池間黍地為御済麦田村へ御移被為在候、
・同　五日　曇天北風
一今日とふ原な河ヵ御狩立候付、登山の所段々射通ヵし等有之候得共、得物無之候事、
・同　六日　右同
一今日ゐん石とふ□□狩立有之、□□□喜玖友打留、今晩骨中身開き方有之候、
・十一月七日　曇天北風
一今日母間三ヶ村牛馬病者御改方有之候、
・同　八日　曇天北風
一今日麦田原黍地御見分、尤米盛・富宝牢を破り逃去、右尋方村々より拾人ずつ差出候様被仰渡、今日井之川噯より五拾人差出候、
・同　九日　曇天東風
一今日まで麦田村黍地御見分相被済候事、
・同　十日　晴天北風

神之嶺配所
種子島弾正殿家来長野鉄熊当分
永田龍仙一往抱下人本名仁八　伊　助

［文面］

・一一月一日、御頭様が体調不良のためお休み。井之川村の検査を受けてなかった病者が来たので、その理由を申上げて見分した。
・二日、今日もお休み。私は鎌や鍬が不塩梅との連絡があり、岡前へ帰宅した。
・三日、池間村の黍地御見分。四日は麦田村へ移動された。
・五日、御狩立を行い、山へ登ったが得物はない。六日も狩を行い、猪一頭を獲た。
・七日、母間村三ヶ村の牛馬と病人の御改方（調査）を行った。
・八日、麦田原の黍地御見分、九日終了。八日には栄盛・富宝が牢を破って逃走。捜索のため村々から一〇人ずつ出せと命じられ、井之川噯から五〇人が出て捜索した。

［黍地の検分と割当］

この黍地検査は、来春の砂糖生産高を見積もる重要な検分であった。

面縄間切喜念噯の与人道統が記した『道統上国日記』の文久三年一月一七日と二三日に、次のような記述が見られる。これによると、年が明けてからも再度、黍地検査が行われていたようである。また、「南嶋雑集」（松下志朗編『奄美史料集成』所収）には、黍畑の割当が「黍地割賦法」として記されている。

・一七日　喜念村黍地上中下下々四坪御見分之上為越横目役壱人ツツ付添…
・二三日　諸役株之面々…当春見賦砂糖銘々取しらべ…坪付帳ニも…御届申上候

・黍地割賦法　島民持地ノ内毎年黍ヲ植ルノ地ヲ割賦スルニ、天保五六年以来、千八十町歩ヲ以テ之カ定額ト為ス、…
・産出糖　島民へ黍地ノ反別ヲ配賦シ、黍横目・黍見回等時々巡査シテ其耕種ヲ督董ス、然シテ上地一反歩ニ砂糖四百斤以上ヲ得ルモノヲ上等ノ作熟トス…

「南嶋雑集」の「黍地割賦法」にはこの後に、具体的な割振りが石高で示されているが、これを黍地の面積に直すと、次のようになる。

すなわち、全島の黍地面積一〇八〇町が村高と人員高の両面から割振られ、村高は全戸一律に（一．五～二反カ）割当てられたようであり、その上に上男に六畝、下男に三畝、上女に三畝、下女に一．五畝を割振っている。これらを合算すると一戸（夫婦が健康な場合）の黍地面積は約二～三反であったという計算になろうか。

右者嘉永五子三月遠島被仰付被召下置候処、先比より病気相煩居、夜前致病死居候段申出候に付、差越死体見分の上、尚又承合申候処、不審の廉無御座候間、死体取置方何分被仰渡度、此段御届申上候、以上

亥十一月十日

惣横目寄　仲　為
与人寄　平福憲

月番
御付役様

□御届書於麦□□□御方へ直□□候、
(張紙・朱書) 本文死体取置方其届　其届可申出候、以上

亥十一月十二日

代官勤　上村笑之丞
井之川嘜　与　人
惣横目

覚カ

母間村札本
名子　安　沢

一札年　四拾歳
右者弘化二巳年手札御改巳後、稼方に出行衛不相知者御座候処、沖永良部島へ罷渡居、此節鹿浦致帰参候段、申出候に付相糺申候処、全体癩病煩居農業方相調不申、稼方仕居候処、去酉年沖永良部島船湾屋へ罷居右便より同島へ罷渡、稼方片手養生□仕度所存にて差掛、御手形等も□申請迯渡、是迄稼方片手養生仕候えども、漸々相増□□稼方も難相調体罷成、此節□舟より帰参仕、迯渡候儀に付ては不調法至極、今更恐入候段申出候間、此段御届申上候、以上

亥十一月十日

惣横目寄　仲　為

[文面]

・右の者は嘉永五（一八五二）年三月、遠島を命じられて神之嶺に配所されていたが、先ごろから病気を患い、夜前に病死したとの届があり、出向いて死体を見分し、さらに聞き取りをしたが不審な点はなかったので、死体の処分について仰渡されたく、お届け致します。

[解説]

病死した遠島人仁八は種子島の人であった。下人であったために名字はない。このように種子島から遠島になった人々の記録が『種子島家譜』には数多く記されている。この仁八についての記載は見られないが、次のように赦免となった者もいた。逆に徳之島から種子島へ招かれた史料があるので、あげておこう。

・徳之島　種子島伊勢名跡　廿家　荒木拙之助
右、依科遠島申付置候得共、御位階御昇進ニ付、御恩赦被仰付候、
但島居付願ニ候ハ、其訳可申出候、（以下略・天保四年の記録）

・（天保二年一月七日）米一石を西之村本因寺僧に与える。砂糖製師範徳之島の前久保西之村において病死、その喪祭・石碑等の費用を償いたる也、

[文面]

・右の者は弘化二（一八四五）年の手札改め後、行方不明となっていたが、沖永良部島へ渡っていて、この節、鹿浦へ帰ってきたとの届があったので取調べたところ、癩病を患っていて農作業もできないため、去る酉年に沖永良部島舟が湾屋に来ていたので、同島に渡って稼ぎ方と養生をしたいと考えて無手形で逃れ渡り、養生を続けていたが、段々難しい体となってきたので帰ってきたという。逃げ渡った事については不調法ことであり、今更恐れ多いことであるが、この段お届致します。
右のことについては、麦田村にて東館様にも直ちに報告した。

[解説]

当時「癩病」は「業病」として恐れられていたので、患者が生きていくことは困難な時代であった。この文面からは島渡りを決行し、必死になって生き抜いてきた患者の姿を見ることができる。なお、現在は「ハンセン病」といい、一般の病気と変わらない病の一つとなっている。

与人寄　平福憲

月番
御附役様

右麦田村にて東様御方へ直に差上候、

一今日麦田村より御出立、花時名村黍地御見分、花時名村御仕宿、然処夜入四つ時分、井之川山下見廻参り、同所上原赤畠と申所へ作込り居候真嘉伊木屋（以下二行不明）牢破□富宝・米盛□□□評議に付、拙者并益実衆両人急に出立、麦田村より久志迄の手配申付、井之川へ差越夜半時分井之川・諸田・神之嶺村明日惣夫立にて勢子狩の儀申渡候、

・十一月十一日　晴天北東風

一今日早天より池間・久志・井之川・神之嶺・諸田・和瀬・秋徳・亀津八ヶ村惣人別出張、井之川上原より秋徳上原迄、藪山野原隅々迄無残所捜方為致候得ども不見当、尤不審の廉も無之候、然処内山と申所へ足音□候を、神之嶺村のもの見掛□決て迯去もの共ならんと、右八ヶ村惣人数、右鹿倉立廻り壱寸□にて責□候処、迯去ものにては□□大三才完多人数の真中に□立込囲如鉄桶、只完は四方へ□出んとよろめき廻れども不能出る事、終に亀津村《ママ》の貞徳技を以打倒し、立去んとするを不透諸田村の琉圓、尻足を捕端刀を以て差留、彼両人が働き、安田次郎兵衛が虎の口に刀を貫きしにも不異、諸人目を覚し候、扨古今稀成得物にて片平ずつ東間切頭聞の上、御館東御仮屋御両様へ差上、頭の儀は山法迚手柄の両人へ相渡、中身在合中山祭りいたし、夫より皆々引取、明日よりの取締向等申談、我等益実衆両人儀は夜入時分井之川出立、同夜五つ時分花時名村へ着、右初終の形行□□御方へ御届申上候、

・十一月十二日　晴天□□

一今日花時名村黍地御見分相済候、

［文面］

・一一月一〇日、麦田村を出立され、花時名村の黍地を御見分し同地に泊られた。

・夜になり午後一〇時頃、井之川の山下見廻役が、井之川上原赤畠にある真嘉伊の作小屋に、牢破りをした富宝と米盛が隠れていると知らせてきたので、協議の上私と益実衆は急ぎ出立して、麦田から久志までの手配を申付け、井之川に戻って夜半時分に井之川・諸田・神之嶺の惣夫《いぶ》（用夫）で山狩をする事を申渡した。

・一一日、早朝から池間など八ヶ村総出で、井之川上原から秋徳上原まで、藪や山や野原を隅々まで探索したが見当たらなかった。特に不審の事もなかったが、内山という所で神之嶺の者が足跡を見つけたというので、きっと逃げた者たちであろうと、総出で山狩をし、一寸ほどの間隔で探したが見つからなかった。

・（山狩をしているところへ）猪が出てきて、貞徳と琉圓が仕留めた。二人の働きは安田次郎兵衛が虎の口に刀を刺し通したことに似ていた。猪を解体し、片ひらずつ御館東御仮屋御両様に差上げ、頭は山法のしきたりで貞徳と琉圓にあげ、中身では全員山祭を執り行った。

・その後、明日の段取りを話合って、夜入り時分に井之川を出立、午後八時ごろ花時名に着き、右の出来事をすべて東館様に申上げた。

［解説］

富宝と米盛の牢破りは二日前であった。しかし、彼等の罪状は記されていないので不明であるが、総動員で山狩をするほど重大事件であった。このような事件処理は横目役の任務であったから、仲為が手配や指図を行ったものと思われる。

［安田次郎兵衛と猪狩②］

猪狩の様子が詳しく記されていて面白い。この日記によれば、猪が獲れるとその場で解体し、山祭を行い、頭は仕留めた人に与えている。

安田次郎兵衛については、次のような記録がある。これは豊臣秀吉が命じた朝鮮侵略の際、島津軍で起った事件である。

今日圍繞之中有猛虎之走山中…島津守右衛門尉彰久之臣安田次郎兵衛追走、疾前返返詈、則其虎返向将嚙、次郎兵衛抜太刀刺口中、而彌怒以欲嚙之、安田刺入刀於喉中、漸太刀崎及出背脊、虎将以死、

（『鹿児島県史料　旧記雑録　後編二』）

・同　十三日　晴天西風
一今日花時名村出立、当部掛黍地御見分為御済、当部村御止宿、我々儀
も当部泊り宮祐宅へ旅宿、

神之嶺配所
種子島弾正殿家来長野鉄熊当分
永田龍仙一往抱下人本名仁八
伊　助
右者病死いたし其御届申上候処、死体取置方御届可申上旨被仰渡取
置方為仕候間、此段御届申上候、以上
刻十一月十三日
惣横目寄　仲　為
与人寄　平福憲
月番
御附役様

・同　十四日　曇天北風
一今日目名《ママ》田山御狩立の所、三才完壱丸犬食にて、外に鉄砲拾壱挺射通
有之候得共、射付無之候事、尤轟木村へ御下り、
・同　十五日　曇天北風
一今日大城よりかろ山内御狩立候所、前静射付候得共、得物無之候事、
・同　十六日　雨天□風
一今日昼間母間村□□□花徳村へ御差入□□
・同十一月十七日　半天西風
一今日轟木村御出立、小ざらし山御狩立被為在候得共、不込居御下り掛阿《マ》
で《マ》母間黍地御見分にて、花徳村へ御下り、美代川衆より上御館様
東様御迎にて我々も罷出候、
・同　十八日　曇天西風

[文面]

・一一月一二日、今日は花時名村の黍地御見分を行い終了した。
・一三日、今日は花時名村を御出立し、当部村の黍地御見分を済まされ、同村にお泊りなったので、我々も宮祐宅に旅宿した。
・神之嶺村配所の流罪人伊助が病死したので届けたところ、死体を葬るよう仰渡されたので処置して報告した。
・一四日、目名田山にて御狩立を行い、三才猪一頭を犬が追い出して獲った。外に鉄砲一一挺で撃ったが当らず得物はなかった。それから轟木村へお下りになった。
・一五日、大城山・かろ山で御狩立を行い前静が鉄砲を使ったが、獲物は無かった。
・一六日、（欠字多く文意不明）
・一七日、轟木村を御出立、小ざらし山で狩をされたが獲物はなく、母間の黍地検査後花徳村へお下り。美代川衆が上御館様と東様を迎えに来たので我々も同行した。

[解説]

当部村から轟木村にかけては、徳之島中央を南北に走る天城嶽（標高五三三m）と井之川嶽（六四四m）の中間に位置していて、最適の狩場であったようである。当部村は美名田山（四三七m）の南側中腹に位置し、轟木村は大城《ふーぐすく》山（三二九m）の南東山裾に位置する。花時名村から当部村へ行くには、美名田山を越えなければならなかった。また、当部村から轟木村へも美名田山を越えて行ったので難儀な行程であったが、鉄砲を準備していて狩を楽しみながら轟木村へたどり着いた様子が記されている。

[大城]

現在、大城山は東側が徳之島町轟木に、西側は天城町松原に属している。松原ではこの山をフーグシクといい、聖なる山として伝承されている。熊本大学考古学研究室の踏査では、頂上部には馬蹄形の平坦面と土塁状の施設、さらには平坦面を取り囲む石垣状の石積みが確認されている。伝承によると石積みに囲まれた平坦面の中央には小家屋が築かれていて、一部の住民が拝みに登っていたという。石積みは南側と南東側にあり、南側の切れ目は「たつみの門」、南東側の切れ目を「はえ門」といい、平坦地の東側一体は「ウドゥンヌサーキ」という。さらに、南側の崖下には「二の丸」と称される平坦地が棚状に開け、北西部には「馬の足ハラシ道」があり、その先には「見張り所」があったと伝承されている。〈天城町教育委員会調査〉

一今日花徳村御出立、亀津へ御帰り掛け井之川御蔵御米払等にて、我々も井之川迄参り、益実衆御供にて亀津へ御帰り、

・同　十九日　曇天西風

一今日村々黍見廻中役所へ御用□□三役出席、来子春見賦為申出、来正月四日より惣車立一件御請書□差出候、尤牢破逃去候両人□方に付、砂糖方旁究竟の時分□□辻番并村々より拾人ずつの尋方□取にて、已後村中取締并気を付津口取締第一入念候様被仰渡候事、

・同　廿日　曇天西風

一今日岡前へ帰宅、

・同　廿一日　曇天西風

一上御館様今日嶋かねくさだしよりゐん石とふ山御狩立の由、

・同　廿二日　曇天西風

一今日上御仮屋様轟木村御差入の賦にて、早天出立差越候処、今日は花徳村牛馬病者御見分、明日差入の段申来候、

・同　廿三日　曇天西風

一今日早天御迎として益実衆并福照花徳へ、拙者には福與衆村役中列立□□□御待上居候処、四つ時分御越□、弐手分にて八つ時分迄御見分相済候、

・同　廿四日　晴天沖西風

一今日朝の間轟木村牛馬病者御見分にて岡前村へ御差入、御供にて帰宅、

(朱書) 今晩拙者より御迎申上候、然処皆々引取候後、居間へ御下り暫時は御楽にて御休み、難有儀どもに候、

一牢破り逃去候両人の内米盛昨日糸木名村にて捕方相成候、

一去る廿二日母間村福崎大島より帰島、右便より大和左右、佐渡山衆并喜界滞島喜美保衆より義峯山衆□役衆中へ参候書付写届来□被見候処、九月六日三郎様御上京□由、御国許静謐の段申来、其外□□依之大和左右相知候、尤佐渡山衆状十一月三日付、喜美保衆□付十月廿日付、

[文面]

・一一月一八日、花徳村を発たれて亀津へお帰りに、井之川御蔵の米を配当されたので、我々も井之川に行った。亀津へは益実衆がお供した。

・一九日、村々の黍見廻役に御用があるというので三役も出席した。来年（一八六四）春の砂糖見積を提出し、砂糖車組立てを一月四日より一斉に行うよう請書を差出した。なお、牢破りの二人について村中で取締を行うよう仰渡された。

・二〇日に岡前へ帰宅。二一日には上御館様は狩をされた由。

・二二日、上御仮屋様が轟木村に来られるというので朝早く出かけたが、今日は花徳村の牛馬と病人の調査をされ、明日来られるとのこと。

・二三日、益実衆と福照がお迎えに行った。私は福與衆と村役を連れて途中でお待した。一〇時ごろ来られ、手分けして黍地見分を行い、二時ごろに終った。

・二四日、轟木村の牛馬と病人の御見分を行い、その後、岡前へ差入れられたのでお供し帰宅した。拙宅へお迎えすると、居間にてお休みになり有難いことであった。牢破りの米盛が昨日糸木名村で捕まった。

・二二日に母間村の福崎が大島から帰島（福崎は一〇月二六日に、板付舟で大島に六郎の居住替と竹帯購入のため渡っていた）したので、預かった書状で鹿児島の様子が分った。佐渡山衆と喜界島滞在中の喜美保衆から書状の写が届き、九月六日三郎様が上京され、鹿児島は静かになったという。佐渡山書状は一一月三日付、喜美保書状は一〇月二〇日付であった。喜界島へ品物や薬種を積んだ船が一〇月一六日に到着し、鹿児島では疱瘡が流行していて喜界人が病死したという。

(朱書) 三郎様はお供として城下士（鹿児島）一〇〇〇余人と郷士（地方）一〇〇〇余人を連れて行ったと喜美保衆の書状にあり、佐渡山衆の書状には京都浪人三〇〇〇人と薩摩兵二〇〇人余が戦い、薩摩兵は三人、敵方は三〇〇人余が戦死した由、大島の竜様から聞いたとある。佐渡山衆は九月二五日面縄を出帆し、二九日に臥蛇島に乗付けたが、逆風にあって三〇日には大島の阿丹崎湊へ汐掛したと伝えてきた。

[島津久光の上京]

この年の七・八月は激動の時であった。七月二日には薩英戦争が起こり鹿児島城下は戦災に見舞われた。八月一八日には京都で急進攘夷派の長州勢が御所から一掃された「八月十八日の政変」が起きている。このような状況下で久光は上京した。

久光の行動について研究者は次のように述べている。

喜界島御□□船御品物并薬種積入、十月十六日□□着、御国許疱瘡流
行喜界人□人死失、外嶋左右不相知段申来候、
（朱書）本文三郎様御供諸士衆千人余、郷士衆千人余□召列被遊候由、喜美保衆書状に有、□□山衆状に京都浪人士三千人と□□薩摩士弐百人余と戦争為有之由、□□方士の内三人打死、敵三百人余□□候旨、大島竜様より承候段申□候、□□山衆九月廿五日面縄出帆、翌廿六日□□湊へ汐掛、翌廿七日彼地出帆、□□廿九日臥蛇島并《ママ》迄乗行候処順風相成、同晦日大島阿丹崎湊へ汐掛いたし居候段申来候、

・同　廿五日　曇天西風
一今日上御館様私宅へ御休み、役々中書役両人手分にて岡前村黍地御見分相済候、
・同　廿六日　曇天西風
一今日私宅御出立松原村黍地御見分、同村へ御差入、
・同　廿七日　曇天西風
一今日松原において御狩立の賦候処、風雨烈敷御取止相成候、
・同　廿八日　曇天西風
一今日も同断、
・十一月廿九日　曇天西風
一今日兼久噯、伊仙噯、兼久方御蔵より御定式砂糖代米の由、前館様松原より御出勤被為在候、

写
一其噯村々定式砂糖代米、来る朔日岡前御蔵より払方申付候、尤当分見聞役福島新二郎松原在勤き付出役の賦候間、申請人共夜中出立にて早天御蔵元へ出揃様分て可申渡、此段申渡候、
代官勤　上村笑之亟
亥十一月廿七日

「八月十八日政変により尊攘激派は政局の中枢から排除されたが、中川宮や近衛忠熙らは長州の巻き返しを警戒して久光に上洛を促した。久光は九月十二日一五〇〇の兵を引き連れて鹿児島を出発し、十月三日に京都に入った。汽船三隻を薩英戦争で焼かれたので、長崎で買い入れた安行丸の他、越前藩、福岡藩、さらには幕府の船も借りている。雄藩との連携のみならず幕府の意向もくみとった堂々たる上洛だった。（中略）久光は…朝議に参画し、『公武合体』のもとで国是を評議することとなった。いわゆる『参豫会議』である。重要問題は朝幕の正常化・破約攘夷の処理・長州処分だった。（中略）朝幕双方の因循に見切りをつけた久光は、四月十八日に京都を後にした。」（落合弘樹著『西郷隆盛と士族』）

〔文面〕
・一一月二五日、上御館様は私宅でお休み、村役と書役で岡前の黍地検査を終る。
・二六日、松原の黍地御見分ため、同村に入られた。
・二七日・八日は松原で御狩立の予定であったが風雨が激しくなり取止めた。
・二九日、兼久噯と伊仙噯の定式砂糖代米の配当をするというので、前館様は松原からご出勤になった。
・写～兼久噯と伊仙噯の村々へ定式砂糖代米を一二月一日に岡前御蔵より配当する。当日の見聞役福島新二郎は松原在勤中につき、松原から出張するので、
申請人へは夜中に出発して、早朝には蔵元へ揃うよう申渡すこと。
（上村代官からこの申渡書を受取った黍横目奥亀山は、直ちに前織衆に管轄の村々へ通達するよう依頼し、さらに、惣横目仲為にも立ち会って欲しいと連絡している。なお、奥付は「惣横目仲為衆」と書いているが、まだ仲為は「惣横目寄」であった。以後も「惣横目」と書かれている場合も見られる。）

〔御蔵と定式砂糖代米〕
写の文面によると、代米の配当は松原に宿泊している附役福島が、岡前の御蔵にて行うので、遠い所は夜中に出発して、全員朝早く蔵元へ集まれと命じている。最も遠い伊仙村は岡前より約二〇km以上も離れていて、途中秋利神川の急坂を往来しなければならなかった。徳之島の御蔵の所在地は次頁の「徳之島全図」（『近世奄美の支配と社会』掲載の松下志朗氏作図）によると、亀津・面縄・湾屋に印されているが、一一月一八日の日記によれば井之川にも置かれていたことが分る。
定式とは藩庁がそれぞれの島に割当てた生産額であり、毎年必ず藩に上納しな

井之川噯　与　人
黍横目　　奥亀山

右の通被仰渡候付、村々へは則申渡□引方前織衆へ頼越候得共、□
にも御出役可給、此段申上越候、以上
　亥十一月廿八日
　　　　　　　　　　黍横目　　奥亀山
惣横目　仲為衆

覚

夫弐拾八人
但牢屋重番人日数七日、壱日に付四人ずつ毎月十八日より廿四日迄
右の内
十八日
一日数　壱日　久志村　季富　富行　次春　奥房
十九日より廿日迄
一同　弐日　池間村　松盛　米時　益岡　米川　藤直　幾與
　　　　　　　　　森貞　森直
廿一日より廿二日迄
一同　弐日　麦田村　池利　清名　福利　亀清　喜子則　米則
　　　　　　　　　作清　元□
廿三日より廿四日迄
一同　弐日　花時名　雪元　喜子実　仲利　福為　福松　正順
　　　　　　　　　芳行　盛行
　　　　〆七日
右は牢屋重番人、右者共へ毎月請合させ候段申出候間、此段御届申
上候、以上
　亥十二月三日
　　　　　　　　　　目　指　喜祐安

ければならなかった。徳之島の場合、定式糖は七三万斤であった。この砂糖を米と交換し、その代米が島民に渡されたのである。大島では砂糖一斤米四合替えであったが、後に三合五勺替えとなった。おそらく徳之島もこれに倣っていたと考えられる。もし、三合五勺替えとしたら、米に換算すると二五五五石となり、これだけの米が年貢米を収納している御蔵から、定式砂糖七三万斤代米として配当されたことになる。

しかし、島内で生産され上納された米の量は、砂糖の強制的な割当てによって水田が黍畑に転作されたために、絶対量が少なくなり、砂糖と交換できるほど米の量は御蔵に蓄えられてはいなかったのである。したがって、不足分は鹿児島から運ばれてきたのであった。

『近世奄美の支配と社会』には「三島への下し米は、嘉永二年（一八四九）の『御産物御仕登金銀御蔵納高万控』によると、大島は真米八三〇〇石、喜界島同三五〇九石余、徳之島同二五六九石余であるという」と記述されている。

『南島雑話』の代米配当の図

【牢屋】

牢屋は格護所《かくごしょ》ともいう。文化一三（一八一六）年に起きた母間騒動（一揆）について『前録帳』は「本掟喜玖山格護所江召入置候ヲ、右人数（六三〇人余）同六月九日鉄砲・竹槍・魚突類致所持、牢屋本江差越格護所ヲ打破、喜玖山列出、在郷江

井之川噯
惣横目衆
右の通申出候間、此段為御知申上候
十二月四日
惣横目
記喜美静衆
惣横目寄　仲為

・十二月朔日　曇天北風
一今日岡前方御蔵より井之川噯村々御定式砂糖代米配当被仰付、出張差引方いたし候、
・同　二日　晴天北風
一今日大城山道からふ内御狩立に付、登山の所五才完壱丸前静、四才完壱丸富高、三才完壱丸前城打留、賑々敷かり立有之候、
・同　三日　晴天北風
一今日南川関平かり立にて登山の所、得物無之候、
・同　四日　右同
・同　五日　曇天西風
・同　六日　右同
・同　七日　右同
・十二月八日　曇天西風
一明日山村へ上御館様金見より御転宿に付、今日山村へ差越候、
(朱書) 岡前村出立差越候処、福與衆にも今日被差越□□一昨日被差越候、
・同　九日　晴天北風
一今日井口神川松山御狩立にて山村へ御下り、尤二才完壱丸福嘉二打留、外に四筒矢通し有之候得ども得物無之候、
(朱書) 井口にて福嘉二手柄、松山には壱疋込り居不申候、

帰リ」と記している。この格護所は代官所の膝元亀津に設置されていた。

また、『徳之島事情』の「賞罰」の項では「文久二年戌十二月、全島内巫女ノ者共ガ、種々浮説流言呪符祈祷ヲ為シテ医薬ヲ妨ゲ、甚シキニハ牛豚類ヲ屠殺セシムルコトアルヲ以テ、巫女廿人ヲ代官所ヨリ逮捕シ獄ニ入レ、内四人ハ女、十六人ハ男ニテ、其七人ハ大島、沖永良部島へ遠島シ、他ハ将来ヲ戒メ、翌文久三年赦免出獄シタリ。」と記録されていて、島民が収容されているが、遠島人の中にも入牢していた者がいたであろうが、その記録は寡聞にして知らない。かつては入牢者の記録は重要な書類として保管されていたはずであるが、明治になってすべて廃棄されたのであろうか。

[文面]

・一二月一日、岡前の御蔵から井之川噯の村々へ御定式砂糖代米の配当が仰付けられたので、出かけて行って差引き（帳簿の差引き計算）に当った。〈注・一一月一八日の日記によれば井之川の御蔵でも米の「払」が行われている。そのため井之川蔵には米がなくなり、御定式砂糖代米は岡前蔵から配当されたのであろうか〉
・二日には大城の山道かろふ内で狩を行い山登りしたところ、前静が五才の猪を、富高が四才の猪を、前城が三才の猪を仕留め、賑やかな狩であった。三日には南川（ナンゴー）関平で行ったが獲物は獲れなかった。
・八日、明日山村へ上御館様が金見より来られるというので、山村へ出かけた。福與衆もやってきた。
・九日、井口・神川・松山で狩をされ、山村へお下り。二才の猪を福嘉二が仕留めた。外に鉄砲も撃ったが獲物は無かった。松山には猪は一疋もいないようである。

[猪狩③]

この時期の日記によると、盛んに猪狩が行われていて、仕留めた猪の年齢が記録されている。これより先、猪狩は一〇月一七日に始まり、一八日・二六日・一一月五日・六日・一一日・一四日・一五日・一七日・一二月二日・三日・九日・一〇日と行われている。南西諸島の猪はリュウキュウイノシシといい、小形種であるという。五月に五頭前後の子供を生み、奥歯と乳歯の数で年齢が特定できるとのこと。

一一月一四日の日記には「犬食にて、外に鉄砲拾壱挺射通」とあり、猟犬を使って猪を追い出し、鉄砲で仕留めていたことが記されている。

・同　十日　晴天北東風
一今日井口ふながいもつ野松原こふち迄御狩立の所、前織衆五才完壱丸打留候、
（朱書）此完片平書役両人へ被成下候、
・同　十一日　晴天南風
一今日御手分けにて黍地御見分被為在候処、前原弐百坪余残候、
（朱書）福與衆・益実衆御手分へ差越、拙者には前織衆同道御頭様御供にて昼時分迄相済候、
・同　十二日　曇天西風
一今日残黍地御通掛御見分、花徳へ転宿の賦候処、雨模様に付御休み、
・同　十三日　右同
・同　十四日　右同
一右両日前条同断、
一井之川嗳村々御免斤茶申請残、上御仮屋様御帰掛配当被仰付候段、平氏より問合来、山轟《ママ》両村へ申渡候、
・同　十五日　晴天北風
一今日山村御出立、前原残黍地御見分にて花徳村へ御差入、福與衆我等両人には母間へ差越仕宿、
（朱書）九つ時分花徳村へ御着、直に御暇にて福與衆我等両人母間村へ差越候、
・同　十六日　曇天東風
一今日上御仮屋様花徳村出立御帰に付、母間村へ待上居御供にて井之川迄参り、井之川嗳村々申請、残り御免斤茶并諸拝借米扶持米等御払、八つ過時分御帰御供為二衆と差越候、

写　　津口横目　美代川

［文面］

・一二月一〇日、井口から松原こふちまで狩をされたところ、前織衆が五才もの一頭を打留めた。片ひらを書役二人に下された。
・一一日、山村の黍地を手分けして見分された。前原の二〇〇坪が残った。
・一二日、残りの黍地を通りがけに見分され花徳村へ移る予定であったが、雨模様のため一四日までお休みになった。
・一四日、井之川嗳の村々へ御免斤茶（許可されたお茶）を、上御仮屋様が帰りがけに配当されるとのことで、平氏から問合せが来たため、山村と轟木村に申渡した。
・一五日、山村を御出立して、前原の残り黍地を見分され花徳村へ入られた。福與衆と私はお暇して、母間に行った。
・一六日、上御仮屋様が花徳村を御出立しお帰りになるとのことで、母間村で待った。井之川では村々から願い出があった、残りの御免斤茶や諸拝借米・扶持米の払い出しをされて、午後二時過ぎお帰りになり、為二衆と二人でお供した。

［御免斤茶］

小林正秀著『仲為日記　犬田布騒動』には「御免斤米」とあるが、「御免斤茶」と判読する。この「御免斤茶」については寡聞にして関係史料を検索できないので、正確なことはわからない。今後の史料発掘に待ちたいが、大筋では「特別に許された下し物としてのお茶」ということであろう。しかし、どのように許可を得たものであろうか。天保年間の大島における砂糖交換では、煎茶一斤砂糖二五斤替えであった。与論島でも中茶一斤砂糖二五斤替えであった（徳田家文書・一八六二年）。

当時、お茶は貴重な嗜好品であった。『道統上国日記』によると文久三年一〇月、鹿児島の土産として茶四九俵（一俵一〇斤入れ・一二人で買入）を「自福丸より持下申度奉存候間、積下御免被仰付下度奉願候」と三島方書役へ願い出ている。そして、三島方掛市来八郎が「此表持下品令免許候間、着島之上」検査して荷受させることと、指示しているので、このように個人が購入して鹿児島から送られてきた茶を「御免斤茶」と称したのだろうか。

西郷隆盛が一八六二年八月に出した、大島在勤中の木場伝内宛の書状には「当島（徳之島）は米国《こめぐに》にて、茶少々持参候処、すべて米に相成り、二石ばかりも相成り候につき、飯料等は全く差し支え申さず」とあり、鹿児島から持参した茶と米を交換して生活していたことが認められている。

右者井之川噯勧農方掛□□□噯中の内□□□何篇不埒□□□条、津口方御用透には同所へ混と相詰、御用相勤旨申付置候間、何遍可申談此旨申渡候、

（朱書）別紙御本文の通り被仰渡候間、已来砂糖□□□何筋美代川□□□作人中へ□□堅可申渡置候、此旨申渡候、以上

亥十二月十五日

代官勤　上村笑之丞

井之川噯　与　人
惣横目
黍横目

（朱書）十二月十七日　与　人　平　福憲
惣横目　仲　為
黍横目　福　與

花時名村
掟
黍見廻

写

一黍地位付見分も相済候付、掛役々坪々踏入細々砂糖見賦、羽書相渡一帳を以、来る廿五日限届可申出候、

一砂糖煎方の儀、来正月四日より車立に付ては、砂糖木屋并製法道具樽結調しふた掛縄等迄も此涯屹と為相済、来る廿五日限届可申出候、

一黍砂糖取散無之様、人別五人組御受為致印形、去年通一帳を以当月中届可申出候、

一砂糖煎中為取締、村々山下見廻作見廻其外人物他慥成もの取調名前可申出候、

一砂糖製法方に付ては、屹と入念上品炊揚候様との趣、先年来幾度も申渡置候付、掛役々には勿論末々迄もおのつから其心得は有之筈候

［文面］

・写～右は井之川噯勧農方掛に命じる。噯中を（よく見回り）不埒がないよう、津口役の暇なときは役所に詰め、御用を勤めるよう申付けるので、しっかりとこの旨申渡すこと。

（朱書）別紙のように、以後砂糖増産について美代川は作人中に申渡し指導すること。

・写～一黍地等級付けの検査も終ったので、一筆ごとに砂糖高を見積り羽書を渡し、帳簿を二五日まで提出すること。

一砂糖煎方は一月四日より砂糖車を建て、砂糖木屋・製法道具・樽詰綱・しふた掛縄などの準備を済ませ、二五日まで届出ること。

一黍や砂糖の取散しがないよう五人組に受けさせて捺印（誓約）させ、昨年通りその帳簿を今月中に提出すること。

一砂糖煎中の取締のため、山下見廻・作見廻・その他しっかりした者を調べて、その名前を提出すること。

一砂糖製法については入念の上、上質の砂糖を炊き揚げるよう先年から幾度も申渡してきたので、掛役は勿論末々までその心得がある筈だが、中には不心得の者も計り難いので、さらに念を入れ上品の製法となるよう特に申諭すこと。

右の通り申渡した条々については、手抜きがないよう取計らうこと。

（朱書）本文については黍見廻の御用として申渡した。ただし、平氏が不快のため私が旅宿にて福與衆を通して申渡した。

［勧農方掛］

この勧農方掛は臨時に置かれた役職のようであり、定役としての記録は見当たらない。美代川は津口横目と兼務して勧農方掛に命じられ、黍作の指導に当っている。美代川は黍栽培の篤農者として評価されていて、彼を代官裁量によって勧農方掛に任命し、砂糖増産を図ったものと考えられる。

［砂糖焚の準備としふた］

一〇月一〇日の「写」には「年内に砂糖木屋を造り調え、薪や諸道具を準備し、一月四日より一〇日までの間、砂糖車を組立て」とある。

「しふた」とは樽の上に被せる藁製の蓋のこと。このしふたについては、大島の「連官史」〈『道之島代官記集成』所収〉に次のような記録がみられる。

得共、間には不心得の者も難計、屹と入念上品の製法相成候様分て
可申諭候、
右の通申渡候条、旁無手抜様可取計候、
□□□横目へ□写を以□□□早々差廻致留より□□

代官勤　上村笑之丞

十二月

三間切　与　人
惣横目
黍横目

右の通被仰渡、今日黍見廻中井之川へ御用にて見賦并御ヶ条の趣細々
申渡候事、
(朱書) 御本文条々黍見廻中御用にて申渡候事、尤平氏不快故拙者旅宿にて福與
衆出席申渡候、

・十二月十八日　晴天北風

一今日早天とん原沖へ下り船壱艘相見得、追々近寄候付、迎船として漕
番差出候処、沖永良部島下り船にて、漕番より徳之島下り船大和有無
の訳問掛候処、寶珠丸大島西之古見へ汐掛、順風次第下島の段答有之
由、然処昼時分亦々壱艘相見得候付、決て寶珠丸にては無之哉と、皆々
番所へ出張居候処、寶珠丸にては無之、是も沖永良部島□□乗通り候、
尤漕番を以迎舟差出□□沖着、小舟難乗出取止候、
(朱書) 本文弐艘帆影相見得候、御届弐度いたし候、

一今日諸田・神之嶺樽改に付、奥氏益実衆被差越候、

・同　十九日　晴天南風

一今日役所にて見賦取調方等いたし候、
(朱書) 夜前九つ時分より南風へ相廻候、昨より乗通候永良部下り跡舟走帰り、
今日四つ時分南西北へ為相替候処、取戻し南を差て乗行候、

儀恵富（文面は要約）

○文政一三（一八三〇）年、惣買入制になり御品物入掛を仰付かったので、六人に砂糖樽のしふたを整えるよう命じられ、底蓋や責蓋を自費で作って包み送ったところ、品崩れもなく都合よく運送できたので、翌年より島中しふたで包むよう仰渡された。

[砂糖の品質について]

砂糖の価格については『前録帳』に次のような記録がある。（要約）

三島の砂糖が大坂表でことの外値下がりしている。すでに国内産の砂糖に押され、惣買入制の効果もなくなってしまうので、砂糖製法は勿論、樽面なども揃えるよう天保一二（一八四一）年に命じられ、大きい村には黍見廻二人を置いた。

この時より全島に黍見廻二九人を置いて、品質指導を徹底して行っていたが、今回改めて仰渡されている。その結果、元治元年以降砂糖価格が上昇し、明治元年には約二倍に達している。（松下志朗著『近世奄美の支配と社会』一五一ページ）

[文面]

・一二月一八日、今朝早くトンバラ沖に下り船一艘が見えたので迎船を出したが、沖永良部島への船であった。漕番が徳之島への下り船の有無を聞いたところ、寶珠丸が大島西之古見へ汐掛していて、順風次第下島するとのことである。また、昼時分にも一艘見えたので、寶珠丸ではないかと番所に出かけたが、これも沖永良部島への下り船であった。迎船を出そうとしたが乗出しが難しいので取止めた。二艘の帆影が見えたので二度代官所へ届けた。

・諸田と神之嶺の樽改のため、奥氏と益実衆がやってきた。

・一九日、今日は役所で砂糖の見積を調べた。夜一二時ごろ南風に変わり、昨日沖永良部へ下った船が戻ってきたが、一〇時ごろ南西北へと変わったので南へ向った。

[徳之島への船賦①]

薩摩藩は、奄美往来の船を、「道之島船賦」として各船主に割当てていた。安政二年（一八五五）ごろの『南河文書』に次の史料がある。

支配人下町　長崎吉十郎

一御船宝寿丸　弐拾反帆　但御品物積船にて、湾屋・平土野両所津下砂糖積船

・同　廿日　曇天西風
一福與衆出席、井之川樽改方したし候、
・同　廿一日　右同
一今日役所にて三役出席、見賦総いたし候、
・同　廿二日　曇天西風
一今日役所にて見賦砂糖総方にヵ等いたし候、

覚

大和人　壱人

□□□□勢中男丸面古袷壱枚古芭蕉衣壱枚着、右所持品竹手籠壱つ、
内一手札壱枚
但未年御改、串良上小原村上仮屋門名子休太郎、札年五拾五歳と有、
一右芭蕉袋壱つ
一古皮腰差壱つ
一丸烟枡入竹筒壱つ
右品々枕本へ有之候、
（朱書）本文手札裏に安政六年藤田助左衛門串良上小原、未十一月拾五日赤塚源六郎上仮屋門名子休太郎、□□禅宗五拾五歳、
右は今日九つ時分、井之川村観音堂へ死体有之候段申出候付、差越見分仕候処、惣身種病死と相見得候付、近隣承介候処、井之川村配所永嶺釜八存居のものの由、相糺候処、名前は能不存候得共、犬田布村配所乞食いたし居候ものにて、先比より当村の方へ祚《ママ》廻居候得共、去る廿日和瀬村の方へ差越由にて、昨日右堂へ罷居候段承り差越見申候処、不塩梅故不差越、追々気分次第可差越、尤先刻ヵ岩七相頼粥等焚給候段為申由、外に何ぞ不審等敷儀承得不申候間、此段

［文面］
・一二月二〇日には福與衆もやってきて、井之川の樽検査を行い、二一・二二日には役所にて三役で砂糖見積の総整理をした。
・覚～大和人一人、中年男性、丸顔、袷一枚芭蕉衣一枚着、所持品は竹手籠一つ。手札（未年御改）には串良上小原村上仮屋門名子休太郎、五拾五歳とある。枕元には芭蕉袋・古皮腰差・丸烟枡入竹筒があった。
今日正午ごろ、井之川村観音堂に死体があるというので見分したところ、種病死と見られたので近隣で聞いてみると、井之川村配所の永嶺釜八が知っているとのことで問いただした。名前はよく知らないが、犬田布村配所で乞食をしていた者であるという。先ごろから当村へ働きに来ていて、二〇日には和瀬村に来たといい、昨日観音堂に居ると聞いたので、出掛けて見るつもりであったが具合が悪く行けなかったが、治り次第出掛ける予定であった。もっとも、岩七に頼んで粥を炊いてあげるよう申したとの事。外には何も不審な様子は聞いていないという。死体処置については仰せがあるまで当村で番を付ける。なお、伊仙噯の惣横目方へは連絡した。
・代官の申渡書
井之川村観音堂の大和人らしい死体は、所持している手札などを調べたり、聞き取りをしたり、御帳面と見合わせて片書名前など調べたところ、犬田布村に右の名前の片書者が配所とあったので、伊仙噯与人や惣横目方へも取調べをするよう申渡した。ついては、死体処置は早速行うよう申渡し、手札や所持品は井之川村掟が預かるよう申付けておく。
・覚～大和人一人、井之川村観音堂で病死。手札を調べたり聞き取りによれば犬田布村配所の者であり、成行を申上げたところ、死体処置を仰渡されたので、処置したことをお届け申上げます。

［解説］
観音堂で見つかった死体は、犬田布村に配流されていた休太郎であった。休太郎は「乞食いたし居候ものにて、先比《さきごろ》より当村の方へ挊《かせぎ》廻居候」と記されている。このように、遠島人は自分で食い扶持を手に入れなければならなかった。多くの遠島人は、附近の百姓の手伝いをして生活していたようである。技術者や手習い指導の出来る武士階層の流罪人は、その特技を生かして食い扶持を稼いでいた。

御届申上候、以上、

但死体取置方被仰渡迄の間、当村より番付置候、尤伊仙噯惣横目方へも問合越置申候、

（朱書）本文の趣を以て伊仙噯与人惣横目差越見分の上、御届申上候様問合越候、

惣横目寄　仲　為

亥十二月廿二日　与人寄　平福憲

月番

御附役様

井之川村観音堂へ大和人と相見得候死体有之、所持の手札等見合、尚又聞合候趣届申出御帳面見合、片書名前等取調候処、弥犬田布村へ右名前片書の者配所相見得候付、則伊仙噯与人惣横目方へも何分取調申出候様申渡置方可申渡候、就ては死体の儀早速□村ヵより取置方可申渡候、左候て右もの手札并所持品の儀は井之川村掟預可申付置、此旨申渡候、

代官勤　上村笑之丞

亥十二月廿二日

井之川噯

与　人

惣横目

・十二月廿三日　晴天北風

覚

大和人　壱人

右は井之川村観音堂へ病死仕居、所持の手札見合、尚亦承介候処、犬田布村配所のものにも可有之、成行御届申上候処、死体取置方被仰渡様承知仕取置方為仕申候間、此段御届申上候、以上

但手札并所持品の儀は井之川村掟へ預り申付置候、

[遠島人の生活]

徳之島には約二〇〇人前後の遠島人がいた。大島には文化二（一八〇二）年、三五六人がいたと『南島雑話』が記している。この『南島雑話』には遠島人の生活の様子が詳しく記録されているので、口語訳で転記しておこう。（一部省略）

流人の上通りなる者は、子供に手習いや素読を教え、また富家の書類を書いたり、砂糖の取引計算を加勢すれば、朝夕不自由がないよう、米や醤油が与えられ、また家を借り、後々は自力で家を作り少々の蓄えもでき、かえって大和の苦しい生活より勝っていて、不幸中の幸いというべきであろう。第一に大酒と女色と放逸は慎むべし。地獄に陥るかどうかもその身の慎み次第である。

下通りの流人は、同輩が集って焼酎をしたたか飲み、また喧嘩をする。多くはこの類の流人である。博打・酒乱は流人の常と知るべし。

昔は誰それと聞えた武士でも、零落すれば見る影もなく、ただ時の幸いを得て栄華を思い権柄を誇っているが、（零落すれば）皆同じ者である。

ここに記されているように、配所においてその技術をもって自活し、家を建て妻を娶って一生を終えた遠島人たちも多かった。彼等の子孫は島に定住し、それぞれの立場で地域住民の一人として溶け込んでいった。

[片書名前と一字姓]

この「片書名前」は「片書名字」のことであろうか。薩摩藩では武士階層以外は名字を用いることはできなかった。しかし、藩財政に貢献したり、特別な事情があるときには二字姓の名字が許されている。志布志では他領境にあるという理由で、浦人や町人に片書名字が許されていた。「片書名字」は「小畑長兵衛」のように右上に小さく書くようである（『志布志記』）。本土領内では二字姓を付けることができたが、道之島では一字姓に制限され「郷士格」という身分になっている。

この休太郎の手札には「赤塚源六郎　上仮屋門名子　休太郎　禅宗　五拾五歳」とあるので「赤塚源六郎」の「赤塚」が「片書名字」になっていたのであろう。

[観音堂]

徳之島の観音堂は諸田に建立させたのが最初のようである。『前録帳』には次のように記されている。

物横目寄　仲　為
与人寄　平福憲

亥十二月廿四日

（朱書）本文手札并所持品預り申付、山下見廻旦則へ相渡候、

月番

御附役様

一今日井之川嗳村々見賦御届方に付、福與衆同道亀津へ差越候、□□御届向行□□□見賦御届書西目様御方へ差上、□□留帳東様方へ差上候、

一砂糖樽并製法道具相済候御届

一村役名前御届

一砂糖方并抜皮御取締五人組御届

一囲籾解封願

一米統改名願書

一田地横目以下拝借願書

一諸田村実富赦免願

右行々西目様御方へ差出候、尤暮時分井之川へ帰る、

一今日下り船帆影相見得御届申上候処、不順にて下着無之事、

・十二月廿四日　晴天東風

一大和船壱艘井之川湊口親干瀬内へ乗入申候間、追々船頭上陸の上、何丸何積舟の訳御届申上度奉存、此段中御届申上候、以上

津口横目　東遊鸖
黍横目　奥亀山
物横目　仲　為

亥十二月廿四日　辰下刻カ

御横目所

月番

御附役様

此御代（寛文一〇・一六七〇年）諸田村溜池出来、同村江観音堂初而建立、破損之後亀津江直シ建立、

この他には、井之川に建立されたという記録は見られないが、仲為日記によれば井之川にも観音堂が建立されていたことが分る。

［文面］

・一二月二三日の日記には、福與衆と一緒に亀津へ出かけて、諸届を提出したことが記されている。砂糖見積書は西目様へ、羽書届帳は東様へ提出している。その他に左記の書類も西目様へ提出し、暮時分に井之川に帰ったとある。

・砂糖樽と製法道具が揃ったという届（製糖準備の完了届）

・砂糖方と抜皮取締五人組名簿の届

・囲籾の貸出願〈正月前に囲籾の貸出が行なわれたのであろう〉

・田地横目以下拝借願書〈下級役人が囲籾の拝借を願い出たのであろうか〉

・村役名簿・改名願・赦免願も一緒に提出している。

・下り舟の帆影が見えたので届を出したが、天気が不順のため入港できなかった。

・二四日、大和船が一艘井之川湊親干瀬《おやひせ》に乗入れたとのこと。追って船頭が上陸次第船名と積荷を調べて届けたいと思う。

［囲籾］

道之島における囲籾《かこいもみ》については詳しいことは分らない。囲籾とは江戸時代に囲米制度として全国的に行われた備荒貯蓄米であったという。また、米価調整などのため備蓄されていて、江戸時代中期以降、幕府によって奨励されたという。薩摩藩においては次のような通達が記録されている。（『薩摩藩法令史料集』一）

（前略）御蔵入并給地高琉球島々迄モ、右三ヶ年ノ間者壱ヶ年高壱石ニ付、真籾一合弐勺四才ツヽ、囲方被仰付筈候処…年々諸郷百姓江凶年災殃等之節為取救囲方申付置候籾之内ヲ以差当置、若年限内不時之災殃等有之候者、御物御取計被仰付筈候…　寛政九巳年十月二十九日　御家老座印

これによれば、寛政九（一七九七）年に琉球の島々まで囲籾を命じたといい、徳之島ではこの制度が六〇年以上も引続き行われていたのであろうか。

一御船寶寿丸御米五百石積入、今日四つ時分井之川湊へ入一統致安心事、

写

一当春砂糖出入清算相遂候付ては、□□過返□方に付御用□□□□

(朱書) 本文廿四日、為基衆より次来候、

十二月十七日

代官勤　上村笑之丞

三間切　与　人

(朱書) □□□被仰渡掟中へ申渡、其趣平氏へ申越候、

写

一寶寿丸積下御米、只今より水揚方相成候様可取計置候、右取納方として明廿五日見聞役勤新納次郎五郎被差入候付、諸事手当向可致置、此段申渡候、

代官勤　上村笑之丞

亥十二月廿四日

井之川噯　与　人

惣横目

(朱書) 御本文申下刻ヵ相届候処、時刻ヵ後れ其上雨天故水揚方今日は不相調候、尤村々へ明未明出夫の儀、三通本日申渡候、上封へ未刻ヵと有、

一井之川噯村々囲籾解封願申上候処、御免被仰付申渡候、

写

黍筆子

系米統事

系與根元

右の通改名の願令免許候条、可承向へも可申渡候、

(朱書) 本文写取村々へ申渡候、

[文面]

・一二月二四日、寶寿丸が御米五百石を積んで、午前一〇時に井之川湊へ入ってきたので一同安心した。

・写 ~ 今年の春の砂糖について清算は済んだが、過返し方に付き御用があるので出張すること。

・写 ~ 寶寿丸の積んできた御米を、水揚できるよう取計うこと。取納方として明日二五日に、見聞役の新納次郎五郎が行かれるので、諸準備をしておくこと。

(朱書) 写が届くのが遅く、また雨天のため水揚準備はできなかった。

・井之川噯村々の囲籾について解封願を申上げたところ、許可が仰付けられたので申渡す。

・写 ~ 黍筆子《てっこ》(記録掛) 系《いと》米統の名前を系與根元に変更するという改名願を許可したので、向き向きへ申渡すこと。

[解説]

囲籾については、文面に「井之川噯村々囲籾」と記されているので、村々で救荒用として籾を蓄えていたことが分る。この救荒米を正月を前にして、貸し出すために解封願いを申出ていたのであろうか。

[系家と郷士格]

系家は早くから郷士格となり、「系」姓が許されていた。系家の経歴については『近世奄美の支配と社会』に詳しく記載されている(同書一五八・九ページ)。ここでは同書(「系家文書」「宗門手札改帳」による)を参考に概略を述べておこう。

糸木名村は天明四(一七八四)年以降、飢饉や流行病で廃村になっていたが、伊仙噯与人格米富が文化六(一八〇九)年に糸木名村を再興し、六八石余の村高にまで復興している。また、藩庁へ砂糖を献上した功労などにより郷士格に取たてられて「系」姓が許された。

改名を許された「系與根元」の代、「宗門手札改帳」(慶応二・一八六六年)によると家族男七人・女一〇人の外に、下人一四人、下女一六人の使部《ちけべ》(大島では家人《やんちゅう》)がいたことが記されている。そのうち七才以下の下人・下女が八人もいるが、この子供たちは系家で生れた子供であった。このように、系家が島役人(黍筆子)を勤めながら、地域を取り仕切る豪農であったことが記録されている。

なお、徳之島の郷士格は天保年間には四一家に増えている。

十二月廿四日

代官勤　上村笑之丞
三間切　与人
前應
為清
為豊
福保
佐伊實
孝則

写

一□□井之川噯砂糖方掛幷（以下二行不明）来子春定式砂糖代米□□□
通帳明日中可被差出候、此節配当払に相拘事候間、此段御問合申進
候、以上
亥十二月廿四日
東間切　書役
与人衆

・十二月廿五日　曇天西風
一今日寳寿丸御米御取納方として前御仮屋様四つ過時分直に御取納取付
候処、弐百廿八表相済候事、
一明後廿七日井之川噯西目間切配当被仰付、村々へ申渡候事、

写

当亥春正余計砂糖出入決算後の過斤、先達て割合申渡候、現米払の
内是まで内場払迄も差引残斤高、四部一割を以此涯代米払方可申付
候条、銘々無親疎割合、明後廿七日限面付帳可差出、此旨申渡候、
亥十二月廿五日
代官勤　上村笑之丞

［文面］

・写～右の井之川噯砂糖掛と□□□は、来春の定式砂糖代米の見積通帳を明日中に差出していただきたい。今回の配当にも拘《かかわ》ることなので、このことを問合わせ申伝える。

・一二月二五日、今日寳寿丸の御米取納方として前御仮屋様が午前一〇時過ぎに来られたので直ちに荷揚げを行い、二二八俵を済ませた。二七日には井之川噯と西目間切へ配当すると仰付けられたので、村々へ申渡した。

・写～今年春の正余計糖出入決算後、さらに余った斤数ついては、代米の割合を先日申渡した。現米の場合は内払い分を差引き、残りの斤数には四部一割で代米を支払うよう申付けるので、各人へ区別なく割振って面付帳を二七日まで提出すること。

［惣買入制による砂糖区分］

天保元（一八三〇）年から始まった薩摩藩の第二次（二回目）砂糖惣買入制は、明治四（一八七一）年まで続いた。その間には巧妙な収奪形態が取られていて、生産したすべての砂糖が鹿児島や大坂に運ばれていった。そのため様々な名称（区分）が付けられて収奪されてきた。その名称が上納米換糖（仮称）・定式買入糖・買重買入糖・余計糖・正余計糖・献上糖・小樽であった。

①上納米換糖～換糖上納令により年貢米の代わりに上納させる砂糖。これは年貢上納分として義務付けられたものであり、代米は支払われなかった。

②定式買入糖～一五才～六〇才の島民に栽培面積を割当てて生産させ、強制的に買上げる砂糖。一斤米四合替えで米が配当された。徳之島は七三万斤であった。

③買重糖～臨時に買上げられた砂糖。後には強制的な割当となった。代米がある。

④余計糖～①②③の砂糖を上納した残りの砂糖。島民はこの余計糖をもって三島方に必要な物品を注文し、翌年鹿児島から送られてきた。

⑤正余計糖～④までを差引いてさらに残った砂糖。この砂糖も全部大坂に運ばれていったので、斤数を記した手形（羽書）が渡されて、貸借に利用された。

⑥献上糖～豪農は⑤が大量に残るので、地位（役職）と名誉（郷士格）を得るために藩庁へ「差上げ切」として、献上した。

⑦小樽～島役人には鹿児島へ送る音信用（交際用）の砂糖小樽（二五斤入れ）が各職に応じて許されていた。

（朱書）本文村々掟黍見廻御用にて直に申渡候、　井之川噯　与　人
惣横目

・同　廿六日　曇天北風

写

此内申出候焼酎甑、村々壱弐ヶ所へ取揃、横目役致切封、来る廿九
日限届可申出、此段申渡候、

（朱書）本文村々へ取揃候様申渡候、

代官勤　上村笑之丞

亥十二月廿六日

井之川噯
□□間切

□□弐百五ヵ拾表《ママ》丈相残□

・十二月廿七日　晴天北風

一今日井之川噯西目間切配当被仰付差引方御蔵出張、尤昨日御取納残弐
百俵余、今朝の間御取納有之候、

覚

黍見廻　富　應
右の母方祖母　奥亀山
右両人の母方伯母　奥　森

右は富應祖母此内より病気御座候処、養生不相叶今日死去仕、右三
人忌中御座候間、御届被仰上可被下度奉願候、以上

亥十二月廿六日

親類
津口横目　東遊靍

［文面］

・写～この間申出た焼酎甑については、村々で一・二ヶ所へ集めて横目役が切封をして保管し、二九日まで届出ること。
・一二月二七日、井之川噯と西目間切に米の配当を仰付けられたので、差引方として御蔵へ出張した。もっとも昨日の御米取納の残り二〇〇俵余を今朝までに終了した。
・覚～富應の祖母は病気であったが、養生の甲斐なく今日死去され、右の三人は忌中に付き、お届け仰上げられるようお願いいたします。

［焼酎甑の数］

焼酎製造用の甑については一〇月二二日に、次のように報告していた。

・諸田村　一二挺（内九挺は去る冬届以降購入した数）
・神之嶺村　四挺（内一挺は右同）
・井之川村二九挺（内二六挺は右同・六挺は破損している）
・久志村　一〇挺（内七挺は右同）
・母間村　八四挺（内五三挺は右同・一四挺は破損している）
・轟木村　八挺（内五挺は右同・二挺は破損している）
・山　村　二〇挺（内一三挺は右同）
・合計　一六七挺（内一一四挺を新に購入・二七挺は破損している）

この数によれば、村により大きな差異が見られるので、人口比による制限はなかったのであろうか。また、新に購入する場合の代価支払や購入先については記録されていないので分らない。

［『道統上国日記』より①～献上物の割当］

上段の原文解説等が少なく下段に余白が生じたときには、同時代の史料として、『道統上国日記』より重要な事項を引用しておきたい。

道統の上国は文久三亥年五月であった。面縄間切喜念噯の与人であった道統は、一月一二日、前藩主島津斉彬の生前の功労による従三位追贈ご祝儀のため、上国を命じられている。上国に当っては、献上物（藩主への贈物）や進上物（家老への贈物）を持参しなければならなかった。これらについて『上国日記』は次のように記している。（南方新社刊『南西諸島史料集』第四巻により要約引用）

・一月二四日、献上物・進上物を各噯に割当て、二月一五日までに納めるよう

井之川噯
惣横目衆
右之通申出候間、此段御届申上候、以上
亥十二月廿七日　　惣横目寄　仲　為
月番
御附役様

写
一手札壱枚
但未年御改犬田布村配所、串良上小原村上仮屋門名子休太郎所持□
□休太郎事、井之川村観音堂（以下二行不明）の儀は焼捨申付候、
代官勤　上村笑之丞
亥十二月廿七日
井之川噯　与　人
惣横目
（朱書）本文伊仙噯惣横目方へ相渡候、尤外品々焼捨掟方へ申付候、

・十二月廿八日　晴天北東風
一今日三間切村々当春過返米御払方に付、終日御蔵差引方いたし候、
・同　廿九日　曇天東風
一今日前《ママ》御帰館益実衆御供にて被差越、右席ニ焼酎甑切封日延願申上筋の処、南浅間村へ車五組焼酎造用、黍しぼりいたし候を掛り銘々へ見当り今朝御届相成候由、右願方不相成、益実衆今昼時分井之川へ被帰候付、夫より前織衆美代川衆□□我等手分にて村々へ差入□□候、尤久志・母間両村益実衆、轟木前織衆、山村美代川衆、井之川村我等、諸田・神之嶺村東氏差入候事、

連絡した。
一砂糖八四一〇斤　上国費用（進覧用や失脚料や運賃として）の割当て。
・伊仙噯に一四二二斤余　・兼久噯に一〇六四斤余　・岡前噯に九八〇斤余
・井之川噯一七二二斤余　・亀津噯に二〇八一斤余　・喜念噯一一四〇斤余
一尺筵一三〇枚　勝手方書役への進上用として、各噯に割当て。
一中壷四五本　焼酎二斗入ヵ。故斉彬・藩主忠義・後見人久光の三様用。割当て。
一下筵一二枚　三様用。各噯に割当て。（尺筵以下割当て数は省略した）
一その他（各噯均等割り）　芭蕉小縄六三尋、畳三枚、薪三〇束、松節一五束
木場葉三一二枚、犬丸三束、長木三束、壷木藍五〇。

［文面］
・写～手札一枚、これは未年に手札改めをした犬田布村配所の串良上小原村上仮屋門名子休太郎所持の手札である。休太郎は井之川村観音堂にて病死したので、その所持品は焼き捨てること。
（朱書）手札は伊仙噯惣横目に渡し、他の所持品は掟に焼き捨てるよう申付けた。
・一二月二八日、三間切の村々へ今年春分の過返米を配当したので、終日御蔵にて差引計算にあたった。
・二九日、前御仮屋様ヵの御帰館に益実衆がお供した。その席で焼酎甑の切封日の延期を願い出たところ、南浅間村で砂糖車五組を建てて、焼酎用の黍しぼりをしていることを係が見つけたとの報告があり、延期願いは許可されなかった。益実衆が昼時分に帰ってきたので、それから前織衆や美代川衆や我等は手分けして村々へ出かけて調べることにした。久志・母間村は益実衆、轟木村は前織衆、山村は美代川衆、井之川村は我等、諸田・神之嶺村は東氏が調べた。
・三〇日、二六日惣横目へ提出（二七日惣横目から附役へ提出）した黍横目奥亀山等の忌中願が許可された。
・三〇日には届出ていた甑の切封が終了したことが報告されている。しかし、南浅間村の焼酎用の黍しぼりについてどう処置されたかなどは、記されていない。おそらく実際に黍をしぼり焼酎を密造しようとしていたという事実がなかったのであろう。したがって、甑を取上げて島役人が監視するという報告だけで、代官所も承知したものと思われる。

・同　晦日　晴天西風

写

黍横目　奥亀山
黍見廻　奥　盛
右　同　富　應

右忌中の段申出候得共、忌差免の条可申渡候

代官勤　上村笑之丞

亥十二月晦日

（朱書）本文致通達候　井之川噯

□□□噯村々焼酎甑切封□□御届申上旨被仰渡趣承知□、此内取調御届申上置候挺数、無残切封仕置申候間、此段御届申上候、以上

亥十二月晦日　津口横目　美代川
前　織
東遊鸝
田地横目寄　益實
惣横目寄　仲　為

月番
御附役様

写

一来春出来砂糖取締に付、東方より商売等敷品物等持越候ては、別て妨ヶ□□砂糖煎方取付より御仕登中は諸品不持越様、御支配東方村々御申渡置給度、若不差越候て不叶品は其村掟書付相添持越候様、無左候ては道番付置取揚可為致候間、其段不洩様御申渡給度、此旨前廣御掛合申越候、以上

［『道統上国日記』より② ～ 麻疹の流行］

・昨年秋、麻疹が流行し多数の死者が出た。一月二七日、各村の掟・黍見廻・麻疹方掛を集め、宗門改帳と引合せてその数を調査し、左のように報告している。

喜念・佐弁村	罹患者数	六一九人	死者	四二人（男二一人・女二一人）
目手久村	同	七二七人	同	四九人（男一一人・女三八人）
面南和村	同	九二四人	同	四五人（男一九人・女二六人）
検福・古里村	同	六四九人	同	二八人（男　八人・女二〇人）
白井村	同	八四人	同	五人（男　三人・女　二人）
中山村	同	一〇八人	同	一一人（男　三人・女　八人）
喜念噯合計	同	三二一一人	同	一八〇人（男六五人・女一一五人）

さらに、三月二二日の『道統上国日記』には、徳之島全体の罹患者数と死者が次のように記されている。

亀津噯	罹患者数	五六二七人	死者	五三九人
岡前噯	同	二六六九人	同	一八四人（男三八・女七五・子三五人）
井之川噯	同	四四八四人	同	三九三人（男九三・女二二四・子七六）
伊仙噯	同	三七五三人	同	二六二人
兼久噯	同	二九七八人	同	一五五人（男五五人・女一〇一人）
喜念噯	同	三二一一人	同	一八〇人（男六五人・女一一五人）
合　計	同	二二六二二人	同	一六七七人

［文面］

・写～来春の砂糖取締に付き、東間切から商売用の品物が持ち込まれては、妨げになってしまうので、砂糖製造中や積込中には品物を持ち込まないよう東間切の村々へ申渡していただきたい。どうしても必要な品物については掟の添書きを付けること。添書きがない場合は道番にて取揚げるので、このことを洩れなく申渡していただきたい。この旨前廣に掛合って申し遣わします。

（朱書）本文に添書を以村々へ申渡候事、

面南和間切

砂糖方掛　役々

亥十二月廿九日

東間切

与人衆中

惣横目衆中

千秋萬歳

目出度書納候

思　無　邪

文久四年甲子正月ヨリ

萬　思　叶

［解説］

この文面によると、島内において販売用の品物が流通していたことが推察できるが、その実態は記されていないので不明である。また、品物の持ち運びを砂糖製造期や砂糖積出時期には禁止すること、さらには、必要な品物については掟役が証明書を添えて運んでくることを、面縄間切が東間切へ要請している。

砂糖惣買入制の下では、物品売買は一切禁止されていたといわれているが、この文面からはいくらかの商品が流通していたことが分る。その物品が東間切から持ち込まれているということは、亀津や井之川在住の藩役人や従者が関与していたものではないか。すでにこの時期には羽書の使用は禁止されていたので、一般の島民が羽書を使って売買することはできなかったはずである。（羽書の流通は五月～七月であった）

可能性としては、藩役人が持参してきた物品を島役人などに預けて売りさばくよう依頼したのではないか（このような事例が与論島の『猿渡家文書』に記されている）。この場合は来春出来る砂糖を見込んで、押し売りの状態で持ち込まれたものと考えられる。そのため面縄間切の島役人は、島民の負債が増えることに危機感を抱いて東間切に要請したものと考えておきたい。

［文面］

文久三（一八六三）年九月二一日から始まった（それ以前の日記は欠落している）仲為日記は、一二月晦日をもって「目出《めで》たく書き納め候」となっている。

明ければ文久四年。「思いに邪念なく、よろず思い叶う」という新たな決意と祈りで、日記が書き始められている。

二月二〇日、年号が「元治元年」となった。

文久四年
　子　（朱書）元治と改元
・正月元旦　晴天北東風
一今日早天奥氏同道亀津へ差越、井之川噯役々中列立横目以上於御座に御祝儀申上、引次五御仮屋御祝儀申上、七つ時分より出立、暮時分井之川へ帰着候、
・同　二日　晴天南風
一今日役々中列立御蔵祝いたし、昼時分出立□□□□、
・正月三日　晴天□□
・同　四日　右同
・同　五日　晴天西風
・同　六日　右同
一近々煎例方御頭様御差入に付、井之川へ差越候様平氏より問合来候処、足痛にて難得差越頼越候、
・同　七日　晴天東風
一昨日亀津湊へ自福丸道董衆乗船にて下着有之候段、平氏より大和左右等為知来候事、
・同　八日より十九日迄在宅、
・同　廿日　雨天南風
・同　廿一日
　　写
高田十郎右衛門家来
小山萬右衛門
外噯略ス
右六人為知ヵの上島方居住申付置候得共、
順聖院様御贈官付、此節御恩赦被仰付候、

［文面］

・一月一日、早朝から奥氏と同行して亀津に行き、井之川噯の役々も連れ立ち、横目以上は御座においてお祝いを申上げた。引続き五御仮屋へもお祝い申上げて、午後四時ごろ亀津を発ち、夕暮れに井之川に帰りついた。
・二日、役々と連れ立ち御蔵祝をして、昼時分に出発した。
・六日、近々砂糖煎試しに御頭様が来られるとのことで、井之川に来るように平氏から問合せがあったが、足痛のため行けないので、（よろしく）頼んでおいた。
・七日、昨日亀津湊へ自福丸より道董衆が帰ってきたというので、平氏が大和の消息などを知らせに来てくれた。
・八日より一九日までは岡前の自宅で過ごしている。

［上国与人道董《みちとう》について］

喜念噯与人道統は上国にあたって「道董」と改名していた。道統は文政六（一八二三）年、兼久噯与人のときも上国している。このときの記録は『前録帳』に収録されており、献上品などが詳しく記載されていて貴重な史料となっている。

今回の上国にあたっては日記を書き残している。その日記が「道統上国日記」であり、山下文武氏の解読で翻刻されている（南方新社刊『南西諸島史料集』第四巻に所収）。以下、山下氏の解題から上国日程をあげてみよう。

・一月一二日、故順聖院様（島津斉彬）のご祝儀のため、上国を仰付けられる。
・五月二四日、徳之島を出帆。途中大島に寄港する。
・六月一二日、山川港に到着。六月二八日、鹿児島前之浜に到着。
・七月二日、薩英戦争が勃発。英国軍艦の砲撃で鹿児島が被災。大時化で積船が破損し献上物などを損失。
・九月九日、大島・喜界島・沖永良部島の与人と共に藩主に謁見。
・一一月二六日、前之浜を出帆。二九日、山川へ到着。
・一二月二三日、山川を出帆。
・一月六日、亀津湊へ帰着。

こうして道統は約半年にも及ぶ上国を勤め、その間の行動を克明に『道統上国日記』に記している。重要事項としては、島役人の異動・喜念噯の麻疹流行・天然痘流行・疱瘡の接種・砂糖取締・黍地検査・献上物品目・与人間の交流・鹿児島での動向・藩主お目見えや家老の接待等々が記録されている。

但当分通召置度存候者は其訳可申出候、
右可申渡候、
七月廿日　　但馬
□□□被仰渡候間、□□□□申越候、以上
亥七月廿日　北條織衛
徳之島
代官
別紙御本文写の通被仰付渡候間可申渡候、
代官所勤　上村笑之丞
子正月七日
東間切
面縄間切
与人
惣横目

右御用封義美屋衆よりの引札にて今日申下刻カ、浅間村行番小坊持来候付拝見、名印にて平氏へ遣候事、

・正月廿二日　雨天北風
・同　廿三日　右同
・同　廿四日　右同
・同　廿五日　右同
・同　廿六日　右同　廿七日　右同
一遠島人居住人村の御用被申渡度、名前書抜平氏へ頼越候、
・同　廿八日　晴天北東風
・同　廿九日　右同
・二月　朔日　晴天北東風
・同　二日　右同

[文面]

・写～右の六名（五名の氏名は記載なし）は徳之島へ居住を申付けて置いたが、順聖院様御贈官に付き、恩赦が仰付けられた。但し当分召し置きたい者については、その訳を申出ること。

[解説]

小山萬右衛門外五名の徳之島への遠島の理由は不明であるが、斉彬の御贈官による恩赦で鹿児島へ帰ることができるようになった。但しまだ「召し置きたい者」についてはその理由を申出よ、と家老但馬が北條織衛に命じ、北條は徳之島代官へ通達した。代官上村は配所地の東・面縄間切の島役人にその写を遣わして処置を命じている。写を入れた御用封が義美屋衆の「引札（連絡用の箱か）」をもって二一日、浅間村使番の小坊便で仲為に届けられた。仲為は拝見した後、押印して平氏へ届けた。二五日、御用連絡のため遠島人と居住人の名簿作成を平氏へ依頼している。

斉彬御贈官のご祝儀上国は昨年の一月一二日に道統に仰付けられているが、恩赦の通達は半年後の七月になっている。そして、その知らせが徳之島に届いたのはさらに半年後の一月初めであった。

[『道統上国日記』より③～上国に伴う島役人の異動]

喜念噯与人道統の上国に伴い、「上国中跡寄《あとより》」という臨時役職が、昨年の二月二五日に代官名で命じられている。与人寄の異動はその以下の島役にも影響を及ぼし、一七人の配置替えと一五名の担当村が変更されている。ここでは原文に従って要約し、異動先を矢印で示しておこう。（カッコ内が旧役職名、担当村の変更は省略）

・喜念噯与人には与人嘉智統（井之川噯与人か）があたり、井之川噯与人寄に平福憲（惣横目）←惣横目寄に勇喜賢（代官所書役）←代官所書役寄に禎富佐（書役定助寄）←書役定助寄跡寄に時応（書役見習寄）←書役見習寄跡寄に福生（書役稽古）←書役稽古寄に直隆（初任）
・代官所書役の元儀美も上国。その代役として、代官所書役寄に徳孫（書役定助）←書役定助寄に富淳（書役見習寄）←書役見習寄跡寄に光保（書役稽古）←書役稽古寄に元多美（初任）
・面南和間切竹木横目の富盛も上国。その代役として、面南和間切竹木横目寄に与志郷（岡前噯目指）←岡前噯目指寄に穂川（喜念噯筆子）←喜念噯筆子寄に義志善（書役稽古）←書役稽古寄に徳応嘉（初任）

・同　三日　曇天東風
一今日岡前出立井之川へ差越候、然処前御仮屋様兼久嗳煎例、引次湾屋居舟盛徳丸御品物御取納方にて今日御帰り、母間村御泊り、尤番所へ立寄前織衆へ諸事御用談いたし候、
・二月四日　曇天東風
一今日前御仮屋様母間村御出立御帰に付、御蔵へ出張、茶壱つ差上、九つ時分御立被成候、
・同　五日　晴天南風
一今日九つ時分池間村芳友宅より出火差発り、人家弐拾四軒焼失の段、禎澄申御届として早打馬亀津へ、暮時分糺方の成行并砂糖樽并手札、其外御物掛品焼失無之訳御届として益実衆井之川旅宿被差越候付形行書付等相調、夜入五つ時分出立亀津差越候、且鍋ヵ割合村々へ申渡候、
一大御仮屋より致盗候もの行先不相知、不審成御糺方被仰渡置、亀津会所には毎日糺方にて候得共、今日迄不相知、村々不審成もの糺方の成行可申越旨御指図の由にて、会所出張役々より問合来、当嗳糺方の成行右役々宛にて申越候事、
・同　六日　晴天南風

覚

井之川嗳
遠島人
（朱書）外に　居住人
他村配処中宿人

右者正五九月兼て被仰渡置候御取締向申渡（以下不明）
（朱書）容貌致見分御届可申上旨被仰渡置（以下不明）　惣横目寄　仲　為
子二月六日　与人寄　平福憲
月番
御附役様

［文面］

・二月三日、岡前を発ち井之川へ行った。すると前御仮屋様が兼久嗳の砂糖煎例をされ、引続き湾屋停泊中の盛徳丸から御品物の取納方を済まされたお帰りに母間村に宿泊された。なお、番所へ立ち寄り前織衆と諸事について相談した。
・四日、前御仮屋様が母間村を御出立し、お帰りになるということで、御蔵へ出かけてお茶を差上げ、正午ごろ発たれた。
・五日、一二時ごろ池間村芳友宅から出火し、人家二四軒を焼失したと禎澄から申出があり、早馬にて亀津へ届けた。夕方には取調べの成行や砂糖樽や手札や、その他御物の焼失はなかったことを届けるため、益実衆が井之川の旅宿へきたので、状況を書付け調えて夜八時ごろ亀津へ出かけた。〈注・この後の日記には、被災者に対する調査や救済などが、詳しく記録されている〉
・大仮屋より盗み出した者の行方が分らず、不審者の探索が命じられた。亀津会所では毎日取調べているが、今日まで分っていない。村々には不審者取調べの報告を行うよう指示があったとのことで、会所から問合せが来た。井之川嗳での探索方については役々へ報告した。
・覚～井之川嗳配所の遠島人や居住人や中宿人への定期取締が行われ、容貌などの異常がなかったことを代官所へ報告しているようである。

［遠島人に対する取締］

遠島人などの取締は一・五・九月に定期的に行うことが定められていた。仲為日記には昨年の一〇月八日に取締の報告があり、次に二月六日の報告、そして、六月一三日に三回目の報告が記されている。

この「正五九取締」については『天城町誌』が詳しく解説しているので、その全文を引用しておこう。

遠島人は藩命で流罪（島流し）の刑に処せられてきている人、居住人は遠島の刑期が終った後、代官に願を出して許可を受けて島の住民となった人で夫役にも応ずる。遠島人に対しては代官所がその居所を指定するが、身体の自由は拘束されないで、自由に島内の旅行ができる。遠島人の住所の指定部落を配所（方言でヘーショといった）という。他村配所の村とは部落をさす。中宿人とは所用のため一時滞在する旅行者のことであるが、ここでは他村配所の中宿人とあるから、

写

当分伊仙村芳豊拘
童名乙　本名正芳
政友

一年四拾歳比
但勢中、色黒、肥肉、長面、着物数々、髪少ク
右御用有之者にて御糺方被仰付渡候
（朱書）本文政友儀二月八日面縄下阿け野にて捕方相成、右糺方平福憲衆勇喜賢衆当分阿木名在勤にて、阿木名《ママ》へ翌九日於阿木名に糺方の段、平氏より申来候、

口上覚

母間村の内池間
焼失人数　仲澄
外に廿弐人

一家内弐拾三ヶ内
一人数　八拾九人
外に　火の本人芳友除
右拝借願申出面付相調、東遊鸖亀津へ被差越東様御方へ願出候処、明日何分可被仰渡被仰付候段□□候、
一今日より亀津会所引取、平氏勇喜賢衆面縄間切村の糺方被差越、記氏義美屋衆には西目間切村々糺方被差越候段承り候、
一右御糺方に付、不審もの糺方村々へ為申渡、喜祐安衆今日村々廻村被致候、
一わんや居舟成徳丸積下り茶久具ヵ今日喜和隆へ為致割合村々へ申渡候、
一轟木村差支候趣を以、益実衆より東様御方へ拝借願被申上候処、御免可被仰付段、面付帳并願書を以願出候様、恵静を以御伝言被仰付候、

遠島人や居住人たちが、所用で指定住所以外の場所に泊っているのをさす。

正五九取締りというのは、正月、五月、九月の三回行うので、これを正五九取締りといい月代（さかやき）等顔をそったり容貌を勝手に変えてはならないことになっている。〈注・これは一〇月八日の取締に関する解説文である〉

【文面】

・写～伊仙村芳豊の下男正芳（政友）は四〇歳ぐらいで、中背色黒の肥肉、面長で髪が薄い。着物は数々所有。この者には嫌疑があり取調るよう命じられた。
（朱書）政友は面縄あけ野で捕えられたので、阿木名在勤の平氏と勇喜賢衆が取調べることになり、翌九日平氏から取調べの連絡があった。
・覚～母間村（池間）の火災で焼失した家内は二三戸、被災者が八九人。
右の拝借米願い出のため被災者名を調べ、東遊鸖衆が亀津に出かけて東様に提出したところ、明日申渡すとのことであった。
・今日より亀津会所を引揚げ、平氏と勇喜賢衆は面縄間切の取調べに、記氏と義美屋衆は西目間切の取調べに出かけたという。
・右のような不審者の取調べについて、喜祐安衆が村々を廻って通達した。
・湾屋停泊中の成徳丸から下し茶の配当を、喜和隆に割振りさせて村々へ申渡した。
・轟木村差支（困窮）のため、益実衆が拝借米願を東様へ申上げたところ許可され、面付帳（名簿）と願書をもって願い出るよう、恵静から伝言が来た。

【拝借米】

早速、昨日起きた母間村の火災で焼き出された二三家族の救済が始まっている。おそらく周囲の村人は衣類や日用品を分け与えたであろうが、以後の食料については、拝借米に頼る他なかったのであろう。
拝借米についての記録を『前録帳』から拾い出してみよう。

・一七〇九年、疱瘡が流行し、大飢饉。餓死者多数。「拝借米」が仰付けられた。
・一七五五年、凶作で飢死者三〇〇〇人余。「拝借米」を琉球より二回五〇〇石、鹿児島より「御米」三〇〇石下されたが、間に合わず右人数が死亡。
・一七六二年、飢饉に付き、「御米寄本」として琉球より米・粟一八〇石取寄せる。
・一七六六年、凶年に付き「寄元米」御米一八〇石を三間切に拝借配当した。

・二月七日　雨天西風

一井之川嗳村々内斤届少く、何様の訳にて右通り煎方致油断候や、屹と埒明候様、我々方へ可相達旨、東遊䳽衆へ東様より分て御沙汰有之候段、今朝承り候付、福與衆母間在勤に付、右の様問合越黍見廻中へも稠敷申渡、諸田・神之嶺へは東氏被差越候、

一轟木村拝借米面付帳并願書差出候様、東様□御伝言被仰越候得共、□□□納得□□、

写

米四石四斗五升起

母間村　仲澄

外廿弐人

右家内人数八拾九人、壱人分五升ずつ

右者共居宅逢類焼木屋掛等出来兼、拝借の願申出、井之川嗳定式砂糖代米の内より令免許候条、申請書可差出候、

子七《ママ》月七日

代官勤　上村笑之丞

惣横目　仲　為

覚

一真米四石四斗五升起

（朱書）本文通帳を以御手形相成候、

右拝借米申請の御願

母間村仲澄　外廿弐人

子二月

惣横目寄

仲　為㊞

右願書相調、元宝便より佐和長衆相頼差遣候事、

・一七七三年、稲虫被害で飢饉となる。琉球より八〇〇石拝借。
・一七七七年、台風と塩害で飢饉。琉球より「寄元米」五〇〇石、「飢拝借砂糖代」にて渡す。
・一七八一年、凶年にて、鹿児島より「御救米」、琉球より「寄元米」を取寄せる。
・一七八三年、大凶年。鹿児島より「御救米」、琉球より「寄元米」を取寄せ配当。
・一七八六年、凶年にて、鹿児島より「御救米」下さる。
・一八一四年、古来無類の台風津波により大凶年。琉球より「寄元」として四五〇石、鹿児島より「御救米」九〇〇石を取寄せる。
・一八三〇年、台風のため飢饉年。琉球より「御救米」春粟五〇石、沖永良部島より二五石を積み入れる。
・一八五五年、面縄間切凶作で種子籾が不足し、西目間切・東間切「御取納籾」の内から拝借して配当した。

これらの記録は全島単位の主要なもののみであり、記録されなかったものも多かったであろう。藩政時代には全期間を通して一七八一・八三・八六年の記録のように三・四年おきに自然災害による飢饉が襲ってきて、「拝借米」に頼らざるを得なかったものと考えられる。さらに、今回の池間村のように集落単位の罹災による拝借米も配分されていて、島民はその返済にも追われたようである。なお「寄元米」については、その概念がはっきりつかめない。

［文面］

・二月七日、井之川嗳村々の砂糖内斤の届が少ないのは何故か、煎じ方のとき油断があったのか、必ずはっきりさせて代官所へ届けよと、東遊䳽衆へ東様から特別な沙汰があったことを今朝承ったので、母間在勤の福與衆へ問合せて、黍見廻役へ厳しく申渡し、諸田・神之嶺へは東氏が出かけた。
・轟木村の拝借米名簿と願書を差出すよう、東様から伝言があったが（以下不明）。
・写～米四石四斗五升。人数八九人分（一人五升あて）。
　右の者は住家が類焼にあい木屋掛もできず、拝借願を申出ているので、井之川嗳定式砂糖代米の内から差引いて許可するため、申請書を差出すこと。
・覚～右の願書を調えて、元宝便で佐和長衆に頼み、差出した。
　（朱書）拝借米を通帳（品物注文帳）に記録して、手形を差出した。

・二月八日　曇天北風
一池間村火災人数拝借米申請書差遣置候処、頭通帳差出候様書役方より問合来、作民方より取入、福與衆便差出候、
一轟木村拝借米一件に付、福照今日平氏へ差越候、
一明九日黍横目中御座御用に付、福與衆今日暮時分母間より井之川へ差越、拙者旅宿にて御用談いたし候、
・同　九日　曇天北風

覚

一自福丸積下り候□□割合を以（一行不明）
御蔵元へ出揃候様可取計、此段申渡候、
但母間村の儀いまだ不願出候付、手形不相成候
代官勤　上村笑之丞

子二月九日

（朱書）本文返納いたし候様申渡候

井之川噯　与　人
惣横目

右の通被仰渡候間、御日限通未明申請人召列可差越候、此旨申渡候、

惣横目寄　仲　為

子二月九日

井之川噯　掟　中
黍見廻中

写

一去亥春過砂糖代米□□の趣にて拝借いたし置候銘々首尾合に付、過返米申請書差出候様、先達て先達て《ママ》及御問合置候得共、未被差出候間、此段亦々及御問合に候、以上

御　座　書　役

［文面］

・二月八日、池間村火災の拝借米申請書を提出したところ、頭通帳を差出すよう書役より問合せが来たので、作民より取入れて福與衆便で差出した。また、轟木村の拝借米については、福照が今日平氏のところへ出かけて相談した。
・明九日、黍横目中に御座から御用があるといい、福與衆が夕方母間から井之川へやって来たので、旅宿にて相談した。
・覚～〈欠字が多く意味が読み取れない〉自福丸積下りの定式砂糖代米の配当が行われるので、申請者（被災者）に御蔵元へ出揃うよう申渡したものであろう。しかし、母間村の拝借米については願い出がまだ代官所に届いていない。
・写～去年（文久三年）春の過砂糖代米などで拝借した個々人の処理に付き、過返米の申請書を提出するよう先日連絡してあったが、まだ提出されていないので、書役から再度問合せがあった。
右のような連絡が来たので、各村の掟へ去年春過砂糖で拝借した申請書を三日以内に提出することや、申請しなかった村々もあるので、その理由を今日中に連絡することを申渡した。
（朱書）この件については村々が分らなかったため、書役へ問い合わせたところ、追々分ったので、申請書は二月一一日触番をもって書役へ頼んだ。

［過返米］

島民が生産した砂糖の見返りに、藩から下された米には定式砂糖代米があった。この代米については二一ページで解説したが、二月九日付の「写」では「過砂糖代米」「過返米」による「拝借米申請書」の提出が記されている。なお、二月七日の「写」では、今回の火災による拝借米については「井之川噯定式砂糖代米の内から差引いて許可するため、申請書を差出すこと」と指示されていて、この「定式砂糖代米」と「過返米」との違いが、これらの「写」からははっきりしない。「過返米」の史料としては『前録帳』の安政二（一八五五）年に、次のような記録があるのであげておこう。〈原文の千・百・拾は省略〉

一正砂糖三一五万八四六〇斤　内二八八万六二七九斤　但卯春上納分
差引　二七万二一八一斤　正余計
内　一三万三二〇〇斤余　代米四〇〇石余

子二月九日
井之川噯
西目間切　与人衆
（朱書）本文村々へ慥に不相分故、書役方へ尋候処、行々相知候に付申請書相調、
二月十一日触番を以書役方へ頼越候、
右の通問合来候間、亥春過砂糖を以拝借いたし條々、三ヶ日中可差
出候、尤不申請村々も候はば其訳今日中に可申出候、此旨申渡候、
以上、
子二月九日　　惣横目寄　仲　為
井之川噯　掟　中

一今日黍横目中御座御用に付、早天福與衆亀津へ被差越候処、外噯にも出揃居被罷出候処、東様より当春出来砂糖煎例を以、出来斤高より弐割下りにて、井之川噯百拾五万斤余惣出来御請申上候様被仰付候処、外噯にも向々同様の事にて、井之川噯八拾万斤程より上出来可相成此上無御座被申上候処、非常の逢御呵に候付、黍横目一同に何れ支配へ被帰、与人惣横目へも談合不申候ては御請難相叶申上候処、其通可然候付、何分右の首尾差急候様被仰付、皆役所へ相下り居候処、追々亦々罷出候様との事にて列立罷出候処、西目様より稠敷逢御呵に、此上御算当通出来不相成候儀も候はば、一々控役にて御国許へ御伺可被遊抔と被仰付事にて、皆共一同に最前申上候通り、何れ支配〳〵へ一先罷帰三役中申談、尤黍見廻中作人中へも為請合の上、何分御届申上退出致、夫より亀津役所へ皆列立差越、義峯山衆対談にて、此上は一噯ずつ御届難申上候付、来る十四日三役列立亀津役所へ出揃得と申談の上、三間切三役列立罷出御届申上度申談、暮時分旅宿へ被差越候付、明日横目役中并黍見廻中御用にて得と取しらべの上、作人中へも請合させ

右御定式代米之内ヨリ、御取替ヲ以三合替過返被仰付候、
残而　一三万八五一《ママ》〇斤　代米四一五石余
右御払残リ過返米、当冬ヨリ来辰春ニ相掛御下方、御国許江卯夏御願申上候事、

この計算によると、安政二年の徳之島産糖は三二五万斤余で、内約九一％が上納分（年貢糖・定式糖・買重糖・余計糖を含むか）であった。残りわずか九％が正余計糖であり、この分が「過返米」（一斤三合替）として、「返却された」というのであろうか。定式糖は各自に割当てられていたので、基本的には「定式糖代米」は全島民に配当されたが、この「過返米」は「正余計糖」がある島民にしか配当されなかったものであろう。債務下人を抱えていた裕福な農民が「余計糖」の他に、この「正余計糖」約二七万斤も生産していたのであった。

[文面]
・今日、黍横目に御座から御用があるというので、朝早く福與衆は亀津へ出かけ、他の噯も出揃ってお伺いしたところ、東様から今年春の砂糖煎じ例からすると、砂糖産額が二割減になっているが、井之川噯では一一五万斤を引受けるよう仰付けられ、他も同様であった。井之川噯では八〇万斤は出来るがそれ以上は出来ないと申上げたところ、非常なお叱りを受けた。黍横目一同は支配噯に帰り、与人や惣横目とも相談しなければ、引受けることは難しいと申上げたので、それでよいが何分首尾を急ぐよう命じられ、皆が役所に戻っていたところ、また呼び出しがあり連れ立って出て行くと、西目様から厳しいお叱りがあった。この上は（生産高が）御算当通り達成できなければ、控え役（停職）の件も国許へ伺い立てるなどと仰付けられた。一同は先に申上げた通り、一先ず帰って三役とも相談し、黍見廻や作人共へも請合わせた上で届出るということで退出した。それから皆亀津役場にて義峯山衆とも相談し、一噯だけで届けることは難しいので、一四日に三間切の三役揃ってしっかり相談した上で届出ることにしたという。夕方、旅宿に来られたので、明日、横目役・黍見廻中を集めてしっかり取調べた上で、作人中へも請合わせたいと相談し、村々へ申渡した。

[解説]
　厳しい命令である。この日記は、砂糖惣買入制がこのような無理難題の下で実施されていたことを物語る貴重な記録となっている。島役人は詰役人の叱責を受

度申談、村々へ申渡候、尤酉下刻《カ》義志徳へ問合書相渡候、福與衆今
夜四つ時分迄旅宿にて致御用談被罷帰候、

・二月十日　雨天北東風

写

右者急成御用の儀有之候間、此書付相達次第早々差越届可申出候、

惣横目寄　仲　為

代官勤　上村笑之丞

子二月十日

右の通被仰渡候処、足尓今踏立候儀不相叶、義峯山衆・前賀衆・佐和長衆へ成行被申上呉候様頼越候事、尤亀津触番嶺富、右御用封致□参候付、右ものを以頼越候事、

（朱書）本文の通義峯山衆へ頼越候処、富屋衆・喜祐禎衆へ只今御用にて被仰付候段、義峯山衆より申来候、

写

口上覚

一弐才比男牛　壱疋　但毛色　黒牛

右は黍見廻資清所持牛、二月五日晩目手久村上原へ繋置候処、同所下の方にて打殺、骨計残し持迯候形にて披露《ママ》相成候処、御張紙を以村々相糺不審の廉有之候はば申出候様被仰渡候事、

右御用封御返納いたし候趣有之候、

名印、義峯山衆より次来為基衆へ次、

（朱書）本文井之川噯村々へ不審の廉無之段、向々御届申出候、

写

一井之川噯御高札書方相成候付、相請取掛方可致此段申渡候

けながら、これ以上生産できないと必死に実情を訴えている。詰役にも個人差があって島役に対する対応の違いがあったことが伺える。東様が島役の言い分を聞き入れたのに対して、西目様の脅しは支配者の圧力であった。島役人は「黍見廻中や作人中へも請合させた上」お届けすると約束せざるを得なかったのである。「作人共にも受け入れさせた上」とは、島役が島民に無理やり生産高を押し付けた後に報告するということであり、作人の負担はますます大きくなったのである。この西目様の高圧的な脅しや態度にやがて島民は我慢できなくなり、立ち上がったのであった。

【『道統上国日記』より④ ～ 砂糖の再見積】

道統の昨年（文久三）二月五日の日記には、この年の砂糖生産高を再見積して、左のように提出したことが記されている。

喜念・佐弁村	見積砂糖	一〇六七〇〇斤程
目手久村	同	一二四九〇〇斤程
面南和村	同	一七五八〇〇斤程
検福・古里村	同	一〇二六〇〇斤程
白井・中山村	同	三四六〇〇斤程
喜念噯合計	同	五四四六〇〇斤程

この提出について原文は「坪々細々見賦為仕被申候処、右之通相及申候間、此段御届申上候」と記載している。さらに、二月六日の日記には、「今朝役々御座御用ニて罷出候処御見頭《ママ》通不及付、此上は御頭より噯々御賦ニて被相渡、右斤高是非出来相成候様、御算当書被召下候由、平氏より承候事」とある。これによれば提出した見積高に対して代官所は納得せず、代官所の方から各噯に割当てた「御算当書」が渡されて、この産額を是非達成するよう命じたようである。こうした藩役人の高圧的な姿勢は文久四年にも変わることはなかったのである。

【文面】（ここでは写と口上覚を要約した）

・二月一〇日、仲為に代官から急用の呼び出し状が来たが、足が痛み踏み立ちも出来ないので、義峯山衆などに亀津へ連絡するよう頼んでいる。

・口上覚では、喜念噯目手久村で牛一頭が何者かに屠殺されていたので、犯人探索のため不審なことがあるなら届けるよう、貼紙をもって村々に命じている。代官所からもこの貼紙を受取り、高札に掲げるよう指示されている。

子二月十日

代官勤　上村笑之丞

（朱書）本文被召下候付、掛方目指へ申付候、

井之川噯

与　人

右の通被仰渡、禎澄亀津在勤に付、申請方申越候事、

・二月十一日　曇天東風

一昨日黍見廻中井之川旅宿へ御用にて、福與衆・益実衆・美代川衆在合、一昨日於御座福與衆承知の通、煎例本より弐わり下りを以村々へ申渡候、尤右算当を以羽書作人銘々へ渡方に付、人別召列御趣意申渡候上、黍見廻より羽書為相渡度申談、今日福與衆には母間へ、益実衆には山・轟木へ被差越候、

（朱書）東氏今日諸田へ差越、御例より弐わり下り羽書渡方并御趣意申渡方被差越候、

一轟木村拝借配当米御払方に付、頭通帳遣候様書役方より問合来、触番を以書役方へ相頼遣候、

（朱書）本文改帳へ御手形相成相下り候、

一先日書役方より問合来候井之川噯、去亥春過砂糖代米にて返上候趣を以申請相成候米申請書相調、触番を以書役方へ頼越候、

・同　十二日　雨天南風

一今日井之川村作人召寄、旅宿にて先日黍横目中致承知候煎例より弐わり下り（一行不明）事、

一亀津御蔵より自福丸積下り御品物御払被仰付、井之川噯掟中作人中早天差越候、尤差引方奥氏へ頼越候処、連名にて亀津噯役々へ頼越候段申来候、

［文面］

・二月一一日、昨日、黍見廻が御用に付き、井之川旅宿に集った。福與衆・益実衆・美代川衆も立会い、一昨日御座にて福與衆が承った通り、煎じ例より二割減を以って村々へ申渡した。その計算で羽書を作人銘々へ渡すことにして、彼等を呼び出して趣意を申渡した上で、黍見廻より羽書を渡すことにした。今日福與衆が母間へ、益実衆は山・轟木へ連絡に出かけた。

・轟木村の拝借配当米の払方に付き、頭通帳（元帳）を提出するよう書役方より問合せが来たので、触番を使って書役方へ提出方を頼んだ。

・先日、書役方より問合せがあった井之川噯の去年春の過砂糖代米返上について、受取った米の申請書を調え、触番を通して書役方へ頼んだ。

・一二日、井之川村の作人を集め、旅宿にて黍横目が承ってきた煎じ例より二割減（の製造を申渡した）。

・亀津御蔵から自福丸積下りの御品物配当が仰付けられ、井之川噯掟と作人は早朝出かけた。差引方を奥氏へ頼んだところ連名で亀津噯役へ頼むよう連絡があった。

［各噯の砂糖生産高］

徳之島全体の砂糖生産高は、「南嶋雑集」に文久三（一八六三）年から一〇年間の産額が記されているが、安政四（一八五七）年の各噯の産糖高が『前録帳』に次のように、記されている。この年は詰役が島内を巡視して厳しく指導していて、島民の砂糖焚技術も向上したために品質もよくなり、豊作の年であった。

井之川噯	六三七九二七斤	樽五一〇〇挺
亀津噯	七〇五一五二斤	五七三四挺
喜念噯	五三七七二三斤	四四〇九挺
伊仙噯	五六五四三二斤	四三五〇挺
兼久噯	五〇四二一九斤	四一五五挺
岡前噯	四五〇〇七三斤	三六七八挺
合計	三四〇〇五二六斤	二七四二六挺

一八六四年二月九日、井之川噯の島役人が、八〇万斤以上は生産できないと御座（藩役）の命じた額を断ったのは当然であった。それにしても一一五万斤は法外の産額であり、無理難題を島民に押し付けていた砂糖惣買入制の在り様を象徴している。

写

一音信用御免挺数小樽の儀、自作諸上納砂糖焚入相成候上、余計砂糖有之候はば、可致焚入儀の処、此節現砂糖致売買小樽詰入の者共有之、就ては先度も右等の儀一切不相成様申渡置候得共、畢竟役々共汲受薄所よりたとへ下々へ申渡候とも不致信用、右様不守の者も有之甚不可然事にて、此上一切右等の儀無之様精緻に尽吟味可致取扱候、此段分て申渡候、

代官勤　上村笑之丞

子二月十一日

東間切

与　人

一御品物御座より割合を以六嗳召下候帳面御返納申上候様、平氏より申来り、書役衆宛返納いたし候、

一金見村岩崎準之助殿仕掛中斧弐丁并新物男袷島仕立壱枚、井之川配所伊右衛門より取入候旨申出候由にて、伊右衛門相糺何分可申越旨、記喜美静衆・義美屋衆与名間在勤にて申来候処、伊右衛門儀乞喰に出不罷居候処、三間切尋遣候様、衛実へ申付候、尤右問合書今日申下刻カ相届候、

(朱書) 本文に付、今晩時より三手分にて伊右衛門尋方差出候処、不見当り由に付十四日晩時罷帰候付、亦々翌十五日尋方差出候、

・二月十三日　曇天北風

一今日村々黍見廻中御用にて、旅宿におひて福與衆・亀山衆出席、出来砂糖見賦届申出させ候、左候て尚亦取締向の儀申渡候事、

(朱書) 本文黍見廻中より斤高届別紙有り、写取本書福與衆方有之候、

一記喜美静衆西目より被帰掛被立寄候付諸事申談、大鐘時分より亀□

・二月十四日　晴天阿なぜ

一今日出来砂糖頭見賦御届として、福與衆・奥氏亀津へ被差越候、

(朱書) 上御館様明後日十六日井之川御差入の段、福生衆・義長を以伝言承置候事、

[文面]

・写～音信（贈答）用に許可されている砂糖小樽の事は、自作上納分の砂糖を焚きあげた後、余計砂糖がある場合に焚き入れるべきところ、このごろは現砂糖を売買して小樽を詰め入れている者がおり、以前からこのようなことは一切あってはならないと申渡しておいたが、結局役々の受止め方が薄く、下々に申渡しても信用されず、右のような不守の者がいて甚だよくないことである。この上は一切右のようなことがないよう、精緻に吟味を尽くして取扱うべきことを、特に申渡す。

・御品物の配当割合を六嗳に伝えた帳面を返却するよう平氏から連絡があり、書役宛に返納した。

・金見村在住の岩崎準之助殿から作成中の斧二丁と新しい男物の縞袷一枚を、井之川配所の伊右衛門が注文したという連絡があり、伊右衛門を取調べて申越すよう、与名間在勤の記喜美静衆・義美屋衆から申出があったが、伊右衛門は乞食に出て不在のため、三間切で探し出すよう実衛に申付けた。右の問合書は今日午後五時ごろ届いた。今晩から三手に分かれて伊右衛門を捜索したが見当たらなかった。

・二月一三日、村々の黍見廻を集め、旅宿におひて福與衆・亀山衆も出席して出来砂糖見積書を提出させ取締について申渡した。控を写し取り福與衆方に保管した。

・記喜美静衆が西目より帰りに立寄られ、諸事を話合った。

・一四日、出来砂糖の見積高元帳を福與衆・奥氏が亀津へ届けた。

〈注・天候を記した「阿なぜ」は、冬に吹く北西の風「あなじ」（古語）のこと〉

[音信用の砂糖小樽]

砂糖二五斤入れの小樽製造が、島役には個人用として許されていた。これが島役人にとっては役得の一つでもあった。一般には一片もその所有が認められなかった惣買入制の下で、贈答用に認められた小樽は、貴重な私物の砂糖であった。

文政一二（一八二九）年、三島の小樽が次のように改められた（『前録帳』）。

・大島九〇〇挺・徳之島七〇〇挺（五〇挺減）・喜界島六〇〇挺（一〇〇挺増）

安政五（一八五八）年の沖永良部島の記録では（『坦晋上国日記』）、六〇〇挺が許可され、各島役の小樽数が次のように記されている。徳之島も同じであろう。

・与人二六挺・惣横目一六挺・黍横目一一挺・津口横目七挺・山方横目五挺・書役五挺・目指四挺・筆子三挺・掟二挺・作見廻一挺〈以下略〉

・同　十五日　晴天阿なぜ

一内斤届書今朝迄にて出揃候付、福成より届書持夫を以、亀津へ在福與衆方へ遣候、

一井之川沖三里程相隔、大和船一艘井之川へしヵと相見得、開乗の形に御座候得共、西北の風にて、亀津の方へ乗落候儀も難計御座候、追々着船も候はば御届申上度、此段中御届申上候、以上

子二月十五日　津口横目寄　桃衛喜

惣横目寄　仲　為

（朱書）本文弁天丸御積入本琉球行亀津へ汐掛

御横目所

月番　御附役様

写

一母間村類焼人数拝借并轟木村配当米、其外井之川御蔵へ手形相成候米払方見分として、明十六日未明打立にて、福島新二郎被差入候間、申請人早天御蔵元へ出揃候様、若遅成候者共へは払方不申付候条、其通可取計候、且立宿手当可致置、此旨申渡候、

代官勤　上村笑之丞

子二月十五日

井之川噯　与　人

（朱書）本文御宿拵并其外手当向、喜和隆へ直に申渡候事

惣横目

右の通被仰渡、村々へ堅申渡候事、

一今日六噯黍横目出来砂糖立黍見賦御届申上候処、去春より引入候噯も有之、煎例より引入候訳合無之候ては、御取揚無之候間、向々引取黍見廻中より何の訳にて引入候趣書付為差出、来十八日三役同道罷出御

[文面]

・二月一五日、砂糖の内斤届書が今朝揃ったので、福成が持夫（夫役による運搬人）に亀津在勤の福與衆へ届けさせた。

・（覚）～井之川沖三里ほど隔てて、大和船一艘が井之川へ入津するように見えたが、西北の風で亀津方向へ流されるかも計り難く、追々着船するかもしれないので、この件お届け申上げます。

（朱書）弁天丸は琉球への積船であり、亀津に潮掛した。

・写～母間村の類焼人数の拝借米と轟木村の配当米、その外井之川御蔵から手形による米払方の検査のため、明一六日未明に福島新二郎が参られるので、申請け人は早朝に御蔵元へ出揃うこと。もし遅れる者があれば配当しないので、そのように取計らうこと。また、宿の手立てをして置くよう申渡す。

・今日六噯の黍横目が出来砂糖の立黍見積書をお届け申上げたところ、去春より減収する噯もあり、また、焚き試しのときより減収している理由も書いてなかったため受理しなかった。黍横目はそれぞれ見積書を引取り、黍見廻から何の訳で減収するのか、その理由を差出させて、一八日に三役と共に出頭するよう仰渡された。

・写～来る一八日午前一〇時、御用があるので出張届を出すこと。

[解説]

この時期は製糖も相当進んでいて、代官所ではその進捗状況と生産高が気にかかる頃であった。藩役人は彼等の実績を上げ、藩主への忠誠心から砂糖の増産を図ることが、最大の任務であった。被支配下にあった島民は、彼等の任務実現のための道具に過ぎなかったのであった。藩役と生産者である農民の間にあって、藩詰役の無理難題を聞き、それを村人に押し付けなければならなかった島役の苦労も大きかったのである。その結果収奪されたのは百姓であった。島役は九日には厳しい叱責を受け過剰な産額を押し付けられていた。直接黍畑を見廻り、砂糖小屋を巡回して製造状況を熟知している直接担当の黍見廻は、減収の理由書を提出しなければならなかった。彼等はこの年の作況や村人の状況を必死に訴えたはずである。

一八五七年の豊作の年には全島で三四〇万斤の産額があった。この年、井之川噯は約六四万斤であった。ところが、二月九日の日記によれば、藩役人は一一五万斤を命じたのであった。これに対して、島役が八〇万斤以上は無理だと断ったが、それでもなお八〇万斤は達成できる数字ではなかった。

届申上候様被仰付、其上左の通り御書付を以被仰渡候、

井之川噯
与　人
惣横目
黍横目

写

（朱書）本文の通被仰渡、黍見《ママ》中明十六日
井之川へ差寄候様申渡候事、

右来る十八日四つ時、御用候条罷出届可申出候、
代官勤　上村笑之丞
子二月十五日

一井之川村女かなごめと申もの、焼酎甑つぶる不用の物持合候段及聞、相糺候処、弥所持いたし居候付取揚の旨、掟黍見廻より申出蔵に仕置、東遊靏衆御届方被差越筋にて、右かなごめ相糺候処、崩つぶるにて不用立故、尚世振り米にて致替季ヵ渡世致度、若所へ差出候はば、其事も難相叶存押隠置段申出候付、其成行を以東遊靏衆亀津へ差越御届申上候処、全不用立もの候はば、明日上御仮屋様井之川御蔵出張に付、其席に御見分の上、全不用立候はば、所持主へ相渡候様被仰付候段、東氏被罷帰候、

（朱書）本文御館様、井之川御蔵御着有之候付、つぶる差出請御見分候処、全不用立ものにつき、本人相渡候様被仰付、尤最初甑しらべの節、所へ差出所役共見分の上、不用立ものは可召下げの所、是迄隠置の儀に付ては不埒の至候付、所法様の取扱いたし候様被仰付候事、

・二月十六日　晴天北風

一上館様差入に付、御供として暁出立にて前織衆被差越候処、四つ過時分御蔵元御着、直に池間類焼もの共拝借并轟木村同断、其外役々扶持

［『道統上国日記』より⑤ ～ 文久三年の砂糖積船について］

昨年の文久三（一八六三）年七月二四日、上国していた与人道董と書役元儀美は、兼久噯の砂糖積船について、次のような口上覚を三島方へ提出ていした。その口上覚を口語訳であげておこう。

一徳之島兼久噯の内平土野港から出る砂糖積み船は、これまで一艘仰付けられていますが、今年はさらに一艘重ねて仰付けられ度、お願い致しますので何卒ご吟味奉り、仰渡せれるようお取次ぎ下さい。兼久噯は例年砂糖が四五万斤出来る場所でありますが、今年の春は豊作に付き、六五万斤が出来ましたので、平土野湊積出しが小廻船一艘のため、砂糖の半分は残って居り、下り船を繰合せたりして毎年積出しておりますので、願いの通りもう一艘割当ての船があれば、それだけ早く砂糖を送ることが出来、都合よいことかと恐れながら存じます。このことを吟味いたしましたので申上げました。

亥七月
徳之島上国津口横目代官所書役勤　元儀美
右同与人　道　董

三島御方
御書役様

［文面］

・井之川村の女かなごめが焼酎甑つぶるの不用物を持っていると聞き問い質したところ、確かに所持していたので取揚げたとの旨、掟・黍見廻より申出があり、蔵に保管したと東遊靏衆から届があった。かなごめを問い質すと崩れつぶるのため不用物だと思い、いつか米と替えるつもりであった。もし役所へ差出せば、そのことが出来ないので隠し持っていたという。このことを東遊靏衆が亀津へ申上げたところ、明日上御仮屋様が井之川御蔵へ出張するので、そのついでに御見分した上で、全く不用のものならば持主へ渡すよう仰付けられて、東氏は帰られた。

（朱書）つぶるは全く不用立のものにつき、本人に渡したが、最初甑しらべの節、役所へ差出すべきであったが、隠し持っていたことは不埒なことであり、所法（地域のしきたり）で処置するよう仰付けられた。

・上館様お供のため暁に前織衆が出発して行ったが、一〇時ごろ御蔵元に着き、直に池間類焼の者と轟木村の者へ拝借米を配当した。その外役々の扶持米も御手形

米御手形相成候分、昼過迄御払方為御済、前織衆御供にて御帰館被為在候、且昨日御沙汰の焼酎甑つぶる差出入御覧候処、全不用立ものに付本人へ相渡、尤年内甑しらべの節、差出不用ものと請見分可置の所、無其儀隠置の儀は不埒の至候付、所法様の取扱いたし置候様被仰付候、

一黍見廻中旅宿へ召呼、横目中於御座に承知の趣相達候処、皆とも煎例御算当通りは迚も及付不申、此内申出候六拾九万斤余より上は出来の御請難申上候付、何様の訳にて引入候や相糺候得共、訳筋難申出候付再三におよび申達の処、向々別紙の通書付差出候付取入置候、

（朱書）本文黍見廻より差出候書付、福與衆方へ有之候、

・同　十七日　晴天北風

一砂糖見賦一件に付、福與衆旅宿へ被差越、諸事七つ時分より□□亀津へ被差越候、

・二月十八日　晴天北風

一今日六曖三役中御用に付、拙者には不快故、平氏・福與衆被罷成候処、左の通り被仰渡候由、尤御国許より御證文を以被仰渡候由、

一島中大山野掛米として過分に相掛置、掛り役々中方へ取入候御聞得、

一作人共より役々へ過砂糖并現米致押借、現に返弁致さず御聞得、

一夫役より米砂糖取入、公役差迦し御聞得、

一島中へ過分出米相掛、役々方へ取入れ候御聞得、

右の通可致取扱哉に御国許へ相聞得、右何様取行候やとの仰渡候付、右様の儀は全無御座御答被申上候由、

一島中牛馬の儀、御届外に持合居候御聞得御国許へ有之、右御糺方被仰渡候付、当時の役々不致出生内、往古よりの仕来にて、何様の訳にて御届外に持合候儀は存不申候得共、御届より外に数多罷居、其子細は不存段、御答被申上候由、

一当春出来砂糖御算当より過分引入の儀に付ては、書付迄にては御取

分の配当があり、昼過までに終了して前織衆がお供にて帰られた。また、昨日沙汰のあった焼酎甑つぶるをご覧になり、全く不用立のものに付き、本人へ渡した。もっとも年内の甑調べのとき差出し、不用のものとして検査を受けておくべきであったが、それがないまま隠し持っていたことは不埒のことであり、村のしきたりに応じて処置するよう仰付けられた。

・黍見廻を旅宿へ呼び集め、横目が御座で承った趣旨を知らせたところ、皆々が煎例の御算当（代官所の見積）通りはとても出来ないといい、申出ていた六九万斤より以上は、お受けすることは難しいというので、どんな訳で減産になるのか質したけれども、その訳をなかなか申出ないため、再三にわたって命じたところ、それぞれ別紙の通り書付を差出したので、福與衆方へ保管した。

・二月一七日、砂糖見積を福與衆と相談し、午後四時ごろ亀津に行かれた。

・一八日、六曖の三役は御用に付き代官所へ出向いたが、私は体調が悪く行けず、平氏と福與衆が出向くと、左の件が御国許の御證文を以って仰渡されたという。

一島内の大山野の掛米（上納米）を余分に掛け、係が取上げているとの噂。

一作人から役々が余分な砂糖や現米を無理に借りて、返済していないとの噂。

一夫役（労役）の代り米や砂糖を貰って、公役を免除しているという噂。

一島中へ過分な出米を掛け、役々が自分たちのものにしているという噂。

右のような取扱いをしていると国許まで聞えているが、誰の仕業か尋ねられたが、右のようなことは全くないとお答え申上げたという。

一牛馬について届以外に飼っているという噂が国許に届いているが、この件も調べるよう命じられた。当時の役々がまだ生れる以前からの習慣にて、どのような訳で、届以外に飼っているか分らない。また、届より外に多くの牛馬がいるが、その理由も詳しく分らないと答えたとのこと。

［解説］

上記の日記では、焼酎甑つぶる・砂糖見積高・国許の風聞の三点が記されている。「つぶる」は焼酎製造のときに用いる、蒸気を冷やししずくにして焼酎を取り出す「つぶろ」という器具である。この不用品を所持していたかなごめに対しては「所法様」（村の決りか）の処置がとられている。

国許の風聞は島役人が関わっているという不正の告発である。しかし、そのようなことはないと否定している。事の真相はこれ以上詮索されていない。

揚無之候付、煎仕廻相成候砂糖黍地壱畦に付何拾斤廻し、亦は残立黍上中下下々煎例の斤高を以廻し、其揚占を以御届申出候様被仰渡候由、

（朱書）本文黍見廻中へ申渡候得共、東様御差入、掟黍見廻村役中へ弐わり下りの所を以請合候證文為差出御取入候、

右の通被仰渡候段、福與衆夜入五つ時分亀津より被罷帰候、

・二月十九日　晴天北風

一井之川村より去亥二月、為御知を以大島へ借島被仰付置候人数御赦免願出候様被仰渡、今日願書次書印形押調、東遊靍衆へ渡候、

（朱書）今朝三直丸大豆積入、亀津湊へ下着の由、

一亀津村和瀬村焼酎甑隠置候もの有之、先日より於亀津に御糺方有之、右取締向不行届趣を以、義峯山衆控役被仰付、右両村掟黍見廻退役被仰付候事、

（朱書）本文にて喜佑禎衆美代秋衆道□衆役御免、外□□方掛□役等の内より多人数□□被仰付候、

・二月廿日　曇天北風

写

馬根村　富　寶

一右者去十一月牢致破り迯去候に付、捕方并浦々繰舟取締の儀申渡置候得共、一昨日十七日阿権村近くにて捕相成候間、繰舟取締等不及候条、一統へ右の段可申渡候、此段申渡候、

代官勤　上村笑之丞

子二月十九日

三間切　与　人

（朱書）本文致返納候様申渡候、

右の通被仰渡候間、此段申渡候、

【文面】〈前の御證文に続く〉

一今年春の砂糖生産が御算当（代官所の見積）より余計減少するについては、書付（理由書）までは差出させないが、製糖が終った黍畑については一畝何十斤であったか、また、残っている立黍については上・中・下・下々の煎例に従って何斤取れるか、その割合を申出るよう仰渡されたとのこと。

（朱書）このことを黍見廻中へ申渡したけれども、東様が来られて掟・黍見廻・村役中へ二割減の請入證文を提出させ、受取られた。

・二月一九日、去年二月井之川村より、大島へ借島を命じられていた者たちの赦免を願出るように仰渡されたので、今日願書次書と印を揃えて東遊靍衆へ渡した。

・亀津村と和瀬村で焼酎甑を隠し持っていた者がいたので、先日より亀津代官所にて取調べがあり、取締向き不行届ということで義峯山衆が控役（休職）を仰付けられ、両村の掟と黍見廻が免職された。

（朱書）喜佑禎衆・美代秋衆・道□衆も罷免され、外□役の内より多人数が□を仰付けられた。

・二〇日

・写～馬根村富寶が去年一一月、牢を破り逃げていたので、捕方と浦々の繰舟を取締るよう申渡して置いたが、一七日阿権村近くで捕えられたので、繰舟の取締等はしなくてもよいことを村人に申渡すこと。

【解説】このページの日記には重要なことが二点記されている。

・砂糖生産については、毎年代官所からその年の「御算当」（見積高）が示されていて、それを達成するよう命じられていたことが分る。代官役人は二年交代であり、在島中に砂糖を増産させて彼等の成績を挙げるため、法外な見積高を示していたことは、二月九日の日記に記されている。このような命令に対して島役人は実情を訴えていたのであった。直接担当の黍見廻が生育状況を詳しく説明し、見積高が達成できないことを報告していたのであろう。三役も代官所に掛け合って、二割減収で了承されている。しかし、代官所の高圧的な態度や法外な見積高に対して、だんだん島民の不満がつのっていたことが感じ取られる。

・焼酎製造用の甑を隠し持っている者がいたので、代官所で取調べを受けた。その結果、村役人の責任が問われて、休職や免職になった。日記は事実だけを記しているが、前日の砂糖の二割減収を認めざるを得なかった代官所の報復措置を、この処分の厳しさに見る思いがする。

子二月廿日　　　　　　与人　平福憲

井之川噯

掟　中

一東様御事、諸田村御出立井之川村へ御差入、掟黍見廻村役中召寄、御例より二割下り斤高拾九万斤御請候儀、稠敷被仰付、井之川噯御廻村、御帰掛け御請證文御取入の筋にて、直様久志村へ御差入、拙者には御暇にて井之川滞在、

（朱書）本文諸田村同断、黍見廻留守故掟村役中より九万五千五百斤證文取入候、

一、二割下り斤高御請難相叶候はば、拾七万斤より内々御請にては御取揚不被遊段、其趣拙者より相達候様被仰付、直に久志村へ御差入、尤九つ時分□□、

一平氏昨日亀津仕掛御用為御済、今日九つ時分旅宿へ被立寄、直様東様御廻村先き久志村へ被差越候、

（朱書）昨日亀津在会三役御座にて、村々へ洩甑無之訳御請書差出候様被仰付候由に付、村々へ右の趣申渡候様平氏より承申渡候事、

・二月廿一日　曇天北風

一東様今日久志村御出立、池間村へ御差入の由、

（朱書）和瀬・亀津両村焼酎甑一件に付、免役被仰付跡代、今日銘々に御用にて被仰付候、

一倅仲祐見回りに日帰参り、家内中無事の段承致安心事、

一去春より同夏迄、御伺相成候横目役中、定役御證文相成、明廿二日御用被仰渡候、尤奥氏和瀬在勤に付、拙者より写を以申越、本書西へ差廻候、尤亀津触番帰便より遣候事、

（朱書）一、福澄衆控役被仰付置候処、此節御国許より出勤被仰渡、今日広帯御用にて被仰付候事、

【文面】

・東様が諸田村を出発され井之川村に来られた。掟・黍見廻・村役を呼んで、前例より二割減収の斤高一九万斤を引受けるよう、厳しく命じられ、井之川噯の村々を巡回され後で、帰りがけに御請證文を受取るとのことにて、すぐさま久志村へ行かれた。私は休暇により井之川にとどまった。

（朱書）諸田村は黍見廻が留守中のため、掟村役から九五五〇〇斤の證文を取った。

二割減産の斤高請合い難いときは、一七万斤より内々にては受取られないとのことを、私から伝えるよう仰付けられて、直ちに久志村に入られた。

・平氏は昨日、亀津での御用を済まされ、今日昼ごろ旅宿へ立寄られたが、すぐ東様の廻村先久志村に行かれた。

（朱書）昨日亀津滞在の三役へ御座から、村々に洩れ甑がないか請書を差出すよう仰付けられたとのことで、村々へ伝達するよう平氏から聞いて、申渡した。

・二月二一日、東様は久志村を発たれ、池間村に入られたとのこと。

（朱書）和瀬・亀津村の甑一件に付き、罷免された跡役が、今日各人へ仰付けられた。

・倅仲祐が日帰りで見廻りにやって来た。家族中無事だと聞いて安心した。

・去年春から夏に伺いを立てていた横目役が定役となり、明日御用が命じられるという。奥氏は和瀬在勤のため私が写を取って連絡し、本書は西間切へ差回した。

（朱書）福澄衆は休職を命じられていたが、今回国許から出勤（復職）が仰渡され、今日広帯着用にて出頭し、御用を仰付けられた。

【解説】

二月二〇日の日記によれば、井之川村に対して、代官所は執拗に一九万斤の「御算当」を押しつけている。また、諸田村は九五五〇〇斤の請書を提出させられた。井之川村の場合一九万斤が二割下りとなっているから、代官所の提示した割当産糖額は二三七五〇〇斤となるようである。これが、二月九日に提示された井之川噯一一五万斤の内訳であろうか。あるいは、島役が提示した八〇万斤の内訳であろうか。いずれにしても一九万斤でも過重負担であり、島役は引下げを要求したが、一七万斤以下では受取れないと藩役人は拒否しているのである。

島役が藩役の命令に背いたり、村人に不始末があればその責任が問われ、「控役」や「退役」が命じられた。こうした卑劣な圧力のもとで、島役は苦渋しながら薩摩藩寄りの支配政策に組み込まれていったのである。

・同　廿二日　晴天南風
一山村の富福と申者、御封印相成候焼酎甑、御封印切解焼酎煎方いたし、□見出田地横目益実衆山村請込に付、右御届方亀津へ今朝富福手留にて、為列越被差越候処、当分母間村御廻勤東様御方にて、糺方表向御問合相成付、彼方へ引越候様沙汰にて、今日七つ時分井之川旅宿へ被立寄、直様母間村へ被差越候、尤拙者儀足痛其上不快にて難差越、平氏へ相頼益実衆へも同断相頼候事、且七つ時分福與衆亀津より帰掛被立寄候付、諸事前条の一まき尚亦相頼、直に母間村へ被差越候事、
(朱書) 昨日難有被仰付候、御糺として母間村へ東様為御見廻、喜祐安衆・佐和賢衆・佐和直衆・喜和隆衆、母間村へ御帰掛被立寄候、尤母間村へ砂糖□□いたし候もの共有之、今日七つ時分より□御座庭引出し糺方為有候段承候、且山村甑封印切解候富福儀は今日は糺方無之由、

・二月廿三日　晴天南東風
一東様今日麦田より花時名へ御転宿の段承り、尤福與衆益実衆には山村封印切解候もの糺方として山村へ被差越候由、母間三ヶ所兎哉角の都合の段、資徳便より平氏伝言有之候、且奥氏旅宿へ被立寄候付諸事申談、諸田の方被差越候、
(朱書) 喜和隆・佐和直今日請取渡にて、喜和隆には亀津へ差越候、為厚にも諸事嘉玖寶へ相頼喜念の方へ差越候、資徳も同段、福照にも今日直壮恵へ諸事次渡井之川へ参候、

口上

(朱書) 代官　上村笑之丞　　名子母間村の
井之川噯　惣横目　　元能富

一札年三拾八歳

［文面］

・二月二二日、山村の富福が封印してあった焼酎甑の封を切り解いて、焼酎を煎じたことが分り、田地横目益実衆が山村担当のため、今朝富福を捕まえ亀津へ連れて行ったが、母間村を廻勤中の東様に取調べてもらうので、そこへ連れて行くよう命じられ、午後四時ごろ旅宿に立寄って、すぐ母間村へ向った。私は足が痛く不快のため行くことが出来ず、平氏と益実衆に頼んだ。午後四時ごろ福與衆も亀津から帰りがけに来られ、前件を頼んだので、すぐに母間へ出かけられた。
(朱書) 昨日有難く仰付けられた。東様が母間村を巡検され、喜祐安衆達が帰りがけに立寄られた。砂糖□□者が御座庭にて取調べられたという。富福の取調べは今日はなかった。

・二三日、東様は麦田より花時名へ転宿され、福與衆と益実衆は甑開封を取調べるため山村へ出かけた由。母間三ヶ所の都合については資徳便で平氏から伝言があった。奥氏が旅宿へ立寄られたので諸事について申談じ諸田へ行かれた。
(朱書) 喜和隆は亀津へ、為厚・資徳は喜念へ、福照は井之川へそれぞれ連絡のため遣わした。

［『道統上国日記』より⑥ ～ 献上用焼酎甑の解封］

甑を開封し焼酎を醸造した山村の富福は、二月二九日に処罰されている。こうした個人の焼酎醸造については厳しく取締り、村役が休職や免職となったが、与人上国の献上用焼酎醸造は許可されていて、中壷詰めなどが出夫をもって次のように行われていた。この史料は文久三年三月四～八日の記録である。

・三月四日
一面南和村福富焼酎甑一挺、献上焼酎煎方として、御解封之願半書を以申上置候処、喜念噯与人宛御張紙を以御免被仰付候、尤解封御座へ差出候様、廻文せんじ方相済候上、御届可申上旨被仰渡、今日嘉智統衆より本書参り承知候事、

・同　七日
一献上焼酎入中壷、此内より噯々より納来り、洗揚入念疵改等いたし、六七日も水入置、悪気為抜、夫より壷中灰ニて洗揚再度水入置、四五日も前条同断、…
尤同日簀巻方為改度面南村より、出夫等申渡候事、

・同　八日
一今日富盛差引にて中壷簀巻方為致候、尤堅縄五尋程ツヽとして八ヶ所相掛、わら大振ニ巻調、上下かつら輪之上縄を以巻取、大縄相掛候事、…

右は御物砂糖取隠置、密々致商売候御聞得有之、御糺方被為在候処、砂糖壷に入野原に土中格護いたし置、且余人へ売渡置候儀も有之段致白状為差出、御用御暇にて差返置候処、今未明自分牛屋に致自縊居、則解卸未温居近所へ医師罷在、則時に相頼養生方仕候得共、其侭相果候段申出候付差越死体見分の上、尚又近隣のもの承合申候処、（朱書）死体取置方何分被仰渡奉存（朱書）縊死~~申縊~~無相違外に疵付等も無御座、不審の廉無御座候間、。此段御届申上候、以上

子二月二十四日

津口横目　美代川

惣横目寄　仲　為

月番

御附役様

外に御横目所へ同案壱通、

(朱書) 本文今九つ時分美代川衆母間より旅宿へ被差越付、御届調直に亀津へ差越候、花時名御出張東様方御方へは於彼方に平氏美代川衆より御直に御届申上候由、左候て東様今日花時名御出立、轟木村御通掛山村へ御差入候段承候事、

朱書入筆の通認直し差出候様被仰付候段、書役方より問合来認直し、亀津触番帰便より遣候、

一奥氏諸田村へ被差越掛旅宿へ被立寄、諸事申談被差越候、

(朱書) 明廿五日東様御出立井之川村へ御差入の段、平氏より伝言の趣有之、諸手当向佐和直へ申付候、且亦先日井之川村掟黍見廻村役中被仰付置候出来砂糖拾七万斤の御請書案文相調、福照へ相渡候、

・二月廿五日　曇天南東風

一今日東様山村御出立井之川へ御差入の段、平氏より申来り御待受いたし居候得共、御越無之暮時分より引取候、

一母間村縊死の元能富御届書、不宜所有之仕直差出候様被仰付候段、書

[文面]

・口上 ～ 母間村の元能富は御物砂糖（上納糖）を隠し置き、密かに商売しているという噂を聞き取調べたところ、砂糖を壷に入れて野原の地中に隠し、他人へ売り渡していたことを白状したので差出したが、御用（代官所）がお休みのため家に帰して置いたところ、今日未明自分の牛小屋にて自縊（首をくくって死ぬこと）していた。すぐ縄を解き、まだ体が温かかったので、近所にいる医者を頼んで養生させたが、そのまま相果ててしまったと連絡があった。死体を見分し、また、近所の者から聞いてみたが、縊死したことに間違いはなく、傷なども無く不審な点もないので、死体の処置方を仰渡され度存じますので、この段お届け申上げます。

(朱書) 今日正午頃、美代川衆が訪ねて来たので、書類を調えて直ちに亀津へ持たせた。花時名に出張中の東様へは平氏と美代川衆から直に届けたとのこと。そして、東様は花時名を御出立し、轟木村へ通りがけに寄られ、山村へ入られたという。

本文は入筆の通り認め直すよう仰付けられたので、書き直して亀津へ福富便で届けた。

・奥氏が諸田村へ行く途中、旅宿へ立寄られ、諸事について相談して行かれた。

(朱書) 明二五日、東様が井之川村へ入られると、平氏より伝言があり、諸手当向を佐和直に申付けた。また、先日井之川村の掟・黍見廻に仰付けられた砂糖一七万斤の請書案文を調えて、福照へ渡した。

・二月二五日、今日東様が山村を御出立し井之川へ来られると、平氏より知らせがあったのでお待ちしていたが、来られなかったので、暮時分には帰ってきた。

・母間村縊死の元能富の報告書に、よくないところがあったので書き直して差出すよう仰付けられたと、書役から問合せがあり、直ちに書き直して亀津触番の帰り便で書役宛に届けさせた。

(朱書) 死体の処置については、差支えないと張紙で仰渡された。

[砂糖隠匿と密売の発覚による縊死]

元能富が御物砂糖を隠し密売していたことは、詰役や島役にとっては深刻な事件であった。詰役にとっては、絶対許されない支配政策に対する重大な違背事案であり、島役にとっては責任が問われる事件であった。元能富は、密売を白状するまで厳しい殴打の糾明を予想し、また、取調べによって相手に累が及ぶことを避けるため自ら命を絶ったのであった。元能富は砂糖惣買入制の犠牲者であった。

役より問合来則時に認直し、亀津触番帰便より書役宛にて遣候、
（朱書）本文死体無御構旨、御張紙を以被仰渡候、
・同　廿六日　曇天西風
一新黍地坪付帳同総帳并内斤届書、福與衆より頼来、今朝早天義志徳衆へ持届方相渡候、
一今日東様山村御出立、井之川へ御差入被為在候、
・同　廿七日　晴天南東風
一今朝井之川村掟黍見廻東様より御用に付、召列罷出候処、先日被仰付置候見賦砂糖、拾五万斤御請書御取入、御帰館御供東氏、
一道董衆出勤にて、伊仙曖請込今日被仰付、義角衆仕廻御暇御免被仰付候由、
一為基衆記喜美静衆、洩甑一件付、今日控役被仰付候由、右一件に付、岡前村掟黍見廻退役被仰付候由、
・同　廿八日　雨天南風
一近日中より寶寿丸掛渡被仰付候付、樽津下并積仕廻相済、御届申出候様被仰渡、都合相済候段、今日御届申上候事、
一明後朔日より母間砂糖寶寿丸へ掛渡方として、新納次郎五郎様御差入の段被仰渡、諸手都合向申渡候、

写

井之川曖　与　人
惣横目
黍横目

右者明廿九日三役の内壱人、四つ時分御用候条、罷出届可申出、此段申渡候、

代官勤　上村笑之丞

子二月廿八日

［文面］

・二月二六日、新しく植えつけた黍地の坪付（面積）帳や集計簿と内斤届書（生産見積書）を福與衆から頼まれたので、今朝早く義志徳衆に届けるよう渡した。
今日東様は山村を御出立し、井之川へ入られた。
・二七日、今朝井之川村の掟・黍見廻に東様から御用があるとのことで、連れ立って伺ったところ、先日仰付けられた砂糖見積一五万斤の請書を受取られて、お帰りになった。お供は東氏。
・（上国していた）道董衆が帰ってきて出勤し、伊仙曖（与人）の担当を仰せつかったので、義角衆がお役御免となったとのこと。
・為基衆と記喜美静衆は甑調査に漏れがあった一件で、今日控役（休職）を仰せつかったとのこと。また、岡前村の掟・黍見廻は退役を命じられたそうである。
・二八日、近日中に寶寿丸に砂糖積込みがあり、砂糖樽を港に運んで積み終ったら、届を出すよう仰渡されたので、都合よく済んだためお届けした。
・三月一日より母間の砂糖を寶寿丸へ掛渡方（砂糖樽を計量して積込む係）として、新納次郎五郎様が来られるとの連絡があり、諸手筈について（係に）申渡した。
・写～明二九日、三役のうち一人、午前一〇時に御用があるので、出頭届を提出することを申渡す。（出頭通知であるが原文は「出頭届を提出すべし。このことを申渡す」となっている）
・三月四日に湾屋御蔵より井之川曖の村々へ御品物（余計糖で注文していた物品）を配当するよう仰付けられたので連絡した。

［島役の任免］

二月二七日には島役数名が罷免されている。昨年（文久三）五月に喜念曖与人道統が上国与人として鹿児島に上り、今年一月六日に帰島していた。その間、一時的な「寄役」が四二ページに記したように命じられていた。道統は二月二七日に出勤して伊仙曖与人に任じられたので、寄役の義角が「御暇御免」になったのであった。同時に、他の寄役も「御免」となったが、仲為日記には記されていない。

日記は、西目間切岡前村で焼酎甑の調査漏が発覚。その責任を問われて為基と記喜美静が休職、掟と黍見廻（氏名は不明）が退役（罷免）となったことを記録している。二月一九日にも亀津と和瀬で甑を隠していたことが分り、同じ処分を受けているが、甑隠匿は厳しい支配に対する島民の抵抗であったとも考えられる。

一来月四日湾屋御蔵より井之川噯村々御品物配当可被仰付段被仰渡候事、

・二月廿九日　晴天西風

一今《ママ》未明出立平氏亀津へ被差越候処、山村焼酎甑御切封取扱候もの共并母間砂糖売買いたしもの共、科役左之通被仰渡候由、

写

山村　富福

右同村　仲春
正静
富起
徳能富
藤行
美代実

右三切《ママ》中引廻し、其上三日晒方、三拾日科仕、

母間村　義寶直

右六人三七日科仕、

右同村　藤仙
喜祐実

右母間村中引廻し二七日科仕、

右弐人一七日科仕、

右の通於御座に平氏へ被仰付、村々へ申渡候、

一母間村黍見廻兼屋、今日免役被仰付候、

［解説］

二月二九日の日記には、二三日に発覚した山村の甑を解封して、焼酎を密造した富福以下五名と、二四日に砂糖を隠匿し密売した母間村の元能富（縊死）関係の三名が処罰されたことが記されている。焼酎密造の首謀者富福は、三間切（全島）を引廻され、三日間の晒《さら》し刑の上、さらに三〇日の労役《ろうえき》（重労働）が命じられた。仲春以下は「三七《みなんか》（二一日間）」「二七《ふたなんか》（一四日間）」「一七《ちゅなんか》（七日間）」の「科役《とがやく》（労役）」の処罰となった。砂糖密売に関しては首謀者元能富が自殺したことにより、重い刑罰は免れたのであろうか。あるいは、彼等は五人組（六ページ参照）として連帯責任が問われたのかもしれない。それにしても、どうして事が発覚したのであろうか。島役人が偵察したのか、あるいは密告者がいたのか、島民同士が監視しあわなければならなかったのがこの時代である。刑罰は「見せしめ」のための「引廻し」「晒し」「科役」であった。〈「三七」等については小林本を参照した〉

［砂糖政策と抜砂糖］

砂糖政策で最も厳しい処分が抜砂糖（砂糖密売）であったという。死罪に至るまでは、残酷な取調べがあり、自ら命を絶たざるをえない状態に追い込まれた。元能富の自殺はこのような状況下で起きたものであった。『種子島家譜』には、文政一三（一八三〇）年、喜界島で約二万斤の抜砂糖を行った種子島の船頭甚五左衛門以下一〇名が、「百姓の僕《しもべ》」に身分落しとなった記録があるが、喜界島民の処罰については記されていない。同じ年に奄美で実施された砂糖「惣御買入」に関しては、次のような申付け（命令）が記載されている。

抜砂糖取締の儀ニ付ては、先年以来追々申渡、殊更惣御買入の儀御趣法被召立候ニ付ては、別て厳密申渡の趣有之候得共、…依之向後抜砂糖取企候本人は不依誰人死罪、本人任申同意の者は依軽重遠島可被仰付旨…

こうして、三島方の砂糖惣買入は死罪をもって収奪強化が行われたが、種子島における抜砂糖は、次のように製造禁止と黍地取上げの処分にとどまっていた。

…抜砂糖取企候儀及露見候はば、以来砂糖製法は勿論、黍地迄都《すべ》て取揚可被仰付候条、…〈『鹿児島県史料　旧記雑録拾遺家わけ八』四六六ページ〉

一平氏明朔日広帯御用被仰出、拙者より以下当分の通御触を以、明日被仰付候段、御内沙汰被仰付候段、平氏より承知難有仕合奉存候事、
一山村掟黍見廻并前里儀は、無御構御内沙汰被仰付候、
一儀祐喜・喜玖武・義長明□□御用触被仰出候、
・三月朔日　曇天北東風
一今日前御館様亀津御出立母間村へ御差入、寶寿丸へ砂糖掛渡の段被仰渡、美代川衆御供として未明《ママ》御出立被差越候処、雨模様にて御取止相成候由、八つ時分美代川衆へ井之川へ被帰候、尤東様今日浅間村へ御差入有之候、
一今日平氏広帯御用、義角衆上国跡寄被仰付、我等以下当分の通相勤候様、御触流し被仰渡難有仕合奉存候、
・同　二日　曇天北東風
一今日美代川衆未明出立、前御館様御供として亀津へ被差越候処、九つ時分井之川へ御越入り、米《ママ》并目張ヵ紙御蔵出にて、寶寿丸底見御見分被為在、直に母間村へ御越に付、御供にて差越候処、左の通掛渡、七つ時分より雨模《ママ》にて取止御引取被為在候事、
一正砂糖壱万弐千三百七拾五斤　　母間
　入樽九拾挺
右挺数掛渡蔵入、
一今晩福與衆我等両人罷出候様、使被成下罷出候処、段々御馳走被成下、所よりは井計り四つ差上候事、
・同　三日　半天北東風
一今日朝立雨模様にて見合居候処、四つ時分晴上り掛渡取計候処、八つ時分より降出し、樽数百六拾丁掛方相成取止候、且井之川嗳内斤三万斤余に相及、右斤高にては御見頭通り不相及候間、何様の事候や相糺、来る五日届には御見当通り御届申出候様、東様より被仰越、其段平氏

[文面]

・二月二九日、母間村の黍見廻兼屋が、砂糖密売に関連して免役となった。山村の甑解封については、掟・黍見廻の処分なしとの内示があった。
・平氏は明日広帯着用で参上するよう命じらた。私以下の者には現在の通り御触れをもって内示されるとのこと、平氏から承り有難く仕合せなことである。
・儀祐喜・喜玖武・義長へ御用の御触れがあった。（用件は不明）
・三月一日、前御館様が亀津を御出立し母間村へ入られて寶寿丸に砂糖を積込むとのことで、美代川衆がお供のため未明に出かけたが雨模様にて取止めになった由。午後二時ごろ帰ってきた。なお東様は浅間村へお入りになった。
・平氏は広帯着用にて御用のため伺うと、義角衆の上国跡寄を命じられた。我等以下には今まで通り勤めるよう通知すると仰渡され、有難いことであった。
・二日、美代川衆は未明に出立し、前御館様のお供として亀津へ出かけ、一二時ごろ井之川へ来られて、御米と目張紙を蔵出し、寶寿丸の船倉を見分された。その後直に母間村へお越しになり、左の通り積込みを行ったが、午後四時ごろから雨が降り出し、中止してお帰りになった。
・母間の砂糖積込み、正砂糖一二三七五斤、樽数九〇丁。
・今晩、福與衆と二人に来るよう使いがあり、出かけたところご馳走になった。当方からは井四つ差上げた。
・三日、今朝は雨模様にて積込みを見合わせていたが、一〇時ごろから晴上り積込みにかかった。また、午後二時ごろより降り出したので、樽数一六〇挺で取止めた。井之川嗳の内斤は三〇〇〇〇斤余に及んだが、これでは見積高には及ばないので、どのようなことなのか糺して、来る五日には見積通りの届を出すよう、東様より言ってこられた。その件に付き、平氏へも阿権在宅中であり、すぐ連絡した。もっとも追て書には、与人は村々を廻勤し、御請の斤高より一斤も減ずることのないよう、下知するよう命じられた。

[解説]

　母間村や山村の事件について、間切三役の監督責任は問われなかった。結局、下役の黍横目が罷免されたのであった。

　平福憲は義角の上国に伴い、「跡寄役」が仰付けられているが、すでに与人になっているので異動が命じられたのであろうか。

阿権在宅に付、直持を以申越候、尤追て書に与人村々廻勤、御請の斤高より壱斤も引入無之様に、尚亦可致下知旨被仰越候事、

写

一御米舟着次第直に庭払配当可申付候条、御定式砂糖百斤に付米三斗づつ通帳へ載付、面付帳相添早々差出受清算候様可取計、此旨申渡候、

子三月三日　　代官勤　上村笑之丞

右の通被仰渡候間、早々通帳并面付帳相調清算を請候様可取計、此胸申渡候、

東間切　与　人

子三月四日　　惣横目寄　仲　為

井之川嗳　掟中

追て帳留不致候間、早々差廻留より可致候、

一山村富福三間切引廻し方相済候段、届申出付、三日晒方に付御用申渡候事、

・三月四日　雨天東風

一今日雨天故御休み、尤湾屋御蔵より御品物配当に付、差引方益実衆被差越候事、

一正砂糖弐万弐千弐百三拾七斤

右入樽百六拾挺

右昨日掛渡本

・同　五日　晴天北東風

一今日早天より掛渡取付候処、左の通掛渡相成候、

[文面]

・写～御米を積んだ船が着き次第、直に配当するよう申付けるので、御定式砂糖百斤に付き米三斗づつ通帳へ記載して、面付帳（名簿か）を添えて早々差出し、清算を受けるよう取計らうべきこと。

・山村富福の三間切引廻しが済んだとの届があり、三日間の晒方を申渡した。

・三月三日分の砂糖積込み、正砂糖二二二三七斤、入樽一六〇丁。

・三月四日、今日は雨天のためお休み。湾屋御蔵の御品物配当に付き、差引計算係の益実衆がやって来た。

・五日、早朝から砂糖の船積みをしたところ、左の通りの積込みになった。

正砂糖七四〇七一斤、入樽五五四丁。

[徳之島の砂糖積船などの船賦②]

・三月に入ると砂糖の船積みが始まった。次に徳之島への配船例をあげておこう。

船　名	帆反数	積　荷	船　主	(備考)
観珠丸	二三反帆	御品物積船	柏原・田辺覚之丞	
順風丸	二〇 〃	御米積船	〃	井之川早船
順永丸	一六 〃	御米積船	〃	面縄早船
弁天丸	一六 〃	御品物積船	下町・矢野幸兵衛	湾屋早船
白恵丸	二三 〃	大豆積船	指宿・黒岩藤一郎	亀津早船
承恵丸	二三 〃	御品物積船	下町・林徳左衛門	面縄早船
自福丸	二三 〃	御品物積船	指宿・黒岩藤一郎	亀津二番船
新造船	一六 〃	(記載なし)	久志・矢之介	井之川早船
三英丸	二〇 〃	御下鍋積船・鍋代砂糖積船		波見・重新左衛門
永保丸	一八 〃	御品物積船・松原砂糖積船		山川・勢左衛門
咸通丸	一六 〃	御品物積船・辺戸浦砂糖積船		下町・林徳左衛門
幸福丸	一八 〃	御米積船・鹿之浦砂糖積船		下町・川井田平兵衛
松田丸	一三 〃	三ヶ村砂糖積船		下町・松田岩次郎
円通丸	二〇 〃	御米積船・湾屋平土野砂糖積船		下町・坂元為次郎
宝安丸	一六 〃	御品物積船		下町・薬師甚左衛門
伊勢丸	一六 〃	御米積船		下町・篠原次右衛門
三泰丸	二〇 〃	御米積船・御定式砂糖積船		波見・重新左衛門

一正砂糖七万四千七拾壱斤
入樽五百五拾四丁
一内斤届斤高漸々相減じ、今形にては頭見当に不及付、黍見廻共不埒にて、内斤後有之哉相糺、何分可申上旨、東様より被仰渡、村々黍見廻中御用にて右の趣申渡候処、最早砂糖煎方相済候村も有之、弐組参組づつ相残居候村も有之、惣出来高六拾万八千斤余の段申出、右の趣中御届方として福與衆明日東様わんや御出張に付被差越□□□、尤平氏にも今日被差越、右□□同席にて申談候事、
・同　七日　晴天南東風
一今日早天より掛渡取付候処、左の通相済候、
一正砂糖拾万三千九百拾壱斤
入樽七百七拾六丁
一惣出来砂糖見賦引入一件に付、福與衆わんや御出張東様方へ今八つ過時分被差越候処、御請書出来不相成事候はば無是非事候得共、尚亦村々手を付少々たりとも取隠候儀無之様、可致取締旨被仰付段、村々取締向の儀三役同席申談手を付候事、
~~同　八日　雨天南風~~　次に有り消す
一今日母間出砂糖残丈掛渡、久志村御差入の賦候処、雨天故百六拾丁掛方にて取止母間御止宿、尤左の通掛渡相成候、
一正砂糖弐万千六拾四斤
入樽百六拾丁

写
一明細書　一宗門改帳　一鶏尾羽　一年柄形行
右は例年の通り取調、三月十五日限り届可申出、此旨申渡候、
代官勤　上村笑之丞

御船神恵丸一六〃　御品物積船　支配人摺ヶ浜・市郎兵衛
御船長安丸一〇〃　御品物積船　支配人田良浦・中村周左衛門
御船寶寿丸一〇〃　御品物積船・湾屋平土野砂糖積船　支配人下町・長崎吉十郎
（『道之嶋船賦』より要約引用）

元治元年の井之川噯の砂糖積船は寶寿丸であった。この「船賦」（船の割当て）は慶応三卯年（一八六七）年のもののようである。合計船数には二〇艘、総反帆は三六〇反とあり、さらに、砂糖生産はは四一五万五千斤であったと記録されている。寶寿丸は藩保有の帆船であり、この年には湾屋平土野に配船されている。

［文面］
・内斤届が減少していて見積高に届かない。これは黍見廻の怠慢であり、内斤後の砂糖が残っていないかどうか調べて届けるよう、東様より仰渡された。村々の黍見廻を集めて申渡したが、最早製糖は済んでいて、二・三組しか残っていないので、総高は六〇八〇〇〇斤余になるとのこと。右の件を福與衆が、明日湾屋へ出張される東様へ届けることにした。今日平氏も来られたので相談した。
・三月七日、早朝より船積み、正砂糖一〇三九一一斤、入樽七七六丁。
・砂糖見積高の減少に付き、福與衆が湾屋出張の東様方へ今午後二時ごろ伺ったところ、御請書通りに出来ないことはやむを得ないが、さらに村々を調べて少々たりとも取隠しがないよう命じられたので、三役が集って話し合った。
・母間の残りを積込み、久志村に出かけられる予定であったが、雨天のため一六〇丁積込んで中止し、母間に宿泊された。
・積込んだ正砂糖は二一〇六四斤、入樽一六〇丁。
・写～　一明細書　一宗門改帳　一鶏尾羽　一年柄形行
例年の通り取調べて、三月一五日まで提出すること。
右の通り仰渡されたので。村々の人数・宗門（宗教）・生死などを細々調査し、一一日までに山下見廻が持参し提出することを申渡す。

［解説］
毎年三月には村々の人口調査が行われていたようである。全島を対象にした宗門改めの人口調査は七～一二年間隔で実施されているが、毎年の夫役や砂糖生産割当などのためには、村ごとの人口調査は重要な任務であった。「鶏尾羽」は鶏の飼育数であるが、馬・牛・豚の家畜調査も一緒に行われたのであろうか。

子三月朔日　　三間切　与　人

右の通被仰渡候間、村々人数宗門并生死等細々取調べ、来る十一日限、山下見廻持参にて届可申出候、此旨申渡候、

三月八日　　総横目寄　仲　為

井之川曖　掟　中

山下見廻中

・同　八日　半天北風

一今日母間村津下し相成居候、残樽百弐拾丁余渡有之候、

一当春出来砂糖一件に付平氏御用の段、御書付相達次第罷出候様被仰渡、八つ時分より出立亀津へ被差越候、

一諸田村実富糸木名へ村入被仰付置候処、御赦免被仰渡候事、

・三月九日　曇天北風

一今日麦田御出立久志村へ御差入、同村砂糖樽弐百三拾四挺八つ過時分迄相済、同村御仕宿、

一平氏昨日御代官様より見賦一件に付、御用被仰渡差越候処、九拾四万斤余黍見廻共より御受書差出置、今更に相成六拾万斤余の出来、別て如何の至候段御尋に付御答被申上、九つ過時分久志村へ被罷帰候、

・同　十日　半天東風

一今日久志村御出立、井之川へ御越掛渡方取付候処、雨降出し取止相成候、

・同　十一日　雨天南東風

一今日雨天故御休み、

（朱書）今日より加なよ宮静賄方いたし候、

・同　十二日　雨天南風

【徳之島の人口推移】〈『前録帳』より。同書は一八五七年までの事項が記録されている。〉

享保内検	（一七二〇年代）	一〇〇八七人	
延享二	（一七四五）年	二〇五六八人	
宝暦三	（一七五三）年	二三三九二人	
宝暦一二	（一七六二）年	一九六四五人	
安永元	（一七七二）年	一九二一七人	
天明五	（一七八五）年	一二七三四人	
寛政一一	（一七九九）年	一六四二七人	
文化一二	（一八一五）年	一六五二二人	疱瘡流行により一八九一人病死
文政七	（一八二四）年	一八一五五人	流罪人一八四人
天保二	（一八三一）年	一八九六三人	竈数三一二〇か
天保九	（一八三八）年	一九六六四人	遠島人一九九人・郷士格四一人
弘化二	（一八四五）年	二〇九一〇人	
嘉永五	（一八五二）年	二三四四七人	家内数三八六六・流罪人一九五人

【文面】

・三月八日、母間村の砂糖残樽一二〇丁を積込む。当春の砂糖一件に付き、平氏に御用の呼出があり、連絡次第出頭するよう命じられて午後二時ごろ亀津へ出掛けた。

・諸田村の実富は糸木名へ村入（村預かり）を命じられていたが、御赦免となった。

・九日、麦田村から久志村に入られて砂糖樽二三四丁を午後二時ごろまで積込んだ。

・平氏が昨日、代官様より見積りの件で呼出があり伺ったところ、九四万斤余の御受書を黍見廻共が差出しながら、現在六〇万斤余の出来とは、どのようなことかとお尋ねがあったので、理由を説明して、正午ごろ久志村へ帰ってこられた。

【解説】

この春は、砂糖が見積高に達しないため、次のような催促が繰返されていた。

・三月三日、見積高に届かないのはなぜか。「請高より一斤でも減じてはならない」

・三月四日、見積高に届かないのは、黍見廻の責任である。その訳を調べて届けよ。

・三月七日、見積高に届かないのはやむを得ないが、少しでも隠していないか厳しく取り締まること

・三月九日、与人平氏が呼び出され、「九四万斤余の御受書を黍見廻共が差出しながら、現在六〇万斤余の出来とは、どのようなことか」と詰問されている。

一今日村々宗門改方いたし候、尤不塩梅故御頭様御見廻東氏へ相頼候、
・同　十三日　晴天南風
一今日迄寶寿丸掛渡相済、前御館様八つ過時分より御帰館被為在候、尤
寶寿丸掛渡砂糖左の通り、
一正砂糖三拾三万八拾七斤　寶寿丸
右入樽弐千四百七拾三挺
内　廿四万四千六百拾七斤　母間村
入樽千八百廿弐丁
三万六百八拾六斤　久志村
入樽　弐百三拾四丁
四万三百八斤　井之川村
入樽　三百三丁
壱万四千四百七拾六斤　諸田村
入樽　百拾四丁
合（合計の記載なし）
・三月十四日　曇天□□
一今日黍見廻中御用、役所にて砂糖出来届しらべ方為致候事、
・同　十五日　曇天南風
一今日福與衆奥氏其外横目衆中□井之川・諸田下役々召列、母間村走込改方被差越候処、纔四拾斤余有之由にて、夜入四つ時分被罷帰候付、奥氏一番鳥出立、東様御方へ首尾合方被差越筋申談候事、尤今日麦田作場捜方の筈にて、福與衆母間滞在、
一東様金見村御出立御帰館掛奥氏宅へ被立寄、砂糖一件平氏へ被申達候、拙者不快故不出張、
・同　十六日　右同
一今日より熱付強罷成、是枝氏御付添養生方被下候事、
・同　十七日　右同北風

［文面］

・三月一二日、宗門改を行う。体調が悪いので頭御様へのご挨拶は東氏に頼んだ。
・一三日、今日寶寿丸への積込みが終ったので、前御館様は午後二時ごろお帰りになった。（注・井之川嗳の全産額は三月二八日に記録されているので、ここでは省略する）
・一四日、黍見廻を集めて、役所で提出用の砂糖出来高を調べさせた。
・一五日、今日福與衆・奥氏その外横目衆中や井之川諸田村の下役を召し連れて、母間村に緊急探索に入ったが、砂糖はわずかに四〇斤余しか残っていなかったので、夜一〇時ごろ帰って来た。奥氏が一番鳥で出発して東様へ報告することになった。さらに麦田の作場探索も行うので、福與衆は母間に宿泊した。
・東様が金見村からお帰りになり、奥氏宅へ立寄られ、砂糖一件に付いて平氏へ連絡があったが、私は体調が悪く出掛けることができなかった。
・一六日、今日から熱がひどくなり、是枝氏（医師か）が付添って養生してくれた。

【砂糖政策と黍見廻】

砂糖政策では直接作人指導を行う黍見廻役の任務が重要であった。『前録帳』では天保一二（一八四一）年、黍見廻が左のように増員されている。（口語訳要約）

この代、大坂では三島砂糖価格が値下りし、和製砂糖（大和産）に押されて惣買入制の効果もなくなってしまったので、製法方は勿論樽の規格を統一するよう仰渡された。先ずは黍見廻一人では届きかねるので、大きな村には二人ずつ召し立てられるようになり、左のように配置された。（原文合計は二九人になっている）

亀津嗳　六人～亀津村二人・花徳村二人・秋徳村一人・崎原村一人
井之川嗳四人～井之川村一人・母間村二人・村山一人
喜念嗳　五人～喜念佐弁両村二人・目手久村一人・面縄村一人・検福村一人
伊仙嗳　五人～伊仙村二人・浅間村一人・阿権村一人・犬田布村一人
兼久嗳　四人～阿布木名村一人・兼久村一人・瀬瀧村一人・當部村一人
岡前嗳　四人～岡前村一人・浅間村一人・松原村一人・手々村一人

『近世奄美の支配と社会』の「大島の三島額と黒砂糖値段」（同書一四八ページ）によると、翌一三年には少し価格が上がっているが、全体としては横ばいのまま文久三年以降上昇に転じ、慶応元年から二～三倍に跳ね上がっている。

・同　十八日　晴天東風
一今日西目様犬田布村へ御越、出来砂糖もの共御糺方被為在候処、作人中申合百五拾人程木刀を相携立向ひ、已に大事の場合成立、片時も難御留まり、福世喜衆先乗にて伊仙通り駈馬にて被御帰候処、右多人数声を掛け伊仙村入口迄追掛候由、大変の事にて三間切横目役以上壱人も無残、今晩亀津へ御用の段、御代官所より被仰渡候処、拙者病気故平氏へ相頼候事、
・同　十九日　晴天南風
一今日三間切役々亀津へ出揃の処、阿権へ差越犬田布村のもの共、取鎮方いたし候様被仰渡候由、
・同　廿日　晴天西風
一今日より終日阿権へ三間切横目以上都て□□□
・三月廿一日　晴天北風
一犬田布騒動一件平氏へ尋越候処、取鎮方に付往答央にて、いまた不相決段申来候、尤母間辺へ鉄砲刃物類借入方参候儀も難計候付、時々右手を付置候様申来、禎澄へ直に申達候事、
・同　廿二日　晴天北風
一今日も前条同断平氏より申来候、

一手々村砂糖五百三拾丁余、湾屋早船盛徳丸へ掛渡相成候処、手々村板付舟壱艘にて津廻方不相調賦候間、井之川・母間在合板付舟弐艘早々手々村へ差廻、津廻方いたし候様可申渡候、

弥寝助右衛門

子三月廿二日

井之川噯　惣横目
井之川母間両村　掟

［文面］

・三月一八日、今日西目様（寺師次郎右衛門）が犬田布村にて出来砂糖者共を取調べられていたところ、作人一五〇人程が申合せて木刀を携え立ち向かってきて大変な事態となり、一刻も留まることができず、福世喜衆が先乗にて駆馬で伊仙に帰られたが、多人数が声をあげ伊仙村入口まで追ってきたとのこと。大変な事件となり、三間切横目役以上一人も洩れなく、今晩亀津へ集るよう代官所から仰渡しがあったが、私は病気のため平氏に頼むことにした。
・一九日、今日も三間切役々は亀津に集り、阿権に行って犬田布の者共を鎮めるよう命じられた。二〇日も終日、阿権へ間切役々は出張したという。
・二一日、犬田布騒動について平氏へ尋ねたところ、取鎮方に対応中であり、未だ決着していない由。なお母間辺へ犬田布の者共が鉄砲や刃物類を借入れに来るかもしれないので、時々手立てしておくよう伝言があり、禎澄へ直に申達した。
・二二日、今日も平氏から同じような伝言があった。
・（写）～手々村の砂糖五三〇丁余を湾屋停泊中の早船盛徳丸へ積込んだところ、手々村の板付舟一艘では廻送が調わないようであり、井之川と母間の板付舟二艘を早々手々村へ差廻して、津廻すること（廻送）を申渡す。右の通り仰渡されたので、板付舟船頭へ今日中に差廻すよう申付け、その結果を帰り便で届出ること。板付舟差廻について、支障などの申立は一切ないよう特に申達する。

［犬田布騒動］

一八六四年三月一八日は薩摩藩の砂糖政策による圧政に、徳之島犬田布の村人が立ち上がった歴史的な一揆の日となった。しかし、『仲為日記』の記述は「出来砂糖もの共を御糺方あらせられ候ところ、作人中申合せ一五〇人程木刀を相携へ立向い」と記しているに過ぎない。また、仲為本人は病気のため直接見聞したものではなかった。「犬田布騒動」の具体的な様子は、小林正秀氏が開催した「犬田布騒動座談会」（昭和三三年七月二八日、犬田布小学校にて）で初めて明らかになった。座談会では南郷善照氏（犬田布中学校長）が、シマで語り継がれてきた事件の様子を述べている。この『仲為日記』によって「犬田布騒動」の遠因は、詰役の高圧的な施策にあったことを指摘しておきたい。以前、筆者は「犬田布騒動」は凄惨な取調べに対して偶発的に起った一揆であったと述べたことがあったが、この

右の通被仰渡候間、板付舟船頭共へ今日中差廻方いたし候様申付、
何分此便より届可申出候、以上
但右障等申立候儀一切不相成候間、此旨分て可申達候、
子三月廿二日　惣横目寄　仲為

（朱書）本文出船御届、仕和直差遣候、

母間井之川村
掟
黍見廻

・同　廿三日　曇天南風

一犬田布村徒党もの共方へ母間村より鉄砲貸入の聞得有之、外にも致加膽候もの無之哉と糺方申越候処、村中在合鉄砲都て所へ取揚置候段申出、内三挺三京山へ作込りのもの共持ヵ合居取に遣候由、参り次第届可申出段、今朝黍見廻喜玖武より申来候、

写

津口横目格　義仙
義佐美
大砲掛　義武
犬田布村　義福
実静

（朱書）本文実静犬田布村下岩穴へ相隠居捕方相成候得共、此もの悪応の仕業無之、御用無之御免し相成候、

右者御用有之者共候処、夜前居宅相加行衛不相知、然処犬田布村下へ同村小廻船繋置候処不相見得、決て右者共盗取迯乗候形に相見得候段申出、就ては依風并乗返候儀も難計候間、浦々屹と気を付、乗

ような見解は訂正しなければならない。『仲為日記』は「犬田布騒動」以前の背景を詳しく記録していて、その価値はきわめて高いのである。

次に「犬田布騒動」の具体的な状況を小林正秀著『仲為日記　犬田布騒動』の一九一ページ以下より要約しておこう。

・福重の砂糖が不足したとして隠匿罪に問われた。福重は高齢のため姪ナシリの夫為盛（三八才）が身代わりになったが、「砂糖など隠していません」と否認。
・糾明場所は黍横目重福の屋敷内。厳しい拷問の様子を村人が窺っていた。
・堪えかねた村人がインマル棒（屋根葺きに使う棒）を持って押しかけた。
・寺師ら役人は裏門から馬に乗り、一目散に西伊仙の仮屋富伊玖宅へ駆け込む。
・村人はツミイシ（上は高く下は谷間）に鎌・鉈・斧などを持って立て籠もる。
・立て籠もっているうちに、一人去り二人去りして、解散する。
・義仙は津口横目格であったが「騒動」に加わり大島に流罪になった。義佐美は沖永良部島へ流罪、義仙の弟。義武も沖永良部島へ流罪、義福の従兄弟。義福は砂糖方掛で大島へ流罪。安寿盛《ママ》は与論島へ流罪、子安寿珠も願出て与論島へ渡る。喜美武は大島へ一三年の遠島、明治四〇年二月八六才で他界。はじめ義仙・義佐美・安寿盛《マ》は小舟で沖永良部島へ逃げたが、途中風向きにより秋利神川下に漂着。全員一三年の遠島に処せられたが、帰島の年は別々であった。
・村人には三年間、阿権原から鹿浦・阿三までの道路普請の苦役が科せられた。
・為盛は拷問以外処罰なし（本来は無実）。明治四一年一一月、八三才で他界。拷問の跡傷のためか、クサヤミの時に黒い吐血があったという。子八名あり。
・為盛の拷問に直接手を下したのは下役人であった。手加減する下役人もいた。

【文面】

・三月二三日、犬田布村の徒党が母間村より鉄砲を貸入れたとの噂があり、他にも加担した者がいないか調べるよう指示したところ、村中にあった鉄砲はすべて役所に取揚げて置いたとの申出があった。内三挺は三京へ出作の者が持っており、取りに遣ったとのこと。帰り次第届けるよう、今朝黍見廻喜玖武より報告があった。
・写～右の者は御用（罪科）の者達であるが、夜前に行方不明となった。そのうち犬田布村下へ繋留してあった小廻船が見えなくなっていて、きっと彼等が盗取って逃げたようであるとの申出があった。ついては風向きによって吹き返されることも考えられるので、浦々には特に気を付け、乗り帰ることがあれ

り帰り候儀も候はば召捕、早々其届可申出候、左候て右外の者共迯渡儀も難計候間、浦々繰舟の儀分て入念可致取締、若不審のもの見当候はば名前聞届差留置早速其届可申出候、此旨申渡候条緩せの儀ども有之間敷候、

但早々廻達留より可致返却候、

子三月廿三日　　代官勤　上村笑之丞

井之川噯　与人

津口横目

（朱書）本文に付益実衆桃衛喜衆両人、暮時分被差越候付、折角村々取締向手配りいたし候呉様本文参り候付、村々へ申渡為取締候、追々東遊靏衆被差越候、

右の通被仰渡、横目役右為取締可差入候得共、只今多用取込居、追々可差入候付、其内何方浦へ乗帰候儀難計候間、慥成もの共多人数召列気相付、乗帰り候を見掛候はば五人共相捕早々届可申出候、左候て外にも迯去候もの浦々繰舟盗取迯渡候儀も有之候ては、屹度不叶儀候間、此書付相達次第壱艘も無残村内共可引揚置候、左候はば追々横目役差入可致切封、此旨早々申渡候間、聊大形有之間敷候、以上

三月廿三日戌下刻ヵ　　仲為

津口横目中

久志　母間

山　三ヶ村　掟

黍見廻

一犬田布村徒党もの共島役中にて聞入無之、為取鎮方上御仮屋様昨日阿権へ御差入被遊候由候処皆致平降、然処前条五人迯去、今日は御直に百姓中へ御趣意仰渡として犬田布村へ上御仮屋様御差入有之由承り候事、

ば召捕り届出ること。また、他の者達も逃げることが考えられるので、浦々の繰舟（刳船）を入念に取締り、もし不審のものを見かけたら、名前を聞き差留め置いて、早速届けを出すべきこと。この旨を申渡すので、緩せにすることがあってはならない。

右の通り仰渡されたので、横目役が取締のため入るべきところ、諸用が多く取込んでいるため、追々やって来るが、その内どの浦へ引き返して来るかも分からないので、しっかりした者多人数で見張り、乗り帰りを見つけたら五人を捕まえて早々届出すべきこと。そして、他にも逃げた者が浦々の繰舟を盗み取って外へ逃れてはならないので、この書付が達し次第、一艘も残さずに村内の繰舟を引揚げて置くこと。追って横目役がやって来て切封を行うため、この旨早々申渡すので、おろそかに取扱ってはならない。

・犬田布村の徒党が島役の説得を聞入れないので、鎮方として上御仮屋様（福島新二郎）が昨日阿権へ入られたところ、皆穏やかに服従した。しかし、前条の五人が逃げているので、今日は直接百姓中へ御趣意（取締などの対策）を言い渡すため、犬田布村へ上御仮屋様がお入りになったと聞いた。

[犬田布騒動の原因]

『仲為日記　犬田布騒動』の三回目の座談会でも、犬田布騒動の原因が話題になっていて、地元では「イヌ（戌）年の台風」被害が大きかったという伝承があるが、確定はできないとしている。小林正秀氏は『道統上国日記』の解読から、文久三年の台風災害をあげている。また参加者もこの台風によって、塩害を受けやすい海岸に耕地を持っていた福重の砂糖生産は不足したであろうと述べている。

台風について『道統上国日記』（『南西諸島資料集　第四巻』所収）は文久三年六・七月の日記に、次のように記している。

（島から届いた書状に）…六月廿三日より東風相成、昼過より向風ニ相成荒模様、当月二日東風より巳なる方へ吹廻り、右風ニて諸作より成荷積稲作不相納程之事前村ニハ種子用も無之由、此末如何成送難可有之哉、（同書二〇〇ページ）

…上国後追々島許書状相届、夏分日干ニて唐芋植付方も不相調、其上当七月二日之風ニて稲作過分痛損相成、依場所ニ無納同様之村々も有之段来、（同書二四五ページ）

一青龍丸大豆わた茶焼物積入、今日四つ過時分亀津湊へ下着、尤佐渡山衆遊喜静衆其外下島有之候、井之川早船順通丸御米六百石、当正月喜界島にて破舟いたし候段承候、
・三月廿四日　曇天南風
一犬田布村徒党もの共、昨日上御仮屋様御差入《ママ》御趣意被仰渡、逃去候もの外に弐人張本人共捕方にて亀津へ被送遣、我が様役々中御供にて御帰府被遊候由、
・同　廿五日　曇天北風
一今日奥亀山衆其外横目衆中被罷帰候、
一犬田布村より逃去候四人の内、義武儀は四人乗にて与名間下へ上陸、兼久下にて相捕、亀津へ列越相成相糺候処、残三人本船より致出帆、自分には帰村いたし候段申出候由候処、残三人の儀も与名間下にて相捕、松原与名間掟黍見廻役にて召列、今晩五つ時分井之川列通り候、
・三月廿六日　晴天北風

写

（朱書）本文前条通与名間下にて相捕、掟才領にて
夜前亀津へ列越相成候付、嗳中へ不申渡候、尤繰《ママ》
取締の儀尚亦堅申渡置候事、

犬田布村
義　仙
義佐美
義　武
義　福

右者犬田布村下より小板付舟盗取逃渡候向に付、依風并乗帰候儀も難計捕方の儀先日申渡置候、然処右義武儀昨日兼久村下にて相捕候付及糺方候処、与名間村下へ乗り戻り致上陸候段申出候、外人数の儀は為致出帆候哉の旨申出候得共、若亦候乗戻り候儀も難計候間、津々浦々気を付、於罷居は相捕早々此方へ可送越候、若似寄の舟乗

[文面]
・青龍丸が大豆・綿・茶・焼物を積入れて、午前一〇時ごろ亀津湊へ着いた。なお、佐渡山衆と遊喜静衆〈注・『道統日記』によれば、医道稽古のため上国していた〉やその他の者も帰ってきた。井之川への早船、御米六〇〇石積みの順通丸が、正月に喜界島にて破舟したことを聞いた。
・三月二四日、犬田布村徒党については、昨日上御仮屋様が来られて御趣意を仰渡されたが、逃げた者の他に二人の張本人を捕えて亀津へ送り、島役々中がお供してお帰りになったという。
・二五日、今日（阿権に詰めていた）奥亀山衆や横目衆が帰ってきた。
・犬田布村より逃げた四人の内、義武は四人乗り合せて与名間下へ上陸したので、兼久下で捕え、亀津へ連れて行って糺したところ、残り三人も本船にて出帆したが、自分は村へ帰ると申出たとのこと。三人とも与名間下で捕え、松原と与名間の掟と黍見廻役が引き連れて、今晩八時ごろ井之川を通って行った。
・三月廿六日、
・写～右の者は犬田布村下より小板付舟を盗み取って逃げたようであるが、風向きでは乗帰ることもあり、捕方は先日申渡しておいた。義武を昨日兼久村下にて捕えて糺したところ、与名間村下へ乗戻り上陸したといい、他の者も乗戻ることも計り難く津々浦々気を付け、見つけたら捕えて早々こちらへ送ること。もし似たような乗捨ての舟があれば、早速、形を届けること。かねて船の出入がない場所へ隠れていることも考えられるので、そのつもりで手立てをすること。

『徳之島小史』の記述した「犬田布騒動」

最初に「犬田布騒動」を記した郷土誌は『徳之島事情』（吉満義志信稿本・明治二八年）であろう。その後、『徳之島小史』（坂井友直著・大正六年刊）が、伝承をもとに次のように詳述していて、その年代は両誌とも文久二年であった。

…文久二年の頃詰役寺師次郎右衛門は取分け苛酷を極め島民をして戦々競々《ママ》たらしめたり。或時のこと島吏義美屋をして砂糖取締のため地方巡回をなさしめしに犬田布村為盛と云うもの見積高に不足を来し隠匿の疑いあるを発見したり。爰において寺師次郎右衛門は自ら同村に赴き穴川寿福の宅において為盛を呼出し

捨有之候はば、早速其形行可申出、此旨申渡候、
但兼て船出入不致場所へ相忍候も難計候間、其心得を以て可手を
付候、

子二月廿五日　　　代官勤　上村笑之丞

井之川噯　与　人
惣横目
津口横目

写

犬田布村の　義　仙
義佐美
義　福

(朱書) 本文義仙、義佐美、義武、義福、安子森、喜美武
六人儀は、大島并沖永良部島へ借島被仰付候由、

右者先日犬田布村下より小板付舟盗取迯渡候処、与名間下へ乗帰り、
同列のもの壱人捕方相成候付、右三人のもの共捕の儀夜前申渡置候
得共、都て捕方相成候条、尋ヵ方の手当に不及候間此段申渡候、

代官勤　上村笑之丞

子二月廿六日

東間切　与　人
惣横目
津口横目

一平氏今日阿権より井之川へ被差越、
一湾屋早船盛徳丸へ手々村より掛渡相成候砂糖樽五拾挺、崎原海へ橋舟
より津廻の折乗沈、手々村衛勝溺死行違《ママ》不相知段御届相成候処、明日
東様右差引方手々村へ御越の段、御立宿并宿次夫手当の儀、書役方よ

糺問せしも決して砂糖隠匿のことなしと答うるを以て割薪の上に跪かせ膝の上に石をのせ以て拷問に付し白状を迫れり。村民これを聞いて雲の如く寄せ集り大いに憤りを発し怨嗟の声をあげ、以て其の近隣にある砂糖小屋を打崩し手に手に棒を引抜き寺師の苛酷を責めんとす。斯くと見て取りし寺師は忽ち馬に飛乗りて馬背一鞭漸く遁げ去るを得たり。村民は彼遁がさじと駆けしもつい追付く能わずして引帰れり。これより村民共は相謀り吾等既に斯くなりし上は、自然処刑免れ難し、何ぞ空しく拱手死期を待つの要あらんや。一州を取るも誅せられ八州を取るも誅せらる道は一つのみ。寧ろ関東八州を取らんとや思いけん。忽ち衆議一決して宇郷部落の西方なる丘上に砦を築き小石を集め竹や木の棒を始め斧、鎌、銃等を武器に備え法螺《ほら》貝を吹き立て詰役側の攻め来るを待ち受けたり。群集心理豈に危険ならずや。寺師次郎右衛門は息をもつかず馬に鞭を加え伊仙富伊玖宅に立ち寄り少時休憩する所に一人の従者追付来り、敵後方に近ずけりと告ぐ。これ敵にあらずして伊仙西組に多数集りて甘蔗の除草をなすものなりしも恐怖の目より敵に見えたりけり。聞くも早くもまたもや駆け出し亀津に着くや否や全島の役員を阿権に召集し其の処置方法を講ぜり。諸役員協議の結果、鉄砲を集め甑を徴発して弾丸を拵える等の戦闘準備をなし、窃かに其の状を先方に知らしめ、以て示威運動をなすこと十二日間に及べり。犬田布側においては日を経るに従いて沸騰熱醒め、一人退き二人去り遂い過半引取りしかば、これは叶わじと一同解散せり。哀れ主動者の名下に喜美武、儀貞《ママ》、安寿《ママ》盛等は捕われて沖永良部島及与論島に流されたり。公衆のため犠牲となりて配所に悲愁の月を眺めし三人の心情豈同情なきを得んや。

[文面]

・写～義仙・義佐美・義福は先日犬田布村下より小板付舟を盗んで逃げていたが、与名間下へ乗帰ってきた一人を捕えた。また三人も捕えるよう夜前に申渡して置いたが全員捕らえたので、探索の手配は必要なくなった事を申渡す。

(朱書) 義仙、義佐美、義武、義福、安子森、喜美武六人が大島と沖永良部島に借島を命じられたという。

・湾屋の早船盛徳丸へ手々村より積込む砂糖樽五〇挺の板付船が崎原沖で沈没し、手々村衛勝が溺死行方不明との知らせが届き、明日東様が手々村へ調査のためお越になるので、お宿や宿次夫の手配について書役方から問合せがあり、母間に連

り問合来、母間村御立宿并宿次夫申越候、山村へも浜にて茶一つ差上
候様申越候事、
・三月廿七日　晴天北東風
一東様今日手々村へ御越、御蔵へ茶一つ手当いたし置候得共、直通し御
越被成候、
・同　廿八日　晴天北風
一今日轟木山下見廻徳高へ右跡作見廻富穐へ申付候事、
一今日稲荷丸御米五百石積入、わんや湊へ入着有之候事、
（朱書）順通丸にも御米積入、大島花天へ汐掛の段、稲荷丸船頭より為申由、奥氏
より承り候、

覚　（朱書）子春井之川噯惣内斤届

一正砂糖六万千弐斤	入樽四百八拾丁	諸田・神之嶺両村
一〃　九万弐千百廿斤	入樽七百八拾丁	井之川村
一〃　三万千百三拾五斤	入樽弐百四拾壱丁	久志村
一〃　弐拾九万五拾四斤	入樽弐千五拾九丁	母間村
一〃　三万七千三百八拾斤	入樽三百弐丁	轟木村
一〃　九万五千三《ママ》拾弐斤	入樽七百四拾九丁	山村
合　六拾万六千八百廿三斤	合入樽　四千六百三《ママ》拾九丁	

右は当子春砂糖惣出来相成申処、右の通り惣内斤相及候段申出候間、
此段御届申上候、以上

子三月廿八日　黍横目　奥亀山
福　與

月番
御附役様

右亀山衆御届方被差越候処、能き都合にて引訳書付差出置候様被仰付
候由、

絡した。山村へも浜にてお茶一つ差上げるよう連絡した。
・三月二七日、東様が今日手々村へ来られ、御蔵でお茶一つ差上げる手配をしてあったが、まっすぐ通って行かれた。
・二八日、今日轟木村の山下見廻を徳高へ、その跡の作見廻を富穐に申付けた。
・今日稲荷丸が御米五〇〇石を積入れて、湾屋湊へ入着した。
（朱書）順通丸も御米を積み大島花天へ汐掛していると、稲荷丸船頭が奥氏に語ったという。
・覚～元治元（一八六四）子年春の井之川噯出来砂糖の報告書

砂糖	入樽	村名
六一〇〇二斤	四八〇丁	諸田村・神之嶺村
九二一二〇斤	七八〇丁	井之川村
三一一三五斤	二四一丁	久志村
二九〇〇五四斤	二〇五九丁	母間村
三七三八〇斤	三〇二丁	轟木村
九五〇三二斤	七四九丁	山村
合六〇六七二三斤	合四六一一丁	〈注・原文書の合計に計算違いが見られる〉

［解説］

三月二八日に、黍横目が担当噯の砂糖生産高を報告している。昨年は台風被害があり、さらには一昨年から麻疹が流行り死者も多く、サトウキビの手入が行届かなかったりして、生産高は減少した。しかし、詰役は増産を命じていて島民の不満がつのり、ついには犬田布騒動に発展していった。おそらく犬田布騒動の影響であろう、報告書を提出すると「能《よ》き都合にて引訳書付差出置候様被仰付候」（良い塩梅に減収の理由書を差出すように仰付られた）と、「引訳書」の提出で事が収まり、厳しい処罰などはなかったようである。「南嶋雑集」には、次のように文久三年～明治五年の黍地面積と生産高が記されている。

年代	黍地面積	砂糖生産高（翌年の春に製糖し報告したもの）
文久三年	一〇八五町	（翌子春）三六二七六六五斤（日記はこの年の報告）
元治元年	〃	（翌丑春）三七七三四八三斤
慶応元年	〃	（翌寅春）四二一二六四四斤
慶応二年	〃	（翌卯春）四四六九七一八斤

・三月廿九日　晴天北風
一今日仲祐見廻に参り候、
・同　晦日　曇天東風
一今朝内、順通丸御米五百石積入亀津湊へ入着の段承り候、
一湾屋へ入着稲荷丸御米御取納方并庭払御配当方として、今日上御館様御差入の賦候処、雨模様にて御取止相成候、
・四月朔日　曇天南東風
一上御館様今日浅間御差入に付、御蔵にて茶一つ差上候付、平氏同道出張候事、
・同　二日　雨天南東風
・同　三日　同

写

一明四日井之川噯　一明後五日亀津噯
右の通定式配当米払日限申渡置候得共、打続雨天故未取納不相成候付、日賦も致兼究ての日限難申渡候、就ては爰許都合次第追て日限可申渡候条其通可相心得候、此旨申渡候、

西浅間村滞在
福島新二郎

子四月三日

東間切　与人

右の通被仰渡候間、何分御日限被仰渡迄の間可待居候、此旨飛脚を以て申渡候、以上

惣横目寄　仲為

子四月三日
井之川噯　掟中
黍見廻中

慶応三年	〃	（翌辰春）	四一三七三九四斤
明治元年	〃	（翌巳春）	四六二五六九二斤
明治二年	〃	（翌午春）	二一三七二二二斤
明治三年	一〇二〇町	（翌未春）	一九五三七〇四斤
明治四年	一〇二五町	（翌申春）	三〇七七九七三斤
明治五年	一〇三〇町	（翌酉春）	二三五〇七八四斤

この記録によると、明治二巳年以降は大幅な減少となっている。この傾向は喜界島も大島も全く同じであった。『大島代官記』には「巳八月三度、九月・十月一度ツヽ五度、大風洪水地面川筋破損ス」と記されている。また、翌三年にも「九月大風人家相応相痛候」と二年連続の災害が続いたのであった。しかし、半分以下の減収は自然災害のみによるものではないと考えられる。討幕資金確保のための徹底した収奪政策の反動によるものではなかったか。

さらに「南嶋雑集」によると、徳之島では「明治四年春ヨリ全島疱瘡流行明治六年マデ二千余人ノ死亡ニテ、黍地肥養ヲ用ルコト寡ク製糖其時機ヲ失ヘバナリ」と記されていて、明治維新以降の砂糖生産は減少傾向にあり、そのため島民の生活は困窮し、負債額は増加したのであった。

［文面］

・三月二九日、岡前から仲祐（子）がやってきた。
・三〇日、今朝の内に順通丸が、御米五〇〇石を積んで亀津湊へ到着したという。
・湾屋へ入着した稲荷丸の御米を陸揚げして庭払（御蔵の広場）で配当するため、今日上御館様が来られる予定であったが、雨模様となり取止めとなった。
・四月一日、上御館様が今日浅間に来られるので、御蔵にて茶を差上るため平氏と一緒に出張した。
・三日、
・写～　四月四日は井之川噯、五日は亀津噯
右のように定式砂糖代米の配当日を申渡して置いたが、打続く雨天のため米が陸揚げできないので、期日を定めて申渡すことが難しい。ついては当方の都合次第、追って期日を申渡すので心得ておくように、この旨申渡す。
右の通り仰渡されたので、期日が決まるまで待つよう、飛脚で連絡した。

一今日六嗳与人中御座御用に付罷出候処、従御国許砂糖方其外ヶ条書を以被仰渡趣有之、嗳々向々致吟味書付を以届申出候様被仰渡、嗳中惣役々出揃候致通達候事、
一今日作民躯《ママ》に致登山、三才完壱丸打留為射開、益実衆同道今晩御蔵へ出張候事、
・四月四日　曇天東風
一今日役所へ終日出張、昨日被仰渡候数ヶ条の書付調方いたし候、
・同　五日　晴天東風
一今日も同断、尤井之川嗳中わんや御蔵より配当被仰付候事、
・同　六日　晴天南風
・同　七日　右同
一右両同断、清書相調候事、
・同　八日　右同
一今日亀津御蔵より井之川嗳、過返御品物配当被仰付候、
一今朝平氏同道、是枝氏へ見廻差越候、
・同　九日　半天南風
一東様夜前母間御泊りにて、今日亀津へ御帰候段、母間黍見廻より申来、平氏福與衆同道、御蔵待迎出張居候処、柳義昇衆早馬にて西方御出張、上御館様東様御方へ、前御館様難病の御掛合にて被差越、追々富屋衆早馬にて前御館様極候御掛合にて、亀津へ差越筋申談居候処、九つ時分御帰館に付、追々我々も出立亀津へ差越候処、今日御入館《ママ》迄にて候、
・同　十日　晴天南風
一今日前御館様御葬式に付、三間切役々中焼香等に付出張、七つ時分葬式いたし候、
・同　十一日　右同
・今日三間切役々役所へ出張、先日被仰渡候御ヶ条の致吟味候、

【文面】
・四月三日、六嗳の与人中に御座から御用があり出かけて行くと、御国許から砂糖やその他について箇条書きの状書が仰渡された。嗳の島役でよく吟味し、書付（回答書）を以て届けるよう仰渡されたので、役々に出揃うよう通達した。
・今日、全作民（用夫）が登山（狩）し、三才の猪を一頭打留めて解体した。益実衆と一緒に、今晩御蔵へ出張した。
・四日、役所へ終日出張し、昨日仰渡された数ヶ条の書付について取調べた。
・五日、今日も同じ。なお、井之川嗳に湾屋の御蔵より配当が仰付けられた。
・六・七日、両日も同じ。（回答書を）清書して調えた。
・八日、亀津御蔵より井之川嗳へ過返の御品物配当が仰付けられた。今朝平氏と一緒に是枝氏の見舞に行った。
・九日、東様（禰寝助右衛門）は昨夜母間に泊られて、今日亀津へお帰りとのことで、平氏・福與衆と一緒に御蔵で待っていたところ、柳義昇衆が早馬にて西方に駆けて行き、上御館様（福島新二郎）と東様へ、前御館様（新納次郎五郎）が難病に罹ったと連絡した。その後、富屋衆が亡くなられたことを知らせて来たので、亀津へ出かけようと相談していたところ、正午ごろ東様がお帰りになったので、我々も亀津へ出かけて行ったが、今日は御入棺されただけであった。
・一〇日、前御館様の葬式があり、三間切の役々全員が焼香に出かけた。午後四時ごろ葬式を行った。
・一一日、三間切役所では全役員が集って、先日仰渡された御ヶ条の吟味を行った。

【解説】

　四月三日に、六嗳の与人を招集して仰付けられた砂糖やその他に関する箇条書の内容は日記に記されていない。日記の記述によれば箇条書には鹿児島から直接命じられた質問事項があり、それぞれの嗳で対策を回答するよう指示されている。

　おそらく、鹿児島からの箇条書は、前年に起きた薩英戦争に関する事後対策の件ではなかったか。薩英戦争では被害を受け藩財政が逼迫していて、砂糖増産が急務であることや外国船に対する攘夷などについて、回答を求めたのではないか。『喜界島代官記』には「攘夷之儀ニ付テハ先達テ被仰渡趣奉承知候ニ付、自然致来舶候ハヽ、御趣意基、打払候覚悟ニテ内々手当等仕申事ニ候」（文久三年九月二日付の通達文）と記されている

・四月十二日　曇天北風
一今朝御ヶ条の吟味書、平氏同道西目様御方へ差上御暇、外御仮屋方御暇にて岡前へ帰候、
・同　十三日　雨天東風
・同　十四日　曇天東風
・同　十五日　右同
・同　十六日　右同南風
一今日検福亡姉三拾日忌日に付、仲秋宅へ差越致焼香候、
・同　十七日　右同
一今日落水へしら綱切に付、為基ヵ衆前徳衆誘引御出被下候得共、不快故不差越候処、肴暮時分被贈下候事、
（朱書）今日浅間下原唐芋植付初いたし候、
・同　十八日　晴天北風
写
与人寄　平福憲
惣横目寄　仲為
黍横目　福與
右者明十八日四つ時分御用候条、罷出届可申出候、
代官勤　上村笑之丞
子四月十七日
井之川噯　与人
惣横目
黍横目
右の通被仰渡候間、此段以飛脚申上候、
四月十七日　奥亀山
惣横目
仲為衆

[盛徳丸の遭難]
三月二六日の日記に「湾屋の早船盛徳丸へ手々村より積込む砂糖樽五〇挺の板付船が崎原沖で沈没し、手々村衛勝が溺死行方不明との知らせがあった」と記されていた。ところが、この盛徳丸は四月二三日、七島灘で難破し中之島に漂着して、積荷の砂糖はほとんど海中に沈んでしまったと、口之島郡司の「破船並びに難船御届書留」に、次のように記されている。（山田尚二「徳之島砂糖積船・盛徳丸の難破」《『徳之島郷土研究会報』第一八号所収》を口語訳で要約した）

盛徳丸　弐拾三反帆　沖船頭　休左衛門
一御物砂糖三拾七万九千六拾斤
一右入樽弐千九百七挺
右は徳之島御用船として御品物を積んできたので、湾屋から砂糖の積込みを仰付けられて、手々村の砂糖樽五〇挺を橋舟で運ばせていたが、破舟してしまった。代用橋舟の手配も出来ず、四月一六日に出帆した。一八日、雨天の中風が強まり帆柱が折れてしまったので、中之島に汐掛りした。中之島で帆柱を修理して出帆する予定であったが、二一日夜、波が高くなり碇綱が切れ、手当ても出来ず二三日に破舟した。二三日、汐濡れの砂糖樽二一五挺を取上げて保管し、その後、汐濡れの砂糖は中之島で入札払になった。二九二三斤を中・下の二つに分け、中を一斤一二文、下を一斤六文で落札した。

このように、薩摩藩の奄美における砂糖政策は、運送に携わった島人や船頭達の遭難事故を引き起こしながら、「御物」として収奪され続けたのであった。この難破で海中に没した砂糖は、全産額糖三六〇余万斤の約一割にも及んだのである。

[文面]
・四月一二日、箇条書きの回答書を平氏と一緒に西目様に届け、仮屋にお暇を貰って岡前に帰った。
・一六日、検福の亡姉の三〇日忌につき、仲秋宅に焼香に出かけた。
・一七日、落水（与名間の小字名）のしら綱切（追込み漁）に為基衆と前徳衆が誘いに来たが、体調が悪く出かけなかったが、夕方に肴が届けられてきた。
・浅間の下原でサツマイモの植付けを始めた。

右御用封今暁政屋持参に付奉承知、直に可出立の所、些の不快に有之、貞福を以平氏并福與衆へ頼越候処、左条の通り被仰付候段、今七つ時分貞福罷帰候付、難有奉承知候事、尤今日外にも段々御用触有之由、

右寄役中伊仙噯受込申付候、

惣横目寄
仲　為

子四月十八日

代官勤
上村笑之丞

右の通被仰付、名代義美屋衆罷出、承知候段御差紙平氏より添書にて参奉承知候事、

・四月十九日　晴天北風

覚

一人数宗門改帳壱冊

一遠島人居住人右同壱冊

一牛馬皮御届留帳壱冊

外に代米申請通帳御座へ有

一是枝殿謝礼米御届留帳壱冊

但去亥十二月迄御届相成、子正月より書出別紙三通ヵり差上候、尤

三四月つつ御取ヵ速御届仕来居候、

外に三月中薬代書付、井之川山村両村銘々引合方、掟方相下ヶ置

候得とも、いまた不差出候間、御催促にて御取入可被下候、

一供夫割付壱通

(朱書)本文供夫の儀は今月中は是迄の通りにて、来月朔日より請取渡いたし度、

義美屋衆より申来、其通り可然返答申遣候、

・写～与人寄平福憲・惣横目寄仲為・黍横目福與の三名に、代官から「明日午前一〇時、御用に付き出張届を差出せ」という出頭命令が届いた。

・右の御用封を今朝政屋が持参してきたので、承知して直ぐ出かけるべきであったが、非常に体調が悪く、貞福を遣って平氏・福與衆へ依頼したところ、左のように仰付られたことを、午後四時ごろ貞福が帰ってきて知らせてくれたので、有難くお受けした。この他に色々と御用触れ（通達や指示）があったという。

・（通達）～惣横目寄仲為　伊仙噯の担当を申付ける。

右の通り仰付けられたので、名代として義美屋衆が出頭した。御差紙に平氏の添書きが付けられてきたので、お受けした。

・四月一九日、（転勤に伴う引継書類が「覚」に記されている）

・覚～人数宗門改帳一冊・遠島人居住人改帳一冊・牛馬皮御届留帳一冊。他に代米申請通帳が御座（代官役所）にある。

是枝殿（医師）謝礼米御届留帳一冊。昨年一二月分までは届け出た。正月以降の書出は別紙で差上げてある。もっとも、三四ヶ月ずつ取りまとめて早く届けるようにしてきた。三月中の薬代の書付は、井之川・山村へ引合わせて掟方へ渡して置いたが、いまだ差出していないので、催促して取入れて（徴収して）下さい。

供夫割付一通。目指が書出した。供夫（お供の人夫）については、今月中はこれまで通りにして、来月一日より請書を渡したいと、義美屋衆から連絡があり、その通りでよいと返答した。

この他、村横目（認可された島役ではない）を一人ずつ決めてあり、御用の時は順番に勤めさせている。

右の通り次渡（引継事項）として差上げるので、お受取りいただきたい。

［解説］

四月一八日、惣横目寄の仲為が井之川噯から伊仙噯へ転勤となった。日記には転勤理由は記されていないが、引継書類がまとめられているので、横目役の業務内容を知ることができる。ここで注目すべき事項は、医師が鹿児島から派遣されていたことと、「村横目」が置かれていることである。医師の謝礼米などについては、昨年一〇月一一日の日記にも記されている。「村横目」については初めての記載である。噯単独の臨時の下役として夫役をもって割り当てたものであろうか。

但目指より書出し、
外に村横目村々へ壱人つつ罷居、御用の節々繰廻を以召仕来居候、
右の通次渡差上候間、御受取可被成候、
一母間村配所　　　　　　　　　　　　相良清熊
右御赦免被仰付置、是迄病気滞島いたし居、当夏罷登度津口通可願
出承置候得ども、いまた不申出候間、掟方御紏可被成候、
一諸田村配所　　　　　　　　　　　　小山万右衛門
一同　　　　　　　　　　　　　　　　助左衛門
一神之嶺村右同　　　　　　　　　　　椨松正助
一山村右同　　　　　　　　　　　　　小田吉次郎
右四人御赦免被仰付置候得ども病気に有之、乗船難計段申出候間、
尚亦掟方御紏方可被成候、
右此節勤場御くり替に付、諸帳面其外次渡差上候間、御改御請取可
被成候、以上
（朱書）本文四月廿日井之川触番参候付帰便より為持遣候、同寄　仲　為
子四月廿一日
惣横目
義美屋衆
一今日次渡帳面取しらべ方いたし候、尤平氏より直持を以昨日の御くり
替被仰付一件并明二十日より稲荷丸へ鹿《ママ》出砂糖掛渡方、上御仮屋様の
一件等申来、拙者不快故其訳を以返答申遣候事、
・四月廿日　晴天東風
一今日井之川触番有之候付、昨日取しらべ置候次渡帳面等、義美屋衆方
へ遣候事、
（朱書）儀祐喜今日伊仙より岡前に差越候、尤差越掛鹿浦にて平氏取会、段々御伝
言并書状持参、今日上御館様早目に御越、直に掛渡候筋にて諸手当いたし被待居

［文面］
・覚（続き）～母間村配所の相良清熊は、御赦免となったが、これまで病気のため
滞島していて、当夏に帰郷したいと津口通手形願を出したいと聞いていた
が、いまだに提出していないので、掟方で取調べて下さい。
諸田村配所の小山万右衛門・助左衛門と神之嶺村配所の椨松正助、山村配
所の小田吉次郎も、御赦免を仰付けられたが病気のため、乗船できないと
いう申出があり、これも掟方で取調べて下さい。
右は転勤のため、諸帳面を次渡し差上げるのでお受取り下さい。
・今日次渡帳面の取調べをした。また、平氏が直接持ってこられた昨日の転勤仰付
けの一件と、明日二〇日より稲荷丸へ砂糖積込みの件、上御仮屋様が来られる一
件などについて連絡があったが、私は不快のため、その訳を返答申遣わした。
・四月二〇日、今日井之川触番があったので、昨日取調べて置いた次渡帳面を惣横
目義美屋衆宛に持たせた。
（朱書）儀祐喜が今日、伊仙より岡前にやってきた。途中鹿浦にて平氏に会い、いろいろと
伝言の書状を持参してきた。今日上御館様が（鹿浦に）早目に来られて、直ちに掛渡しす
るとのことで準備して待っていた。また、三つの天秤で計り、稲荷丸への一〇万斤余の積
込みを早目に終りたいということであった。なお、引続き順通丸へも積込む予定だと、儀
祐喜から聞いた。

『道統上国日記』より⑦ ～ 上国に伴う引継事項

文久三年二月二六日以降の日記に、上国に伴い「跡寄役」へ諸帳面次渡しの様
子が、次のように記されている。

二六日、我等上国中跡寄役惣横目平福のり《ママ》衆へ被仰付、同人へ諸帳面等可次渡候
処、同人寄役中嘉智統衆両人不時勤場御繰替被仰付候付、同人へ次渡候
賦にて今日役所書役参候間、当御用帳面入箱役所より取寄、今日日柄宜
候間、取しらべ次渡帳等相調候事、
二七日、嘉智統衆勇喜賢衆、今日目手久へ差越候由申来、当御用諸帳面入箱并供
夫等、今日役所へ差遣、明日次渡候様、役所書役恵為へ申越候事、
二八日、嘉智統衆方へ諸帳面并役所宅有物、其外諸事次渡帳面相認、今朝差遣候、
尤別冊留所持控あり、

候、尤三天秤にて掛方の賦にて、稲荷丸拾万斤余の積方に付、今日早目に相済賦候段申来候、尤引続順通丸へも掛方有之筋候哉に儀祐喜より承候事、
一今日平土野居舟弁天丸へ掛渡方として西目様亀津御出立、兼久村へ御差入掛、湾屋御蔵御立寄、御蔵払有之候段承り、五月申請分扶持米申請方御付書役衆へ頼越候処、御免被仰付、御蔵出相成候段、益行より承候事、
・四月廿一日　雨天南東風
一今日伊仙噯惣横目方諸帳面、義美屋衆より次渡来相請取候、尤牛馬死失届留帳并同代申請通帳、是枝殿謝米御届宿帳、南浅間へ有之、近日中可遣段申来候、

（朱書）屋鋪前通り外廻りきん竹植付方為致候、

覚写

一宗門人数改帳壱冊　但遠島人居住人帳込み
一遠島人居住人配所分ヶ帳壱冊　但帳尻書抜へ御赦免人相記置候
一供夫割書付壱通
外に村横目伊仙村へ弐人、外村々へ壱人つつ罷居、御頭様差入御廻勤の節村順召列、其外御用節の繰廻を以召仕来申候、
（朱書）一三十人水夫　一壱人牛馬皮届持夫
一弐人亀津宿夫　一壱人鹿　右同
一壱人面縄　右同　一拾人薪取夫
一〆四拾五人　内弐拾五人浅間村　弐拾人伊仙村
右子正月、目指より先役方へ書出し相成候書付別紙有之、
右行々今日次渡差上申候、
外に是枝様謝礼米御届留并牛馬死失且牛馬皮代申請帳の儀は浅間へ召置未取寄不申候間、追て差上可申候、
右の通今日御次渡差上候間、御請取可被成候、

子四月廿一日　同　義美屋

惣横目　仲為衆

［文面］

・今日、平土野に停泊中の弁天丸へ、砂糖積込掛として西目様が亀津を御出立し兼久村へ来られ、途中湾屋御蔵へお立寄り、御蔵払いがあると聞き、五月に申請していた扶持米を受取るよう書役衆へ頼んでおいたところ、お許しになり、御蔵から出されるとのこと、益行より承った。
・四月二一日、伊仙噯惣横目方の諸帳面を義美屋衆から次渡し（引継ぎ）されたので受取った。なお、牛馬死失届留帳と同代申請通帳・是枝殿への謝礼米御届宿帳は南浅間へ置いてあるので、近日中に届けるとの事であった。
（朱書）屋敷前の通りと外廻りにきん竹を植付けさせた。
・覚～宗門人数改帳一冊。但し、最後に御赦免人名記載。
遠島人居住人配所分ヶ帳一冊。但し、遠島人の居住所記入。

供夫割書付一通。他に村横目が伊仙村に二人、他村に一人ずつおり、御頭様が村々へ廻勤のとき順番に召し連れ、御用のときも順繰りに仕えている。

（朱書）三〇人は水夫・一人は牛馬皮届持夫・二人は亀津出張の宿夫・一人は鹿浦宿夫・一人は面縄宿夫・一〇人は薪取夫、計四五人が夫役の割付である。内二五人は浅間村から出夫、二〇人が伊仙村から出夫している。

右の行々について今日次渡し差上げます。

他に是枝様の謝礼米御届留と、牛馬死失兼牛馬皮代申請帳については、浅間へ置いてあり、まだ取寄せてないので、追って差上げ致します。

右の通り今日御次渡し差上げ致しますので、お請取り下さい。

［解説］

横目役の異動時の引継書類が、四月一九日の仲為と二一日の義美屋の「覚」で確認することが出来る。その所管事項は、宗門改と住民調査、遠島人監視、供夫などの夫役割当、牛馬皮取締、医師への謝礼米管理などであった。

井之川噯でも記されていた「村横目」は伊仙噯でも置かれている。この「覚」によると「村横目」は常時任命されていたようである。したがって、夫役による順番制ではなく、「惣横目」の下役として村々を管轄していたのであろうか。

「横目」役には、詰役（藩役）の横目二人（延享元・一七四四年配置）と噯役（島役）の惣横目、そして村配置（村役）の村横目が置かれていたことが分かる。しかし、三者の指揮系統ははっきりしない。

・四月廿二日　晴天北風
・同　廿三日　曇天東風
（朱書）今日森元病気見廻に一刻ヵ出候、
・同　廿四日　晴天南風
一鹿浦出砂糖、稲荷丸順通丸へ掛渡并尺筵白砂糖御見分、昨日迄為御済、上御仮屋様へ今日御帰館の段、平氏より申来候、
（朱書）兼久噯平土野出砂糖秋利神出砂糖迄、皆内今日迄、弁天丸掛渡相済候由、益行より承候、
一井之川噯宗門改違目の儀有之候段、宗門方掛より申来り候付、帳面宗門方掛方へ遣呉候様、義美屋衆方へ頼越候処、伊仙噯も違目有之帳面遣候様、義美屋より申来り候付差遣候、
・同　廿五日　晴天北風
（朱書）一井之川より諸道具今日取寄候、
・同　廿六日　右同
一今日幸福丸御米六百石積入山湊入着の由、尤寶吉丸大島同港より出帆井之川沖終日まき《ママ》れ居候由、為基衆為念来候、外に壱艘下方も乗行候由、
一糸木名・小島・犬田布・木之季《ママ》・阿権五ヶ村、村役中より役祝として参り候、
・同　廿七日　雨天北風
・同　廿八日　晴天北風
・同　廿九日　右同南風
一今日岡前出立亀津へ差越候、
・五月朔日　雨天西風
一今日御仮屋方御見廻申上、島尻へ差越筈の処、雨天故滞在いたし候、
・同　二日　晴天北風
一今日亀津出立阿権へ差越候、尤平氏宅へ立寄諸事申談候事、

［文面］
・四月二四日、鹿浦から砂糖を稲荷丸・順通丸へ積込んだ。また、尺筵と白砂糖の検査も昨日まで終了し、上御仮屋様が今日帰られたと、平氏より連絡があった。
（朱書）兼久噯の平土野と秋利神から積出しの砂糖も、皆今日まで終わり、弁天丸への積込みも済んだと、益行より聞いた。
・井之川噯の宗門改に間違いがあったと、宗門係から連絡があり、帳面を宗門係へ送ってくれるよう、義美屋衆へ頼んだところ、伊仙噯も間違いがあり、帳面を渡して欲しいと、義美屋が伝えたので、差し送った。
（朱書）井之川より諸道具を今日取寄せた。
・二六日、幸福丸が御米六〇〇石を積んで山湊へ入着したという。また、寶吉丸も大島の同じ港より出帆し、井之川沖で終日待っているというので、為基衆が念のためやって来た。他に一艘が下って行ったという。
・糸木名・小島・犬田布・木之香・阿権の五ヶ村の村役が就任祝いに来られた。
・五月一日、今日御仮屋方を見廻りあいさつを申上げた。島尻へ行く予定であったが雨天のため亀津に留まった。
・二日、今日亀津を立って阿権へ行った。また、平氏宅へ立寄り諸事について話合った。

徳之島の白糖生産

薩摩藩は三島を砂糖惣買入制で収奪しながら、白糖生産も割当てていたことが、仲為日記で知ることが出来る。この白糖は讃岐式製造の白糖であった。『前録帳』にも、次のように記録されている。〈口語訳で要約した〉

① 天明五（一七八五）年、白砂糖二五〇斤、御定式（毎年の上納額）
② 享和元（一八〇一）年、白砂糖製造を仰渡された。（①との関連は不明）
③ 天保二（一八三一）年、白砂糖一二〇斤、若殿様用として追加（増額）分。
④ 嘉永四（一八五一）年、白砂糖七五斤、宰相様用として追加分。六噯の定式分に追加して割当てたもの。
⑤ 嘉永六（一八五三）年、白砂糖五〇斤、宰相様用として追加分。

これらの記録から見ると、白糖生産は藩主一族のため強制的に割当てられていたのであった。この白糖上納も島民にとっては余計な負担であった。

（朱書）今日稲荷丸わんやより鹿浦へ廻船、直に砂糖積入有之候、福與衆差引方被差越候、

・五月三日　晴天東風

一今日吉辰に付、三役同道役所へ出勤、初として阿権出立伊仙へ差越候、

（朱書）出勤初式法相済、暮時分具志順より被招、段々請馳走候事、

一稲荷丸昨日わんやへ《ママ》鹿浦へ廻船、今日九つ時分迄砂糖樽積仕廻直に出帆、順通丸今八つ時分亀津より鹿浦へ廻着、則より積入取付候、

・同　四日　晴天東風

一今日於役所に致御用談候、尤順通丸昼時分迄積仕廻出帆いたし候、且伊仙噯村々井之川御蔵より配当被仰付、差引方直祐衆差越候、

一昨日三神丸御米御品物積入、亀津へ入着の段承り候、

・同　五日　晴天東風

一今日昼時分迄役所にて致御用談、八つ後より致節句祝候、尤明後七日、亥春過返米半方井之川御蔵より御払可被仰付段被仰渡候、

・同　六日　晴天東風

写

兼行　富祐喜　納仙　砂富　宮澄　福廣　佐衛益　恕山　直富

嘉知屋　佐衛道　為清

右者当春砂糖煎中取締掛り申付置、褒美として中茶壱俵つつ井之川御蔵より明七日払方可申付候条、明早天申請方に差越候様無間違可申渡、此段早々申達候、以上

井之川出張　禰寝助右衛門

子五月六日

伊仙噯　与　人
惣横目

右の通被仰渡候間、申請人未明差遣候様可致通達候、以上

［文面］

（朱書）今日、稲荷丸が湾屋から鹿浦へ廻船し、直ちに砂糖積入れがあった。福與衆が差引方（計算と記帳掛り）として来られた。

・五月三日、今日は吉日に付き、三役揃って役所へ出勤し、初めて阿権を出立し伊仙へ出向いた。

（朱書）初出勤の式を済ませ、夕方具志順より招待されご馳走になった。

・稲荷丸が昨日湾屋から鹿浦へ廻船し、今日正午ごろまで砂糖樽を積み終り直ちに出帆した。順通丸が午後二時ごろ亀津より鹿浦へ到着し、直ぐに積入れを始めた。

・四日、役所にて話合いをした。なお順通丸が昼ごろまで積み終り出帆した。また、伊仙噯の村々へ井之川御蔵より配当が仰付られ、差引方として直祐衆が出かけた。

・昨日三神丸が御米や御品物を積んで亀津へ到着したという。

・五日、今日昼時分まで役所にて話合いを行い、午後二時より節句祝をした。なお明後七日には、昨年春の過返米の半分を井之川御蔵より払出すよう仰渡された。

・写～兼行等一二人には、当春砂糖煎中の取締係を申付けていたが（よく勤めたので）褒美として中茶一俵ずつを井之川御蔵より明七日に支払うので、朝早く申受けるため出かけること。この件、間違なく早々連絡すること。

［解説］

伊仙噯への転勤通知は四月一八日であった。そして、五月二日、新しい任地伊仙噯に着任した。この日、亀津から阿権に移っているが、伊仙噯の役所は阿権に置かれていた。これより先、四月一二日に仲為は井之川噯の業務を一通り終えると岡前の自宅に帰っていた。一七日にはサツマイモを植えている。翌一八日に任地替えの通知が来た。一九日には引継書類を整理し、二一日に井之川噯と伊仙噯の書類が相互に引継がれている。この日、自宅の周りにきん竹を植えている。そして二八日まで休養し、翌二九日に亀津に出向き、詰役に転勤のあいさつを行い、五月二日に阿権に入っている。翌日には三役揃って仕事始めの儀式を執り行い、夜は具志順の招待を受けてご馳走になった。五月五日には節句祝をしている。

［褒美の茶一俵］

砂糖煎中の取締役一二人に、藩庁から褒賞として各々中茶一俵が贈られた。この役は臨時に命じられていて、役米の代りに茶が贈られたのであろう。中茶一斤は砂糖二二斤替えであった。茶一俵が何斤入れなのかは不明（一〇斤入れか）。

惣横目寄　仲　為

子五月六日夜丑刻ヵ
伊仙浅間阿権三ヶ村

掟

黍見廻

右井之川直持丑刻ヵ持来り、伊仙・浅間両村在会銘々へ拙者より致通達、阿権より河辺方へは平氏より被申渡候様、添書を以為持遣候、尤直持を以遣候様、直禎へ為持遣候、

一今日黍見廻中役所へ召寄、三役出席黍地弐番草取幷内竿坪付帳早々差出候様申渡、平氏阿権へ被帰候、福與衆には帰掛ヶ浅間村焼酎甑切封解方候上、被帰候様申談候事、

・五月七日　晴天南風

写

（朱書）御張紙
本文引付には御小姓與勘兵衛嫡子佐士原嘉八と有り、

御小姓與
元勘兵衛嫡子
佐士原嘉八

（朱書）
本文引付には小番彦八郎嫡子菱刈宇八郎と有り、

小番
市兵衛嫡子
菱刈宇八郎

御小姓與
宮原次良右衛門

（朱書）
本文九郎賀野六郎依頼為折檻、大島へ借島差渡置候付、彼島代官方へ可問合越候、

小番
亘三男
九良賀野六郎

（朱書）
本文築瀬利右衛門事病死届相成居候、

岩下佐次右衛門

地頭所高尾野郷士
築瀬利右衛門

［文面］

・右の写が井之川から飛脚便で午前二時ごろに届いたので、伊仙と浅間両村の者へは私より通達し、阿権より河辺方へは平氏から申渡されるよう添書して届けさせた。もっとも直禎に飛脚で届けるよう持たせた。

・五月六日、黍見廻中を役所へ呼び集め、三役も出席して黍畑の二番草取りと内竿坪付帳（作付面積）を早々差出すよう申渡し、平氏は阿権へ帰られた。福與衆には帰りがけに、浅間村の焼酎甑の解封をしたうえで、帰られるよう話合った。

［解説］

伊仙・浅間の一二名の砂糖前取締係に茶一俵を与えるというこの通知は象徴的な事例であった。申達した詰役が井之川出張中の禰寝助右衛門であり、そして、明日の出頭を夜中に届けさせ、個人への通知は未明になったが、それでも井之川御蔵へ「明早天申請方に差越候様」と命じていて、無茶な段取りであった。藩役にとっては、島民の難儀など配慮する必要はなかったのである。「褒美として与えるのであるから直ぐ来い」という、まさに支配者の論理であった。

なぜ突然で緊急な贈与となったのであろうか。しかも、三役は交代したばかりであった。おそらく、犬田布騒動を逆手にとって、代官所では秘策を練ったはずである。まず、井之川噯と伊仙噯の三役を交替して気分を一新し、その直後に伊仙・浅間の黍見廻に褒美を与えて、犬田布騒動のような抵抗の芽を摘み取ったのである。代官所では事前に人選をしたであろう。三役の交代を機会に、黍見廻に褒美を与え、砂糖政策の一層の強化を狙ったものと考えられる。

藩役は砂糖増産を推進するため、末端の取締係に至るまで、こうした信賞必罰の飴と鞭を使った支配政策を貫徹していたのである。彼らは藩庁から作人に対する厳しい指導監督が命じられ、砂糖増産をもって藩主へ忠誠を尽くすよう薩摩藩の支配機構に取込まれていったのである。

［文面の要約と解説］

・五月七日の「写」は遠島人に対する赦免通知である。赦免が出されたのは四月五日であった。その申渡書が徳之島に到着し、代官が与人宛に通知したのは一ヶ月後の五月四日である。「写」については船の漂流や難破を考えて、同文二通を別々の便で送っている。赦免されたのは七人。太守様と少将様へ天皇から御拝領御慶事があり、それに伴う恩赦であった。

小番
諏訪甚兵衛下人
傳次郎

六番組小與一番
御小姓與
益満清右衛門下人
早　助

（朱書）
本文早助事申渡候節は川上右近付御小
姓與益満清右衛門下人早助と有之候、

右七人伊仙噯　外噯略ス

右遠島并居住申付置候得共、此節
従
天朝
太守様御事御馬被遊
御拝領且
少将様御儀茂
御官位被為蒙
宣下御鞍置御馬被遊
御拝領重畳之御慶事ニ付
出格之以
思召大赦被
仰出御赦被仰付候条難有可奉承知候、
但島居付願ニ付候ものハ其訳可申出候、
右可申渡候、
四月五日　丹波（注・家老島津久徴）

右之通被仰渡候間、海上故同案を以此段申越候、以上
子四月五日

〈注〉上記の申渡書の場合は天皇や藩主一族の呼称や関係事項は、改行して一字目から記す書式になっている。

赦免基準などは分からないが、該当者の肩書が記されているので、遠島人の身分を知ることが出来る。名字《みょうじ》がある五人は武士である。このうち簗瀬《やなせ》は「高尾野《たかおの》郷士《ごうし》」の身分にあり、高尾野に住んでいる地方の武士である。他の四人は鹿児島城下士《じょうかし》といわれ、小番《こばん》・御小姓與《おこしょうぐみ》の家格《かかく》であった。このような薩摩藩の城下士の家格を『鹿児島県の歴史』からまとめておこう。

藩主（大名）の下に一門《いちもん》（親族）四家・一所持《いっしょもち》（所領がある）二一家・一所持格《かく》（準ずる）四一家・寄合《よりあい》五四家・寄合並《なみ》一〇家（以上は上級身分）が、その下に小番《こばん》七六〇家・新番《しんばん》二四家・御小姓與《おこしょうくみ》三〇九四家・与力《よりき》九家（以上は下級身分）があった。

［薩摩藩の身分構造］

この時代の身分構造は士・農工商を基本に、名字のある身分と名字のない身分に分かれていた。名字のない農工商でも藩に貢献した者には名字が許された。本土領内では二字姓が許可されたが、道之島（奄美）の場合は一字姓であった。彼等を「郷士格《ごうしかく》」といった。これらの身分支配を構造図で示してみよう。

薩摩藩の支配体制

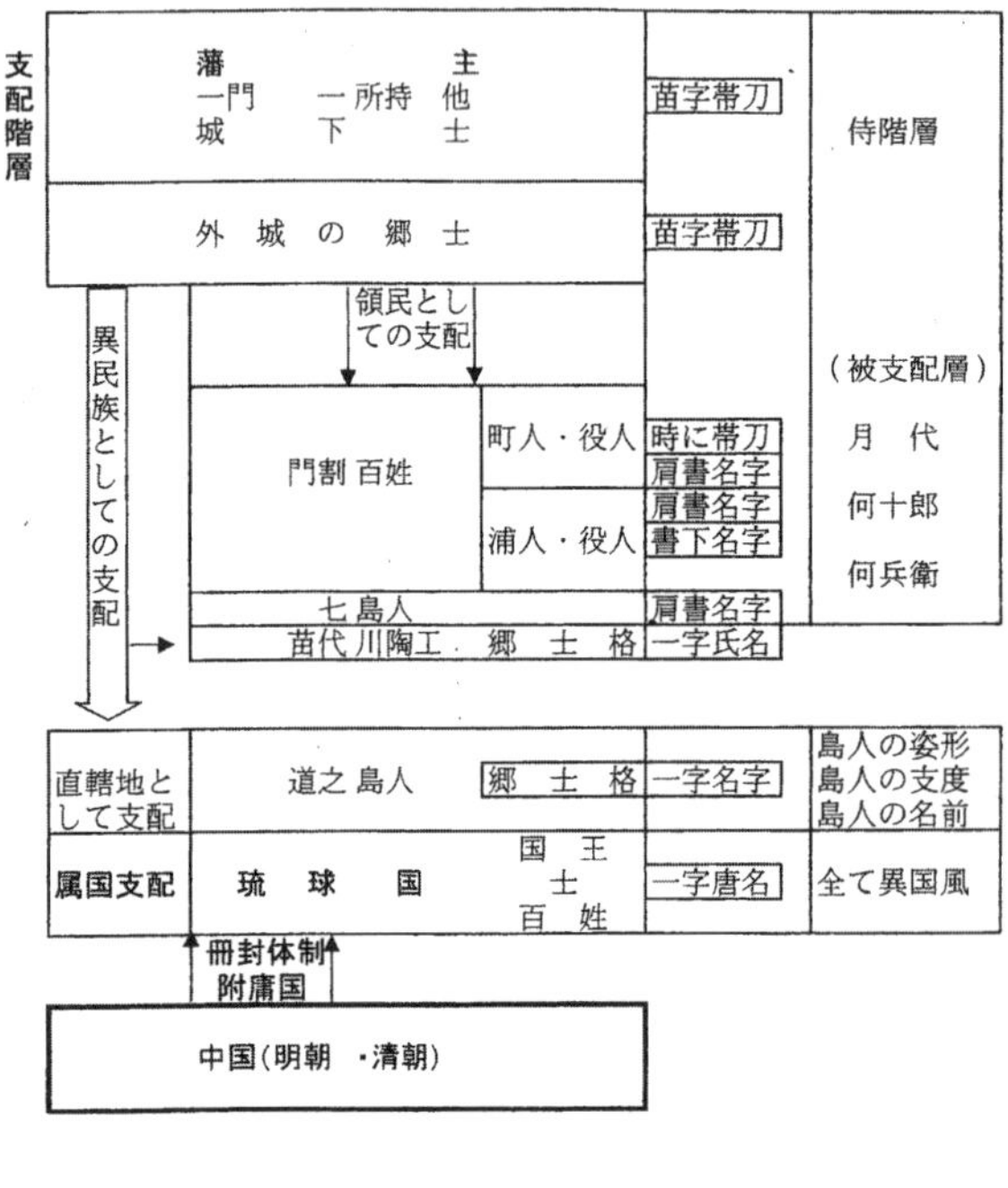

徳之島
代官　　　　　　　　　　　　　　　　　　川上正十郎

別紙御本文写之通被仰渡候間可申渡候、

子五月四日　　　　　　　代官勤　上村笑之丞

亀津噯

（朱書）右御本文御赦免状の儀は今月十四日相届　面縄間切　与　人
便舟次第津口通願出候様申渡候事、　　　　　　　惣横目

右の通被仰渡候間、早々便舟相究津口通願出候様可申渡、此旨申渡
候、以上

子五月七日　　　　　　　惣横目寄　仲　為

伊仙阿権両村
掟

・五月八日　晴天北風
一今日亀津湊へ寳吉丸、井之川湊へ三社丸御米御品物積入下着、
・同　九日　晴天東風
一今日三間切三役御座御用被仰渡未明出立、平氏同道亀津へ差越、右役々
役座へ出揃御届申上罷出候処、此内西目間切役々より砂糖増行《ママ》向申出趣
有之候間、致吟味御届申上候様被仰付、皆々於亀津役所に致候事、
・同　十日　晴天南風
一今朝昨日吟味の成行御届申上、御暇にて平氏同道伊仙へ帰候、
・同　十一日　晴天南風

［島人の姓名と郷士格］

前ページの構造図は、薩摩藩の支配する道之島と琉球国も配下に置き、名字の有無によって身分の差別を示すため作成した構造図である。さらに、琉球国は中国皇帝から国王冊封《さくほう》を受けるという関係にあり、この冊封体制維持のため薩摩藩は道之島と琉球国を異国として差別支配したのであった。

遠島赦免状に記された武士の名前は宮原次良右衛門や簗瀬利右衛門などがある。また、下人《げにん》の名前は傳次郎と早助であった。これらの名前と島人の名前嘉知屋や佐衛道や為清を対比すると、そのニュアンスが異なるのが分かる。事実、薩摩藩は「道之島人は島人相応の姿にて、名も付来り候通りにてこれあるべき候処、何十郎何兵衛などと名付候もこれある由、然るべからず候、…早速名替え申付けらるべく候」（一六九九年）と命じていたのであった。

薩摩藩は藩政に貢献した島役人などには、「郷士格《ごうしかく》」（郷士に準ずる意味。但し武士ではない）という身分を与え、一字姓を許した。（一七八三年以降一字姓に限定された）この一字姓も「島人相応の名前」の延長線上で許可されたものであり、二字姓とは明らかに差別されたものであった。仲為日記にも、平・記・奥・糸などがあり、二字姓は見られない。幕末の徳之島における「郷士格」の一字姓をあげておこう。（『徳之島小史』より）

記・龍・堀・坂・亀・篤・柳・春・津・盛・紀・山・林・東・福・徳・竹・泉・院・陽・寛・伊・義・関・永・栄・平・糸・時・松・榊・琉・西・奥・井・太

［文面］

・五月八日、亀津湊へ寳吉丸、井之川湊へ三社丸が御米と御品物を積み到着した。
・九日、三間切の三役に御座から御用があるとのことで未明に出立し、平氏と一緒に亀津へ出かけた。役々全員が役座に出揃って伺ったところ、西目間切の役々より砂糖増産の申出（増産のための対策などであろう）があり、吟味して意見を申上げるよう仰付けられたので、皆亀津役所に集って相談した。
・一〇日、今朝昨日の吟味の結果をお届け申上げ、平氏と一緒に伊仙に帰ってきた。

［解説］

今回全島の三役に出頭命令があったのは、砂糖増産のための方策を具申してもらうためであったが、その内容は記されていない。同道したのが平氏であったことから、平氏も伊仙噯へ異動していたのであろうか。

一役所にて致御用談、八つ後より平氏阿権へ被帰候、尤今日牛馬皮代米申請願書相調、直持を以書役衆へ頼越候、

写

一遠島人居住人の内、御赦免の上致滞島居候者共并此節御恩赦被仰渡置候もの共、追々便舟相究、津口通願出候様可申渡候、病気故障等申立滞島願出候ても容易不取揚候条、右の趣厳重可申渡候、

但何そに付年限に付、致下島居候職人共にも年限筈人□□者共、前条同様可申渡候、左候て□廻達留より可致返納候、

代官勤　上村笑之丞

子四月廿八日

三間切　与　人

物横目

(朱書) 御本文の趣、去る朔日申渡相□候

右の通被仰渡、先日分て申渡置候通、御赦免被仰渡置候もの共、早々便舟相究、津口通可願出此旨早々申渡候、以上

五月朔日

与　人　平福憲

物横目格　仲為

伊仙噯　掟中

山下見廻中

・五月十二日　曇天南風

一今日内用有之、伊仙出立岡前へ罷帰候、

・同　十三日　雨天南風

・同　十四日　晴天南風

・同　十五日　半天南東風

一今日岡前出立伊仙へ差越候、

[文面]

・役所にて御用談を行い、午後二時ごろ平氏は阿権へ帰られた。さらに、今日は牛馬皮代米の申請書をまとめて、飛脚便で書役衆へ頼んだ。

・写～遠島人と居住人の内、御赦免の上滞島している者共、並びにこの節御恩赦仰渡された者は、追々帰りの船便を決めて、津口通手形を願い出るよう申渡すこと。病気で差し障りがあるなどと申立てて滞島願を出しても、容易に取上げないこと。これらのことを厳重に申渡すべし。但し、何かにつけ年限を定めて下島してきた職人についても、年限が来ている者には、前条同様申渡すこと。終了後は、廻達留は返納すること。

[解説]

今回の太守様（藩主・島津忠義）と少将様（久光）の慶事について、『大島代官記』と『沖永良部島代官記』は次のように記している。

・一元治二《ママ》年子夏四様之就御慶事龍郷方與人善庸志上国、嫡子迄代々郷士被仰付昇ト名字ニテ、翌丑三月二日伊津部湊へ御乗船ヨリ下島、（大島代官記）

・一右代少将様御儀、京都二条御城へ被遊御登城、御太刀一腰・黄金五枚并天盃御頂戴、且鞍置御馬一疋被遊御拝領候、太守様には御在国之御事に候得共、裸脊馬一疋并判金拾枚御拝領ニ付、三様の御祝儀として、與論島與人納富罷登御祝儀申上候事、（沖永良部島代官記）

[来島した職人の事例]

写の中で注目すべきことは、「下島致し居り候職人共にも年限」がある筈だから、期限が来ている職人は帰国するよう申渡すこと、という文言である。これは職人が鹿児島から来島していたことを示している史料である。

『道統上国日記』に、次のような口上覚書がある。（口語訳で要約）

口上覚

上村笑之丞様家来　山下善助

恐れながら訴え上げ奉ります。徳之島全体で木挽人が少なく、家造りや砂糖車建てや樽製作に差支えているので許可があれば、木挽として下島する内約がで

きましたので、子春より三ケ年間、御免仰付けられるよう願い上げ奉ります。

・同　十六日　半天南風

一今日より上御館様、三神丸へ面縄出砂糖掛渡方御差入の賦候処、今日は喜念噯御定式配当に付、明日御越候段被仰渡候事、

(朱書) 伊仙村佐衛孫喜美徳入組一件披露書付、今日義美屋衆より次渡相成、平氏出席披見、役所帳箱へ入付置候事、

・同　十七日　曇天南風

一今日早天より面縄砂糖蔵へ出張居候処、九つ時分御差入、直に掛渡取付候、尤七つ時分より伊仙へ帰候、

・同　十八日　曇天南風

一今日迄三神丸へ砂糖掛渡相済候、尤掛渡砂糖左の通

一正砂糖　（注・斤数の記入なし）　伊仙 馬根 両村

入樽　（注・樽数の記入なし）

外に　（注・数値の記入なし）

但喜念方

(朱書) 平氏同道、面縄御旅宿福幾衆宅へ□□御見廻候、

・五月十九日　雨天東風　同晩より少々風雨強く候事、

一今日上御館様面縄より御帰館、平氏伊仙より阿権へ被帰候、福與衆には不快にて、昨日面縄より阿権へ被帰候、

(朱書) 一今朝佐衛孫参り、喜美徳入組一件承候事、尤平氏直に右一件致通進候、

・同　廿日　雨天東風、夜前より打続きの風雨烈敷候事、

覚

一米三斗八升五合　糸木名村

一同六升　犬田布村

一同四斗三升　阿権村

(朱書) 内三斗七升、三月迄書出し義美屋衆方へ銘々方相知居候、

亥九月

徳之島与人　道　董

三島御方

御書役方

この願い出により、木挽職山下喜助は、渡島が許されて徳之島にやって来たようである。おそらく道董の帰り便に同乗して来島したのであろう。島には主君上村笑之丞が代官として赴任している。山下は代官の庇護の下、木挽職人として働きながら、島人の育成にも努めたものと思われる。このように鹿児島から各種職人が来島していたのであった。

[文面]

・五月一六日、上御館様が三神丸へ面縄の砂糖を掛渡すため来られる予定であったが、今日は喜念噯の御定式砂糖代米の配当があり、明日来られると仰渡された。

(朱書) 伊仙村の左衛孫と喜美徳の入組（もめごと）一件の報告書が、義美屋衆より継ぎ渡しされたので、平氏も出席してご覧になり、役所の帳箱へ保管した。

・一七日、早朝より面縄砂糖蔵へ出張していたところ、正午ごろ上御館様が来られて、直ちに掛渡しに取掛かった。なお、午後四時ごろ伊仙へ帰った。

・一八日までに三神丸への砂糖積込みを終えたが、斤数は記入されていない。

・一九日、上御館様は面縄より御帰館。平氏は伊仙より阿権へ帰られ、福與衆は不快（体調が悪い）にて、昨日面縄から阿権へ帰られた。

(朱書) 今朝佐衛孫が来て、喜美徳との入組一件を聞いたので、平氏へ直ちに報告した。

・二〇日、一九日の晩より少々風雨が強くなり、二〇日の夜前より引続き風雨が激しくなった。

・覚～　（医師是枝隆悦への謝礼米）

一米三斗八升五合　糸木名村

一同六升　犬田布村

一同四斗三升　阿権村

内三斗七升は三月迄の分で、義美屋衆方から各人へ通知し、六升は四月分として私の方で記録した。

一同一石一斗六升五合　伊仙村

六升、四月書出し拙者方へ書付あり

伊仙村

一同壱石壱斗六升五合

（朱書）内八斗五升、三月迄書出しにて義美屋衆方へ銘々相知居候、
三斗一升五合、四月書出し拙者方へ相知居候、

合弐石四升

右は当子正月より四月迄、是枝隆悦殿方謝礼米、右の通御座候間、
此段御届申上候、以上

五月廿日

惣横目寄 仲 為

月番
御附役様

写

拙者事、明日迄爰許諸首尾可相済賦候、依て松恵丸宝吉丸へ鹿浦出
砂糖掛渡方として、明後廿一日天気次第阿権へ差入、翌廿二日より
掛渡可申付候条、諸都合向毎の通可取計候、此旨申渡候、以上

子五月十九日

禰寝助右衛門

亀津噯
伊仙噯 与 人
黍横目

本文福與衆より来り候付、禎明衆へ次ぐ

右の通被仰渡候間、村々へ申渡候、明日中阿権へ御出勤被成候、斤
量取へ申渡方并浅間村より喜念噯借り入方、其外諸都合向黍横目衆
より御申渡可給候、此旨早々申進越候、以上

但面縄出張津口横目衆へも御通知可給候、

内八斗五升は三月迄の分で、義美屋衆方から各人へ通知があり、三斗一升五合は四月分として私が把握した分である。

合弐石四升

右は正月より四月までの是枝隆悦殿方への謝礼米であり、右の通りお届け申上げます。

［医師是枝隆悦の派遣と道統上国日記］

三月一六日、仲為は是枝医師から直接治療を受けていた。四月一九日の引継帳簿には「是枝殿謝礼米御届留帳」があり、公的な「謝礼米」が支払われていることから、是枝は藩庁から派遣されていた医師であったといえよう。疱瘡や麻疹などが頻繁に流行った当時においては、医師の派遣は砂糖政策推進のためにも不可欠な対策であったはずである。しかし、派遣はするが、その費用は島民負担であった。『道統上国日記』には、次のような医療に関する日記が記されている。

・八月一六日、徳之島安住寺医師鮫島玄節、為替真米六石
右は島許において為替米の内お願い申上げ候処、御免仰付けられ、島許御蔵へ先納仕り置き申し候…

・一〇月二五日の口上覚（一〇八ページに全文を口語訳で転載する）
一薬種品々、代銭三百貫文程、徳之島の儀五十年来疱瘡流行仕らず、もしや流行の儀御座候はば五十歳以下の者共すべて程煩い付き候儀案中にて…去年麻疹病大薬種の儀島中医師中より年々入用だけつつ御注文申上げ、…本行腰書代銭だけ疱瘡方入用の薬種重流行終に医師中薬種切れ相成り…本行腰書代銭だけ疱瘡方入用の薬種重ね御注文願い…遊喜静師匠新村殿両所にて取調べ差出し…

・一一月一〇日、富董事、八木殿へ頼上げ、植え疱瘡稽古いたし、種子少しにても持ち下り候えば、家内中親類共に植疱至り、至極為筋に相成るべし…

［文面］

・写～私事、明日までここで諸事を済ませる予定である。したがって松恵丸と宝吉丸へ鹿浦の砂糖掛渡しには、明後二一日に天気次第阿権へ行き、翌二二日より掛渡しを申付けるので、諸準備をいつもの通り取計らうこと。右の通り仰渡されたので村々へ通知する。また、斤量係へ連絡し、喜念噯から借り入れるなど、諸準備を黍横目衆から申渡していただきたい。

御迎横目役壱人不差越候て不叶向にて、福世喜方へ相達候処、此節は御宿付にて自分相迯候ては頓と不叶儀と申事候間、御繰合を以貞明兄御気張被下候事は御調間敷哉、若も不相調候はば押ても差遣度申度、此旨も御相談申上候、

五月十九日　　与人　平福憲

御横目　仲　為衆
御横目　福　與衆
御横目　貞　明衆

・五月廿一日　雨天南風　風雨烈敷候事
一今日東様阿権村へ御差入の賦にて、貞明衆同道阿権へ差越筈候処、雨不相止其上鹿川洪水故、差越候儀不相調休み候、
一明廿二日、伊仙噯村々亀津御蔵より配当可被仰付、天気無構申請人共早天御蔵元へ出揃候様可申渡旨被仰渡候御書付、今戌刻ヵ検福村行番福次持来り、伊仙浅間両村へは拙者より申渡、川邊方村々平氏被申渡候様、直持を以申遣候、
・同　廿二日　曇天南風
一配当差引方佐和益衆被相勤呉候様可相頼旨、今朝直禎へ申付候事、
一今日貞明衆同道阿権へ差越候事、
・同　廿三日　晴天北風
一今日東様阿布木名村御出立、七つ時分阿権へ御着、
・同　廿四日　雨天南風
一今日雨天故御休み、
・同　廿五日　右同
一今日も同断、
・同　廿六日　右同
一今日も同断、

［文面］

・五月一九日（平氏から連絡）、お迎えとして横目役一人は行かなければならないので、福世喜方へ連絡したが、この節は御宿付（旅宿の世話係）のため自分ははずせないといい、お繰合せて貞明兄に頑張って貰えないか、もし出来なければ、三名の内から何とか行ってもらいたいのでご相談申上げます。
・二一日、東様が阿権村へ来られる予定で、貞明衆と一緒に阿権に行く筈であったが、雨が止まずその上鹿浦川が洪水となり、行くことが出来なかったので休みにした。東様は二三日に阿布木名村を御出立し、午後四時ごろ阿権へ着かれた。
・明二二日、伊仙噯の村々へ亀津御蔵より配当を仰付けるので、天気に関係なく申請人たちは、早朝御蔵元へ出揃うよう連絡せよという書付を、午後八時ごろ検福村の行番（連絡係）福次が持って来たので、伊仙と浅間へは私から申渡し、川辺方の村々へは平氏から申渡されるよう、直持（飛脚）をもってお願いした。

『道統上国日記』より⑧ ～ 鹿児島前之浜にて、献上焼酎・芭蕉布流失届

上国を命じられた道統（道董）は、文久三（一八六三）年六月二八日、前之浜に到着したが、鹿児島は大騒動の最中であった。薩英戦争の勃発と大荒れの天気で、徳之島から運んでいった献上物が海中に沈んでしまった。「徳之島上国与人道董」は、次のような口上覚を三島方に提出している。（口語訳で要約）

口上覚
一献上焼酎　六百盃
一右同芭蕉布　百二十反　付島六十反・白六十反
内八十一反入の半櫃一つ、取挙げてみたが御用に立ちそうでなかった。
この節、三様のご祝儀に付き上国仰付けられ、六月十二日永保丸で山川に到着し、福山村政吉小廻舟に積替えて、二十八日前之浜に上着したが、折柄異国船が到来していて荷改めが出来なかったので、そのまま置いていたところ二日の時化により破船し、荷物が流失してしまったのでお届けいたします。

この他に、昨年分の献上品、焼酎二百盃と芭蕉布四十反も積込んでいたために流失している。しかし、これらの流失分は免除されることなく、来年献上しなければならなかった。こうして不測の事態でも、島民の負担は続くのであった。

口上覚

伊仙村配所
小番諏訪甚兵衛下人
傳次郎

米壱斗六升

右者天保十五年辰年喜界島へ遠島被仰付置、文久元年酉年当島へ島替被仰付罷渡、右村へ配所へ被仰付相慎罷居申候処、此節御赦免被仰付、難有三社丸沖船頭山川の孝平次船より便舟相頼罷登度奉存候処、船中飯米見当無御座、当世振才覚之無御座、屹と行迫居候段、本行の員数拝借御免被仰付被下候様願申出候間、何卒奉願候通御免被仰付被下候様被仰上可被下儀頼候、以上

子五月　　伊仙村掟　直　禎

伊仙噯
与人衆
惣横目衆

右願出趣承届申候間、奉願候通拝借御免被仰付被下度奉願候、尤御返上方の儀に付ては当子春伊仙噯御定式砂糖代米申請分の内より引結上納奉願度奉存候間、此等の趣成合候様被仰上可被下儀奉頼上候、以上

子五月　　惣横目寄　仲　為
与人寄　平福憲

月番
御附役様

差出
飯米壱斗六升

[文面]

・口上覚 ～ 米一斗六升

伊仙村配所の傳次郎は、天保一五（一八四四）年喜界島へ遠島になっていたが、文久元（一八六一）年徳之島へ島替えを命じられ、伊仙村へ配所となり謹慎していたが、この節御赦免となり、有難く沖船頭山川の孝平次船三社丸で帰ることになったが、船中の飯米の都合がつかないうえ、工面の予定もなく困っており、本行の米の拝借をお許し下さるよう願い出ているので、何卒願いの通りご免仰付け下さるよう仰上げ下さい。

右の願い出を承ったので、願いの通り拝借米を御免仰付られ下さるようお願い奉ります。なお、拝借米の返上方については、今年春の伊仙噯御定式砂糖代米の内より差引いて上納したいので、これらの趣旨が叶いますよう仰上げ下さることを頼み上げます。

[解説]

五月四日、伊仙噯の流罪人七名に赦免が伝えられて二〇日後、そのうちの一人傳次郎から、船中の食料として飯米一斗六升を拝借したいという願い出があり、左のように関係者が上部へ依頼する文書手続がとられている。

伝次郎　→　伊仙掟直禎　→　伊仙噯与人・惣横目　→　月番附役（代官所）
→　代官（最終決定は代官が命じているようである）

最初の口上覚に上役が添書きをする形式で、次の上役へ提出するため、依頼文面が二重三重の煩雑な敬語表現となっている。この表現形式を整理してみよう。

① 傳次郎から掟へ　「拝借御免被仰付被下候様願申出候」
② 掟から噯役へ　「被仰付被下候様被仰上可被下儀頼候」
③ 噯役から附役へ　「被仰上可被下儀奉頼上候」
④ 附役から代官へ

このような手続を経て、傳次郎だけが飯米拝借を申出たようであるが、他の六名は飯米が準備出来たのであろうか。いずれにしても、なぜ、傳次郎の飯米を伊仙噯が負担したのか。あるいは、後日、傳次郎が鹿児島から送って返済するという約束をしていたのであろうか。しかし、私的な取引や契約は禁止されていたはずであり、このような御蔵米（上納米）から拝借できたとすれば、特別な計らいがあったのであろうか。今後の課題である。

右者御赦免被仰付難有仕合奉存、此節井之川居舟三社丸沖船頭山川の孝平次舟へ便舟相頼罷登度奉存候間、何卒津口通御手形御免候仰付被下候様被仰上可被下儀奉頼上候、以上

子五月　　小番諏訪甚兵衛下人
傳次郎

伊仙村
掟衆

右申出趣承届申候間、津口通御手形御免被仰付被下候様被仰上可被下儀頼候、以上

子五月　　掟　直禎

伊仙
与人衆
惣横目衆

右の通申出候間、津口通御手形御免被仰付被下度、奉存此段申上候、以上

子五月　　惣横目寄　仲為
与人寄　平福憲

月番
御附役様

右弐通相認め、右傳次郎を以邦通衆へ頼越候事、

口上覚

私事去る未年手習師匠として御免許の上下島仕当年迄年数筈合にて、罷登度御座候得共子共の儀にて未《ママ》身熟仕不申、右親共にて滞島仕呉候様無拠承申候間、今三ケ年何卒滞島御免被仰付被下度奉存候間、御繁多の砌近比恐多奉存候得共、此等の趣被仰上可被下儀奉願候、

[文面]

・差出 ～ 右は御赦免仰付けられ有難く存じます。この節井之川湊係留中の沖船頭山川孝平次舟の三社丸を頼み、登ることになりましたので、何卒津口通手形を許可されますようお取次ぎ下さい。
傳次郎 → 掟直禎 → 惣横目寄仲為・与人寄平福憲 → 月番附役

・口上覚 ～ 私事、去る安政六（一八五九）年に手習師匠として許可を受け来島し、当年までの期限のはずで、鹿児島に登るつもりでございましたが、子供たちが今だ熟達していないので、親たちから引続き滞島するようよんどころなく申出があり、さらに三ケ年、何卒滞島をお許しいただきたいと存じます。御繁多の砌《みぎり》、恐れ多いことでありますが、この趣旨を仰上げいただきますよう願い奉ります。

[手習師匠の来島]

藩政時代に、子供達に読み書きを教えたのは、ほとんどが遠島人であったと言われていて、ここに記載されている「手習師匠」が派遣されていたということは、今まで全く知られていなかった。

『更生の伊仙村史』（坂井友直著・昭和一一年刊）にも、「往昔は一定の学則なく従って学校もなく時の遠島人や島役人等より上流社会の子弟が僅かに読み書きを学ぶに過ぎなかった。寛文の頃、佐喜間、佐伯と云う人等の鹿児島留学を端緒として学問が稍々頭をあげ出した。そして才幹に秀でた人材が全島に勢力を張り島政の重鎮と見られるものが輩出するようになった。」と記述されているが、貴島新兵衛が来島して手習を教えたことは記されていない。

小林正秀著『仲為日記　犬田布騒動』には、解読文を掲載した後の【註】に「貴島新兵衛が『手習師匠として御免許の上下島』したということは、徳之島の教育史上大事な記事のようである。これまで遠島人などが『手習師匠』をしたとのみ思いこまれていたが、貴島のように遠島ではなく初めから『手習師匠』としての免許を受けて来島したものもあるということは注意すべきことであろう」と記されていたが、これ以上は、その後の研究でも進展を見せていないようである。

貴島は手習師匠として「免許を受けた」のではなく、藩庁から「手習師匠として徳之島下島」が許されたのであった。なぜ、貴島の下島が許可されたのか。おそらく特別な事情があったものと考えられる。このような下島（形式的には派遣）

以上
子五月　　　　　　貴島新兵衛　印
伊仙噯
与人衆
惣横目衆
右申出趣承届申候間、願の通り御免被仰付被下候様、被仰上可被下
儀奉願候、以上
子五月　　　　　惣横目寄　仲　為
与人寄　　平福憲
月番
御附役様

・五月廿七日　雨天南東風
一今日も雨天故掛渡方不相調、東様御休み、
・同　廿八日　晴天南風
一今日四つ時分より鹿浦御出発、七つ時分迄寶吉丸掛渡相済候、
・同　廿九日　晴天南風
一今日早天より鹿浦御出張、残砂糖皆同松恵丸へ掛渡相済候、
・同　晦日　晴天南風
一今日東様亀津へ御帰館御供福世喜衆、尤拙者今日迄鹿浦出張、牛馬皮荷作方いたし候、
・六月朔日　晴天南風
一今日平氏宅において牛馬皮算当書相調候事、尤黍見廻中御用にて、内斤より掛渡砂糖引入候成行承届候、
・同　二日　晴天南風
一今日直富衆相頼、遠島人居住人滞島願書相認候、尤牛馬皮代米算当方いたし候、

許可は三島方から出されたものであろう。三島方が許可を与えた背景には、その頃徳之島では私塾を開き、手習を教える遠島人や島役が少なく、将来において島役に不可欠の「読み書き算盤」の素養が育成できないという見通しがあったからであろう。もちろん、このような事情は、当時の島役と詰役が十分検討した結果、三島方に上申して実現したはずである。三島方は人選して四年契約で派遣し、手習教授費用は地元負担となったものと考えられる。文面には親達がもっと教えてほしいという強い要望が示されている。

島役階層にとって、一家の存続と勃興に直結する子弟教育はなおざりには出来ない。最初の島役は書役（筆子）になることであった。書役は読み書き算盤が必須条件である。文書記録は重要な任務であり、書体御家流の習得を目指して、七・八才ごろから手習が始まったと考えられるが、具体的な史料は知られていない。今後、貴島派遣に類するような史料の発掘が待たれるところである。

［文面］

・五月二七日〜六月二日

この間に鹿浦湊において寶吉丸と松恵丸への砂糖積込みが終った。初め砂糖掛渡として東様（禰寝助右衛門）が二一日に阿権入りし、二二日から積込む予定であったが、二四日〜二七日は雨が降り続き、積込作業は休みとなり、雨が上がった二八日・二九日で積込作業は終了している。砂糖積込みが終ると、牛馬皮の上納準備が行われた。このときは寶吉丸便で鹿児島に送ったのであろう。

［阿権の平家］

五月一九日の日記には「平氏伊仙より阿権へ被帰候」とあり、平氏の自宅は阿権にあったことが分かる。この平福憲について坂井友直著『奄美人国記』（昭和一二年刊）は「平常清」の項で次のように記載している。

氏の祖父福憲翁は時の与人たる福憲翁の長男として、文政六年四月二十一日を以て生れ、明治三十八年五月二十一日、行年八十三歳を以て逝去され……伊仙の黍筆子を振り出しに亀津津口横目・面縄竹木横目・兼久津口横目寄・兼久田地横目・岡前黍横目・喜念同上・東間切同上・井之川惣横目・喜念同上・井之川与人寄等を歴任して、慶応元年十二月二十五日、四十三歳の時、全島最高位たる喜念与人となり上国を命ぜらるること三回、後亀津与人に転じ在職中、官

写

右掛渡砂糖樽津廻賃米の儀、半方本船聞《ママ》、半方島聞《ママ》　三神丸

右同断、賃米の儀三ヶ弐本船聞《ママ》、三ヶ壱島聞《ママ》　寶吉丸　松恵丸

右の通申付候条可承向へ可申渡候、

子五月晦日　代官勤　上村笑之丞

亀津噯　面縄間切　与人

右の通被仰渡候間、此段致通達候、以上

子六月二日　与人　平福憲

伊仙噯　横目衆中　諸役人中

一与人惣横目の間一役御用の段、今夜九つ過時分御用封参り候、

・六月三日　晴天南風

一今日早天阿権出立、九つ時分亀津参着、御座へ罷出候処、浅間・伊仙両村過返し申請候銘々より為致出米、労作人共相渡候様被仰渡候、尤川辺方五ヶ村配当并牛馬皮代、亀津御蔵より御払被仰付候、

・同　四日　晴天東風

一今朝亀津出立、伊仙へ差越候、

・同　五日　右同

一今日浅間・伊仙両村掟黍見廻召寄、前条過返米為差出、労もの共へ致配当候様申渡候、

・同　六日　晴天東風

制改革に際し与人役廃止と共に戸長設置につき、明治六年十月、亀津村戸長拝命《ママ》、明治七年の春、徳之島支庁が亀津に設立さるるに当り、同庁等外一等出任任命さる。（以下略）

[文面]

・写 ~ 三神丸に積込む砂糖樽の津廻し（廻送）賃米は、半分を本船が、半分を島方で負担し、寶吉丸と松恵丸は三分の二を本船が、三分の一を島方で支払うよう申付けるので関係者に連絡すること。

・六月三日、（与人・惣横目の内一人、御用に付き出頭の連絡が昨夜十二時過ぎに来たので）今日早朝阿権を出立し、正午ごろ亀津に着いた。御座へ伺ったところ、浅間と伊仙両村の過返米を受取る銘々から米を出させ、労作人《つかれさくにん》共（困窮者）へ配布するよう仰渡された。なお、川辺方五ヶ村の配当と牛馬皮代は亀津御蔵より支払われるということであった。

・五日、浅間と伊仙の掟と黍見廻を集め、先の過返米を差出して、困窮者へ配当するよう申渡した。

[砂糖樽船積みの賃米]〈船主と地元が負担〉

砂糖樽の船積みについては賃米が支払われていた。地元の湊に運ぶときは一丁宛米二合程であったが、他の港まで運ぶときの賃米については、安政三（一八五六）年の取決めが「前録帳」に次のように記載されている。〈一覧表にまとめた〉

一升　面縄から亀津湊へ	一升九合鹿浦から亀津湊へ	三合　久志から井之川へ
七合　本川から　〃	三升　湾屋から　〃	一升九合面縄から　〃
五合　卸口から　〃	六合　母間から井之川湊へ	六合　花徳から山湊へ
三合　秋徳から　〃	九合　花徳から　〃	一升五合亀津から　〃
四合　和瀬から　〃	一升　山　から　〃	七合　秋利神から平土野へ
九合　山　から　〃	一升二合卸口から　〃	九合　鹿浦から面縄湊へ
六合四勺井之川から〃	九合　亀津から　〃	

一例として、この賃米で母間の積込みに要した費用を試算すると、一二三五四合となる（母間の樽数は三月二八日の日記にある。二〇五九丁×六合）。この半分を地元が負担した場合は約六石余となり、これだけの米をどう工面したのであろうか。また、船主は湊へ運ぶ賃米をどう支払ったのであろうか。このような運送費用まで地元が負担し、船主が支払ったこと、これが藩政時代の収奪政策の一つであったと

御小姓與

貴島新兵衛

右手習指南方として年限を以下島いたし居候処、年限筈合に付罷登候様申渡候処、手習子共未熟に有之、今三ヵ年滞島願申出候得共、来丑春限滞島申付候条可申渡候、

子六月五日

代官勤　上村笑之丞

伊仙噯　与　人

物横目

遠島人并居住人

八人　各名前略す

右者御赦免被仰渡置候付、罷登候様申渡候処、病気に有之乗船不相叶、来丑春限滞島の願申出、令免許候条可申渡候、

子六月五日

代官勤　上村笑之丞

伊仙噯　与　人

物横目

右弐通申渡候事、

一今日伊仙過返米申請候銘々より米差出させ致配当候事、

・同　七日　晴天東風

一今日昼時分伊仙出立阿権村へ差越度、福厚門口迄差越候処、上御仮屋様今日面縄村へ御差入、面縄出砂糖明日寶吉丸へ掛渡候段被仰渡、又々旅宿へ引戻し、右の趣を以平氏方へ問合越候、

・同　八日　晴天東風

一今日早朝面南和砂糖蔵へ出張候処、四つ時分上御仮屋様御出張、直に掛渡取計候処雨降出、双方にて二百丁掛渡にて御引取、我等番所泊、

も考えられるのである。すなわち、六石の賃米はあらかじめ母間村の地元負担として上納させておかなければならなかったはずである。また、船主は自分たちの取分から六石余の賃米を支払わなければならなかったことになる。

砂糖は藩主の「御物」であり、島民や船主の所有物ではなかった。したがって、「御物」の運送費は、藩庁から支出するべきものであったが、積込費用を島民と船主に押し付けていたのであった。逆に積込作業にあたった島民は、一樽宛六合の賃米を貰うことが出来たので、よい稼ぎになるが、もともとはお互いで負担した賃米に過ぎなかったのであり、実に巧妙な支配政策であった。

[労作人に対する救助米]

六月三日、代官所は、過返米（正余計糖分の代米）の支給があった人々から、その一部を出して貰って、困窮者に配当するよう申渡している。このことは、砂糖政策を通して過返米を得ていた富農者と生活困窮者の二極化が進んでいたことを物語っている。代官所は救助米を富農層に割当てて、困窮者に配当するよう命じているが、藩庁自ら救助米を与えることは決してなかったのである。先の船積み賃米同様、藩庫から島民のために支出することは一切行われなかったのである。

[文面]

・(写)～貴島新兵衛は手習指導のため期限をもって下島して居ったが、年限が来たので帰国するよう申渡したところ、手習の子供達がまだ未熟なために、後三ヵ年滞島して指導したいという申出があったため、来年春までの滞島を申付けるので連絡すること。

・(写)～右の八名は御赦免を仰付られて帰国するよう申渡されていたが、病気のために乗船が叶わないので、来年春まで滞島願いを申出ているため、許可を命じるので連絡すること。

・六月六日、伊仙村の過返米を受取った者に米を差出させて、困窮者に配当した。

・七日、昼時分に伊仙を出立して阿権村へ行こうとして、福厚家の門口までやって来たところ、上御仮屋様が今日面縄村へ入られ、明日砂糖を寶吉丸へ掛渡すと仰渡されたというので、また旅宿へ引戻し、右の件を平氏へ連絡した。

・八日、早朝、面縄の砂糖蔵へ出掛けると、午前一〇時ごろ上御仮屋様が出張されて来て、直に船積みに取り掛かったところ雨が降出し、双方で二〇〇丁を掛渡してお帰りになったので、我等は番所に泊った。

・六月九日　晴天東風
一今日掛渡七つ時分迄相済候付、諸ヵ首尾合亀津へ差越賦候処、御用談有之付、伊仙へ帰候様平氏申来、福與衆同道伊仙へ差越候、
・同　十日　晴天東風
一今日喜美徳并同人兄三人と入組一件に付、右親類中役所へ御用にて承合候事、
・同　十一日　晴天東風
一今日平氏福與衆同道亀津へ差越候、尤七つ時分亀津参着、諸首尾合并配当願申上候事、
・同　十二日　晴天東風
一今朝御仮屋方御見廻申上、夫より平氏旅宿へ相待居候処、御座より御用に付罷出候処、季福伺願書勤功少御取揚無之段被仰付候、
一伊仙村喜美徳不行跡に有之、右兄三人より借島願出候処、便舟迄の間入牢被仰付、列越方直禎へ直に申付、参り次第召込め方記喜美静衆相頼、岡前へ帰宅、
一今日長生丸御米五百石積入、わんや湊へ入津、
・同　十三日　晴天東風

覚

伊仙噯
遠島人
居住人
外に中宿人

右者容貌致見分御届可申上旨被仰渡置、召寄容躰見分仕候処、不相当の月代等仕候もの無御座候、尚亦御取締向申渡置候間、此段御届申上候、以上

子六月十三日
物横目寄　仲　為
与人寄　平福憲

［文面］
・六月九日、掛渡が午後四時ごろまでにすみ、諸報告のため亀津へ行くつもりであったが、御用談があるということで伊仙へ帰るよう平氏から連絡が来たので、福與衆と一緒に伊仙へ出かけた。
・一〇日、喜美徳と同人の兄三人が争っている一件に付き、右の親類中が役所へ相談にやって来たので事情を聞いた。
・一一日、平氏・福與衆と一緒に亀津へ行く。午後四時ごろ亀津に着き、諸報告と配当願いについて申上げた。
・一二日、今朝、御仮屋方に挨拶申上げ、それより平氏の旅宿で待っていたところ、御座より御用があるというので伺うと、季福に関する伺願書については、勤功が少なく、受理できなかったと仰付けられた。
・伊仙村喜美徳に不行跡（不品行）があった件で、兄三人より借島願出（他の島に遠島願い）があり、便舟までの間、入牢を仰付けられたので、連れてくるよう直禎へすぐに申付け、連行次第入牢するよう喜美静衆に頼み、岡前へ帰宅した。
・今日、長生丸が御米五〇〇石を積んで湾屋湊へ入津した。
・覚～伊仙噯の遠島人・居住人・中宿人の容貌を検査して届けるよう仰渡されていたので、呼び集めて容躰を検査したが、不許可の月代《さかやき》等している者はいない。また取締向きについても申渡したので、これらの件を報告いたします。

［解説］
六月一二日の日記には、季福に関する推薦書を提出していたが、まだ「勤功」が少ないので取上げることが出来ないと知らされたとある。この事例のように三役は下級役の昇進に関して代官所へ推薦書を提出していたのであった。
『道統上国日記』には、「藤祐喜衆・富盛・元儀美外三名年功勤功有之候者にて島元より御伺い相成り」三島方へ上申されたとあり、その結果、竹木横目定寄富盛は物横目格に、津口横目・代官所書役元儀美も物横目格に昇格したことが記録されている。なお、富盛・元儀美は道統と共に上国していて、家老大蔵から島代官宛に出された通知書の写を道之島掛から鹿児島で受取っている。
遠島人の月代については、滞島中は禁止されていたようであり、赦免となって鹿児島へ帰国するときには月代が許されて、身だしなみを整えることが出来た。しかし、引き続き居住人となるときは月代が禁止されていたのである。

月番
　御附役様

覚

一米三升　糸木名村
一同三升　阿権村
一同弐升　犬田布村
〆八升

右は五月中是枝隆悦殿謝礼米、右の通御届候間、此段御届申上候、以上

子六月十三日　惣横目寄　仲　為

月番
　御附役様

口上覚

私共実弟
伊仙村　喜美徳

乍恐奉訴上候、当時御繁多の砌誠に恐多奉存候得共、右喜美徳事兼て不行跡に有之、時々私共は勿論親類中より教訓等具に申諭候得共、一圓承引仕不申、我侭のみ差挟み右通にては往々世間の妨にも罷成申候、依之一往為折檻沖永良部島へ借島為仕度奉存候間、御免被仰付被下度奉願上候、左様御座候間便舟有之迄の間御借囲被仰付置被下度念願奉存候、此等の趣成合候様被仰上可被下儀奉頼候、以上

亥十一月
喜美徳実兄
伊仙村　佐栄温
右同　佐栄住

［文面］

・六月一三日、米八升が糸木名・阿権・犬田布村から医師是枝隆悦に謝礼米として届けられている。
・口上覚 ～ 恐れながら訴えあげ奉ります。当時節、御繁多のときに誠に恐れ多いことは存じますが、右喜美徳の事、かねてから不行跡があり、時々私共は勿論、親類中より教訓などつぶさに申し諭してきましたが、一向に聞き入れることもなく、我がままのみ差しはさみ、このままでは往々にして世間の妨にもなりますので、とりあえず折檻のため沖永良部島へ借島したいと考えますので、御免仰付け下されますよう願い上げ奉ります。お許しがありましたら舟便があるまでの間、牢屋のご借用も仰付けられたくお願い存じ奉ります。これらの件が叶いますように、上申下さいますよう頼み奉ります。

［解説］

是枝医師については、『鹿児島県姓氏家系大辞典』（角川書店）の二ヶ所で、次のように記されているので、全文を引用しておこう。（執筆者徳富重成）

・目手久（伊仙町）などで、嘉永年間（一八四八～五四）から大正初年まで医療に尽くした是枝隆悦・幸太郎親子もいた。（「市町村の歴史と人物」の項）
・是枝幸太郎（一八五六～一九一九）大島郡伊仙町の人。医師。父隆悦も医者で、嘉永年間から大正初期まで、親子に代にわたり、井之川（徳之島町）や目手久（伊仙町）で医療に専念した。（「鹿児島県の人物」の項）

［借島願い］

口上覚によると、伊仙村の喜美徳がどのような厄介者であったか、具体的な行状は分からないが、「我侭勝手な振る舞い」により村人に迷惑を及ぼしているので沖永良部島へ遠島し、反省を促したいという「借島」の申出が記されている。三人の兄弟にとっては最後の手段であったろうが、受け入れ側の沖永良部島では、どう対処したのであろうか。借島人は配所先で自活しなければならないので、農具一式や日常生活の必需品は携帯したはずである。沖永良部島の伝承によると、気の荒い遠島人は畦布村に配置されたと伝えられている。畦布村の青年達は気強く屈強だからだという。もし、喜美徳の配所が畦布村であったとしたら、畦布村では我侭は通用

伊仙村　掟衆　　右同　佐衛孫
　黍見廻衆
右申出趣承届候間、何分御法様次第被仰渡被下度奉頼候、以上
　　黍見廻　義　善
亥十一月　　掟　基　碩
伊仙噯　与人衆
　物横目衆　　物横目寄　仲　為
取次書略す　　与人寄　平福憲
子六月
月番
　御附役様

・同　十四日　晴天東風
・同　十五日　右同
一明日西目様岡前村へ御差入、私宅へ御宿付候に付、終日宿拵いたし候、
・同　十六日　右同
一今日西目様轟木村より御出立わんやへ御越、長生丸積下り御米取納方為御済、暮時分御差入有之候、尤今晩拙者より御迎申上候、
・同　十七日　右同
一今日岡前村黍作御見分、昼時分迄済、今晩益行より御迎、
・同　十八日　右同
一今日わんや御蔵より西目間切過返、百斤に付□□つつ御配当にて、松原村へ御差入、
・同　十九日　右同
一今日松原村へしら綱切にて引次牛突合御企の由、

しなかったであろうし、食料を得るためには村人と折り合いをつけ、段々と自分の気ままを抑制したことであろう。

次に、鹿児島から徳之島へ送られて二六年間も「借島」していた事例があるので、口語訳であげてみよう。（『鹿児島県史料　新納久仰譜二』より）

口上覚

私共の親類新納権左衛門は、気任せな者であり、一往折檻のために徳之島へ居住を仰付けられていたが、最早二〇年余にもなり、この頃は後悔して身持ちもよくなったと聞いているので、何卒御赦免仰付け下されたく、この趣意を仰上げ下さらんことを頼み上げます。

こうして許されて帰国しているが、宿元がないため一族が身許を引き受け、さらに、一二才の男の子がいて、ゆくゆくは家来にもしたいと話合っていたが、なかなか鹿児島の生活になじめなかったようである。また、いろいろと身分不謹慎の事もあって、一族で相談した結果、再び親子で徳之島に渡海したと記されている。そして、最後の記述は「もっとも此節は権左衛門事、手習師匠分に相頼み候とて島人に頼み合わせ、先日御暇なども相済ませ候事」とあり、今回は手習師匠として徳之島に戻ったのであった。おそらく島妻の下で親子ともども生涯を送ったことであろう。あるいは私塾を開いて、子弟の教育に尽力したとも考えられ、借島や再渡海を通して、島の生活に溶け込んでいった藩士がいたことを物語る特異な事例であった。

[文面]

・六月一五日、明日西目様（寺師次郎右衛門）が岡前村へ入られ、私宅へ御宿を取られるとの事で、終日宿の準備をした。
・一六日、今日西目様が轟木村を御出立、湾屋に来られ、長生丸が積んできた御米の蔵納めを済まされて、暮時分にやって来られた。今晩は私がお迎え申上げた。
・一七日、今日岡前村の黍作を御見分、昼時分まで終了。今晩は益行がお迎えした。
・一八日、今日は湾屋の御蔵より西目間切の過返米を配当した。百斤に付□□ずつ配当して、松原村へ入られた。
・一九日、今日、松原村へしら綱切（縄に色々な物を吊り下げて、魚を追込み捕獲する磯漁〈沖縄大百科事典〉）に連れだって行った。闘牛も行われた。

・六月廿日　晴天東風
一今日兼久方御蔵より伊仙噯村々過返米并定式配当被仰付出張致差引候、
・同　廿一日　右同
一今日岡前方御蔵より喜念噯村々岡前噯村々・伊仙・浅間□□御定式并
井之川噯村々過返米配当に付、出張致差引候、
一米三升福圓　一弐升六合貞清　一弐升六合宮賢　一三升四合重
賢　一弐升六合実伊喜
〆壱斗四升弐合
右もの共申請方不参故御取揚に付、御蔵へ返上いたし御届申上候、
・同　廿二日　晴天東風
一今日しきょま、牛突合有之義祐□同道出張致見物候、
・同　廿三日　晴天東風
一今日前条伊仙村配当申請方不参もの共相糺候処、実伊喜外四人へ申受
方相頼差引候処、中途にて病気差発、昨日帰宅の段申出旨申書其趣を
以成行申上呉候様、御付書役勤時應衆へ頼遣候、
・同　廿四日　曇天南風
一今日藤祐喜衆元寶乗舟松恵丸平土野より出帆の由に付、暁出立差越餞
別いたし五つ時分開帆、
一御用談の儀有之候付、支配へ差越候様、平氏より廿三日の問合今昼時
分相届候、
・同　廿五日　晴天南東風
一今日早天出立阿権へ差越候、然処明後廿七日より黍地御見分上御仮屋
様伊仙村へ御差入の段被仰渡候、
・同　廿六日　同断
一今日朝飯仕廻にて、平氏福與衆同道伊仙村へ差越候、
・同　廿七日　右同

【文面】

・六月二〇日、今日兼久方御蔵から伊仙噯村々へ過返米の配当が仰付けられ、出張して差引きの処理を行った。
・二一日、今日岡前方御蔵から喜念噯村々・岡前噯村々・伊仙・浅間への御定式砂糖代米並びに井之川噯村々の過返米の配当に付き、出張して差引きした。
・福圓・貞清・宮賢・重賢・実伊喜が合計一斗四升二合を受取らなかったので、取上げて御蔵へ返上したことを報告した。
・二二日、今日はしきょま祭の日。闘牛が行われたので見物した。
・二三日、一昨日の伊仙村配当のとき、受取りに来なかった者共を取調べたところ、実伊喜に外の四人分も受取るよう頼んでおいたが、途中病気にかかり昨日帰宅したという申出があり、申書をもって届けるよう、御付書役の時應衆へ頼み遣わした。
・二四日、藤祐喜衆と元寶が乗船した松恵丸が平土野より出帆するというので、暁に出発して餞別した。船は八時ごろ出帆した。
・御用談があるので役所へ差越すよう、平氏からの二三日付けの問合せが、今日昼時分に届いた。
・二五日、早朝出立し阿権（役所）へ行ったところ、二七日より黍地の御見分ため、上御仮屋様が伊仙村へお入りになると仰渡された。
・二六日、朝食後、平氏・福與衆と一緒に伊仙村へ出かけた。

【解説】

六月二〇・二一日には、過返米と定式代米が配当されている。当日受取りに来なかった五名については、事情を質して後日配当したのであろう。砂糖一斤米三合五勺替で計算すると、五名の合計は砂糖四〇斤余に過ぎない。これが過返分の砂糖であったのだろうか。あるいは三合替にしても四七斤余であった。いずれにしても少額である。このように五人の余剰砂糖がわずかであったことは、逆に生産した砂糖のほとんどが収奪の対象となっていたことの証左ではないだろうか。

【しきょま祭】

六月二二日はシキョマ祭が行なわれている。シキョマは稲の収穫を前に、田圃から二・三本の初穂を取って来て床柱か中柱に掛け、初穂の米粒を入れたご飯を炊いて先祖に供え、あるいはネラの神（海の神）に供える稲作儀礼である。その日は闘牛や相撲や夏目踊りで賑わったという。

一今日早仕廻にて地境へ待受候処、□□□御越有之、古黍地の儀は昨年御見分相成居候付、新黍地の分竿入御見分可被□段被仰付、尤上原下原□□ヶ間御見分被為在段致承知、徳孫并平氏我等上原へ差越、福與衆貞明衆□□辺御供にて廻原、伊仙村半方程今日相済候、
・六月廿八日　晴天南風　但今日より白南風吹立
一今日手分ケにて平氏貞明衆には御頭様御供村内御見分、福與衆我等儀は福生衆同道下原見分、八つ時分迄相済候、尤今晩福賢衆より御迎、
・同　廿九日　晴天南風
一今日御休にて、於伊仙村に喜念嗳会カ鉄砲御企有之候、今晩為厚より御迎、
・七月朔日　晴天南風
一今日伊仙村出立、二手分ケにて浅間村黍地御見分、同村へ御差入、
・同　二日　晴天南風
一今日浅間村御出立、馬根村御通掛阿権村へ御差入、尤二手分ヶ平氏貞明衆御供にて馬根村へ差越、拙者には福生衆同道伊仙村牧原黍地見分、昼時分迄相済、夫より阿権村上原よりかりよ原しりん竿木之香村黍地半方為相済候、今晩平氏より御迎、
・同　三日　晴天南風
一今日上御館様御休にて、書役并我等阿権村黍地御見分為相済候、
・同　四日　晴天東風
一今日阿権村御出立、御手分にて犬田布村黍地御見分為御済同村御差入、
・七月五日　晴天東風　但少々嵐立
一今日嗳中取会牛突合、相撲等御慰有之候、
・同　六日　晴天南東風
一今日犬田布村御出立、御崎御見物に付、御供にて差越致見物、御頭様崎原村へ御差入、平氏我等貞明衆同道犬田布村へ帰村、

[文面]

・六月二七日、今日早く仕事を終えて村境へ待受けていたところ、□□お越しになられた。古い黍地については昨年御見分が済んでいるので、新黍地の分を竿入れして検査するよう仰付けられた。上原・下原□□の間を検査されるとのことで、徳孫や平氏他我等は上原へ向い、福與衆と貞明衆は□□辺をお供して廻り、伊仙村の半分程の検査を終了した。
・二八日、今日より白南風《しらはえ》（梅雨のあける頃に吹くさわやかな南風）が吹き出した。今日は手分けして平氏と貞明衆には御頭様のお供で村内を見分され、福與衆と我等は福生衆と一緒に下原を検査し、午後二時ごろまでに終った。今晩は福賢衆がお迎えした（福賢宅で接待をした）。
・二九日、お休。伊仙村にて喜念嗳と共に鉄砲競技をした。今晩は為厚がお迎えした。
・七月一日、伊仙村を御出立。二手にて浅間村の黍地を御見分。同村へ入られた。
・二日、浅間村を御出立し、馬根村を通り阿権村へ入られた。二手に分かれ平氏と貞明衆はお供にて馬根村へ向い、私は福生衆と一緒に伊仙村牧原の黍地を検査し、昼時分までに終った。それから、阿権村上原よりかりよ原・しりん竿・木之香村の黍地も半分は済ませた。今晩平氏がお迎した。
・三日、今日上御館様はお休み。書役と我等で阿権村の黍地の見分を済ませた。
・四日、阿権村を御出立。手分して犬田布村の黍地の御見分を終え同村に入られた。
・五日、少々嵐が吹いた。嗳中の闘牛や相撲等のご慰労があった
・六日、今日犬田布村を御出立。犬田布崎の御見物にお供して一緒に見物した。御頭様は崎原村に入られた。平氏や我等は貞明衆と共に犬田布村へ帰った。

[黍地検分と来春の砂糖見積高]

六月二七日から始まった「新黍地の分竿入御見分」は、来春の砂糖生産高を見積もるための重要な調査であった。上御仮屋様が指揮を執り、三役と黍見廻が二手に分かれて検査が行われた。伊仙嗳の黍地見分は七月七日まで続いている。そして、八日に「丑年（慶応元・一八六五年）出来砂糖七拾壱万五千斤村々請持ち割合いたし候」として、作業を終えている。

この黍地見分は、六月の二番草取（一回目の草取は四月）が終了した段階で行われているようであり、昨年は三番草取が終ると、一〇月下旬から一二月初めまで二回目の黍地見分を実施し、最終的な砂糖見積りを行って、製糖期を迎えている。

・同　七日　晴天南東風
一今日崎原村御出立、糸木名村御差入に付、平氏貞明衆同道、犬田布より出立崎原に差越、御供にて小島村御通掛糸木名村黍地御見分相済候、
尤今日迄嗳中皆内相済候、
・同　八日　晴天東風
一今日糸木名村御出立亀津へ御帰館、御供貞明衆平氏、我等には供々に帰宅、尤今日昼内於糸木名に来丑春出来砂糖七拾壱万五千斤村々請持割合いたし候、
・同　九日　晴天南風
・同　十日　晴天東風
・同　十一日　右同
・同　十二日　右南風
・同　十三日　晴天西風
右四日在宅□□下知方いたし候
・同　十四日　右同
・同　十五日　右同
右三日盆祭り
・七月十六日　晴天西風
・同　十七日　右同
・同　十八日　右同東風
・同　十九日　右同
・同　廿日　右同
一今日亡世喜保母病死葬式に付出張候、
・同　廿一日　右同
・同　廿二日　右同
・同　廿三日　右同

【文面】

・七月七日、今日崎原村を御出立し、糸木名村に入られるというので、平氏・貞明衆と一緒に犬田布を立って崎原に行き、お供して小島村を通って糸木名村の黍地を見分された。なお、今日まで嗳中の黍地見分がすべて終った。
・八日、今日糸木名村を立たれて亀津へ御帰館になった。お供は貞明衆と平氏。我等は共々に帰宅。なお、今日昼内に糸木名において、来年春の出来砂糖を七一万五千斤として、村々の受持ち高の割当てを行った。
・九日から、一通り黍地見分が終ったので自宅に帰り、私用を果たしている。一三日～一五日には盆祭を行ない、二〇日には世喜保母の葬式があった。

【『道統上国日記』より⑨ ～ 鹿児島にて物品を購入】

昨年の九月二〇日、鹿児島で購入する物品の許可願いが「口上覚」と「覚」に認められて、三島方に提出されているので、まとめておこう。

「口上覚」　購入者名
一中壷　一〇〇本　徳之島中
一金床　一挺　松原村実誠
一鉄碇　一頭　亀津村清信他
一玉屋型七連式　道董
　一組砂糖代八〇〇斤
一石灯籠二つ　右同
一玉屋形五連石　一組六〇〇斤
右同　総横目栄福□
右同　黍横目福□□
右同　津口横目福世喜
右同　右同仲明
右同　火消方組頭藤郷
一五連石六〇〇斤　筆子義志□
右同　面南和村実生
右同　山村嶺順
一一尺五寸金輪車五切・氏名略
一一尺二寸同十切　・氏名略

「覚」　代砂糖
一木挽鋸五刃　二六〇斤
一投網糸二斤　一四〇斤
一清長紙三束　九六斤
一酒二〇〇盃　一二〇〇斤
一素麺五行李　九〇〇斤
一鉛一〇斤　二三〇斤
一合塩焇一五斤　二七〇斤
一火縄二〇曲　四〇斤
一紫縮緬一反　二一二斤
一白足袋四足　五二斤
一蝋燭一〇斤　二三六斤
一稲扱二丁　九〇斤
一四書一部　二四〇斤
一塗木五部弓一丁　一〇〇斤
一御問黒弓一丁　一〇〇斤
一的矢六手　三〇〇斤
一天井板二〇間　五〇〇斤

砂糖代
一杉戸一枚　七〇〇斤
一犬戸桟七枚　五〇斤
一八分板一間　五九斤半
一大匁切三匁　四八斤
一襖紙五〇枚　一四斤
一麻苧三斤　五四斤程
一一尺三寸金輪車四切
　五六〇斤
〆砂糖代八五五一斤半

(注)
この「覚」は喜念嗳の与人嘉智人・惣横目寄勇喜賢・黍横目竹角清の連名で上国与人道董に買い求めてくるよう依頼した文書であり、これらの物品は嗳役所用のものであったと思われる。

一今日岡前出立阿権へ差越候、
・同　廿四日　右同
一今日阿権出立、伊仙へ平氏福與衆貞明衆同道差越、当秋取納米割付方
取付候、
・同　廿五日　右同
一今日役所にて取納米割付并砂糖出入決算方いたし候、
・同　廿六日　右同
一今日迄取納割付方為相済候、

写

小島村配所
小番亘三男
九良賀野六郎

右者去年其方共より申出の趣有之、往為折檻大島へ借島申付差渡置
候処、御赦免被仰渡、大島代官方へ問合趣置候処、此節大島船より
便舟にて花徳村下浦へ着いたし候段申出候間、早々□受取他村不致
徘徊等相慎□罷居候様可申渡置候、
但御赦免被仰渡候付ては、此節下着八幡丸へ便舟相究津口通り可
願出候、

子七月廿五日

代官勤　上村笑之丞
伊仙噯　与人
惣横目

右の通被仰渡早々請取方遣候様、真恵賢へ直に申渡候事、
・七月廿七日　晴天南東風
一御代官様喜念噯黍地御見分、昨日面縄より検福村へ御差入候段承り、

[文面]

・七月二四日、阿権を出立し、伊仙へ平氏・福與衆・貞明衆と一緒に出向き、今年秋の取納米割付を始めた。
・二五日、今日は役所にて取納米割付並びに砂糖出入の決算を行った。
・二六日、今日まで取納米割付方を終了した。
・写～九良賀野六郎は、去年その方共から申出があったので、折檻のため大島へ借島を申付け渡して置いたところ、今回御赦免を仰渡された。大島代官へ問合せたところ、この節大島船より花徳村下浦へ着いたという申出があったので、早々引取り、他村に徘徊等しないで相慎むよう申渡して置くこと。但し御赦免を仰渡されているので、この節下った八幡丸へ便舟を決め、津口通手形願いを出させること。

[取納米]

二四日から八月三日までの日記によれば、「取納米割付」を行っている。しかし、この「取納米割付」が具体的にはどのような内容であったか、記されていないので正確なことは分からない。「取納米」とは百姓から「取り納めた米」という意味であろう。すなわち上納させた米であるが、年貢米とどう異なるのであろうか。基本的にはすべて百姓から収奪した米によって生計を保っていた支配階層は、さまざまな名目で米を上納させている。さらに、島内でも藩政策を執行するための費用として「出米」を差出させている。藩庁に上納する米は『近世奄美の支配と社会』によれば、上納米(年貢米)・役米・賦米・故飯米・狩夫代米があった。島内用の「出米」には次のようなものがあった。これが「取納米」ではなかったか。

・扶持米・黍見廻扶持米・薬種代米・医師謝礼米・砂糖樽運搬積込み賃米
・用心米（囲籾）・供米・山野米・布施米

なお、琉球国の首里王府には「取納座《しゅのうざ》」が置かれていて、年貢や諸上納物の事務をつかさどっていたという。また、和泊町瀬名集落には「シュウトマイ」というグムチュウヲドゥイ（御物踊=詰役人慰安ための踊）があり、上納米が無事終了したことを祝って踊る伝統芸能がある。これらの用語からは、「取納米」が一種の年貢であったことが理解できる。結局は百姓から収奪した雑税であった。

こうして島内出米のための水田は、砂糖惣買入制下でも残っていたようであり、米の収穫を終えた七～八月に上納割付を行ったものと考えられる。

平氏貞明衆同道今朝の間検福へ差越御見廻申上、席に当秋黍地請代米願申上、願書佐和長衆へ相頼伊仙へ罷帰候、尤平氏阿権へ被帰候、
・同　廿八日　晴天南東風
一今朝福厚実川召列八幡宮へ参詣、夫より役所にて伊仙村取納米割付為致候、
・同　廿九日　雨天南風
一今日浜《ママ》出牛突合に付井之川へ出張候処、大雨降り出、伊氏宅責込段々逢御地走候事、
・同　晦日　晴天東風
一今日浜出登る日にて、与人衆名代差越諸祭りいたし、夫より多人数同道浅間下へ差越、伊仙村・浅間両村取会牛突合有之、□つ時分帰る、
・八月朔日　晴天東風
一今日より伊仙村取納米引付并受ヵ代黍地替米差引方為致候、
・同　二日　晴天北東風
一今日面縄湊出残り砂糖八幡丸へ掛渡方御帰西目様御越候段被仰渡、未明差越待上居候処、五つ過時分御越直に掛渡取付候、然処伊仙村砂糖樽の内七丁ゆるみ付有之、迚も御仕登は不相成候付、亀津へ為付越皆様御見分の上、御吟味被為在段被仰付、且亦宮賢樽弐丁津下方御帰館迄不相成、是亦亀津今晩中為持越候様被仰付、福與衆には御供にて被差越、黍見廻三人には右都合九丁の樽、才領にて亀津へ差越筋申談、平氏貞明衆同道伊仙へ帰候、

伊仙噯子秋御用夫
一御用夫五拾八人　内二人新御用夫　小島村
外に病者四人
一同　五拾八人　内三人右同　糸木名村
外に六人病者

[文面]
・七月二七日、御代官様が喜念噯黍地御見分のため、昨日面縄より検福村へ入られたというので、平氏・貞明衆と一緒に今朝検福へ出向いてご挨拶申上げた。その時に今年秋の黍地請代米願いを申上げ、願書作成は佐和長衆へ頼み、伊仙へ帰った。なお、平氏も阿権へ帰られた。
・二八日、今朝福厚・実川を連れて八幡宮へ参詣。それより役所にて伊仙村の取納米割付を行った。
・二九日、今日は浜オリと闘牛があり、井之川へ出張したところ、大雨が降り出して伊氏宅に駆け込み、いろいろとご馳走になった。
・三〇日、今日は浜ノボリ日のため、与人達の名代もやってきてお祭をした。それから多人数で浅間下へ行き、伊仙浅間対抗の闘牛を見て、□つ時分に帰った。
・八月一日、今日より伊仙村取納米の引付と受（請）代黍地替米の差引計算をさせた。
・二日、今日面縄湊で残りの砂糖を八幡丸へ掛渡しのため西目様が来られるというので、未明に出かけて待っていたところ、午前八時過ぎに来られてすぐ掛渡しに取り掛かった。ところが伊仙村砂糖樽の内七丁にゆるみがあり、仕登せが出来ないので、亀津へ持って行き詰役で検査の上協議すると仰付けられた。さらに、宮賢の樽二丁がお帰りなるまで湊に下ろされず、これも亀津へ今晩中に届けるよう仰付けられた。福與衆はお供して行かれ、黍見廻三人が監督して九丁の樽を亀津へ届けるよう相談して、平氏・貞明衆と一緒に伊仙へ帰った。

[解説]
八月二日には面縄湊で最後の砂糖積込みが行われた。積込作業を監視したのは、犬田布騒動を引き起こした寺師附役であった。どのような思いで島役や島民が働いたのであろうか。結局、寺師は石灰加減が少なくて柔らかい「ゆるみ砂糖」七樽と積込みに間に合わなかった宮賢の二樽を、今晩中に亀津へ運ぶよう命じている。このように、詰役は島民を酷使し、時間的余裕など与えなかったのである。

[浜オリ①]
徳之島の浜オリの日取りは「火をつけて浜に下り、土を踏んで上る」といわれるように丁《ひのと》の日を下《お》りる日、戊《つちのえ》の日を上る日といい、下りる日は先祖を浜に案内《ぬぶ》し、磯遊びをして楽しませ、上る日には闘牛、相撲、夏目踊を催して慰安するものであると、『徳之島民俗誌』は記している。

壱人　　郷士格子共

一同　百五拾三人　内八人新御用夫　　犬田布村
　外に九人病者
一同　　四拾四人　内四人新御用夫　　木之香村
　外に七人病者
一同　百弐拾九人　内八人新御用夫　　阿権村
　外に拾三人病者
　　　六人　郷士格并役格子共
一同　百弐拾弐人　内拾壱人新御用夫　　浅間村
　外に拾五人病者
　　　四人　郷士格并役格子共
一同三百六拾三人　内弐拾八人新御用夫　　伊仙村
　外に三拾六人病者
　　三拾弐人　郷士格并役格子共
一同　　弐拾壱人　内壱人新御用夫　　馬根村
　外に弐人病者
村々合九百四拾八人　内六拾五人新御用夫
　　合病者九拾弐人
右の通子年内改御届相成候事、
一牛馬五拾三疋　　小島村
　外に当才三疋
一同　七拾九疋　　糸木名村
　外に当才五疋
一同　百九拾五疋　　犬田布村
　外に当才九疋
一同　三拾三疋　　木之香村

【用夫《いぶ》改《あらた》め】

藩政時代の百姓の負担は、年貢や各種雑税の現物上納と労働力としての夫役《ぶやく》を勤めることであった。二つとも支配者による収奪政策であった。

道之島の夫役に関する史料としては「大島用夫改規模帳」が伝存している。おそらく徳之島の夫役も、これに準じたと考えられるので、その条文を要約して口語訳であげておこう。「　」内は原文、（　）内の文は補足した文である。


一島中の用夫として、一五才より六〇才までの者に諸出役を申付ける。

一用夫を免除する役々
　与人並びに子供、（間切・惣）横目並びに子供、黍横目並びに子供。

　右三行の子供は夫役を免除するが、夫役に掛かる出物は差出すこと。

　諸百姓については、たとえ身売りしていたとしても夫役は免除しないこと。

一元与人・元（間切・黍）横目は、本人だけの夫役を免除する。

一掟・筆子は、本人だけ夫役を免除する。

一元掟・元筆子は、本人だけ免除。用夫に掛かる出米は差出すこと。

一黍地方見舞・下見廻も右同。

　元禄一四（一七〇一）年に、与人・横目役は「家内迄用夫役相除」であるが、「高に相掛かる出物は、何者の作職にても洩らさざる様申渡すべきこと」。したがって石高に基づいた上納物は洩れなく差出すべきこと。

一大島では諸百姓と用夫にかける出米などが過重で困窮しているが、役々は「家内まで用夫役相除き」、百姓がその分を負担していて、自分の働きが出来ないという。これらは他の島と異なるので、今回から他島と同じように申渡す。

一諸出物は「作職高に割付けるべきもの」であるが、用夫に割付けられていて、夫役免除の者が出物を掛けられていないと聞く。これは「不届候」であり、「惣高割付け候様、堅固に申渡すべき事」。

一掟・筆子の夫役を免除し、さらに「寄役」を勤める者まで免除しているが、今後は「定役相勤め候者まで」免除すること。（寄役は免除しない）

　この「規模（規則）」は享保一三（一七二八）年に大島代官宛に令達されたものであったが、徳之島でも「手札改めのとき、不正の手筋をもって『札子』と唱え、

外に当才拾三疋
一同　百三拾疋　阿権村
外に当才八疋
一同　弐百六疋　浅間村
外に拾八疋
一同　三百九拾八疋　馬根村《ママ》
外に当四拾七疋　(伊仙村)
一同　拾五疋　馬根村
外に壱疋
村々合千百九疋
合当才百四疋
右の通子秋内改御届相成候、
・八月三日　晴天北東風
一今日阿権村向ヵ割付平氏帰宅、拙者には伊仙村取納米引付渡方見分いたし候、
・同　四日　晴天北東風
一一昨日位劣り亀津へ持越候砂糖焚直相成、今日井之川へ付越相成候、
・同　五日　晴天北東風
一福與衆昨日亀津より阿権村へ帰、砂糖津下相滞候訳合□砂糖樽口喰禿相成訳合□□黍見廻方糺方の上、三役同道□亀津へ差越御断不申上候ては不叶□付、明日亀津へ可差越候間、早々阿権へ差越候様申来、七つ時分より伊仙出立阿権へ差越候、
・八月六日　晴天北東風
一今日伊仙村黍見廻共阿権へ召呼、前条糺方の上書付等為差出候、
・同　七日　晴天北東風
一今日福與衆同道亀津へ差越、黍見廻共相糺候成行を以御断申上候処、別て不都合にて作人共三役より直に相糺、成行書付を以申出候様申付

役々に応じ内々で夫役を免除する人数が数百人に及んでいると聞く。このような取扱いは禁止し、これまで夫役を逃れていた者共すべてに『公役』を申付ける」と、安政二（一八五五）年の通達が『前録帳』に記されている。

この令達が出された（享保一三年）後、道之島には百姓身分のまま、一部特権階級が藩命によって形成されるようになった（大島最初の郷士格取立ては享保一一年であるが、一般化したのは一八〇〇年以降）。その特権階級が伊仙・阿権・浅間村に記されている「郷士格」であり、子供まで夫役が免除されていたのであった。

夫役の負担と仕事内容について『近世奄美の支配と社会』は「百姓を苦しめたのは夫役の課重《かこ》であろう。溝堤・道・橋・田畠・仮屋などの普請や役人巡廻の際の送人馬・水夫役の負担は決して少なくなかった」（九七ページ）と述べている。

さらに、小林正秀著『仲為日記　犬田布騒動』は『御用夫あわりさや、月や三十日、わきゃ（私たち）三十五日御用働き』という意味の民謡にもある通り、一ヶ月は三十日しかないのに、三十五日も御用働きをすると、なげいて歌っている」と、その苛酷さを記録に留めている。（同書一八八ページ）

なお、『仲為日記　犬田布騒動』は、この牛馬改めをもって「仲為日記資料篇終り」（一九一ページ）と記し、ここで仲為日記の翻刻を終えている。

[文面]

・八月三日、阿権村への割付を行って平氏は帰宅した。私は伊仙村の取納米の引付渡し方を検分した
・四日、昨日の劣等の砂糖を亀津へ持って行って焚き直し、今日井之川へ運んだ。
・五日、福與衆が昨日亀津より阿権村へ帰ってきた。砂糖樽が運び遅れた理由と砂糖樽の口が喰禿となっていた理由を黍見廻に調べさせ、三役揃って亀津へ行き事情を説明せざるを得ないため、明日亀津へ行くことにしたので、早々阿権へ来るよう連絡があり、午後四時ごろ伊仙を立って阿権へ出向いた。
・六日、伊仙村の黍見廻たちを阿権に呼び集め、前条について取調べて書付を差出させた。
・七日、今日福與衆と一緒に亀津へ出掛け、黍見廻たちを取調べた結果について説明申し上げたところ、（今回の出来事は）とりわけけしからぬ事であり、三役で耕作者を直接取調べて書付を差出すよう申付けて置いたが、そのようにしていないのは甚だ不行届きなことであるとのお叱りに逢い、早々伊仙に帰って銘々を取調べた上、

置候処、無其儀甚不行届段逢御呵に、早々伊仙へ差越銘々糺方の上申分の趣書付を以届申出候様被仰付、御暇にて伊仙へ罷帰筋の処、夜入難出立亀津へ止宿、尤福與衆には今晩阿権へ被帰、明日早天平氏同道伊仙へ被差越段承被帰候、

・同　八日　晴天西風

一今日早朝亀津出立伊仙へ差越、砂糖樽津下し方相滞候もの并樽口底付□は位劣砂糖焚出候もの共、掟所へ□為相揃置候様掟黍見廻へ申付、平氏福與衆飛脚差立候処、八つ時分被差越□より於役所に壱人つつ召出糺方いたし候、

・同　九日　晴天西風

一今日も同断、糺方終日役所出席、

・同　十日　晴天北東風

一今日も同断、相済書付等相調候事、

・八月十一日　晴天北東風

一今日平氏同道亀津へ砂糖樽津下滞候もの共并位劣砂糖焚方□もの共相糺候形行、書付を以西目様御方へ御届申上候事、

・同　十二日　右同

一今朝御仮屋方御見廻にて西目様御方へ罷出候処、昨日差上候書付些と不宜所有之候間、仕直差上候様被仰付、仕直し八つ後差上候、尤福與衆御座より只今御用に付被罷出候処、当春上納砂糖作人銘々差引清算差急候様被仰付候、左候て御暇にて七つ時分より出立、岡前へ帰宅、

・同　十三日　右同

・同　十四日　右同

（この後、数枚欠落している。）

銘々の言い分の趣旨を記した調書をもって届出るよう仰付けられ、お暇をいただいて伊仙へ帰るはずのところ、夜になり出立が難しくなったので亀津に泊った。なお、福與衆は阿権へ帰られた。明日早く平氏と一緒に伊仙へ来られるということを話されて帰られた。

・八月八日、早朝亀津を出立し伊仙へ行き、砂糖樽の湊への運送が遅れた者並びに樽口底付が悪く、劣等な砂糖を焚出した者共を、掟役所へ集め揃えて置くよう掟と黍見廻に申付け、平氏と福與衆へ飛脚を差立てたところ、午後二時ごろ来られたので、役所において一人ずつ呼び出して取調べを行った。

・九日、今日も同じく取調べのため、終日役所に出勤した。

・一〇日、今日も同断。取調べが済んだので書付等を調えた。

・一一日、平氏と一緒に亀津へ行き、砂糖樽湊下しが遅れた者と、劣等の砂糖焚方をした者を問い質した様子を記し、その調書を西目様へお届け申上げた。

・一二日、今朝御仮屋方を訪問して西目様へ伺ったところ、昨日差上げた書付に些か不適切なところがあり、書き直して差出すよう仰付けられたので、書き直して午後二時ごろ差上げた。なお、福與衆は御座より急な御用があり出かけたところ、今年春に上納した砂糖作人銘々について差引き清算を急ぐよう仰付けられた。そこでお暇をいただいて午後四時ごろ出立して、岡前へ帰った。

［解説］

八月二日の最後の砂糖積込みでトラブルが起きた「ゆるみ砂糖」と積込み遅れの砂糖樽については、詰役から厳しい書付（報告書）提出が命じられていた。代官所は三役で直接作人を取調べて報告せよと命じていたのに、黍見廻から事情聴取した報告書だけを提出したため叱責され、やり直しが命じられている。三役が詰役と下級島役や作人（島民）の間にあって苦悩している様子が、行間からは感じ取られるが、仲為は事実のみを淡々と書き留めている。

この後、原文書では八月一五日～八月二六日の日記が欠落している。

・八月廿六日

一今日伊仙村諸祈願として老若男女打寄、八幡宮へ参詣、引次踊等騒立候事、今晩為清衆より逢《ママ》御地走、

・八月廿七日　雨天北東風

・同　廿八日　右同

一今日益実衆東より被帰、旅宿へ御越の節、御頭様御遠馬一件申談候、然処九つ時分より益実衆宅へ遊行被誘差越居候処、福與衆被差越諸事申談候、尤福與衆阿権へ被帰、拙者には益実宅へ一宿、

・同　廿九日　半天北東風

一今日福検村勝美兄三男樽金元服に付参候様申来差越、元服引次改名勝為と改、賑々敷致祝、七つ時分伊仙へ帰、

・同　晦日　晴天北風

一今日平氏阿権より伊仙へ差越候付、近日中御頭様伊仙へ御招《カ》一件申談、掟桼見廻中へ諸手当向申渡候、尤桼横目中明朔日御用に付、福與衆亀津へ差越候、

・九月朔日　晴天北風

一今日御頭様伊仙へ鉄砲御慰として御越被下様御伺に付、亀津差越御仮屋方へ相廻り申上候処、明後三日御越被下段被仰付、其段平氏へ申越、拙者儀御供として亀津在勤、尤今日桼横目中御用の儀は牛馬洩無之段御請書并御高請持桼作不致もの名前書出候様被仰渡候由、福與衆にも伊仙へ被帰、

・同　二日　晴天北風

一今朝御仮屋方御見廻申上候事、

・同　三日　右同

一今朝仕廻にて御仮屋方へ御見廻申上候処、上御仮屋様御不快にて伊仙へ難御越、拙者には御代官様御供、福與衆にも伊仙より被差越候付、

［文面］

・八月二六日、今日は伊仙村の諸祈願祭があり、老若男女が八幡宮へ参詣し、引続き八月踊等で賑やかであった。夜は為清衆よりご馳走になった。

・二八日、益実衆が亀津より帰りに旅宿へやってきて、御頭様の御遠馬一件を話し合った。そして一二時頃、益実衆宅へ誘われて出かけていたところ、福與衆が来られて諸事について相談した。なお、福與衆は阿権へ帰られ、私は益実宅に泊った。

・二九日、今日は福検村の勝美兄三男樽金の元服祝に招かれ出かけた。元服に引続き改名があり勝為と改めて、賑やかにお祝いを行い、午後四時ごろ伊仙に帰った。

・三〇日、平氏が阿権より伊仙へ来られ、近日中に御頭様を伊仙へ招待する件につき話合い、掟・桼見廻中へ諸準備を申渡した。桼横目は明日御用があり、福與衆は亀津へ出かけた。

・九月一日、御頭様が伊仙へ鉄砲御慰安（試合）に来られる件につき伺うため、亀津に出向いて御仮屋方を訪ねまわったところ、明後三日にお越し下さると仰付けられた。その事を平氏へ連絡し、私はお供のため亀津に在勤した。なお、今日の桼横目中の御用は、牛馬調べに漏れがない請書と御高請持で桼作をしていない者の名前を書出すよう仰渡されたとのこと。福與衆も伊仙に帰られた。

・三日、今朝最後の御仮屋方廻りを申上げたところ、上御仮屋様はご不快のため、伊仙へお越しできず、私は御代官様をお供し、福與衆が伊仙より来られて、西目様をお供し、貞明衆が東様をお供して出発した。午後二時ごろ、伊仙にお着きになると直ぐ□□合、相撲や踊等賑やかに催され、夕方にはそれぞれの御旅宿へお帰りになった。私が御代官様のお供をした。

［解説］

　八月二六日には伊仙八幡宮の例祭が行われたのであろうか。この八幡宮の創建ははっきりしない。目手久の八幡神社には、薩摩が砂糖の神様として持ち込んで建立したという言い伝えがあるという。『徳之島事情』には明治八年、井之川・伊仙・浅間に八幡神社を建立したと記されている。しかし、『仲為日記』によると早くから八幡信仰が普及していたことが分かる。また、日記には元服祝が行われていたことが記されていて、貴重な記録となっている。別な記録によると、伊仙では「十五歳之時従弟佐和衛帽子親ニ頼元服仕候」とあり（酒井卯作編著『琉球列島民族語彙集』五四二ページ）、元服も早くから一部においては行われていたことが分かる。

西目様□□貞明衆東様御供四□□□御出立八つ時分伊仙御着直□□合、相撲踊等賑々敷参会、大鐘時分より向々御旅宿へ御帰、拙者は御代官様御供、

・九月四日　晴天北風

一今日朝御膳為清衆より被差上、四つ前より鉄砲相初、三手分勝負有之候処、西目様組勝、尤昼御膳惣人数へ義祐喜福厚より差上候、今晩向々御宿へ御引取、

・同　五日　晴天北風

一今日同断、朝御膳益実衆より差上、昼御膳昨日同断、実保為厚より差出候、

・同　六日曇天北風

一今日朝御膳福賢衆より差上、今日は喜念噯役々より御招ヵ浜にて御鉄砲の賦、然処拙者儀九良賀野六郎殿八幡丸より差登筋候処、色々自侭の返答其訳申上候処、掟黍見廻（以下を欠く）

（この後、数枚欠落している。）

・**（九月十四日の日記、前半を欠く**

右御用封今日四つ前届来、夫より出立差越御届御届《ママ》申上候処、先日黍横目中へ被仰付候御高請持黍作不致もの御届に付、外噯は毎村応多少黍地割付通不引足もの名前申出候処、伊仙噯に限壱人も無之との届、甚しらべ方不行届候間、屹と三役手を付しらべいたし、現事ヵの届申出候様被仰付、七つ時分阿権へ帰る、

・同　十五日　晴天北東風

一今日請持黍地町反不足銘々取しらべ并諸御届向書付相認候事、

・同　十六日　晴天南東風

[文面]

・九月四日、今日朝の御膳は為清衆より差上げ、一〇時前より鉄砲打ちを始め、三手に分かれて勝負したところ、西目様組が勝った。なお、昼の御膳は惣人数分を義祐喜と福厚が差上げた。今晩はそれぞれの宿へ帰られた。

・五日、今日も同じ。朝の御膳は益実衆より差上げ、昼の御膳は昨日と同じく実保と為厚が差上げた。

・六日、今日の朝御膳は福賢衆が差上げた。今日は喜念噯役々よりお招きがあり、浜にて鉄砲打ちの予定であったが、私は九良賀野六郎殿が八幡丸で差登るはずであったが、いろいろと我侭な返答や理由を申上げたので、掟黍見廻**（以下を欠く）**

・（九月一四日）

右の御用封が今日一〇時前に届いたので、それから出発して出かけお届け申上げたところ、先日の黍横目中へ仰付けた御高請持の者で黍作をしていない者の届に付き、外の噯は村毎に多少なりとも、黍地割付不足の者として名前を申出ているが、伊仙噯だけ一人もいないという届けになっているが、はなはだ調査が不行届であり、必ず三役で直接調査して事実を申出るよう仰付けられ、午後四時頃阿権へ帰った。

・一五日、今日は請持の黍地に町反の不足がないか、銘々の面積を取り調べ、諸御届向の書付を認めた。

[解説]

八月二八日、亀津から帰ってきた益実が、代官が伊仙へ「御遠馬」したいと語っていた旨、報告したので、平氏と相談し招待することにして、掟や黍見廻に迎える準備を指示している。九月三日、代官様・西目様・東様が来られて、相撲や八月踊を見物し、翌日は鉄砲打ちの試合をしたと記している。接待は下役がしている。おそらく、接待の負担と気遣いは大変なものであったと考えられる。

[御高請持黍作不致者]

この「高請持」がどういう意味なのかはっきりしないが、年貢米は割当てられているが、黍作を「致さざる者」、即ち免除された者がいたということであろうか。該当者は、用夫のいない女所帯や長期療養者であろう。他の噯では彼らを割当不足の者として報告しているが、伊仙噯では一人もいないので、再調査が命じられている。当然割当不足分は増産が出来るから、他噯の報告が詰役にとっては好ましい報告であった。このような報告が詰役におもねる行為ではなかったか。

一昨日伊仙過返代の内綿岡前方御蔵より御払被仰付候処、掟黍見廻の間壱人も不差越、其一件に付直に可承候付、与人惣横目の間、御出張東様より差越候様、夜前四つ時分御用封相届、夫より出立壱番鳥より差越候処、五つ時前阿布木名参着、伊仙村へ配当一件申渡候成行申上候処、掟黍見廻別閑専《ママ》の至候付相糺、何分の訳可申上旨被仰付阿権へ帰る、尤今日井之川御蔵より伊仙曖村々過返配当被仰付候、

一前条町反引入もの共御届方并外諸御届方として福與衆亀津へ被差越候、

・九月十七日　晴天西風

一福與衆亀津表御届向、首尾能相済候段、今日被罷帰候、

（追記）漆ヵ一斤犬田布置差を以上御館へ差出候、

・同　十八日　晴天北風

一今日阿権・木之香・犬田布三ヶ村牛馬札引合印改にて渡方いたし候、伊仙・浅間余り麁相に有之、送替方として差返候、尤黍見廻中召寄黍地割合致筈候処、伊仙村相誌ヵ候割合方不相調、明後廿日出揃候筋申出其通申付差返し候、

・同　十九日　晴天北東風

一今日阿権村出立亀津へ差越、先日伊仙村過返配当に付、わんや御蔵へ申請人計り差遣、掟黍見廻村役の内壱人も不差越、東様より御咎目被仰付候一件、掟黍見廻相糺候成行を以東様御方へ御届申上候処御聞入、御座出勤の上何分可被仰付旨被仰付候、左候て外三御仮屋にも御見廻申上候、尤明廿日御座より御用の段、御書付被御下ヶ候段致承知候、

・同　廿日　晴天西風

一今朝阿権村へ直持を以、今日御座御用封届来、役座へ控居候処、罷出候様被仰付罷出候処、伊仙村砂糖津下し方相滞候もの并砂糖位劣焚上ゲ候もの科仕向被仰付、其内宮賢儀は借島願出候様仰付候、外にも東様より秘事御用被仰付候事、

[文面]

・九月一六日、昨日伊仙曖の過返砂糖代の内、綿を岡前の御蔵から払い出すと仰付けられていたが、掟や黍見廻の内一人も来ていなかったので、直ちにその理由を聞き、与人と惣横目の内報告に来るように、出張中の東様から、午後一〇時ごろ御用封が届き、一番鳥が鳴く頃出発し、午前八時前に阿布木名に参着した。伊仙村配当の件について言い渡した次第を申上げたところ、掟と黍見廻が特になおざりにしているので、問い質してその理由を申上げよと仰付けられて、阿権へ帰った。なお、今日井之川の御蔵より伊仙村々へ過返の配当が仰付られた。

・前条の黍地面積引入れの者やその他の届方として福與衆が亀津へ出掛けられた。

・一七日、犬田布で保管していた漆一斤を上御館へ差出した。

・福與衆は代官所へ提出した諸届けが都合よく済んだといって、今日帰って来た。

・一八日、阿権・木之香・犬田布三ヶ村の牛馬札を取調べ、印を改めて渡した。伊仙と浅間は余りにも粗相があり、差替えのために返送した。なお、黍見廻中を呼び集めて、黍地割合を調査する予定であったが、伊仙村の分が調わなかったので、明後二〇日に出し揃えたいというので、その通り申付けて差返した。

・一九日、阿権村を出立し亀津へ出かけた。先日伊仙村過返綿配当のとき、湾屋御蔵へ受取人だけをやって、掟と黍見廻の内一人も行かなかったことについて、東様よりお咎めを受けた一件で、掟と黍見廻を問い質した調書を東様へお届申上げたところ、御座にて仰付けると言われたので、他の三御仮屋へもお見舞い申上げた。明日御用については御書付を届けられるとのことで承知して帰った。

・二〇日、今朝阿権村へ直持（飛脚）が、御座へ今日出頭するよう御用封を届けてきたので、役座へ控えていたところ、参上するよう連絡があり出向くと、伊仙村の砂糖津下しが滞った者と砂糖焚上げが悪かった者に処罰が仰付けられた。その内宮賢については借島願いを出すよう命じられた。他にも東様より秘事（内々の）御用が仰付けられた。

[解説]

九月一六日に新たな問題が起きた。過返綿の配当の際、村役が立ち会わなかったことが問題となっている。八月二日の砂糖積込問題には、処罰が下された。その内樽二丁を積込まなかった宮賢に対しては、沖永良部島への遠島であった。形式的に親戚から「借島願い」を提出させている。

一御暇廻り御仮屋方参上いたし候処、御代官様御方より浅間上牧原杉山の儀、全体の神山にて候哉、亦は大山衆親類持来候山に候哉、浅間村聞合御届可申上旨被仰付、暮時分より阿権へ帰る、
・九月廿一日　晴天北風
一今日貞明相役にて義志善召列浅間村へ差越、昨日承知の趣聞合いたし候処、都て大山持来候山の段申出候、
・同　廿二日　曇天東風
一今日八つ時分より出立、貞明衆同道亀津へ差越、前条の趣御届申上候処、御取揚無之今一往伊仙村銘々迄聞合、且は大山先祖代々持来候訳細々承届可申上候旨被仰付候、
・同　廿三日　晴天南風
一今朝伊仙村宮賢借島願親類中より申出、津口通相添東様御方へ差上、貞明衆同道伊仙へ差越候、尤役格并頭立の銘々召寄置候様、夜前福厚を申遣置候処皆出揃居、杉山一件聞合候処、都て大山先祖代々より持来候建山の段申出候付、大山親類佐伊珠衆へ由緒有之候や相糺候処、由緒書は無之候得共、先祖代より持来候証拠段々有之段申出候付、書付を以申出候様申付候、
・同　廿四日　晴天西風
一今朝宮賢借島御免被仰付候御書付相届、早々面縄汐掛馬艦へ乗せ付御届申上候様被仰渡、福厚へ右の趣申付《ママ》、貞明衆同道阿権へ差越候、
一宮賢借島願書并津口通り役所御用留へ祥り、
一同人津口通り片書仕直し差出候様申来り、仕直し飛脚を以遣候様福厚へ申付相渡候、
・九月廿五日　晴天北風
一今六つ時分、伊仙村状持宮賢借島津口通并沖永良部島へ御用封壱通、面縄湊馬艦舟へ相渡候様、書役方より申来、津口横目并福厚宛にて相

【文面】
・九月二〇日（続）、帰りの挨拶廻りで御仮屋方へ参上したところ、御代官様より浅間上牧原の杉山について、全体が神山なのか、それとも大山衆親類が所有してきた山なのか、浅間村で聞いてお届けするよう仰付けられ、暮時分に阿権へ帰った。
・二一日、今日貞明を相役に義志善を連れて浅間村へ行き、昨日承った件につき聞き質したところ、すべて大山が所有してきた山であると申出てきた。
・二二日、午後二時ごろ出発し、貞明衆と一緒に亀津へ出掛け、前条の件をお届け申上げたところ受理はされないで、もう一度伊仙村の役々からも聞き質し、あるいは大山先祖代々が所有してきた理由を詳しく聞いて届出すよう仰付けられた。
・二三日、今朝伊仙村の宮賢借島願いが親類より出されたので、津口通手形を添えて東様へ差上げ、貞明衆と一緒に伊仙へ行った。役格や頭立の人々を集めておくよう、昨夜福厚に伝えてあったので皆出揃っており、杉山の件を聞いたところ、すべて大山先祖代々より所有してきた建山であると申出た。大山の親類佐伊珠衆へ由緒書があるか糺したところ、由緒書はないけれども、先祖代より所有してきた証拠はいろいろあると申出たので、書付をもって申出るよう申付けた。
・二四日、宮賢の借島が許可された御書付が届いた。早々面縄に汐掛の馬艦船《まーらんせん》へ乗せて届けるよう仰渡されたので、福厚へ申付け、貞明衆と一緒に阿権へ行った。
・宮賢の借島願書と津口通りの書類を役所御用留へ記録した。
・津口通手形の肩書を直して差出すよう連絡があり、書き直して飛脚で届けるよう福厚へ渡した。
・二五日、朝六時ごろ、伊仙村の配達人が宮賢借島願いと津口通手形並びに沖永良部島宛の御用封一通を持ってきて、面縄湊の馬艦舟へ渡すよう書役から連絡があり、津口横目と福厚に渡し、請取書を取るよう伝えた。

【解説】

二〇日から二五日までに、重要な案件を二つ処理している。浅間の杉山が神山なのか個人の建山か、代官直々の調査依頼であったが、大山親族の所有地であると申出ている。その結果については、後の日記に記されていない（あるいは欠落か）。

宮賢の沖永良部遠島は砂糖政策の厳しさを裏付けている。三月には犬田布騒動で遠島処分があったが、宮賢は八月二日の砂糖樽二丁の「津下滞候」による遠島であった。日記には運送遅れの理由は記されていない。

渡請取書取入候様申越候、
一伊仙村科仕人数を以、亀津へ鉄砲木屋作調方夫賦帳相添被仰渡、拙者には外御用有之、掟黍見廻へ申渡方平氏へ頼遣候事、
・同　廿六日　晴天北風
一牧原杉山寶山先祖代より持来証拠の書付相糺候処、無之持来候訳筋書付為差出、九つ時分阿権出立、貞明衆同道七つ時分亀津差越、大仮屋へ罷出寶山より差出し書付并聞合候成行申上候処、今一往寶山方相糺、杉植付候年号為書出候様被仰付、直持を以問合越候、尤貞明衆帰宅、
・同　廿七日　晴天北風
一今朝寶山系図持参に付、右御館へ差上候、□御取揚拙者には御暇にて帰宅、
・同　廿八日　晴天北風
・同　廿九日　右同
一今日弁財天堂へ参詣いたし候、尤直仁衆にも同断、
・同　晦日　右同
一今日用事付、阿布木名永正宅迄差越夜入帰宅、
・十月朔日　曇天北風
一今日先祖祭りに付墓参りいたし、引次兼久方御蔵へ用事に付差越候、尤直仁衆にも出張有之候、
・同　二日　曇天北風
・同　三日　半天東北風
一用事の儀有之平土野差越候、尤直仁衆出張、大鐘時分より帰宅、
・十月四日　雨天北東風
・同　五日　曇天右同
一今日常屋新宅祝として被相招候、八つ後より前徳衆其外四五人同道前野差越一宿、

【文面】
・九月二五日（続）、伊仙村の科人《とがにん》たちで亀津の鉄砲木屋を造るよう夫賦帳を添えて仰渡されたが、私は他に用事があり、掟と黍見廻へ伝えて平氏へ頼み遣わした。
・二六日、牧原杉山を寶山が先祖代より所有してきたという証拠書付を調べたところ、それはないので、所有してきた由来の書付を差出せ、正午ごろ阿権を出立、貞明衆と一緒に午後四時ごろ亀津に着き、大仮屋に寶山の差出した書付と聞き質したことを申上げたところ、もう一度寶山を取調べ、杉植付の年号を書出させるよう仰付けられ、飛脚を使って問合わせた。なお、貞明衆は帰宅した。
・二七日、今朝寶山が系図を持参して来たので大御館へ差上げた。系図はお取上げになり、私はお暇して帰宅した。
・二九日、今日弁財天堂へ参詣した。直仁衆も参詣した。
・三〇日、用事があって、阿布木名の永正宅へ伺い、夜入に帰宅した。
・一〇月一日、今日は先祖祭りにつき墓参し、引続いて兼久方御蔵へ用事があり出掛けた。直仁衆も（兼久方へ一緒に）出張した。
・三日、用事があり平土野へ行った。直仁衆も出張し、夕方時分に帰宅。
・五日、今日は常屋の新宅祝に招かれ、午後二時ごろ前徳衆その他四、五人と一緒に前野に出掛け一泊した。

【解説】

伊仙の科人とは、八月二日の砂糖積出のときに発覚した「ゆるみ砂糖」七丁を焚き出した者たちである。彼等に罰則として鉄砲小屋作りを命じたのであった。その人数や日数については記されていないが、前例としては二月二九日に、甑開封と砂糖密売を処罰した七・一四・二一・三〇日間の科役があった。

弁財天堂建立については『前録帳』に次の記録がある。
・宝永七（一七一〇）年、亀津拝山へ弁財天堂御建立。
・文化八（一八一一）年、面縄東浜下へ弁財天堂御詰合之何レモ方ヨリ建立、
一〇月一日の先祖祭については、『徳之島の年中行事』に「この月は先祖祭りをミズノト亥の日に行う。先祖祭りのことを亀津ではウヤホジメンといい、天城北地区ではウヤフジメーといっている。…酒肴をこしらえ、墓所に行って先祖祭りをする」とあり、北部の一週間遅れについては「七日寝太郎」の伝説が記されている。なお、祭日の分布図については後述する（一五九ページ）。

・同　六日　晴天北東風
一今日清孝より朝飯逢《ママ》地走に、前徳衆同道岡前へ帰、尤前徳衆外拾人余縁正日ヵ賭勝負物開ヵ有之、出張候様申来逢《ママ》地走候事、
・同　七日　晴天北東風
一今日岡前出立亀津へ差越候処、直仁衆にも出張有之、両人仮屋へ罷出首尾合等いたし候、
・同　八日　晴天北東風
一今朝御仮屋方御見廻申上候処、勇喜賢衆同道大仮屋へ罷出候様被仰付罷出候処、砂糖出入一件段々被仰付趣有之候、左候て七つ時分より出立暮時分阿権へ帰着、
・同　九日　晴天北風
一今日浅間村勝為外七人砂糖安直を以売払候一件糺方いたし候、尤東間切面南和間切与人、御座御用被仰渡被罷出候処、左の通被仰渡候、
一黍地人合高合当り割合丈ケ黍地引入候もの地面拵、此涯より為致十一月中届可申出候事、
一追々砂糖煎方下地限月等差掛候付、下知いたし候様被仰渡候事、
一役々前より申付候村役の儀、先年治定相究候外、立重相成行并掟黍見廻前より立重相成候もの共取しらべ御届可申上旨被仰渡□□□
一諸役人拾五年□□□□
一髪差不相成夫役申付、何拾年ヵ□候ても免役のもの夫役可相勤候事、
一浅間村池頭取何様の勤有之候哉、取しらべ可申出候事、
一五升砂糖買入候もの返弁一件相決可申出事、
左の通被仰付候段、平氏より承候事、
・十月十日　晴天北風
一今日村々掟黍見廻御用にて貞明衆出席、御用申渡候事、尤平氏儀は今日福世喜衆妻死去に付遠慮にて候事、尤福世喜衆清直忌中届申出、次

［文面］

・一〇月六日、今日清孝より朝飯をご馳走になり、前徳衆と一緒に岡前へ帰った。さらに、前徳衆他一〇人余が賭勝負〈前後の解読意味不明〉をするということで、来るように言われたので（出掛け）、ご馳走になった。
・七日、岡前を出立し亀津へ行った。直仁衆も出張していたので二人で仮屋へ行き、いろいろな届けを済ませた。
・八日、今朝御仮屋方を挨拶に廻ったところ、勇喜賢衆と一緒に大仮屋へ出頭するよう言われて出掛けていくと、砂糖出入一件につき段々と仰付けられ、午後四時ごろ出発、夕方に阿権へ帰着した。
・九日、浅間村勝為他七人が砂糖を安値で売払ったことを取調べた。なお、東間切と面南和間切の与人が、御座に呼び出されて出頭したところ、左の通り仰渡された。
一人数と高に割当てた黍地の畑拵えを、今から一一月中に済ませて届出すこと。

一追々砂糖煎方の準備に期限を決め取り掛かるよう、指図することを命じられた。

一役々が前より申付けていた村役については、先年決められた他に追加した者や掟黍見廻が重複している者を調べて届出ること。（以下欠字多く不明）

一髪差不許可の者に夫役を申付け、何十年免役の者にも夫役を勤めさせること。

一浅間村の池頭取（溜池見廻り？）は誰が勤めているか調べて提出すること。

一五升砂糖買入の者の返弁一件について決め、その結果を届出ること。

左の通り仰付けられたと平氏から聞いた。
・一〇日、村々の掟と黍見廻に、貞明衆も出席して御用を申渡した。なお、平氏は福世喜衆の妻の死去につき遠慮した。福世喜衆と清直の忌中届を継ぎ渡しで届けた。

［解説］

原文書の判読が難しく、十分に意味が読み取れない箇所があるので、後学の研究にゆだねたい。特に「髪差不相成」の条文と「五升砂糖買入」などの解釈が難しい。「髪差相成らざる者」が、「髪差（簪）を許可されていない者」か、「髪差をしていない者」か判然としない。文意は「していない者」〈大人は全員簪をしていた。したがって未用夫《いぶ》か〉であろうが、ここでは「不許可の者」として解釈した。

一〇月になると黍畑拵えが命じられた。また、砂糖焚きの準備の期限を定めて、しっかりと行うよう指図されている。こうして直接作人を指導する掟と黍見廻へは、細々と注意事項が申渡されている。

書にて御届申上候事、
一今日亀山衆跡役并喜美時奥森跡役銘々被仰付候事、
・同　十一日　晴天北風
一今日伊仙村牧実借島願出差越候様申渡、尚亦徳行へ直にも申達候事、

覚

伊仙嗳村々配所
遠島人
居住人

右は正五九月召寄容躰見分仕、御届可申上旨被仰渡置、召寄容貌見分仕候処、不相当の月代等仕候もの無御座、尚亦御取締向堅申渡置候間、此段御届申上候、以上

子九月廿九日
惣横目寄　仲　為
与人寄　平福憲

月番
御横目所
御附役様
御両所へ向々

・十月十二日　晴天北風
一先日被仰渡候村々しらべ方いたし候、

右明十三日四つ時分御用候条、罷出届可申出候
与人寄　平福憲
惣横目寄　仲　為

子十月十二日
代官勤　上村笑之丞

【文面】
・一〇月一〇日（続）、亀山衆の跡役と喜美時・奥森の跡役がそれぞれ命じられた。
・一一日、伊仙村の牧実の借島願いを差出すよう申渡した。徳行へも申達した。
・覚～一・五・九月には遠島人と居住人を呼び集めて容躰の検査をして届けるよう仰渡されているので、呼び出して容貌を検分したところ、不適切な月代《さかやき》等している者はいなかったが、さらに取締を厳しくするよう申渡した。
・一二日、先日命じられていた村々の調査を行った。
・与人寄と惣横目寄に一三日午前一〇時に出頭するよう、代官名で連絡が来た。

【解説】
跡役任命の経緯と、牧実の借島（遠島）の理由などについては記されていない。跡役は、九月二五日伊仙村科人に課役が命じられたのに伴った処置であろうか。「ゆるみ砂糖」については、監督不行届で掟と黍見廻の責任が問われたようである。

【『道統上国日記』より⑩　～　鹿児島にて薬種を購入】
一〇月二五日、島で必要な薬種を購入するため、道統が藩庁へ提出した口上覚が日記に記されているので、口語訳（要約）であげておこう。

口上覚
一薬種品々　代銭三百文程　徳之島
右の件、恐れながら訴え奉ります。徳之島は五〇年来、疱瘡が流行したことがなく、もし流行すれば五〇歳以下の者はすべて煩い、砂糖増産にも影響し、御年貢上納もどうすべきか懸念して居ります。薬種については、島中の医師が必要な分を毎年注文して居りますが、不足の時は互に譲り合って使っています。昨年は麻疹が大流行し、ついに島中の薬がなくなって養生が出来なくなり、嘆かわしいことでございました。万一、疱瘡が流行すれば薬が不足しますので、夏に注文する薬種の他に、特別ご用心のため本行の代金だけでも疱瘡治療薬を注文願い上げ奉ります。何卒、他の薬種とともに重ねてお願い申上げます。薬種がいただければ島元の御蔵に保管しておき、来年の注文の際に差引するよう、御詰役様方の御指図をお受け致します。（以下略）
亥十月　徳之島上国与人　道董
三島方　御書役様
右の薬種品々は、遊喜静と師匠新村殿が差出した別冊留に書いてあります。

・同　十三日　晴天北風

一右御用封今日五つ時分届来、直に出立平氏同道亀津へ差越、役座へ罷出御届申上候処、兼久曖三役并津口横目中控役被仰付候由にて、記喜美静衆外に段々御用触被仰出、役座へ被控居候、**（以下を欠く）**

（この後、元治元〈一八六四〉年一〇月一四日〜慶応元（一八六五）年閏五月二日、六ヶ月分の日記が欠落している。）

（前を欠く）より問合来候得共、拙者不快故頼越候事、

・五月三日　晴南　在岡

一今日木脇氏仲祐永保丸へ乗船、初に付於拙宅に致祝候事、

（朱書）一今日岡前曖豊年祝として、西目様役々中より招上とのざ浜におひて牛突合、引次湾屋平土野四艘向船中召寄相撲御慰有之候由、

・同　四日　晴南　在岡

一今日右両人荷物積入方いたし候、

（朱書）今日御代官様両御横目様小島村御差入、崎原村より入作荒地御見分被為在候事、

・同　五日　晴天南　在岡

一今日永保丸へ差越、仲祐乗船にて罷登筈候付、船中中の事ども相頼候事、

・同　六日　晴南　阿権行

一今日岡前出立阿権へ差越候、

写

亀津曖面縄間切
□□□

[文面]

・一〇月一三日、右の御用封が今朝八時に届いたので、すぐ平氏と一緒に亀津へ出掛け、役座へ行き出頭して御届を申上げたところ、兼久曖の三役と津口横目が休職を命じられたとのことであった。記喜美静衆他役々に御用触が仰出され、役座へ控えて居られた。**（以下を欠く）**

慶応元（一八六五）年

（前を欠く）より問合せが来たが、私は具合が悪く代わりを頼んだ。

・閏五月三日、木脇氏と仲祐が永保丸へ乗船、初乗りにつき拙宅で祝をした。

（朱書）今日は岡前曖の豊年祝があり、西目様や役々をお招きして、とのざ浜で闘牛を行い、引続き湾屋・平土野へ四艘の船で移動して相撲を催しお慰したとのこと。

・四日、木脇氏と仲有の荷物を積入れた。

（朱書）今日御代官様と両御横目様は小島村入られて、崎原村より入作の荒地を調査された。

・五日、永保丸へ出向き、仲祐が乗船して鹿児島に登る予定なので、船中の事どもを頼んだ。

・六日、岡前を出立し阿権へ行った。

[解説]

一〇月一三日の兼久曖の三役と津口横目の控役（休職）は大きな事件であったはずであるが、管轄外ということでその経緯は記録されていないが、このように詰役の権力が島役の進退を左右していて、彼等は藩役の冷酷さを痛感したことであろう。

年が明けた慶応元（一八六五）年三月から五月の間、詰役の交代が行われていた。新代官は、近藤七郎左衛門であった。

[仲祐]

五月三日、仲祐が鹿児島に学問修行のために上ることになり、初乗りの祝が行われている。この後、一四日に永保丸は出帆した。仲祐は、文久二（一八六二）年五月から七月にかけて、遠島中の大島吉之助（西郷隆盛）から大いに薫陶を受け、学問の修行を決意し、西郷を慕って上国したのであった。西郷が沖永良部島の座敷牢から仲為に当てた書状には、岡前でお世話になったお礼を述べた後、追伸で「追って啓上、御賢息様えも別啓　仕《つかまつ》らず候間、宜しく御鶴声希《ねが》い　奉《たてまつ》り候」と最上の敬意で認めている。上国した仲祐は西郷家に寄食し、先に寄寓していた家令川口雪

右者来る七日四つ時御用候条罷出届可申出候旨可申渡候、

黍横目

東間切　黍横目

代官勤　近藤七郎左衛門

丑閏五月六日

亀津曖

面縄間切　与　人

（朱書）本文御用封阿権へ差越掛

直持石ふづき川へ取会拝見いたし候

・閏五月七日　晴南　在阿

一今日御座御用に付差越候筈候処、不快にて難差越其訳頼越候、尤七つ時分富祐喜衆被罷帰、左の通被仰渡候、

（朱書）本文の趣、閏五月十日曖中掟黍見廻役共都て阿権へ召寄申渡候事、

写

砂糖樽榑并底蓋用の儀、可成厚目に□取、当月より来月廿日限ヵ山床より可致取下方候、右両月の間は先一統手透の時節と相聞得候、夫より先様相成候ては稲刈取納にも差掛候付、其内是迄九十月に掛致用意由候得共、其通にては樽不枯切訳も有之、適々上位の焚上候砂糖も樽へ入付候上、縁廻りゆるみ出し候道理に候事、

右取下候樽は場所見立、一村毎に一緒に取圓、面付相記置候様、左候て惣取仕（二行不明）格護可申付候事、

但一村毎取仕廻見分相済《ママ》候届、時々可申出候事、

樽寸法の儀定法通にて見渥、宜斤目押并不同無之様入念可致拵方候、左候て明樽取納の儀は十月より十一月十日限り相定候、其節は一村毎に会所召建、手本樽控置結調候樽并しふた迄も銘々相添一緒に為差出、是亦惣横目請持申付候間、十日廻し其村々へ差入致見分、手

篷に学んだ。西郷は賢い仲祐に期待し、仲祐の学問修行を喜んでいたが、討幕運動のリーダーとして東奔西走していた時期であり、仲祐の面倒を十分に見ることが出来なかった。慶応二年一〇月一五日、西郷は雪篷や家族の勧めで都見物をさせるため、仲祐を伴って上京した。二五日京都着、仲裕は元気で見物をしていたが、一二月一一日より疱瘡に罹り手厚い看病も空しく、二五日に死去した。西郷は生憎不在であった。「島土産にも相成るべしとの老婆心却《かえ》って不幸の事に立至《たちいた》り、只列《ただつ》れ登り候不仕合《ふしあ》わせを怨み、繰返し相考え返らん事を心苦しく涙に沈み候事に御座候、嘸《さぞ》や島許《しまもと》の親共　承《うけたまわ》り候わば愁傷如何計《いかばか》りかと、是のみ案労《あんろう》　仕《つかまつ》り候に御座候」と、雪篷に書き送っている。西郷は京都の相国寺に「西郷吉之助家来　徳嶋仲祐墓寺納金千疋」という墓碑を建立し、永代供養を依頼している。なお、関係する書状が天城町立「ユイの館」に保存されている。

［文面］

・閏五月七日、今日御座の御用で出かけるはずであったが、不快のため行くことが難しく代りを頼んだ。午後四時ごろ富祐喜衆が帰ってきて、左の写を仰渡された。

（朱書）本文は閏五月一〇日に曖中の掟と黍見廻すべてを阿権へ集めて申渡した。

・写～砂糖樽と底蓋についてはかなり厚目に作り、今月より来月二〇日期限で山より切り出しておくこと。この間は先ず皆が暇になる時節だと聞く。その後になれば稲刈と収穫にかかり、これまでは九・一〇月に準備していたというが、それでは榑木《くれき》の乾燥が不十分となり、たまたま上質に焚きあげた砂糖も樽へ入れると、上縁の廻りがゆるみ出してしまう。山下しをした樽は場所を選び、一村毎に一緒に取りまとめて記録し、保管しておくこと。作業が終ったら検査して時々届け出すこと。

・樽寸法は定法通り見定め、斤目も確かめて不揃いにならないよう入念に作ること。そして、空樽の取納めは一〇月より一一月一〇日限りと定めること。その場合一村毎に会所を設け見本の樽を置き、結い調えた樽としふたもそれぞれ添えて一緒に差出させ、これは惣横目の担当として、一〇日おきに村々を巡廻して検査し、見本樽と相違ない分は樽底としふた裏に焼印をして渡すこと。もし、検査が不十分で御法逃れの樽が、その後出てきたときには、係になった役々の落度である。但し、惣横目が病気などになった時は、曖与人

本樽へ無相違分は樽底并しふた裏へ致焼印可相渡、自然見分不行届御法迦《ママ》れの樽差通、以後相顕候はば掛役々可為越度事、
　但惣横目病気差合等の節は噯与人引受取扱申付候、尤与人見分樽の分は蓋裏へ焼壱つ記置、以後不相紛様可取計候、且十日廻見分樽挺数相糺時々届可申出候、

一砂糖煎方取付の儀、当年の儀は是迄被究置候通、十一月廿五日車立申付候付、白灰製法方の儀、是迄銘々致焼方由候得共、煎方不差掛内、前以一村中用分丈かき石一緒に取圓置、役々付添焼ヵ加減の儀は口伝の通□□精細に可致製法、左候て焼仕廻上は黍作高に応じ一統へ無親疎割付配当いたし、銘々壷類に入付湿気不受様屹と格護可申渡候、且亦砂糖木屋の儀は十一月十日限り取仕建届可申出事、
　但惣横目黍横目請持取扱いたし製法日限、且配当迄の首尾合時々可申出候、

右は当島出来砂糖の儀、製法位合入実不同は勿論、樽并揃兼旁の所より、大坂表御仕登の上御払口故障に付、余島より格別値組に相拘り、不都合の段々毎度被仰渡、時々申渡事候得とも、始終御趣意通り立直兼候に付、此節吟味の訳有之、前条通り仕向相改候条可得其意候、右に付白灰製法灰火差加減等に付ては三間切与人并役々召呼、山口七之助心得の伝法を以、委相教為致焚試候処、下黍の場所格別位合宜焚上、役々共にも初て発明いたし候由、右は見立にも無之、専喜界島等《ママ》製法方的證を以差教至極尤の儀にて、是迄島中のもの共工夫薄地姓柄に押□精実吟味不行届筋の□□今更無申訳筈候間、以来は右に基き製法向の手数意味合作人一統へ細々為致会得置、来春より揮ヵ并上位に立直り、且樽形等も前文通一同相揃候様精々取計候はば、来年より四合替代米等被成下候手厚御取扱の御趣意も詮立御都合は勿論、年来の面皮も雪候場に相当、役々精疎の涯相分り候境に候条、猶亦深汲受可致精勤候、此段申渡の条末々迄も不洩様可申渡候、

に引受け取扱を申付ける。そして、与人見分の樽は蓋裏へ焼印一つを押し、以後紛れないよう取計らうこと。さらに、一〇日ごとに検査した樽数をただし、時々届出すこと。

・砂糖煎の準備は、これまで決め置かれた通り、一一月二五日に砂糖車立を申付ける。白灰製法は、これまで各自で焼いていたが、煎方に差し掛からないうちに、前もって村中の分のウル石を一緒に取りまとめて置き、役々が付添い、焼加減は伝承通り精細に製法すること。そして、焼付が終了したら黍作高に応じて、皆へ区別なく配分し、銘々が壷類に入れて湿気を受けないよう必ず保存することを申渡すこと。また、砂糖木屋は一一月一〇日までに造り建てて届出すこと。但し、惣横目と黍横目は担当の製法期限や、配当までの経過を時々報告すること。

・右について、徳之島の砂糖の製法や品質や実入りが同じでないのは言うまでもなく、樽などが揃ってないため、大坂表へ送って販売するときに差障りがあり、他の島より格別に値段に影響し、けしからぬことである。毎回注意し時々指導しているが、全くねらい通りに立ち直らないので、今回検討した結果、このようにやり方を改めたのでその意義を理解せよ。右については白灰製造や灰の火差し加減等、三間切の与人や役々を集めて、山口七之助考案の方式をもって、詳しく指導し焚き方を試したところ、下黍の場所でも格別によく焚き上がり、役々も初めて体験したとのこと。右は選んだ訳でもなく、もっぱら喜界島等の製法そのままに指導した結果当然のことであり、これまで島民の工夫が薄い土地柄にて、誠実な検討が不行届のため、このままでは申訳ない筈である。今後は右の製法に基づき、手順や意味合いを作人皆に細々と会得させて置けば、来春より振るい（盛んになり）品質も上位に立ち直り、また、樽形等も前文通りに全島が揃うよう精々取計らうならば、来年より（砂糖一斤に対して）代米四合替えにするなど、手厚い取扱いの御意向は勿論、来年は面目も雪《そそ》ぎ、役々の勤務の精疎も分かる機会となるので、さらに、真剣に対応して精勤せよ。これら申渡した条文は末々まで洩れなく申渡すべきである。

［解説］

「白灰」については『南島雑話』の「白灰之事」に図解と詳しい記述がある。

丑閏五月七日

代官勤　近藤四郎左衛門

伊仙嗳　与人
惣横目
黍横目

・閏五月八日　晴南　在阿

一今日鹿浦出砂糖清武丸へ八万斤、幸福丸へ三万七千斤掛渡に付、上御仮屋様御差入候段被仰渡候処、拙者不快故平氏富祐喜衆東氏へ相頼候、尤尺筵并牛馬皮幸福丸より御仕登被仰付候、今日七つ時分迄掛渡相済、尺筵御見分迄相済、今晩浅間御泊り、

・同　九日　晴南　在阿

一今日上御仮屋様浅間出立、面縄出尺筵御見分にて亀津へ御帰館、拙者は鹿出張、牛馬皮致荷作□□□氏へ引渡候、

（朱書）今日浅間村豊年として参候様申出候得共、牛馬皮荷作候処富祐喜衆東氏へ相頼候、□□明日御帰り阿権迄差越候様申出候処□□□

・閏五月十日　晴南　在阿

一今日嗳中黍見廻役中阿権へ召寄せ、四役在会にて先日惣横目黍横目御用被仰渡候御条々の趣細々申渡候事、且亦直富衆相頼牛馬皮算当書為致清書候、

・同　十一日　晴南　在阿

一今日牛馬皮算当書、伊仙直持貞盛倅を以、書役富淳衆徳應嘉衆へ頼越候、

（朱書）阿権村福地平竿人数阿権井野へ責流しに付、参候様申来候得共、病気故平氏東氏直富衆列立差越候、

・同　十二日　晴南　在阿

この写によると、当時徳之島においては、砂糖の品質向上が緊急な課題であった。先ず、榑木《くれき》を十分乾燥させ、樽の規格を統一し、白灰（石灰）の製法を改良して砂糖焚き上げの火加減の技術を習得するよう命じ、直接島役人には、附役山口七之助が砂糖焚きの実習指導を行っている。山口七之助は『喜界島代官記』によると、安政二（一八五五）年横目として来島、さらに明治三（一八七〇）年生産奉行諸島掛という職名で在番（元の代官役）として赴任している。また『沖永良部島代官記』によると、万延二（一八六一）年に横目として来島している。おそらく最初の喜界島で砂糖焚きの技術を編み出し、その製法を喜界島で普及させたのであろう。小林正秀氏の調査によると、山口七之助本人が、この年附役として徳之島に赴任してきたのであった。山口は品質向上の実地指導のため派遣されたものと考えられる。

新代官近藤は着任草々山口式製法の導入を図り、上質糖の増産が実現すれば、代米を四合替えにするよう藩庁に申出たいと、島民に約束している。代官近藤は事前に、犬田布騒動の原因や徳之島の実態を詳しく調べていて、島民の生産意欲を引き出すための新たな対策を考えて着任したものと考えられる。こうして、近藤と山口の派遣は藩庁の新たな砂糖増産政策に基づくものであった。

［文面］

・閏五月八日、今日鹿浦湊より砂糖を清武丸へ八万斤、幸福丸へ三万七千斤計量して積込むため、上御仮屋様が来られるとのことであったが、体調が悪く平氏・富祐喜衆・東氏へ頼んだ。なお、尺筵と牛馬皮も幸福丸で送るよう仰付けられ、午後四時頃まで計量を終え、尺筵の検査も済んだ。今晩は浅間にお泊りになった。

・九日、上御仮屋様は浅間を出立、面縄の尺筵を検査して亀津へお帰りになった。私は鹿浦に出張し、牛馬皮の荷造りを行い、□□へ引渡した。（朱書は略す）

・一〇日、嗳中の黍見廻を阿権へ集め、四役立会いで先日惣横目や黍横目に仰渡された条々の趣旨を詳しく伝達した。また、直富衆を頼んで牛馬皮算当書を清書させた。

・一一日、今日牛馬皮算当書を伊仙の飛脚貞盛の倅を使い、書役富淳衆・徳應嘉衆へ（代官所へ）届けるよう頼んだ。（朱書は略す）

［解説］

『天城町誌』には慶応元年派遣の詰役が記載されている。（小林正秀氏調査）

第百三十代代官近藤七良右衛門・病死横目有馬五右衛門・後任横目福島新次郎・附役山口七之助・附役福山清蔵・（横目・附役各一名は記載なし）

一今日仲祐用事有之阿権へ参り候、尤乗船永保丸明日出帆之段承り候、
・同　十三日　晴南　在阿
一今日三間切雨乞被仰渡、早天より一嗳中一所へ相集り、祷雨の式いたし引次に鳴物休《ママ》し立候様被仰渡、伊仙嗳の儀は糸木名村よすきのとふへ惣人別致群集、雨乞の式いたし候、

写

一島中のもの共葬式亦は年旧法事等の節、依所候ては村中不論親疎老若相々中、主人より酒食を設け致振舞候儀、已前より習俗にて其費不軽哉相聞得候、右は亡者の功徳追福とも相心得来候筈には候得共、以の外惑《ママ》に候、親族は勿論近所懇意の者には別段の事候へども、□□□寄集一時過分の□□□酒食を費候儀実に無益の事にて、其主人に至り候ては習俗につれ世上相応の会釈等不致候て不心済通情にて、夫より困窮ものは連々及哀微敗散の基に相成、却て亡者の冥慮不叶事候、右に付ては以来右体の折節、不依貧福に身近親族兼て近所懇意のもの志により相弔候儀は不苦候得共、村中無故ものまで寄屯候儀、別て不可然事候付、一切令禁止候条心得違無之様可申渡候事、

但吉事祝向に付ても同断、何遍軽目に可取計事

一島中の内には兼て父母へ孝養を尽し、亦は主人丁寧に相仕、或一家親族和熟村中親み厚、其外勤方懸心頭、且施行は勿論農業相励、分て心入宜敷人の見当に相成ものも可有之、右は第一風俗美事にて不軽事候条、見立聞立右体之は不差置可申出事

右の通申渡候条、得其意末々迄不洩様細々可申渡候、

代官勤　近藤七郎左衛門

丑五月廿五日

三間切　与人

惣横目

[文面]

・閏五月一二日、仲祐が用事で阿権へ来た。乗船する永保丸が明日出帆するという。
・一三日、今日三間切に雨乞いが仰渡され、早朝より嗳中が一ヶ所に集って祈雨の式を行い、引続き鳴物を（叩いて）囃《はや》し立てるよう言いつけられた。伊仙嗳では糸木名村のよすきのとふへ全員が集って、雨乞いの式を行った。
・写～島においては、葬式または法事等のとき、所によっては村中の親疎や老若を問わず全員が同席して、主人より酒食を振舞ってもらうことは、以前からの習俗であるが、その費用は軽いものではないと聞く。これは死者の功徳と追善供養のためと心得て行ってきたはずではあるが、とんでもなく迷惑な話である。親族は勿論、近所で懇意の者にとっては（葬式や法事は）格別なものであるが、全員を寄集めて一度に大量の酒食を費やすことは、実に無益なことである。主人にとっては習俗にならって世間相応の挨拶（しきたり）など行わずには心がおさまらず、それより困窮している者は（費用がかかり）だんだんと哀微し、敗散の原因となり、却って死者の冥慮には叶わないこととなる。右については、今後葬式や法事があるときは、貧富にかかわらず身近な親族とかねてから近所で懇意の者が志によって弔うことは構わないが、村中の縁故のない者まで寄り集まることは、特にあってはならないことであり、一切禁止するので、心得違いの者がいないよう申渡すべきこと。ただし、吉事の祝についても同じである。いずれも軽めにすること。
・島内にはかねて父母へ孝養を尽し、または主人に丁寧に仕え、或は一家親族和やかに、村中に親しみ、その他勤めにも心がけ、さらに行動は勿論農業にも励み、特に気遣いも良く、他人の手本となる者もいるであろう。これは第一風俗の美談として軽視できないことであり、見たり聞いたりしたときには、留め置かないで申出すべきことである。
右の通り申渡すので、その趣意を理解して、下々の者まで漏れなく細々と申渡すこと。

[解説]

この時期、徳之島では旱魃が続き、全島挙げての雨乞いが行われている。
新代官近藤は着任三ヶ月目で、葬式と法事における酒食の縮小を命じ、さらに、美徳を推奨するよう指示していて、節約と信賞を施策として打ち出している。

・閏五月十四日　晴天南風　在阿
一今日仲祐乗船永保丸湾屋湊より五つ時分出帆いたし候、尤夜前より辰巳の風にてあらし立直乗の模様にて大西へ差航ヵり行、九つ時分より帆影不相見得候由、

（朱書）一永保丸今日湾屋湊開帆、

一今日平氏宅にて諸届向書付等相認候事、且今日迄幸福丸清武丸掛渡砂糖并尺筵牛馬皮、鹿浦より平土野へ津廻相済候段、重勝衆申来候、
・閏五月十五日　曇南　巳の方南風　亀行
一諸御用御届向旁に付、東氏同道阿権出立亀津へ差越候、尤七つ時分着、御仮屋方へ罷出候得共、皆様大和状出にて御末迄罷出候、西目様井之川へ御越、東様浅間へ御越有之候、

（朱書）本文に付閏五月十八日徳善衆柳義昇衆聞合被仰付、同廿日岡前村へ差越聞合成行御届相成候由

極御内意手控
岡前村義直娘永徳嫁なしり事、舅姑へ致孝養居候ものに付、是迄承得居候形行、左条に申上候、
一なしり当年三拾六歳に罷成ものにて、拾七歳の時永徳倅亡為孝と申ものへ致縁組、永徳宅へ召呼居、其涯より舅姑気に入り女ヵ職いたし居候処、廿七歳の時其夫為孝致病死、其内四才の女子壱人、為孝死去の前月に男子壱人致出生居、直親義直より申候はいまた若年のもの、他人の所も召置候儀、別て掛念に付引取置、先寄似合の貰手も有之候はば縁組にても為致度永徳へ申入、其身へも相達候由、永徳儀は直親の存慮次第と相答、右なしり儀は男子壱人致出生居候に付、再男に逢候儀曽て致間敷、此上は舅姑へ被相仕、男子を養育盛長為致度、及再度に親方へ相断候由、尤為孝死去より当年迄十ヶ年

［文面］
・閏五月一四日、今日仲祐が乗船した永保丸が、湾屋湊より午前八時ごろ出帆した。昨夜から南東の風が吹き荒れていて、すぐ西の方へ向い、正午ごろには帆影がみえなくなったという。
・今日平氏宅にて諸届の書類を作成した。また、今日まで幸福丸と清武丸へ砂糖・尺筵・牛馬皮を積込み、鹿浦から平土野へ廻送を終えたと、重勝衆が連絡してきた。
・一五日、諸書類を提出するために、東氏と一緒に阿権を出立して亀津へ出掛けた。なお、午後四時ごろ到着し、御仮屋方へ伺ったところ、皆様は大和へ書状を出しに下役まで湊に行かれ、西目様は井之川へ東様は浅間へ出かけられて留守であった。
・極御内意手控（先の写に基づき、美徳の推奨として代官所へ提出した内申書）
岡前村の義直娘、永徳の嫁なしりは舅姑へ孝養を尽しているので、これまで承っている様子について左条に申上げます。
・なしりは当年三六才になりますが、一七才の時に永徳の倅亡き為孝と結婚して永徳家で同居し、そのときより舅姑は気に入り、嫁として励んでいましたが、二七歳のとき夫が病死。四才の女子一人と、為孝の死去の前月に男子一人が出生しました。実父義直が申すには、まだ年が若いので、他人の家にそのまま置くのも気がかりなので引き取って、これから先貰い手があれば縁組させたいと、永徳へ申入れ、本人にも伝えた由。舅永徳は実父の考え次第だと答えましたが、なしりは男子が生れましたので、再び嫁ぐことはないし、今後は舅姑へ仕え、男子を養育し成長させたいとして、再度実父に断ったそうです。為孝の死去より一〇年が経ちますが、これまで不品行などは全く聞いたことがありません。
・舅永徳には亡き為孝の他に女子二人いましたが、一人は去年ごろ病死し、一人は去る戌年に麻疹にかかり死去して、直子が一人もいなくなりました。もっとも、永徳は六四才、妻は六七才になり、直子三人とも亡くなったことは、それだけ悲しいことのはずですが、なしりが朝夕孝養に精出し、舅姑の体調が悪いときは夜も眠らずに背中をさすって看病し、何事も舅姑が楽しくなるように努めるので、（舅姑は）少しも直子のことなど心にかけないとのことであります。
（朱書）なしりは為孝の死後、毎日食物の初を霊前に供え、また、墓所の花が枯れないよう隔日に墓参して、少しも怠けることはないといいます。
・なしりは糸を紡ぎ機を織ることも達者で、舅姑の着類についても直子がいるとき

相成候得共、是迄不執行等為有之儀、毛頭相聞得不申候

一右舅永徳儀男子亡為孝外に女子弐人有之処、壱人は去申年比病死、壱人は去る戌年麻疹にて死失いたし、直子迚は壱人も罷居不申、尤永徳当六拾四歳、妻は六拾七歳に罷成、直子三人とも致死失候はば、夫丈の愁傷可有之賦候得共、右なしり朝夕孝養に粉骨いたし、舅姑不塩梅の節は少しも不眠夜も起通しにて背をつまみ致看病、何ぞに付舅姑の楽に成事□りいたし、直子の事ともは少しも心に不相掛由御座候、

（朱書）なしり儀為孝死後、至迄毎日喰物の初霊前に相備、且亦墓所の花不枯様、隔日越墓参いたし少しも不怠由御座候、

一なしり儀うみつむぎ織物等も達者に有之、舅姑着類に付ても直子共罷居時分と相替り入念織物為着、其身は可也に繕立着用相働居、尤子共両人養育に付ても慈愛にいたし、男子当拾才に罷成最早手習読物等も相応にいたし居候、

一永徳儀夫婦とも老体にて外に下女迚も不罷居候得共、なしり働を以砂糖其外作物等、当村にては壱弐番目の作人に御座候、尤なしり儀焼酎は勿論茶たばこ等給不申、美喰屹と嫌居候由、茶たばこ等給候はば夫丈隙を費し候付、舅姑の気に入間敷所存にてたちたる事共にて有之哉と、世間取沙汰有之候、

一舅永徳儀は焼酎数寄に付、不尽様相働、姑儀は茶数寄に付、及払底候節は何方迄も相掛貰得、又は買入不絶様懸心頭居候由御座候、

右の通り舅姑に致孝養もの故互に睦敷、直親子共にも右振舞に致安心居候、親族は勿論村中親に厚、凶年等の節は渡世難渋のもの共へは少しの喰物等相配り、信孝貞心仁慈隠《ママ》和の情愛、島中へ右例のものいまだ承不申、尤直親并《ママ》舅儀学文等有之候歟、亦は勤方にても仕たるもの共にて兼々能き教訓等有之候はば、左も可有御座候得ども

とは変り、念入りに織った着物を着させ、自身は繕った着物で働いております。また、子供二人の養育についても慈しみ、男子が一〇才になると、早くも手習い読物等が相応に出来るようにしております。

・永徳夫婦とも老体になり、他に下女などはいないが、なしりの働きで砂糖や他の作物等、村でも一・二番目の耕作者であります。もっとも、なしりは焼酎は勿論茶やたばこもいただかず、ご馳走は嫌いだとの由。茶やたばこなどをいただいていては、それだけ時間の浪費となり、舅姑の気に入ることでもないと考えて止めたのではないかと、世間は取り沙汰しています。

・舅永徳は焼酎が好きで絶やさないように働き、姑は茶が好きのため、なくなったときはどこまでも貰いに出かけたり、また、買入れたりして絶やさないよう心がけておるそうであります。

右の通り舅姑に孝養を尽しているので互に睦まじく、実の親子共に右の行いに安心しております。親族は勿論、村中の親にも人情厚く、凶年等のときは生活が難渋している者へは、少しの食物等を配り、信孝・貞心・仁慈・穏和の情愛は、島中でこのような例を今まで聞いたことがありません。また、実父や舅には学問等があるか、または勤方で仕えた者であれば、良い教訓等もあり当然のことでしょうが、双方共無学愚昧の作人共であり、自分の行いも分からぬ者でございますので、（なしりに）習い事もさせたのではなく、全く本心の実情より出たものであり、孝心・貞節・諸人の愛敬は島においては比類ないものではないかと見るにつけ聞くにつけ、その成行きは御報告するべきものだと考えまして、恐れながら内意をもって申上げました。

仲為

［解説］

『前録帳』には宝暦六（一七五六）年、阿権村の宮原兄弟三人が、老母に孝養を尽したので「御物（年貢米）より御褒美御米三石ツツ九石被成下候」という記録がある。このように薩摩藩は早くから褒賞制度を実施して民心を掴もうとしていたのであった。

直接徳之島への布達ではないが、与論島に対して、安政四（一八五七）年次のような「覚」が出されている。（沖永良部の島役人坦晋の記録した『在与中日記』より。関係の条文だけ引用する）

双方共無筆愚昧の作人共にて我が前の行も不相分者共御座候処、為習事にても無之全本心実情より差発り、孝心貞節諸人の愛敬、島方にては無比類ものに有御座間敷哉、及見及聞の成行御見合にも可罷成哉と奉存、乍恐極内を以申上候、以上　　仲為

丑閏五月

(朱書) 右手控書宛なし、前御仮屋へ差出候、

・同　十六日　曇南　　岡帰　八つ前より西風へ廻る
一今日八つ前迄此三日同様、巳の方烈敷昼夜吹続、八つ時分西風へ相廻り候、尤今朝の間数通の願書并御届書等西目様御方へ差上、外御館方御見廻申上、御暇にて岡前へ帰宅、七つ時分帰着の処、村中人別仲祐出帆三日の祝として多人数相集居賑々敷致祝事、
・同　十七日　大雨西　　在岡
・同　十八日　晴西
一今日兼久方御蔵より伊仙噯村々御定式配当に付差引方出張候、尤牛馬皮同断、
・閏五月十九日　曇北　　在岡
一今日伊仙噯西目間切湾屋御蔵より御品物払に付、差引方出張居候処、富屋衆より承知の趣有之、急成御用談有之候付、亀津へ差越候様問合来り、帰宅にて出立賦り候処、供行候趣出立候儀不相調取止候、
・同　廿日　晴南　　亀行
一今日未明出立亀津九つ前参着、富屋衆引合於番所に御用談いたし候、
(朱書) 今晩富屋衆宅にて夜咄いたし候、
・同　廿一日　晴南　　面縄行
一今朝御仮屋方御見廻申上候処、段々承知の趣有之、富屋衆同道面縄へ□□御一宿、（以下を欠く）

（二二日以降、六月一九日まで欠く。）

一両親へ丁寧に事へ、且作職致出精、御年貢人先に相遂候向は可申出事、
一行儀宜く慥成ものにて嶋中評判宜敷向は可申出事、
一嶋中困窮ものへ近年致施行取救ものあらは可申出事、

なお、「生まれた子を間引くことはしてはならない。違反した者は咎目を命じる。もし養い難き身上の者は申出ること」という条文もあり、当時の疲弊した島民の様子も記されている。

[文面]

・閏五月一六日、午後二時ごろまで、この三日同様、南南東の風が激しく昼夜吹続き、午後二時ごろ西風になった。今朝の間に数通の願書と御届書等を西目様へ差上げ、他の御館を見廻って、お暇をいただきに岡前へ帰宅した。午後五時ごろ帰着のところ、村中の人たちが仲祐出帆の三日祝として、多数集って賑やかにお祝いした。
・一八日、今日兼久方御蔵より伊仙噯の村々へ御定式配当があり、差引方として出張した。また、牛馬皮についても同断。
・一九日、今日は伊仙噯と西目間切へ湾屋御蔵より御品物払いがあり、差引方として出張していたところ、富屋衆より連絡があり、急な御用談につき、亀津へ来るよう問合せがあったので、帰宅して出立するつもりであったが、供の者の出発が出来なかったので、取止めた。
・二〇日、今日未明出立して亀津に正午ごろ到着した。富屋衆の引合せで番所にて御用談をした。
・二一日、今朝御仮屋方をお見廻り申上げたところ、色々な話を伺った。富屋衆と一緒に面縄へ帰り、（富屋衆宅に）一泊した。

[鹿児島における仲祐]

　先に仲祐が京都にて病死したことを述べたが、鹿児島での様子について中原万兵衛が父仲為に書き送った手紙が残っている。（関係部分を引用する）

一筆啓上致し候、当夏は書状並びに砂糖拾斤吉ヵ海の御意を懸けられ忝く御礼申し遣わし候、…然るところ仲祐どの事もようこそ上国これあり、則に西郷様方へ混と居られ、至極元気にて油断なく用事手習学文等出精致去る事に御座候間、決して少しも念遣いこれあるまじくと存じ申し候、…

（前を欠く）

・六月廿日　晴天東風

一今日伊仙村作人中、役所へ召寄此節被仰渡候御趣意、五人組印形為致候事、

・同　廿一日　晴天北東風

一今日浅間村作人中召寄同断、平氏には阿権村へ被帰拙者は伊仙へ帰る、

・同　廿二日　曇天北風

一今日阿権村人別召寄同断の賦候処、拙者病気故平氏福與衆相席にて被申渡伊仙へ滞在、尤平氏拙者不快案内として玖目高参り候、

・同　廿三日　時化北東風

一平氏より不快の成行尋来り、返答申し越し候、

・同　廿四日　右同

・同　廿五日　曇天東風

・同　廿六日　半天北東風

（六月二七日から七月九日までの日記も欠落している。）

（前を欠く）罷出御届申上候処、追々御座明候はば罷出候様被仰付候付相控居、追々御座罷出候様被仰付、罷出候処、左の通被仰付候、

伊仙噯
惣横目寄
仲　為

右兼久噯請込申付候

代官勤　近藤七郎左衛門

丑七月九日

［文面］

・六月二〇日、今日は伊仙村の作人全員を役所へ呼び集め、今回仰渡された趣旨に基づき、五人組の印形を押させた。〈五人組の誓約書であろう〉

・二一日、今日は浅間村の作人全員を集めて、同じく五人組の印判を押させた。平氏は阿権村へ帰られ、私は伊仙へ帰った。

・二二日、今日は阿権村の人別を集めて行う予定であったが、私は病気のため平氏と福與衆が同席して申渡され、伊仙へ滞在した。なお、平氏は私の病気見舞として玖目高を遣わした。

・二三日、平氏より病気の様子を尋ねてきたので、返答を申伝えた。

［解説］

六月二〇日から今年の五人組に関する誓約書を、全員から取り集めているが、仲為は病気のため勤務できなかった。おそらく、このような仲為の健康状態は代官所へも報告されていたはずであるが、新代官近藤は、阿布木名で起きたヤマト人と島人のトラブル取鎮めのため、上記のように仲為に兼久噯への配転を命じている。

［近藤七郎左衛門の書状］

代官近藤が伊地知壮之丞に出した、慶応元年閏五月七日の書状が、『玉里島津家史料四』に収録されているので、要約してあげておこう。〈同書二五〇ページ〉

今年の砂糖は豊作で三七〇万斤の見当となり、さらに、来年の正余計糖は一斤米四合替えで買上げると仰付けられたので、何よりの「御長策」であり島民は競い合って生産に励んでおります。現在の生育状況では四〇〇万斤の見積りになると申上げ、詰役もさらに増産できるよう丹精尽して手配を行っております。

元来、島民が仰望しているのは米一品だけであり、米の配当などがうまくいけば私共も指揮しやすくなります。ところが、昨年から今年の春までの定式糖と正余計糖の代米が三七〇〇石不足しているようであり、仕方なく配当を引伸ばしております。これでは食料が心配でありますが、幸い現在はサツマイモが収穫できるので、苦情を聞いておりませんが、いずれ黍作に背を向け、減産の恐れもあり、時節柄配当米については御賢察下さい。右の定式糖・正余計糖は勿論、来春の買重糖の代米二〇〇石は年内から来春にかけて、早目に滞りなくお下しなされて欲しいものです。

右の通被仰付候上御口達を以、今般阿布木名村居住人田尻仲次郎子共不宜手筋取入込候処、村中の者共不法の仕形有之、噯役にて取鎮方不相調、亀津より与人横目役共差遣取鎮方いたし、張本人共には亀津へ被召呼置筋々糺方の賦に候、右に付又候残居候もの共聊の事とも有之ては屹と不相成候付、早々差越混雑の儀候も、無之様取鎮方いたし致取締候様被仰付、御暇にて直に差越候、尤今日より為清兄方并徒党組のもの共、御詰役様方会所御出勤にて御糺方被為在候事、

・七月十日　晴南　在岡

一今日阿布木名へ差越賦候処、姑事一昨日より不快にて昨夜死去、今日葬式故三日遠慮にて難差越、義峯山衆柳義昇衆へ頼越候、

・同　十一日　晴南　在岡

一御用談に付柳義昇衆貞明衆佐恵美衆私宅へ被差越候、

・同　十二日　晴南　在岡

一今日兼久へ致出勤候処、当秋取納米切手相渡候、尤亀津表阿布一件能不相分、直持を以記喜美静衆富屋衆へ尋越候、左候て拙者帰宅、

・七月十三日　曇北東

一今日より盆祭りに付在宅、

・同　十四日　曇南

・同　十五日　右同

写

阿布木名村　為清

右大島へ

同村の　宮福

右沖永良部島へ

右は不宜聞得の趣有之候条、村役共より右の通借島為願出、継書を以早々可願出此旨申渡候、

【文面】

・七月九日、仲為が兼久噯惣横目寄として配置転換させられている。

・右の通り仰渡された上、口頭で阿布木名村居住人の田尻仲次郎の子が不当な手段を取ったので、村中の者共が不法の行動を起こし、噯の役人も取鎮めができず、亀津より与人や横目役を遣わして取鎮めを行い、張本人共を亀津へ呼び出していろいろと調べるつもりである。これについては、さらに残りの者共にいささかの動きがあってはならないので、早々着任して混雑が起らないよう取鎮め、取締まりを行うよう仰付けられたので、お暇《いとま》して直ちに（兼久噯に）出かけた。なお、今日より為清兄や徒党組の者共を、御詰役様方が会所に出勤して取調べられた。

・一〇日、今日阿布木名へ出掛けるつもりであったが、姑が一昨日より体調が悪く、昨夜死去したため、今日は葬式をし三日間は遠慮（喪中）にて出勤できないので、義峯山衆と柳義昇衆にお願いした。

・一一日、御用談のため柳義昇衆・貞明衆・佐恵美衆が私宅へ来られた。

・一二日、今日は兼久噯役所へ出勤し、当秋の取納米の切手を渡した。もっとも亀津表における阿布木名の一件（取調べ）がよく分からないので、飛脚を遣わして記喜美静衆と富屋衆へ尋ねさせた。それから帰宅した。

・一三日、今日より盆祭りのため在宅。

・写～為清は大島へ、宮福は沖永良部島へ借島。二人は（徒党の首謀者か）悪い風聞があるので、村役から借島願いを出させ、継書で早々願い出ること。ただし、引伸ばしてはいけないので、少しの遅滞もないよう提出すること。

【解説】

仲為は兼久噯の惣横目寄として転勤になり、自宅により近くなった。新代官近藤の計らいであろうか。あるいは、勤務年数に応じて次の与人役へのステップであろうか。しかし、辞令交付の日に口頭で命じられた阿布木名事件の糾明と取締については、全く事前の情報もなかったようであり、さらに、亀津で行われた取調べの結果も連絡がないまま、為清と宮富の遠島が命じられている。これはまだ、詰役が着任早々の仲為の取締に期待していなかったということであろうか

いずれにしても事件の経緯は分からない。「徒党」とあることから、田尻の子供と村人の間に諍いがあり、結果的には村人が処罰されたという、薩摩武士側の立場から事件の処分が下されている。

但延引相成候ては不叶事候間、聊遅滞有之間敷候**（以下を欠く）**

（朱書）御本文の通被仰渡借島願書為差出、継書にて義峯山柳義昇被差越筋にて拙者には帰宅、

（七月一六日～一二月一日間の日記四ヶ月分が欠落している。）

・同　二日より十日迄在宅

一今日御代官様阿布木名村へ御差入の段被仰渡、昨日義峯山衆柳氏御供として亀津へ被差越、阿布木名村諸事差引、拙者いまだ他出不相調、佐恵美衆へ相頼候事、然処御代官様御不快にて、西目様今日大鐘時分阿布木名へ御越有之候、

・同　十一日　晴天北

一今日阿布木名村煎例并兼久噯・伊仙噯御定式百斤に付、三斗つつ兼久方御蔵より配当被仰付候、尤兼久へ御転村、

・同　十二日　晴北

一今日兼久大つ川煎例、大つ川御止宿、岡前噯御廻勤前御館様浅間岡前煎例并配当為御済、松原御差入通掛私宅へ御越掛、焼酎壱つ差上候、

・十二月十三日　晴北

一今日大つ川御出立、当部御通掛せたき御差入、

（朱書）御仮屋様今日松原御出立、手々村御差入の由、

・同　十四日　曇南

一今日名山大ざらし御狩立阿木名御下り、

（朱書）御仮屋様今日手々村御出立、松山御狩立完四丸御獲物にて山村御下りの由、

・同　十五日　曇南

一今日阿木名村の儀役々中にて煎例、西目様小島・糸木名・崎原御通掛けにて御帰館、昼時分より大雨、

［解説］

日記が、八・九・一〇・一一月の四ヶ月分欠落している。この間の動向について昨年・一昨年の日記から要約すると、次のようになる。

八月～最後の砂糖積込みが行われた。　九月～御蔵から御品物払いが行われた。

一〇月～全島の黍地見分が始まり一二月まで続く。その間に詰役は狩を行っている。島中諸取締向が命じられ、黍畑手入れが厳しく下知されている。

一一月～定式砂糖代米が配当された。　一二月～製糖準備が始まる。

［文面］

・一二月一〇日、御代官様が阿布木名村へ来られるということで、昨日義峯山衆と柳氏はお供のため亀津へ出掛けた。阿布木名村の事務については、私がまだ外出できないので佐恵美衆へ頼んだ。ところが、代官様は体調が悪く、代わりに西目様が夕方阿布木名へ来られた。

・一一日、阿布木名村の砂糖煎例《ためし》〈事前に実入りを調べるため砂糖焚きをした。この煎例をもとに生産高見積が行われた〉と兼久噯・伊仙噯の定式砂糖一〇〇斤に付き米三斗ずつ、兼久方御蔵より配当を仰付られた。なお、西目様は兼久へ行かれた。

・一二日、今日は兼久・大津川の煎例を行い、大津川にお泊りになった。岡前噯を御廻勤の前御館様が、浅間と岡前の煎例と代米の配当を済まされ、松原へ行く途中で私宅へ寄られたので、焼酎を差上げた。

・一三日、大津川御出立、当部を通り瀬滝へ入られた。

（朱書）御仮屋様は松原から手々村に入られたという。

・一四日、今日は名山と大ざらしで狩を行い、阿木名へ下られた。

（朱書）御仮屋様は手々を出立されて松山で狩を行い、四頭の獲物があり、山村へ下られた由。

・一五日、阿木名村で役々中が煎例をした。西目様は小島・糸木名・崎原を通って御帰館。昼時分より大雨。

［解説］

本格的な製糖期が始まる前に、各村ではサトウキビの実入りを調べるため試験的な砂糖焚きが行われている。一五日には阿木名村にて、噯中の島役が集って自分たちでも砂糖焚きを行った。おそらく、西目様（山口七之助）が火加減や石灰の入れ方など直接指導したのであろう。

・同　十六日　曇北
一今日役々中阿木名村引取の段、帰掛佐恵美衆被立寄候、
・同　十七日　晴北
一今日兼久・大つ川・当部・阿布木名四ヶ村一手にて目名山為歳暮用狩立いたし候処、四才完壱丸吉嶺小次郎殿□□、完壱丸為静□□□へ遣候段、佐恵美衆より承候、
・同　十八日　曇北
一今日柳義昇衆御用談に付、佐和寛被召列私宅へ被差越候、尤せたき・阿木名人数福世喜衆直祐衆被召列三京山登山の所、小三才完弐丸得物、内壱丸は右人数中にて開いたし、壱丸は西御館へ差上筋申来候由にて、惣人数開方可致の所、瀬滝・阿木名人数迄にて開方いたし候儀、別て不宜との事にて、右西御館も引当の完役所へ取寄、兼久・阿布木名人数にて開方いたし筋の段申来候、
・同　十九日　曇あなぜ
一今日役所にて昨日の完開方有之付、参候様義峯山衆より申来、拙者儀今日迄寒気強難差越、佐恵美衆へ右の訳相頼被差越候、**（以下を欠く）**

（一二月二〇日～一月二日間の日記は欠落しているが、一一月二〇・二五日付の「写」四点が記載されている。）

写
一砂糖并牛馬皮抜売買の儀は御法度の事にて、一統承知の通に候得共、牛馬骨小道具の儀は是迄島人とも船中等に相対致交易来候得共、此節大島白糖方御用に付売買被差留、其段島中へ申渡置候通候間、倭船着島次第右の趣船頭は勿論船中共へ堅可申渡事、
一倭船下着の上船頭水主上陸の節、津口改方仕向の儀は是迄の通、弥以取締厳重行届候様、左候て定置候船問屋へ相附致陸宿度ものは

[文面]
・一二月一六日、島役人が阿木名村から引きあげ、帰りがけに佐恵美衆が立寄った。
・一七日、兼久・大津川・当部・阿布木名の四ヶ村全員で目名山にて歳暮用の狩立をしたところ、四才猪一頭を吉嶺小次郎殿が仕留め、一頭を為静が仕留めたとのこと、佐恵美衆から承った。
・一八日、柳義昇衆が御用談のため、佐和寛を連れて私宅へやって来た。なお、瀬滝・阿木名の人数を福世喜衆と直祐衆が引き連れて三京山に登り（狩をしたところ）、小さい三才猪二頭の得物があり、内一頭は右の人数皆で解体し、一頭は西御館へ差上るとのことを申上げた由にて、全員で解体すべきところを、瀬滝・阿木名の人数だけで解体するのはよくないということで、西御館へ差上げる一頭も役所へ取寄せて、兼久・阿布木名の人たちで解体したいとの連絡があった。
・一九日、あなぜ〈注・講談社『日本語大辞典』に「乾風。冬の北西風。おもに西日本で用いられる呼称で、この風のときは海が荒れる」とある〉。役所にて昨日の猪を解体するので来るよう義峯山衆から連絡があったが、私は今日まで寒気が強く行くことができなかったので、佐恵美衆に頼み行ってもらった。

[解説]
一七・八日には製糖期を前にして、農閑期のこの時期に「為歳暮用狩立」が行われている。年末年始用の肉類確保のための猪狩であったと考えられる。「為歳暮用」とは、島民が代官所に贈るための「歳暮」であろうか。または、曖役所で使用するための「歳暮」であろうか。いずれにしても、島民自身のための狩ではないようである。一四日の猪狩は詰役が行った「御狩立」であった。今回は「為歳暮用狩立」である。この用語の違いに注目する必要がある。

[文面]
・写～砂糖並びに牛馬皮の抜売買（密売）は御法度《ごはっと》（禁止）であり、全員が承知している通りであるが、牛馬骨と小道具（馬具）については、これまで島人が船員と交易してきた。しかし、この節より大島白糖方（白糖製造）御用のため必要となり売買を禁止した件は、島中へ申渡した通りである。倭《やまと》船（薩摩の船）が着島次第、右の件を船頭は勿論、船員共へも堅く申渡すべきこと。
一倭船が下着し、船頭や水主《かこ》（水夫）が上陸するときは、津口改方については

差免候ても不苦候、然共船中共御法度の牛馬皮并抜砂糖は勿論、牛馬骨小道具亦は地縁のもの共より薬用菓子用抔に名付、砂糖交易いたし儀は禁制の事候に付、万一船中等にて相背候もの有之候はば、其身取扱は勿論第一船頭不念の事に付、右船は砂糖積免不申付、空船にて可差登□□船頭厳敷申渡致取締候様、左候て船頭請證文の内に相背候もの御法根《ママ》は勿論、空船にて被差登候ても難渋仕間敷趣書載差出候様可申渡候事、

一地下のもの共抜砂糖其外御法度の品御取締向に付、例年差出候五人組證文の内へ、牛馬骨小道具類船中共へ一切交易仕間敷趣書載可為差出候、

右の通申渡候条可得其意候、左候て砂糖製法中より船々仕登迄の間、昼夜無油断厳重津々浦々可致取締候、乍此上自然相背候ものも有之候はば、其身は勿論第一役々越度の事候付、無用捨屹と可及取扱候、此段申渡候条末々迄も不洩様可申渡候、

代官勤　近藤七郎左衛門

丑十一月廿日

三間切

与人　惣横目　津口横目

写

(朱書) 島中村々囲籾取扱の次第、

一島中年柄凶荒万民苦飢渇候程の節、

一家内親族不幸難病人或村中にて不取救にて難計、外に救助の手段無之、危難に迫候程の節、

一右躰の節解相成当主召仕候はば、応本籾に翌秋登の豊凶より囲方可申付、又は余人へ貸渡候はば、本籾へ壱割五部の利□□返米為致本の通囲入方可為致事、

これまで通り、さらに厳重に取締りが行届くようにして、決められた船間屋へも連絡し、上陸したい者は許可をしても構わない。しかし、水夫たちが御法度の牛馬皮や抜砂糖を行うことは勿論、牛馬骨や道具、または地縁の者から薬用や菓子用などと名付けて、砂糖交易をすることは禁制である。万一船中等で違反する者がある場合は、本人は勿論第一船頭の不正として、その船は砂糖を積まずに空船で帰すことを、船頭に厳しく申渡し取締ること。そして、船頭に請證文に背くことは勿論、空船で帰されても構わない旨の誓約書を差出すよう申渡すこと。

一地元の者達が砂糖の密売や御法度の品の取締りに関して、例年差出している五人組證文の中に、牛馬骨と小道具類も船中共へ一切交易しないことを書き加えること。

右の通り申渡した趣旨を汲取り、製糖期から砂糖の積出しの間、昼夜油断なく厳重に津々浦々において取締るべきこと。それでも万一違反する者がある場合は、本人は勿論、第一役々の落度となり、容赦なく処置すべきものである。ここに申渡した条項を下々（住民全員）まで洩れなく申渡すべきこと。

・写～島中の村々における囲籾取扱の次第

一島中が年により凶荒となり、万民が苦しみ飢渇するとき。

一家内や親族に不幸があり難病人がいて、或は村中で助け合うことが難しく、他に救助の手段がなく、危難が迫っているとき。

一右のときに囲籾を解いて配当したならば、本籾に応じて翌秋の上納時に豊凶に従って囲方を申付け、または他人へ貸出したときには、本籾は一割五分の利息を取り、本の通り囲入れさせるべきこと。

一非常時の飢饉が到来したときは勿論（囲籾を配当するが）、平日やむを得ない事情で解方《ときかた》を願い出ても、前件の外は一切取りあげないこと。(以下不明)

一囲籾の取扱について與人・惣横目・黍横目・田地横目に担当を申付ける。囲籾出し入れのときは右四役が立会い、見届けてから蔵に鎖前をかけ封印をさせること。

一蔵を開けるときは必ず指図を受けること。そして、その場で元帳と照合し、認可印をもらって許可する（配当する）こと。あわせて万一前の条文の内役々だけで、急々に解方をしなければ間に合わないときにも、その通りにして、

一非常の飢饉到来の節は勿論□□平日無拠解方願出候共、前件の外一切取揚間敷、尤其節の実否□□□可差免候事、

一囲籾取扱の儀は與人惣横目黍横目田地横目請持申付候、出納の節は右四役立会見届蔵鎖前可為相切封候事、

一解方の節は時々可得指図、左候はば当座根帳へ引合、免印を以可令免許、併万一前件ヶ條の内差掛役々計にて、急々不致解方候て間後相成候節は其通にて、右の届書付を以速々申出候様可取計事、

一年々秋登豊凶の作得米に応、古籾へ新穀入替の儀は可為其通候得共、僅壱年位の儲蓄にては格別非常の備は不相成候付、三年は期限を立囲為仕置、左候て年々新古入替年数は可為前文通事、

一籾囲蔵銘々見締人申付候付、兼て火用心等諸事取締右役々よりも無油断気を付可申付候事、

右は島中非常の為手当、先年来年作得余米の内より囲籾の儀申渡相成居候得共、不致連続候処、役々吟味の上改向趣法相立願出趣有之令免許、村中にて一ヶ所宛囲蔵致造立、当秋より囲方治定相成候段、囲高石数面付帳を以届可申出候、右付ては以来風旱等の災殃到来万民望飢渇候節は、当蔵救済の道至当の良法無此上、其利益顕然の事候間、猶亦一統厚心得年々囲増相成候様可取計候、仍て囲籾出納の次第ヶ条の通申付候条、右に基官米同前請持の役々厳重行届、至後年聊無衰廃精実に可致取扱候、左候て此書付写取與人役所も明白に致壁書置、譲代合の度は屹と次渡致連続候様□□申渡候条、末々迄も不洩様可申渡候、

丑十一月廿日

代官勤　近藤七郎左衛門

三間切　與　人
惣横目
黍横目
田地横目

届は書付をもって早々申出るよう取計らうべきこと。

一毎年秋、上納するとき収穫米の豊凶に応じて、古籾を新穀と入れ替えることはその通りであるが、僅か一年位の貯蔵では特別な非常時の備えにはならないので、三年の期限を立てて囲い置くこと。そして、年々新古籾の入替えの手数は前文の通りである。

一囲籾蔵にはそれぞれ見締人を申付け、普段から火用心等の諸事を取締り、役々からも油断なく気をつけるよう申付けること。

右の囲籾は島中非常時のための手当てである。先年来、収穫米の内より囲籾をするよう申渡してきたが、毎年引続き実施していなかったが、役々が検討して方法を改めて願出があったので許可をした。村中に一ヶ所宛、囲蔵を造立し、当秋より囲方の規則を定め、囲高の石数（籾量）の割振りの面付帳を作成して届出ること。右については今後台風や日照り等の災害が起り、島民が飢餓となったときに、囲蔵が救済の道として適切な良法この上もなく、その利益も歴然としているので、なお一層皆が厚く心得て、年々囲い増すよう取計らうべきである。よって囲籾の出し入れについては、条文の通り申付けるので、右に基づいて官米同様に受持ちの役々が厳重に監督し、後年になって少しも衰廃しないよう誠実に取扱うこと。そして、この書付を写取り、與人役所の壁書として掲示し、役々が交代するときは必ず継ぎ渡し、引続き行うよう申渡すので、末々までも洩れなく申渡すべきこと。

[解説]

囲籾については三四ページに、寛政九（一七九七）年に領内全域に出された令達の一部をあげておいた。これによれば、高一石につき籾一合二勺四才を差出させて貯蔵するよう命じている。今回の「写」では次のような仕法となっている。

・凶荒などによる配当後は、翌秋の上納時に豊凶に従って補填すること。
・囲籾を貸し出すときは一割五分の利息をとること。
・囲籾の取扱は四役立会いで見届けて施錠すること。
・蔵を開けるときは代官所の指図を受け、元帳と在庫量を照合し、許可証を得て配当すること。
・毎年秋に豊凶に応じて新古籾を入れ替え、三年間は継続すること。
・村中に一ヶ所囲蔵を造立すること。囲籾の割振りは面付帳に記録し届けること。

写

六　嗳　與　人
物横目
黍横目へ

右者島元にては三役と唱、別て重立候役職の事候得ば、諸人会釈応答向に付ても上下の差別を以、屹と役位の涯可相立候所、下役へ対候ても年増の者へは何役目と呼候、役目と申儀は衆の字の略語に当り、敬候場に用候言葉に候、役場不相当の方相聞得、依之以来公席又は詰役等の前にては諸横目以下へは衆の字不相用、何某と呼捨に可申関付候、尤下役は勿論の事候、且諸横目より下役へ対候ても同様呼捨に可致候、此段申渡無《ママ》屹と申渡候条可承向へ申渡候、
但内輪の会釈応答向は別段の事

丑十一月廿日　代官勤　近藤七郎左衛門

写

一昨日西目様より御用有之罷出候処、役格被仰付置候ものの儀は、右に隼《ママ》じ応答向可致旨、先刻ヵ申達置候得共、諸横目役の内は其通、目指以下の下役へは呼捨可致旨、拙者より向々可申越旨致承知候間、此旨申越候、以上、

丑十一月廿五日　物横目　義美屋

与人
義峯山衆

（以下を欠く）

（ここまでの日記は欠落し、慶応二年正月三・四日に続く）

・写～右は島元では三役と呼ばれ、特に重要な役職であり、諸人が会釈や応答するときには、役職の上下を区別して、きちんと役位の差異を立てるべきであるが、下役へ対しても年上の者へは何役目《やくめ》と呼んでいる。役目という意味は衆の字の略語に当り、敬うときに用いる言葉であり、役場ではふさわしくない意味に聞える。従って今後は公の席、または詰役（鹿児島から来た代官所役人）等の前では、諸横目（物横目・黍横目以外の津口横目）以下へは衆の字を用いないで、何某と呼捨てにすべきである。また、下役に対しては勿論のことである。かつ、諸横目から下役に対しても衆の字は用いないで同様に呼捨てにすること。このことを申渡すので必ず向き向きへ申渡すこと。ただし、内輪の会釈や応答の場合は別である。

・写～昨日西目様より御用があるというので出かけたところ、役格を仰付けられている者は、右に準じて応答するべき旨、先に申達しておいたが、諸横目役同士は従来の通りとし、目指以下の下役へは呼捨てとする旨、私から向々へ知らせるよう承ったので、このことをお伝えします。

［解説］

これら二つの「写」は、島役人同士が呼び合うときの敬称について命じたものである。與人・物横目・黍横目は嗳の三役といわれる上位の役職であるが、彼等が年上の島役に対しては下役であっても「○○衆」と敬称をつけて呼んでいるので、これは役所内ではふさわしくないため、今後は呼捨てにするように命じている。この「写」は、長幼の序より役職の上下を重んじたのである。これは詰役と島役の関係にも当然あてはまることであり、年長の島役でも詰役に対しては年齢に関わらず絶対的服従すべきであるという、支配関係を貫徹するための命令と同じであった。果して島役はこれを受け入れて、以後呼捨てが定着したであろうか。

新代官近藤は、このように役職の上下を重んじた硬派の代官のようであるが、一一七ページにあげた砂糖政策に関する書状には、早目に代米を送って欲しいと要請する配慮もあり、柔軟取り合わせた支配者であった。

この「写」の受発者として物横目義美屋と与人義峯山が記されている。義美屋は伊仙嗳から井之川嗳へ仲為と交代した物横目であった。従ってこの「写」は、新井之川嗳物横目から兼久嗳与人義峯山へ通達されたものである。

写

一正月三日

右三間切与人より横目役書役中唐船方通事役々、右一同一日致出府
代官所へ罷出、間切順の通一列宛年頭御祝儀可申上候、

一大中様へ参詣可仕候、

同　四日

一右安住寺御祝儀是迄の通、

（朱書）安住寺より御座へ御祝儀の事、

一同日

右三間切役々其請持の於御蔵々に御祝儀可申上候、

（一月五・六日分の日記を欠く）

（前を欠く）として阿布木名へ三役出席申渡、兼久へ差越候、

・同　七日

一兼久村同断

・同　八日

一大つ川村同断、兼久へ帰る、

・同　九日

一当部村へ差越昼時為分相済、瀬瀧へ差越同断、申渡相済候、

・同　十日

一阿木名へ差越同断、兼久へ帰る、

・同　十一日

一兼久出立岡前へ帰宅、

・正月十二日

・同　十三日

・写～正月三日には、三間切の与人より横目役・書役・唐船方通事役まで一同揃って出府して代官所へ参上し、間切順に一列ずつ年頭挨拶を申上げるべきこと。
大中様へも参詣すること。
四日には、安住寺へこれまで通り御祝儀を申上げること。安住寺終了後は御座へも御祝儀申上げること。また、三間切の役々は、受持ちの御蔵において新年の御祝儀を申上げるべきこと。

【文面】

・一月六日～一〇日、阿布木名・兼久・大津川・当部・瀬瀧・阿木名へ出向いて「申渡」を行っている。「申渡」の内容は不明である。

・一一日には岡前の自宅へ帰った。

【解説】

この年は慶応二（一八六六）寅年であった。年頭の挨拶について『仲為日記』は文久四（一八六四）子年の様子を記録している。それによると元日に亀津へ横目以上の役々が出向き、御座で御祝儀申上げ、その後五仮屋にも伺って年頭の挨拶を行っている。また、「御蔵祝」を二日に行っている。これは日記として書かれたものであるが、今回は公文書としての「写」で申渡されていて、強制力があった。これも近藤代官の方針であろうか。〈島津貴久の法名が「大中様」であるという〉

【安住寺】

『前録帳』は安住寺について、次のように記録している。

・元文元（一七三六）年「従御物安住寺御免許ニ而井之川江建立、住僧玄信此跡島中臨済宗旨ニ而候処、此代之手札御改ヨリ禅宗ト改易、」

・明和七（一七七〇）年「安住寺礼明代トシテ白英罷下リ、同冬面縄間切浅間村之地面之内伊仙村義那山之下ニ、安住寺直シ候、」

・天保三（一八三二）年「安住寺亀津村之内海辺人家放れニ而寺内不締ニ有之、其上大風等之節浪打揚、堂社及破損候儀多々有之、輪住貞淳和尚ヨリ、亀津村佐衛孝屋舗勧化米并自米ヲ以繰替願出、天保三辰三月移替候事、」

なお、『徳之島事情』には、延享元（一七四四）年に「亀津村へ移築シ、全島一般該寺ニ賽シ、家運長久、災疫攘除、五穀豊熟ヲ祈祷シ来リシガ、明治五年廃寺トナリシ処（以下略）」とあり、それぞれの移転年と場所が異なっている。

・同　十四日
一明十五日、御詰役様方御乗初に付可罷出旨、前御仮屋山口殿より三役宛にて申来、義峯山衆時氏には病気の段申来、乍不快押て亀津へ差越候、
・同　十五日
一今日請々の御仮屋三役御供にて式法為御済御帰館に付、皆様へ御祝儀申上、前御仮屋へ紀氏同道罷出賑々敷御祝有之候、
・同　十六日
一今日紀氏御仮屋方御見廻申上御暇申上候得共、雨天故在亀、
・同　十七日
一岡前へ帰宅、
・同十八日、同十九日、同廿日、同廿一日
一右四日不快、
・同　廿二日
一今日より兼久へ出勤の賦候処、浅間富川衆妻死去に付、今日より遠慮、
・同廿三日、同廿四日、正月廿五日
・同　廿六日
一今日迄富川衆妻法事相済候、
・同　廿七日
一今日兼久へ出勤、三役出席御用談いたし候、然所皆様松原村へ為御狩立御越掛、私宅へ御立寄に付宿拵旁に付帰宅、
・同　廿八日
・同　廿九日
一近藤殿　町田殿　川上殿　今日（以下を欠く）

（この後、二月八日分までの日記は欠落している）

［文面］

・一月一四日、明日は御詰役様方が御乗初につき出てくるよう、前御仮屋山口殿より三役宛に連絡が来た。義峯山衆と時氏は病気だというので、体調は不快であったが無理に亀津へ出かけた。
・一五日、今日は担当の御仮屋を三役が御供して式法を済ましてご帰館され、皆様へ御祝儀を申上げ、前御仮屋へ紀氏と一緒に伺い賑やかにお祝した。
・一六日、紀氏と御仮屋方を見廻ってお暇を申上げたが、雨のため亀津に留まった。
・一七日、岡前へ帰宅。
・一八日～二一日の四日体調が悪い。
・二二日、今日より兼久へ出勤のつもりであったが、浅間村の富川衆妻死去につき、今日より出勤をひかえた。
・二六日、今日までに富川衆妻の法事が済んだ。
・二七日、今日から兼久へ出勤、三役が出席して話合った。そうしたところへ詰役の皆様が松原村へ御狩立てに行く途中、私宅へ立寄られるというので、宿拵えのため帰宅した。

［解説］

　この年の正月は忙しかったようである。先の「写」によると、三日には代官所へ参上して詰役に年頭の御祝儀の挨拶をし、四日には安住寺へ参詣し御祝儀を申上げ、受持ちの御蔵でお祝いをするよう命じられている。五日には代官所から三役を通して村々へ令達が出されたようであり、六日～一〇日には三役が各村々を巡廻して令達を厳守するよう指導している。そして、一四日には再び亀津へ呼び出されたのであった。一四日には詰役たちが馬の初乗りをするから出頭せよという連絡があり、一五日には担当の詰役をお供して、新年の式法（儀式）を行っている。場所は記されていないので分からないが、各間切役所であろうか。式法が終ると前仮屋で賑やかに酒宴を開いている。兼久噯の担当詰役は前御仮屋の附役山口七之助であった。おそらく山口附役とは、砂糖焚きの話が弾んだことであろう。こうして、正月はあわただしく過ぎ去っていった。

　仲為は体調が勝れなかったが、詰役の命令に従う他なく、日記の筆遣いは乱れ勝ちで記述も短い。

　一昨年の日記によれば一月八日から一九日までは、岡前の自宅で過ごしていた。

（前文を欠く）
且実兄極難病相煩片輪に相成候処、同屋敷へ別宅相拵召置、日々の喰物等不如意無之様尽深切、旁奇特成心入の段被
聞召上依為褒美右の通被下候条、難有頂戴可為仕候、
右の通徳之島代官御役所に申渡候様申越候、
丑十一月　式部

右の通被仰渡候間於代官所に申渡　御米頂戴申付候条、島中の者共可存此旨者也、
慶応二年寅二月　代官所

右の通去る六日於御座に被仰付、御米頂戴の儀は御座庭へ尺筵敷、其上に積立高札立并拝《ママ》いたし候、尤なしり儀は別段御差紙を以一世銀笄御免、芳兼儀は同断横目同様にていちび形髪差御免被仰付、両人共朝服にて御座へ罷出候、然処亀津村中老若男女見物に出、尤御米三間切出夫牛馬を以、高札立宅迄付越相成候、我々には村出口へ待迎居候処、追々浅間岡前松原老若男女且亦役々中出張、七つ時分帰着に付、永徳宅にて賑々敷祝有之候、

・二月十日　曇北
・同　十一日　右同
・同　十二日　右同
一今日阿布木名へ差越、新黍植付致下知候、
・同　十三日　曇東
・同　十四日　右同
一今日阿布木名へ差越、柳氏取会《ママ》致御用談、引次樽改方いたし候、左候て鍛治源之進へ西目様御腰物作方異人刃金相渡候、

［文面］
・（写）～（前文を欠く）また、実兄が非常な難病を煩って片輪になったが、同じ屋敷に別宅を拵えて住まわせ、日々の食事等にも不自由させないよう親切を尽している大変立派な心がけを、（原文ではこの後、藩主に敬意を表して闕字となっている）お聞きなられ、よって褒美として右の通り下されたので、有難く頂戴すること。
右の通り徳之島代官役所において申渡すよう申伝える。
丑十一月　式部
右の通り仰渡されたので代官所において申渡し、御米を頂戴するよう申付けるので、島中の者共へもその趣旨を伝えるものである。
慶応二年寅二月　代官所
右の通り去る六日御座にて仰付けられ、御米を頂くときには御座の庭へ尺筵を敷き、その上に米俵を積立て高札を立てて拝謁した。もっとも、なしりは特別に代官から差紙（書付）をもって一代限りの銀笄を許され、芳兼も同じく横目と同様に苺形の髪差が許可された。両人とも礼服で御座へまかり出た。そうしたところ亀津村中の老若男女が見物にやって来た。御米は三間切の出夫で牛馬を使って高札を立てて家まで運んだ。私たちが村の出口で待っていたところ、追々浅間や岡前から松原までの老若男女や島役中もやって来た。午後四時ごろ帰ってきたので、永徳（なしりの舅）宅にて賑やかにお祝があった。

［解説］
二月九日代官所において、芳益となしりの美徳を讃えて藩庁（藩主）から褒美が贈られた。米をもらい銀と苺型の簪が許されている。
なしりの美徳については、仲為が昨年の閏五月に「極御内意書」を前仮屋に提出していた。芳益については、別の島役が上申したのであろうか。実兄の難病の看病が上聞に達したと記されているが、他のことは欠落していて分からない。
簪の使用については、安政五（一八五八）年に役職と郷士格などに応じた詳しい制限令が出されていた。要約すると、与人・惣横目と郷士格は銀菊型簪、黍横目が真鍮苺型簪、掟以下の島役は真鍮菊型簪、役々の子供は真鍮製一本、一般農民は鉄製の簪一本の使用であった。（『大奄美史』二七〇ページ）

二番組小與八番
御小姓與
斉藤直助
右親類依願徳之島へ居住被仰付候旨、慶応元丑十一月廿日、相良角兵衛税所竹兵衛取次御引付を以被仰渡、此節亀津湊着、圓通丸より被差下候付、大津川村配所申付候条、早々相請取他村不致徘徊相慎候様、堅可申渡置候、

寅二月十三日

代官所勤　近藤七郎左衛門

兼久噯　與　人

惣横目

・二月十五日　曇西
一此節黍横目五人立重に付村方分ヶ、并新黍植付方の儀共申渡候、
・同　十六日　曇北
・同　十七日　右同
一今日兼久噯差上切銘々願書并其外諸首尾合に付亀津へ差越候、尤今日□□□大津川御蔵より御米配当并過返米配当被仰付、御見分西目様御出張に付、差越掛《ママ》定蓋へ御見舞罷出、三艘向より仕出酒肴御開方被成下、七つ時分大酒にて亀津へ差越候、
・二月十八日　雨天東
一今朝御仮屋方へ罷出、諸首尾都合能相済帰郷の賦候処、雨天故滞在、
・同　十九日　晴東
一今朝御仮屋方へ喜雄山直生奥賢三人精勤の形行書付を以申上候、御暇にて帰郷、
・同　廿日　晴東南
（朱書）一今日山村へ鯨寄来候、

［文面］

・（写）～御小姓與《おこしょうくみ》斉藤直助は、親類の依願によって徳之島へ居住仰付けられた旨、慶応元（一八六五）一一月二〇日、相良角兵衛と税所竹兵衛取次ぎの伝達書を以って仰渡され、この節亀津湊へ到着した圓通丸より送られてきたから、大津川村へ配所を申付けるので、早々引取って他村へ徘徊せずに謹慎するよう堅く申渡し置くこと。
・二月一五日、この節は黍横目五人を増員して村々に配置する予定があり、新黍の植付方などについて申渡した。
・一七日、今日は兼久噯献上糖の銘々の願書、並びに諸書類の照合のため亀津へ出かけた。もっとも、今日は大津川御蔵より御米の配当と過返米配当が仰付けられ、御見分役として西目様が来られて、途中で定蓋《じょうぶた》を見物された。三艘向〈意味不詳〉より仕出しの酒宴が開かれて、午後四時ごろ酒酔いのまま亀津へ出かけた。
・一八日、今朝、御仮屋方へ参上して、諸事が首尾よく済んだので帰郷するつもりであったが、雨天のため亀津に留まった。
・一九日、今朝、御仮屋方へ喜雄山・直生・奥賢三人精勤の様子を書付を以って申上げて帰郷した。
・二〇日、山村海岸へ鯨が寄ってきた。

［解説］

二月一五日の日記には、黍横目五人を増員したと記されているが、誰が「黍横目五人立重」を命じたのか分からない。文面は敬語表記となっていないので、代官所の任命ではないようである。

おそらく噯役所で臨時に任命した「黍横目」ではないだろうか。一八六四年四月二一日の「覚写」には、「村横目」という役職名があり、この「村横目」に該当するものと考えられる。「村横目」は、仲為が井之川噯から伊仙噯へ転勤を命じられたことに伴い、取交わされた引継書類の中に記載されている役職名である。伊仙噯前惣横目義美屋が書いた「覚写」には、「村横目が伊仙村に二人、他村に一人ずつおり、御頭様が村々へ廻勤のとき順番に召し連れ、御用節のときも順繰りに仕えている」と記載されている。仲為も引継事項で、井之川噯にも「村横目」がいて、「村々へ壱人つつ罷居、御用の節々繰廻を以召仕来居候」と書いている。

・同　廿一日　雨西
一今日役所出会の賦候処、雨天故取止候、
・同　廿二日　曇北
一今日佐恵美衆同道兼久へ差越候処、外横目衆中出会にて諸事相談、義峯山衆出亀九つ過時分出立、七つ時分帰郷掛阿布木名村へ砂糖方其外御用申達、佐恵美衆同道帰宅、
（朱書）昨日砂糖木屋一軒阿布木名村焼失、砂糖は勿論焼失不仕段申来候付御届は不申上候、
・同　廿三日　曇東
一阿布木名村出重樽改方差越席、柳氏佐恵美衆在会、出来増并黍草取の儀申渡候事、
・同　廿四日　曇東
・同　廿五日　同
・同　廿六日　晴南
一今日瀬瀧村出重樽改方として差越居候処、明日役所にて御用有之候段、義峯山衆□□夜入時分より兼久へ帰る、
・二月廿七日　晴北
一今日役所へ出張候処、惣役々出揃居、先日黍横目中承知の趣、并其外段々致吟味、大鏡《ママ》時分より佐恵美衆同道岡前へ帰る、
・同　廿八日　東晴
一今日大津川村作見廻富繁の上国跡□宮清、其跡仲嘉美も申付候、阿布木名村豊孝算者相成、其跡直清へ同断、
・同　廿九日　晴東
一今日大つ川樽差□賦り□□用に付、不差越候、
・同　晦日　□西
一今日阿布木名村へ差越出来重樽改方、并西目様より源之進へ御頼の刀

［文面］

・二月二一日、今日は役所へ出勤のつもりであったが、雨天のため取止めた。
・二二日、佐恵美衆と一緒に兼久役所へ出かけたところ他の横目衆も出勤していて諸事を相談した。義峯山衆は亀津へ出張のため正午ごろ出立した。午後四時ごろ帰りがけに、阿布木名村へ砂糖の件他御用を申達し、佐恵美衆と一緒に帰宅した。
（朱書）昨日、砂糖木屋一軒が阿布木名村にて焼失。砂糖は勿論焼失はなかったというので、御届けはしなかった。
・二三日、阿布木名村の二回目の樽改め（調査）に出かけた。その場に柳氏・佐恵美衆も立ち会って砂糖の増産と黍畑の草取りを申渡した。
・二六日、今日は瀬瀧村の二回目の樽改方として出かけていたところ、明日役所にて御用があるという峯山衆からの連絡があり、夜入の時分に兼久へ帰った。
・二七日、役所へ出勤すると、全役々が出揃って居り、先日の黍横目の件を承ったり、その他いろいろと吟味し、夕方に佐恵美衆と一緒に岡前へ帰った。
・二八日、大津川村の作見廻富繁の上国により、跡役に宮清、その跡役に仲嘉美を申付けた。阿布木名村の豊孝が算者になったので、その跡に直清を申付けた。
・二九日、大津川村の樽改めに行く予定であったが、御用があり行けなかった。
・三〇日、今日阿布木名村へ出かけて、出来砂糖樽の改方をした。また、西目様より源之進に頼んでおいた刀作りについて、細々と指示をし依頼した。

［解説］

作見廻富繁の上国についての用務は分からない。『大島代官記』にもこの年に該当する御祝儀は記されていない。私的な長期療養などであろうか。

刀作製については、二月一四日の日記に「鍛冶源之進へ西目様御腰物作方異人刃金相渡候」と記されていて、作製に取り掛かっていたようである。

藩政時代に島民には苗字帯刀は許されていない。この内苗字については藩財政に貢献した豪農や島役人には郷士格という地位が与えられ一字姓が許可されたが、帯刀についてはご法度であった。したがって、島の鍛冶屋には「腰物」を作る刀鍛冶の技術はなかったはずであり、この日記に記されている刀剣の製作は特殊な事例である。

「鍛冶源之進」は鹿児島から来島した鍛冶職人であろう。おそらく農具や山林用の鉈などを作製するために、島役人の要望で一時的な滞在を条件に来島していたの

作り一件細々相頼候事、
・三月朔日　晴天北東
一今日古苗植付方為致候用向に付、嘉鼎保衆小佐智衆入来有之候、
・同　二日　晴北東
・同　三日　曇北
一今日松原下しら網切に付差越候、
・同　四日　晴北東
一御用談に付兼久へ差越候て帰、
・同　五日　晴東
・同　六日　晴東
一今日内用に付阿布木名迄差越候、尤柳氏にも阿布出張に付、西目様御頼候刀作方頼一件、源之進迄差越候、
・三月七日　晴西
・同　八日　右同

写

一御赦免被仰渡置候遠島人并何ぞに付年限を以罷下居候もの、病気等の故障申立致滞島居候もの共、追々便舟取究津口通願出候様可申渡候、故障申立滞島願出候ても容易に不取揚候条、右の趣分て可申渡候、

代官勤　近藤七郎左衛門

寅三月六日

三間切　与　人

（朱書）右早々便舟相究、津口通願出候様可申渡旨申渡候、　惣横目

写

一島役明細帳　一人数宗門改帳　一鶏尾羽　一年柄成行
一薬種注文　一御品物注文　但村々面付帳も一緒に差出候様、

かもしれない。刀に打つ材料は「異人刃金」であった。これは外国人からいただいた「鋼《はがね》」であろうか。『前録帳』によると、嘉永二（一八四九）年、亀津沖に異国船が現れ、佐弁村に上陸し食料を要求したので、大根や唐芋を与えている。さらに、面縄にも上陸し牛を要望したので野牛を与えると、その返礼として銀貨を置いていったと記録されていて、この銀貨は与人が御座へ届けたとある。このように異国人は食料を与えると、その代価を支払ったが、島役はこれを受取ってはならなかったので、彼等は適当なものを残して去っていくのであった。この「鋼」もこうした外国人の返礼の品ではなかったか。それが代官所に保管されていたので、西目様が試験的に刀作製を、鹿児島鍛治の源之進に依頼したのであろう。源之進は刀鍛冶ではなかったため要領が分からず、「細々相頼」み指示したものと思われる。

［文面］

・三月一日、黍の古苗の植付方を指導するため、嘉鼎保衆と小佐智衆がやって来た。
・三日、今日は松原下でしら網切〈追込み漁〉が行われ、出かけていった。
・四日、御用談があり兼久曖役所へ出勤した。西目様はお帰りになった。
・六日、今日は私用があって阿布木名まで出かけた。柳氏も阿布木名に出張していたので、西目様が頼まれた刀作の一件で、一緒に源之進の所まで行った。
・写～御赦免を仰渡されている遠島人と、何かにつけて年限を決めてやって来ている者で、病気等の故障を申立てて滞島している者共へは、追々便舟の日取りを決めて津口通手形の願い出（申請）を行うよう申渡すべきこと。もし、体調不良を申立てて滞島を願い出ても、容易に取上げてはならないので、右の趣意を特に申渡べきこと
・写～島役明細帳・人数宗門改帳・鶏尾羽・年柄成行・薬種注文・御品物注文、但村々の個人明細帳も一緒に差出すこと。
右は例年通り、取調べ今月中に差出すべきこと。（朱書では、一五日まで提出するよう指示されている）

［解説］

鹿児島からの来島者については、前の「写」に記されているように「何ぞに付年限を以罷下居候もの」が相当数いたのであろう。そのうちの一人に鍛治源之進がいたのである。また、手習師匠や医者なども来島していて、想像以上に専門の技術者が来島していたことが、これらの文書から読み取られるのである。

(朱書) 本文□□来る十五日限り取しらべ届出候様申渡候、
右は例年の通取調当月中可差出候、此旨申渡候、
代官記　近藤七郎左衛門
寅三月六日　三間切　与人

・同　九日　晴北
一今日柳氏首尾合旁に付出亀、
・同　十日　右同
・同　十一日　右同
一今日自福丸空舟わんやへ着、
・同　十二日　右同
一今日圓通丸平土野へ廻着、尤柳氏阿布へ被差越候、
・三月十三日　曇北
一今日御用談に付下役中兼久役所へ御用、三役并横目役中出席申渡筈候処、拙者不快故柳氏に頼越候事、
・同　十四日　晴北
一幸福丸湾屋へ廻着、
・同　十五日　同東
一明後十七日より圓通丸幸福丸掛渡方として前御館様御差入向候、兼久噯丑春□□払被仰付、翌十八日より掛渡の段被仰渡候、
・同　十六日　晴北
・同　十七日　同
一今日前御仮屋様亀津御出立□□、両御蔵より兼久噯村々去丑春の□島米より御払有之候、
・同　十八日　晴北

【文面】
・三月九日、柳氏は諸事処理のため亀津へ行った。
・一一日、自福丸が空船で湾屋に着いた。
・一二日、圓通丸が平土野へ廻着した。柳氏は阿布木名へ出かけられた。
・一三日、今日は御用談があり、下役に全員兼久役所に集り、三役と黍横目も出席するよう申渡す筈であったが、私は体調が勝れず柳氏に頼むよう伝えた。
・一四日、幸福丸が湾屋へ廻着した。
・一五日、明後十七日より圓通丸と幸福丸に、砂糖樽の計量積込方として前御館様が来られて、兼久噯の昨年春の□□払いを仰付られ、翌十八日より砂糖の掛渡しをするよう仰渡された。
・一七日、今日前御仮屋様が亀津を出立され、両御蔵より兼久噯の村々へ昨年春の島米からお支払いがあった。

【解説】

三月一八日から、兼久噯の砂糖積込み（掛渡）が始まった。積船は圓通丸と幸福丸である。徳之島の積船については六一ページで二〇艘の「船賦」をあげておいたが、今年（慶応二・一八六六年）は一八反帆の幸福丸と二〇反帆の圓通丸（円通丸）も割当てられている。

三月になると、新砂糖の積出しが始まり、あわただしくなってくる。詰役人も担当の噯に出向いて監督し、島役人は彼等の送迎や接待もしなければならなかった。


【新砂糖を待つ大阪蔵屋敷】

新砂糖は藩財政にとって重大な収入源であった。昨年の三月九日、薩摩藩大阪蔵屋敷の財務担当者木場伝内は、国許鹿児島の御側御用人宛に次のような書状を送っている。（『鹿児島県史料　玉里島津家史料四』一三〇三号）

爰許御金繰六ヶ敷段は申上越候通御座候処、此節江戸御家老座より金壱万四千両臨時御続ニ而、長崎江蒸気船代返金之方ニ振向取計候様被仰渡、其外九千百両於江戸御拝借又は御借入之株にて、追々返金之筈候付、……且京都よりも壱万両差続候様、先日御留守居より問合相達申候処、当分御蔵金五万両余有之、右通株々御続相成候得ば、新砂糖着船迄之間、迚も御払分相達候丈ヶ無御座候付、御新借ニ被相及外有御座間敷、（以下略）

一今日平土野居舟圓通丸へ砂糖三拾万八千斤余掛渡相済候事、尤阿布へ
御移、
・同　十九日　晴東
一今日阿布木名村湾屋出砂糖五万六千百九拾七斤、入樽四百五丁掛渡、
双方にて幸福丸弐拾万斤余相済候、
・同　廿日　雨東
一今日前御仮屋様御帰りの賦候処、雨天故御滞在、
・同　廿一日　曇東南
一今日御同人様御帰り、尤袋両所田植付方為致候、
・同　廿二日　晴南
一圓通丸掛渡砂糖の内、兼久村砂糖八百□□丁の□□斤量間違にて候哉、
壱丁前ヵ拾六《ママ》斤余程つつ斤目重有之、柳氏福世喜衆在会斤目掛改為致
候処右通有之、右成行御届方として右両人并船頭亀津へ被差越候、尤
右御両衆亀津へ差越掛私宅へ被立寄候、左候て拙者には兼久へ差越候、
・同　廿三日　晴東
一今日四つ時分柳氏より、兼久村作人共を以圓通丸樽荷役方為致候様飛
脚参り、夫より平土野へ出張候処、追々柳氏も被差越、七百丁丈□卸
方相成候、尤前御館様明後廿五日御差入の賦、
(朱書)一斤量取壱通り相糺置候様被仰付候段、柳氏より申来候、泰要宅へ□□斤量
取直豊喜生壱通相糺候、
・同　廿四日　晴東
一今日も同断、兼久村斤目違樽八百六丁卸方相済候、
(朱書)一明廿五日長昌丸御品物方并圓通丸掛渡砂糖の内、斤目量樽再掛申上候、前
仮屋様御差入の段被仰渡候、
・同　廿五日　晴東南
一今日四つ時分前御館様御差入、兼久村斤目違樽八百六丁□掛直し方い

昨年の木場の書状によると、一万四〇〇〇両を蒸気船代として支払うことや九一〇〇両を借入金返済にあて、さらに、京都より一万両送って欲しいなどと催促されていて、新砂糖の到着までは他の支出は出来ないというのである。

一八六六年一月二二日薩長同盟が実現し、いよいよ討幕活動が本格化していく。その活動資金源は、当然道之島の砂糖であった。三月から五月にかけて大坂に運ばれた砂糖は、約四〇万両の財源をもたらしていた。「喜界代官記」では「昨今の世態は文久三(一八六三)年以来戦争続きの状態であることは皆承知であるはずだが、遠く海を隔てている孤島では、生死に関わる御奉公は出来ないので、兎に角御産物(砂糖)を増産することが肝要である。」(口語訳)と命じている。

[文面]
・三月一八日、平土野係留の圓通丸へ砂糖三〇八〇〇〇斤余の積込みが済んだ。前御館様は阿布木名村へ移られた。
・一九日、阿布木名村の湾屋積出しの砂糖五六一九七斤、入樽四〇五丁を掛渡し、双方で幸福丸には二〇万斤余を積込んだ。
・二〇日、前御仮屋様はお帰りのつもりであったが、雨天のため滞在された。
・二一日、前御仮屋様がお帰り。なお、袋両所に田植えをさせた。
・二二日、圓通丸に掛渡した砂糖の内、兼久村の砂糖八〇〇丁の斤量に間違があったのか、一丁一六斤余ずつ斤目重ねがあった。柳氏と福世喜衆が立会い斤目改めを行ったところ右の通りであった。この成行きを届けるため二人と船頭が亀津へ行かれた。二人は亀津へ出かける途中私宅へ立寄られたので、私は兼久へ出勤した。
・二三日、午前一〇時ごろ、柳氏より兼久村の作人共に圓通丸の樽荷役をさせるよう飛脚があり、それから平土野へ出張したところ、柳氏も来られて七〇〇丁だけ荷下ろしをした。なお、前御館方様は明後二五日来られる予定。
(朱書)斤量について一通り糾しおくように仰付けられたと、柳氏より連絡があった。泰要宅で斤目を量り直し、一通り取調べた。
・二四日、今日も同断。兼久村の斤目違い樽八〇六丁の荷下ろしを終了した。
(朱書)明二五日、長昌丸の御品物と圓通丸の積込み砂糖の内、樽の計量を再度行ったことを報告した。前仮屋様が来られると仰渡された。
・二五日、今日午前一〇時ごろ前館様が来られ、兼久村の斤目違樽八〇六丁の掛直しを行ったところ、八〇〇〇斤余の掛け過ぎがあったので、明日の湾屋出の砂糖より

たし候処、右丁数にて八千斤余掛過有之、明日湾屋出砂糖より右不足斤数丈ヶ御品物御取納序に掛渡候賦にて、兼久嗳御差入、尤村より御賄申上候、

(朱書) 一御越掛富鮮宅にて茶壱つ差上□□斤量取共相糺候成行申上候処、夫にて宜段御沙汰有之候、

・同　廿六日　晴南

一今日兼久御出立御供にて湾屋へ御差入、砂糖樽六拾五丁掛渡引次御取納為御済、松原下湊御見分として松原へ御差入被為在候、左候て此節斤目違目に付、斤量取喜生直豊亀津へ明日列越候様被仰付、三役差越筋にて諸事申談向々引取、尤拙者には岡前へ帰宅、喜生列越方恵郷へ申付、直豊の列越儀は福成へ義峯山衆被申付筋にて候、

・三月廿七日　曇北東

一今日前御館様松原より御帰に付、三役中亀津へ差越候、

・同　廿八日　晴北

一今朝三役同道御仮屋方へ罷出、掛渡違目一件御断申上候処、与人黍横目には支配へ罷帰、拙者には斤量取共糺方亀津滞在いたし居候様被仰付、記喜美静衆富屋衆拙者三人於会所、斤量取喜生相糺候処、実禎任指図に壱丁分拾斤程相重相呼候段申出、黍見廻両人横目役□□亀津へ差越候様申出候、

・同　廿九日　晴北

一今日四つ時分福定衆両黍見廻被召列差越候付、記氏富屋衆出席於会所に実禎相糺候得共不致白状、格護所預り被仰付候、

・同　晦日　晴北東

一今日於役所に御詰役皆様御下り、実禎御糺方被為在候得共、昨日同様不致白状、喜生と為致対決候処、弥実禎指図にて斤目相重候形に見得候得共、白状不致故役儀被差免庭□へ引出、割木の上取居御法の折檻

不足分だけは、御品物の取納めついでに掛渡す予定で、兼久嗳に来られた。なお、村で接待をした。

(朱書) お越しの途中富鮮宅にて茶を差上げ、斤量取共を取調べた経過を申上げたところ、それで宜しいとのお沙汰があった。

・二六日、今日兼久を御出立し、お供にて湾屋へ入られた。砂糖樽六五丁を掛渡し、引続き御取納めを済まされ、松原下湊の御見分として松原へお入りになった。そして、今回の斤目計り違いに付き、斤量取(係)の喜生と直豊を亀津へ明日連れて来るよう仰付けられた。三役で出かけることや諸事を話合ってそれぞれに帰った。もっとも私は岡前へ帰り、喜生を連れて行くことを恵郷へ申付け、直豊については福成へ義峯山衆より申付けられたのことである。

・二七日、今日前御館様が松原よりお帰りになったので、三役中も亀津へ出かけた。

・二八日、今朝、三役は一緒に御仮屋方へ参上し、掛渡し違いの一件をお詫び申上げたところ、与人と黍横目は担当地に帰り、私に斤量取共の取調役として亀津に残るよう仰付けられた。記喜美静衆と富屋衆と私三人で会所において、斤量取の喜生を糾したのところ、実禎の指図によって一丁につき一〇斤程多く呼んだこと(計った斤数に一〇斤を加算して読上げ記録させたであろう)を申出たので、黍見廻両人と横目役も亀津へ来るよう申出た。

・二九日、午前一〇時ごろ福定衆が両黍見廻を連れて来た。記氏と富屋衆も出席して会所で実禎を取調べたが白状しなかったので、格護所預りを命じられた。

・三〇日、今日は役所において御詰役全員も来られて、実禎を御取調べられたが、昨日同様白状しなかったので、喜生と対決させたところ、確かに実禎が指図して斤目を多くした形跡が見られた。しかし、白状しなかったため、詰役が役職を免じて庭前へ引出し割木の上に座らせて、御法の折檻をなされたが白状せず、今日も日暮となったので格護所へ囲い入れた。喜生も今日から格護所預りを仰付けられた。御代官様はお帰りになり、私もお暇をもらって帰った。なお、兼久村で聞取りをして証拠になるものがあれば、書面で提出するよう仰付けられた。

[解説]

三月二二日、圓通丸積込みの砂糖を計量したところ、兼久村の砂糖八〇〇丁の斤量が不足していることが発覚した。樽入れのとき一〇斤をごまかしていたのであろう。樽入れの計量係喜生が実禎(黍見廻役か)の指図で、一〇斤オーバーして秤の

被為在候得共不致白状、今日も日暮に相成格護所へ被召込候、喜生も今日より格護所預り被仰付候、左候て御代官様□□儀は御暇にて罷帰、尚亦兼久村聞合証拠に相成候儀有之候はば、書付を以申出候様被仰付候、

・四月朔日　晴南

一今日御仮屋方御暇廻いたし候処、昨日わんや湊成福丸御米六百石積下し御届相成、右一件に付御用有之候付、御座明の間可待居旨被仰付、御座明に付罷出候処、別段被仰渡者無之候間、早々罷帰成福丸積下り御米水揚ヵ候儀取計、尤岡前嗳へも拙者より問合越候様被仰付、夫より出立岡前へ帰る、

・同　二日　晴南、暮時分より大雨

一今日兼久へ差越三役出席黍見廻中召寄、黍草一件并残□□旁の□申渡候、両黍横目には黍草□□手分にて村々差入候、

（朱書）一実禎身近兼て心服のもの両人御用見合に付、亀津へ差遣候様、問合来□□差遣候、

・同　三日　晴南

一兼久村所役共召寄、実禎より喜生へ砂糖樽斤目掛出の頼いたしを承り候者無之哉相糺候処、終日喜生側より実禎儀不相放何と歟密事相語候者見候得共、何と言葉は不相分段申出、其訳記喜美静衆富屋衆へ申越候、

（朱書）昨今成福丸水揚方為相済候、尤両日とも差引方福定衆被出張候、

一明後五日三役中御座御用被仰渡、拙者には七つ時分より帰宅いたし候、

・同　四日　曇東

一今日四つ時分より出立、七つ時分亀津着、

・同　五日　半南

一今朝義峯山衆柳氏同道御仮屋方御見廻申上、朝飯仕廻にて役座へ出張候処、追々御座へ罷出、左の通り御褒詞被仰付候、

（朱書）喜念嗳見賦引入故、与人寄記喜美実衆物横目勇喜應衆両人儀は今日御用無

目盛を読上げ、記帳させていたのであった。その分、船積みの計量で不足していることが発覚したのであった。詰役の取調べは苛酷であった。割木攻めという悲惨なものである。二年前の為盛折檻の再現であった。それでも定禎は白状していない。

［文面］

・四月一日、御仮屋方にお暇ごいで廻ったところ、昨日湾屋湊に成福丸が御米六〇〇石を積んで来たという報告があり、右の件につき御用があるというので、御座の開くのを待っておれと仰付けられた。御座が開いたので参上したが、別段何も仰渡されなかったので、早々帰って成福丸の御米を陸揚げするよう取計らった。なお、岡前嗳へも私より問合せるよう仰付けられたので、それから出発し岡前へ帰った。

・二日、今日は兼久へ出向き、三役出席して黍見廻中を呼集め、黍草取りと残り砂糖の件を申渡した。両黍横目は黍草取りの指導のため、手分けして村々へ入った。

（朱書）実禎の身近で兼ねてから心服している者二人を見つけて、亀津へ遣わすよう問合せが来たので差遣わした。

・三日、兼久村の村役人を呼び集め、実禎が喜生へ砂糖樽の斤目掛けのとき（斤量をごまかすよう）依頼していなかったどうか、聞いた者がいないか調べたところ、終日喜生の側から実禎が離れず、何か密事を語っていたという者を見つけたが、何という言葉であったかは分からないと申出たので、そのことを記喜美静衆と富屋衆へも知らせておいた。

（朱書）昨日今日、成福丸の荷揚げが済んだ。二日とも差引方として福定衆が出張された。

明後五日、三役は御座で御用があると仰渡され、私は午後四時ごろ帰宅した。

・四日、午前一〇時ごろ出立、午後四時ごろ亀津着。

・五日、今朝義峯山衆・柳氏と一緒に御仮屋方を訪問し、朝食後役座へ出張し、次々と御座へ伺うと、左の通り御褒詞が仰付けられた。（朱書は略）

［解説］

定禎に関しては、「兼て心服」している身近な者二人を代官所へ出頭させ、定禎と喜生に疑わしい行動があったことなどを報告させている。定禎の糾明は引続き代官所で行われた。おそらく犬田布騒動の二の舞を避けるため、代官所で折檻を行ったのであろう。仲為日記はその残酷を「割木の上取御法の折檻」と記している。

なぜ、定禎は斤量をごまかしたことを白状しないのであろうか。おそらく定禎は死罪も覚悟の上で、己一人で藩の砂糖政策に立ち向かったのではなかったか。

之候、

（朱書）寅春兼久噯出来砂糖七拾万斤に相及、例外の出来増に付、
左の通御褒詞被仰付候、

兼久噯　與　人
惣横目
黍横目　中へ

右は島中当春出来砂糖の儀、惣内斤届四百九万斤余に及、御改革以来無比類増行、殊《ママ》に船の仕登方に付ても例年より速に相運候段、当時柄旁一段の御都に候、右に付ては去夏旱魃ぬり虫等の憂不少、別て及心配に居候処、畢竟掛役々御趣意厚相貫誠実に指揮行届日夜致精励候一筋に致関係、役々の美目至我々に令満足候条□□申渡置候通、此末黍草取手入等無油断諸下知相加、往年猶又一廉増行相成候様可致精勤候、左候て前文の形行委細可及言上候付、可得其意此段申渡置候条、砂糖方掛役中へも分て可申渡候、

寅四月五日
代官勤　近藤七郎左衛門

兼久噯
作人中へ

右は島中当春出来砂糖の儀、惣内斤届四百九万斤余に及、御改革已来未曾有の増行、当時柄一段の御都合に候、右に付ては去夏旱魃ぬり虫等の憂不少、別て及心配居候処、畢竟作人一統御趣意厚汲受、下知相守手入等行届致精作候一筋に致関係令満足条候条、此末黍地手入等無油断心掛、猶亦砂糖増行相成候様一涯可致精作候、此段□□與人前より屹と褒置候様申付候条、作人中へ無洩目可申渡候

寅四月五日
代官勤　近藤七郎左衛門

［文面］

（朱書）慶応二年春、兼久噯の砂糖生産が七〇万斤になり、例年にない増産となったので、左の通り御褒詞が仰付けられた。

〈噯三役への御褒詞〉

右は全島で今年春の砂糖生産が、内斤届の合計四〇九万斤余に及び、御改革（一八三〇年の天保改革）以来、比類なき増産となった。ことに砂糖積船の仕登方（大坂への輸送）についても例年より速に運んだことは、時期的に一段と都合がよかった。右については去年の旱魃やぬり虫等の被害も少なくなかったので、特に心配していたが、結局係の役々が御趣意を厚く貫き、指揮が行届いて日夜精励した一筋に関係し、役々の面目は我々を満足させるに至った。かねて申渡して置いた通り、これからも黍の草取り手入れ等油断なく諸下知を加え、今までより一層増産するよう精勤すべきである。そして、前文の成行きについては詳しく（藩庁へ）言上するので、その趣旨を理解し、砂糖係全役員へも特に伝達するよう命じる。

〈作人への御褒詞〉

右は全島で今年春の砂糖生産が、内斤届の合計四〇九万斤余に及び、御改革（一八三〇年の天保改革）以来、未曾有の増産となり、時期的に一段と都合がよかった。右については去年の旱魃やぬり虫等の被害も少なくなかったので、特に心配していたが、結局作人全員が御趣意を厚く汲取り島役の指導をよく守って、手入れ等行届いて精作した一途な働きは我々を満足させるに至った。これから先も黍地の手入れなど油断なく心がけ、なおまた、砂糖を増産するよう一層精作すべきである。この件、与人より褒め置くよう申付けるので、全作人へ洩れなく申渡すべきこと。

［解説］

慶応二寅（一八六六）年の徳之島糖産額は、結局四二一万二六四四斤となっている。寅年前後の道之島全体の産糖額を「南嶋雑集」で示すと、次のようになる。

- 元治元子年　一六四一万四九二七斤（徳之島三六二万七六六五斤）100%
- 慶応元丑年　一六〇七万八〇四四斤（徳之島三七七万三三八三斤）98%
- 慶応二寅年　一八〇六万九二〇七斤（徳之島四二一万二六四四斤）110%
- 慶応三卯年　一八〇三万一五三五斤（徳之島四四六万九七一八斤）109%
- 明治元辰年　一八六四万三一一五斤（徳之島四一三万七三九四斤）113%
- 明治二巳年　二四七二万七三三八斤（徳之島四六二万五六九二斤）150%

兼久噯　與人
惣横目
黍横目

・四月六日　曇南
一今日亀津出立、柳氏同道岡前へ帰、柳氏阿布木名へ差越候、
・同　七日　雨西
一今日山下先生相頼、遠島人居住人御赦免被仰付置候銘々の内、病気滞島亦は島居付願書相認候

口上覚

乍恐奉訴上候、私事安政七申二月、当島へ居住被仰付被差下兼久村配所被仰付相慎罷居申候処、元治元子年御赦免被仰付、難有仕合奉存則罷登候度奉存候得共、病気に有之乗船難叶滞島の御願申上候処、御免被仰付難有奉存、是迄養生方仕候得共、以今快気相成不申、乗船相叶躰無御座候
近比御繁多の砌重々恐至極奉存候へ共、島居付御免被仰付被下度奉願上候、左様御座候はば以御蔭得と養生方等仕、得快気安心仕度念願奉存候間、此等の趣成合候様被仰上可被下儀奉頼上候、以上

寅四月　　指宿十町村宮屋敷の
名頭與吉名子
袈裟市
川邊穢多村
名頭時吉善左衛門名子
時吉納助

（朱書）納助万延元年申遠島、元治元年子御赦免、

兼久村　掟
右次書略す

・明治三年年　一〇四二万七一九八斤（徳之島二一三万七二二二斤）63%

この推移から分かるように、薩摩藩はいよいよ討幕に向けた活動資金源を、道之島の黒砂糖増産に求めたのであった。元治元年の大坂蔵屋敷収支決算書によると砂糖収入は約三六万四〇〇〇両であった。そして、明治二年の藩内産物の売上によると、砂糖は約六一万五四〇〇両に増加しているのである。おそらく明治二年までの増産は徹底した藩役人の資金作り収奪によるものであったと考えられる。なぜなら、討幕が成功し明治維新が実現した翌三年には、大島において五回の台風襲来があったとしても、道之島全体で収穫高が六三%にまで落ち込んでしまったのは、収奪に対する反動であったと考えられるからである。

[文面]

・四月六日、亀津を出立し、柳氏と一緒に岡前へ帰る。柳氏は阿布木名へ出かけた。
・七日、山下先生に頼み、遠島人・居住人で御赦免を仰付けられた銘々の内、病気のため滞島、または島居付をする者の願書を認めた。
・口上覚 ～ 恐れながら訴え上げ奉ります。私事安政七（一八六〇）年二月、徳之島へ居住仰付けられて下島し、兼久村に配所され慎んでおりましたところ、元治元（一八六四）年御赦免仰付けられ、有難く幸せなことであり、すぐ鹿児島へ登ろうと考えましたが、病気にかかっていて乗船が出来ませんので、滞島のお願いを申上げましたところ、お許しいただき有難く存じ、これまで養生方に努めましたが、いまだに快復していないため、乗船が叶わない状態であります。近ごろ御繁多の折、重々恐縮至極に存じますが、島居付のご許可を下されますよう願い上げ奉ります。ご許可されましたら特に養生方に努め、元気になって安心したく念願しておりますので、このようになりますよう仰せ上げ下されますことを願い上げ奉ります。

[解説]

今回の島居住延長願いは袈裟市と時吉納助の二人分である。山下先生は二人の病気の診断をされたのであろう。先にあげた是枝医師は伊仙噯の担当のようであり、山下先生は兼久噯担当の医師として藩庁から派遣されていたのであろうか。
時吉は「穢多村」とあり、封建時代の身分制度維持のために犠牲になった被差別の民であった。道之島の人々も薩摩藩から名前や服装を差別制限されていたが、果して当時の島民は、時吉の身分差別について理解できたであろうか。

口上覚

乍恐奉訴上候、私事天保六未、居住被仰付被差下当部村配所被仰付相慎罷居申候処、元治二丑年御赦免被仰付、難有仕合奉存則罷登申度奉存候へ共、病気有之乗船難叶滞島の御願申上候処、御免被仰付難有奉存、是迄養生方仕候へ共、以今快気相成不申、乗船叶躰無御座候、依之近比御繁多の砌重々恐至極奉存候へ共、来卯春迄滞島御免被仰付度奉願上候、左様御座候はば以御蔭得と養生方等仕、来春便より罷登申度念願奉居候間、此等の趣成合候様被仰上可被下儀奉頼上候、以上、

寅四月　　　　　　　　江川十右衛門

御小姓與

島津安芸殿

(朱書）安政七申遠島、元治子年御恩赦　　家来新保金七

鹿児島上伊敷村福留門名頭休左衛門名子

亡太郎子札名勘兵衛当依科諸縣郡吉田水

流村吉元門名頭甚吉召仕

(朱書）弘化三年遠島、文久三年御赦免　　次良右衛門

長束十郎　家来

(朱書）安政七申年居住、慶応元丑年御赦免　　検見崎吉太郎

兼久村

当部村

瀬瀧村

掟衆

右書《ママ》略す

・四月八日　曇南東

・同　九日　右同

［文面］

・口上覚～恐れながら訴え上げ奉ります。私事天保六（一八三五）年、徳之島へ居住仰付けられて下島し、当部村に配所され慎んでおりましたところ、元治二（一八六五）年御赦免仰付けられ、有難く幸せなことであり、すぐ鹿児島へ上ろうと考えましたが、病気にかかっていて乗船が出来ませんので、滞島のお願いを申上げましたところ、お許しいただき有難く存じ、これまで養生方に努めましたが、いまだに快復していないため、乗船が叶わない状態であります。これにより近ごろ御繁多の折、重々恐縮至極に存じますが、来年春まで滞島のご許可を下されますよう願い上げ奉ります。そのようになりましたら、お蔭様をもって特に養生方に努め、来春の船便で帰りたいと念願しており、このようになりますよう仰せ上げ下さいますことを願い上げ奉ります。

［解説］

この口上覚の島居付許可願いは四名分になっている。四名の中で次良右衛門については、その前歴が詳しく記されている。彼の身分は百姓であり、元福留門《かど》の名子《なご》故太郎の子であったが、罪科により諸県《もろかた》郡（現宮崎県）吉元門《かど》の名頭《みょうず》が預かっていた者であったが、さらに罪を重ねて徳之島に遠島されて来たようである。

［薩摩藩の門割制度］

門《かど》・名子《なご》・名頭《みょうず》は、薩摩藩独特の門割《かどわり》制度に関する用語である。この門割制度について『鹿児島大百科辞典』は「薩隅日三州には一〇〇余の郷《ごう》に分けられ、郷が数村に、村が数十門《かど》に分けられる。門は長たる名頭《みょうず》と名子《なご》の家部《かぶ》よりなり、五家部前後が多い。門はふつう二〇～四〇石の門高《かどだか》を配分される。藩は年貢・賦役を門を単位に課し、責任者は名頭である。屋敷も門と同様な構造で、門・屋敷と併称される」と記している。そして、この門《かど》は地方（郷《ごう》）に居住している武士（郷士《ごうし》という）の支配監視を受けていたのであった。このように薩摩藩の門割制度は農村を地方武士が支配する巧妙な組織であったが、この支配政策は道之島には適応されなかった。『鹿児島県の地名』（平凡社刊）は「享保内検時までには島民を鹿児島藩と同じく門割制度に編入しようとしており、その証拠が享保内検の竿次帳にも名頭・名子という肩書で残されている」（同書七〇頁）と述べているが、これは用語のみの借用にしか過ぎなかったのである。結局、道之島では門割制度が導入されなかったことによって、債務下人（家人《やんちゅう》）を抱える豪農が出現したのである。

一今日用事に付湾屋番所へ差越候、
・同　十日　晴南
一今日兼久役所へ差越、此節難有被仰付御褒詞、横目役中諸役中并作人中へ不洩様可申渡旨申渡候、
・同　十一日　晴南
一今日内用に付、湾屋番所へ差越候、
・同　十二日　晴南
一今日牛馬荷作方として湾屋へ差越候、
・同　十三日　曇南
一今日も御蔵出張、牛馬皮荷作方為相済候、

（朱書）今日西目様亀津御出立、岡前方御蔵へ盛福丸積下り御米御取納方の筋被仰渡置候得共、朝雨模様□有之御越無之候、
・同　十四日　雨西
□□□□牛馬皮算当書
□□□□□賦候得共、雨天故無其儀、

砂糖入小樽四拾五挺（注・この下に「十」と「カ」を組合せた符号がある）
但皆掛三拾斤以下、御国許御改相済候上、滞国仕居候仲祐へ御渡方奉願候、

内拾挺　仲為
壱丁　福光
壱丁　佐恵美
壱丁　都與為
壱丁　岩元
壱丁　為基
壱丁　前徳

（線と文字朱書）
此朱糸掛銘々方より貰得、尤左は銘々壱丁つつ貰得置、拙者より方々へ呉渡候、
益実・義静・義美屋・福春
左和寛、右五枚貰置候

［文面］
・四月九日、今日は用事があり、湾屋番所へ出かけた。
・一〇日、今日は兼久役所へ出勤。この節の有難い仰付けの御褒詞を、横目役と諸役全員、並びに全作人へ洩れなく申渡すよう連絡した。
・一一日、内々の用事につき、湾屋番所へ出かけた。
・一二日、今日は牛馬皮の荷作りのため湾屋へ出かけた。
・一三日、今日も御蔵に出張し、牛馬皮の荷作りを済ませた。
（朱書）今日西目様が亀津を御出立し、岡前の御蔵へ寶福丸が積んできた御米を御取納めるとの連絡があったが、朝雨模様のためお越しならなかった。
・一四日、牛馬皮の報告書の作成。
・（砂糖小樽積込の件）
砂糖入小樽四五挺
ただし一挺の斤数三〇斤以下。国許で検査が済んだら、鹿児島滞在中の仲祐にお渡し願います。

（朱書）この朱糸掛（一〇挺の仲為から一丁の直生まで）は、銘々から貰ったものである。それぞれから一挺ずつ貰って、私が方々へ渡すものである。益実等五名から五枚を貰った。

（朱書）朱糸掛（二丁の勇喜應から三丁の福喜祐まで）の名前の二一丁は喜念嗳の役々に許可された小樽であるが、今春の砂糖生産が見積より一〇万斤減少したので差止めとなり、私が代りに送ることを願い出たところ、許可されたものである。

（丁数と氏名は省略）

右（砂糖小樽四五挺）は御許可の丁数小樽の内、湾屋に停泊中の自福丸沖舟頭田良浦の勘次郎船より鹿児島に送りたいと申出できたので、津口通御手形をお許しいただくよう、仰上げ下さいますよう願い奉ります。

［解説］
小樽については、四五ページでその概要を述べたが、この日記によると、仲為は他の島役人から貰い受けて四五丁の小樽を鹿児島に送っている。惣横目本人の許可数は一六挺（沖永良部島の場合）であった事から考えると、四五丁は個人の仕登せとしては多すぎる。後半の二一丁は喜念嗳分を補填したといい、仲為が自分の正余計糖からこれだけの小樽を作り、鹿児島滞在中の息子（養子）仲祐に送ったものと考えられる。なぜ、仲為はこれだけの音信用小樽を送ることが出来たのであろうか。

壱丁　嘉知美
四丁　福　哉
壱丁　宮祐喜
壱丁　直　祐
壱丁　直　生
弐丁　勇喜應
三丁　左知幸
弐丁　清　富
壱丁　栄福喜
壱丁　鼎　圓
弐丁　喜祐直
壱丁　資　山
弐丁　嘉鼎祐
三丁　資　徳
壱丁　嘉鼎保
三丁　福喜祐

（線と文字朱書）
朱糸掛弐拾壱丁の名前喜念曖役々方御免丁数小樽の儀、当春見賦砂糖拾万斤余引入故、仕登御差留に付、私より仕登方願出候処、弐拾壱丁御免被仰付候、

右は御免丁数小樽の内、湾屋居舟自福丸沖舟頭田良浦の勘次郎船より仕登仕度段申出候間、津口通御手形御免被仰付被下候様被仰上可被下候儀奉願頼候、以上、

寅四月　　与人
為基印

月番
御附役様

口上覚

乍恐奉訴上候、私事天保九戊閏四月遠島被仰付罷下り相慎罷居申候処、嘉永二酉正月御恩赦にて御赦免被仰渡、難有早速罷登申筈の処、病気煩居乗舟仕体無御座故、滞島奉願養生仕候得共快方無御座、年々御面働筋奉掛上候儀恐入奉存、嘉永六丑年島居付奉願候処、御免被

四五挺の内一〇挺しか仲為分はなかったのである。残り三五挺は二二名から貰い受けたり、名義を借りたりして鹿児島に送っている。この年は惣横目にも一〇挺しか許可されなかったのかも知れないのであり、そのような中で、仲為一人が砂糖小樽四五挺も集め、これを与人に申出て、与人は承知した上で津口通手形の許可を申請している。しかも、仲為は四五挺を「滞国仕居候仲祐へ御渡方奉願候」と船頭に依頼している。このような手順は通常のやり方では出来ない筈である。おそらく、詰役も了承していて、船頭は小樽四五挺（約一二〇〇斤）を鹿児島の仲祐に届けたものと考えられる。

鹿児島で仲祐は西郷家に寄食し、勉学に励んでいた。したがって、これらの砂糖小樽は西郷家に届けられたことになる。当時、西郷家は薩摩藩にとって最大の軍功家であり、討幕活動にまい進する西郷隆盛の留守の間でも、道之島の親族や友人知人からの贈物は、絶えなかったものと考えられる。むしろ、詰役や藩庁でも特別に便宜を図っていたのではなかったか。

時には島から送る砂糖小樽が、茶や昆布の購入費用となることもあった。与論島の猿渡家文書には、次のような記録が残されている。

丑（慶応元年）閏五月十九日仕出
一書状壱通　一砂糖入小樽弐挺　但実喜美出来砂糖にて入付進上仕候、
右の通当春住栄丸船頭森蔵相頼差登置候、
一同壱挺　正味弐拾四斤
右は葉昆布御下し方御願として、実喜美より差登置候事、

[文面]
・口上覚 ~ 私は天保九（一八三八）年四月、徳之島に遠島を命じられました。嘉永二（一八四九）年には御赦免となりましたが、病気のため滞島を許され養生してまいりましたが快方しないため、嘉永六（一八五三）年島居付を願い出て許されました。これまで養生に努めお蔭で快方しましたので、帰国をお許しいただきたく願い奉ります。お許しいただければ来春（一八六七年）帰国して、亡父の墓参と存命中の母に孝養したいと念願しておりますので、上申下さいますよう頼み奉ります。（要約）

仰付難有奉存、是迄得と養生仕候処、以御蔭寸切と快方仕難有仕合奉存候、依之御繁多の砌重々恐至極奉存候得共、何卒帰国御免被仰付被下度奉願候、左様御座候はば、来卯春罷登先祖并亡父墓参り、且存母へ孝養仕度念願奉存候間、此等の趣成合候様被仰上可被下儀奉頼候、以上、

高城郡高城郷士
寅四月　山内五兵衛弟当分
山岡斎宮家来
本名次助本山門名字の《ママ》
勘左衛門

阿木名村
掟衆

右掟次書并与人物横目次書略す

・四月十五日　曇南
・同　十六日　晴北
一西目様今日亀津御出立、四つ過時分湾屋御着、双方御蔵へ盛福丸積下り御米御取納方有之候、
・同　十七日　雨北
一今日西目間切配当被仰付候、
(朱書)一今日弁天丸御米七百石余積入平土野湊へ着□いたし候、
・同　十八日　晴北
一今日岡前方出砂糖自福丸へ掛渡并弁天丸積下り御米水揚御取納方有之候、尤自福丸弐万斤掛方八つ時分済、
・同　十九日　晴北
一今日双方御蔵御取納并御蔵払方為済松原御差入、尤松原村砂糖永保丸

『大島規模帳』の流人規定

口上覚を願い出た勘左衛門の徳之島滞在は、実に三〇年に及んでいる。在島中の流罪人に関する規定が、「大島規模帳」に次のように記されている。(要約)

一、流人が勝手に島内を徘徊しないよう、指図した所に居ることを島役人は厳しく申付け、もし、気ままで島内の妨げになる場合は鹿児島へ報告すること。
一、赦免の者が帰国するときは乗り遅れないように乗船させ、順風次第出帆させること。
一、遠流の者が鍛冶を頼み、山鎌や山刀を作製させ、葛巻きの鞘を拵えて使っているとのことであるが、流人は刀属類を使用してはならない。もっとも、稼ぎのためには農具として包丁類は必要なものであるが、山鎌など所持しているときは、これを取上げ、以後違反しないよう厳しく申付けておくこと。
一、流罪人が病死したときは、代官は詳細な報告書を月番御用人へ提出すること。
一、死亡後の諸道具は島にて入札売却し、その代米を鹿児島に送ること。
一、船頭は流罪人から書状や預かり物、又は伝言を受取ってはならない。

[文面]

・四月一六日、西目様が亀津を御出立し、午前一〇時ごろ湾屋に着かれた。双方の御蔵へ盛福丸が積んできた御米を御取納められた。
・一七日、西目間切に配当が仰付けられた。
(朱書)今日弁天丸が御米七〇〇石余を積入れて平土野へ到着した。
・一八日、岡前方の砂糖を自福丸へ計量し積込んだ。また、弁天丸積下りの御米を陸揚げし御取納めた。なお、自福丸へは二万斤を積込み、午後二時ごろ終った。
・一九日、今日は双方の御蔵へ御取納め、並びに御蔵払方を済まされて松原に入られた。なお、松原村では砂糖の永保丸掛渡しは島役が行ない、松原と与名間両村の分は午後二時ごろまで済まされたとのこと。
(朱書)今日は許可になった砂糖丁数小樽を自福丸へ積入れ、さらに、仲祐の続料としての米も積入れ、その証書を受取った。

[解説]

鹿児島の仲祐に送る四五挺の砂糖小樽と生活費などの米も自福丸に積込んでいる。

へ掛渡方島役々迄にて、松原・与名間両村八つ時分迄相被済候由、
（朱書）今日御免丁数小樽自福丸へ積入方并仲祐続料米積入方いたし請取り取入候、

・同　廿日　晴北

一今日西目様松原御出立、手々村砂糖掛渡方御越、

一今日三興丸御米四百五拾五石余積入平土野湊へ入津、右に付直に平土野へ水揚いたし候様被仰渡、得と役々中及評議候処、砂糖蔵へ米取納別て掛念、其上新米に付何れ御囲不相成候て不叶米柄にて、砂糖蔵へ囲方相調間敷との儀に付、佐恵美衆手々へ右伺方被差越候処、役々中吟味尤の事候に付、湾屋へ水揚方為致候様被仰付、七つ時分被罷帰、夫より橋舟三盃ヵわんやへ小廻相成候、尤拙者平土野番所泊り、

・同　廿一日　晴北

一今日未明より御取納方有之、七つ時分迄相済、直に西目様御帰館、兼久方御蔵の儀は御切封迄□、書役勤徳孫我等相対立会□切封いたし候様被仰付、我が様岡前方□直に御帰り被為在候、

・四月廿二日　晴東

一只今伊静より承には、明日御代官様糸木名村御通掛御見分にて、直に崎原村へ御差入の段承候付間、福世喜衆には早々阿木名村へ被差入、彼方御都合向為御知可給候、此旨早々及問合候、以上

同　与人

四月廿二日

兼久嗳

惣横目

黍横目

・同　廿三日　晴東

一今日御代官様亀津御出立にて糸木名村御通掛、崎原村御差入新黍地御見分、

【文面】

・四月二〇日、西目様が松原を御出立、手々村の砂糖掛渡方としてお越しになった。

今日、三興丸が御米四五五石余を積入れて平土野湊へ入港した。右に付き直ちに平土野へ荷揚げするよう仰渡されたが、よくよく役々中で評議したところ、砂糖蔵へ米を保管することはとても心配なことであり、その上、新米のためいずれは（非常用の）御囲米にしなければならない米であり、砂糖蔵で保管することは適切ではないという結論になり、佐恵美衆を手々に伺いのため遣わしたところ、役々中で吟味したことはもっともなことであり、湾屋へ水揚して保管するよう仰付けられて、午後四時ごろ帰ってきた。それから橋舟（伝馬船）三艘を湾屋に廻した。なお、私は平土野番所に泊った。

・二一日、未明より御取納めを行い、午後四時ごろまでに済んだ。直ちに西目様はお帰りになった。兼久方御蔵については切封（封印）までされた。書役勤の徳孫と我等が立会って切封をするよう仰付けられた。我が様〈初出・岡前嗳の与人か〉は岡前へ直ちにお帰りなられた。

・二二日、ただ今、伊静より承るには、明日御代官様が糸木名村をお通りがけ、御見分のため直ちに崎原村へ来られるといい、福世喜衆が早々阿木名村へ行かれるので、ご都合向きをお知らせ下さるよう、この旨急ぎ照会します。（通知文）

・二三日、今日、御代官様が亀津御出立して、糸木名村をお通りがけ、崎原村に来られて新黍地の検査をされた。

【詰役の島内巡廻・廻島】

近藤代官は四月二四日から二八日にかけて兼久嗳の村々を巡廻し、新黍地の見分を行っている。この巡廻を廻島といい、代官は在任中に全島を廻って村々の実地検分しなければならなかった。この廻島は、迎える側の島役人にとっては、重大な接待行事であった。特に、黍畑の手入れは彼等の評価につながり、昇進に影響したのである。そして、宿泊に伴う朝夕の接待には、大変な気遣いともてなしをしたはずであるが、『仲為日記』にはその様子は記されていない。『大島要文集』には、次のような規定が定められている。

一代官島廻リノ時分、百姓ヨリ野菜肴油酢出候由、向後無用ノ事。附徒ニ夫ヲ過分ニ相集召仕、水夫マデ入申ノ由候、同前ニ無用之事、

・同　廿四日　晴東
一今日未明出立崎原村へ差越御見廻申上、夫より三役阿木名地境あら田へ待上居候処、四つ過時分小島為御済御越有之、夫より三手分けにて阿木名村新黍地昼過時分迄相済候事、
・同　廿五日　曇東
一今日阿木名御出立、瀬瀧村新黍地御見分、御手分にて相済候、
・同　廿六日　曇東
一今日瀬瀧御出立、当部村へ御差入、福嘉美衆新屋敷御見分并同村新黍地母間入作同断、当部御泊り、
・同　廿七日　曇東
一今日当部御出立、御手分けにて大つ川御通掛兼久村新黍地御見分相済候、
・同　廿八日　曇東南
一今日兼久村御出立、平土野へ御越湊御見分并御蔵平土野へ引寄御見分、掛渡樽津下場普請御見分等にて、阿布木名新黍地御見分為御済、御蔵へ暫御休息、夫より松原下湊御見分御越候付、柳氏我等御供にて差越、七つ時分阿布木名へ御帰、
・同　廿九日　晴南
一今日大つ川西目間切御定式配当、兼久方御蔵より配当御払并諸御手形米御払、
・五月朔日　晴沖西
一今日亀津面縄間切前条同断、岡前方御蔵より御払有之候、
・同　二日　雨天西
一今日秋利神出砂糖掛渡の賦候処、雨天にて御休み、
・同　三日　雨西
一今日も同断、

[文面]

・四月二四日、未明に出立して崎原村へ行き、お伺い申上げ、それより三役阿木名村境のあら田で待っていたところ、午前一〇時ごろ小島を済されてお越しになった。それから三手に分かれて、阿木名村の新黍地の検分を昼過ぎまでに終了した。
・二五日、阿木名を出立され、瀬瀧村の新黍地を御見分。手分けして済ませた。
・二六日、瀬瀧村を御出立、当部村へ入られた。福嘉美衆の新屋敷を御見分し、また、同村の新黍地と母間の入作地の黍地を見分され、当部村にお泊りになった。
・二七日、当部を御出立。手分けして大津川を通りがけに、兼久村の新黍地御見分を済まされた。
・二八日、今日は兼久村を御出立、平土野へ来られて湊を御見分。また、御蔵の平土野取寄せを検討され、掛渡（船積み）の樽の置き場も実際に見分され、阿布木名村新黍地の調査を終えて、御蔵でしばらくご休息した。それより松原下湊の御見分に行かれたので、柳氏と我等がお供して出かけ、午後四時ごろ、阿布木名へお帰りになった。
・二九日、大津川と西目間切へ御定式糖の代米を兼久方御蔵から配当され、また、諸手形の米も支払いされた。
・五月一日、今日は亀津と面縄間切の代米を前条と同じく、岡前方の御蔵よりお支払いがあった。
・二日、今日は秋利神から積出しの砂糖を掛渡す予定であったが、雨天のためにお休みになった。
・三日、今日も同断。

[解説]

近藤代官の今回行った新黍地検分の廻島を要約すると、次のようになる。
・二三日　亀津噯崎原の新黍地を検分し宿泊。〈崎原と小島は亀津噯の飛地である〉
・二四日　亀津噯小島と兼久噯阿木名の新黍地検分を終了し、阿木名に宿泊。
・二五日　兼久噯瀬瀧の新黍地を検分し、瀬瀧に宿泊。
・二六日　兼久噯当部の新黍地検分と母間の入作黍地の検分を行い、当部に宿泊。
・二七日　兼久噯の大津川と兼久の新黍地検分。兼久に宿泊。
・二八日　平土野湊と兼久噯阿布木名の新黍地検分を終え、さらに、岡前噯の松原下湊の検分に出かけ、阿布木名に帰ってきて宿泊。（その後の記載なし）

・同　四日　晴あなせ

一今日盛福丸掛渡、残三万斤余平土野より掛渡、昼時分より御帰館、御供義峯山衆柳氏被差越、拙者帰宅、尤三興丸より板并杉丸太買入、人数割左の通、

一丸太引割弐本代八斗
　内壱本　代　三斗五升　藤盛
　壱本　代　四斗五升　仲為
一板拾枚代八斗五升
　内弐枚　代米　壱斗七升　仲為
　弐枚　代米　壱斗七升　田実徳
　三枚　代同　弐斗五升五合　時應
　壱枚　代　八升五合　福光
　壱枚　代　八升五合　恵柳
　壱枚　代　八升五合　福成
　〆拾枚
右代米引払左の通
一米壱石六斗五升
　但丸太并板拾枚代
右の払
　壱石四斗　藤盛
　真米四俵　仲為
　壱斗七升　田実徳
　八升五合つつ　福光
　弐斗五升五合　福成
　恵柳
壱石八斗弐升五合

〔文面〕

・五月四日、今日盛福丸に残りの砂糖三万斤余を平土野より掛渡し、昼時分にご帰館になった。お供として義峯山衆と柳氏が行かれ、私は帰宅した。なお、三興丸より板と杉丸太を買入れた。代米の人数割は左の通り。

杉丸太二本の代米　八斗　（藤盛・仲為が買入）
板　一〇枚の代米　八斗五升（仲為・田実徳・時應・福光・恵柳・福成が買入）
合計代米　一石六斗五升
右代米の支払
藤盛の払代米　一石四斗　（仲為が真米四俵で請負ったか）
田実徳の払代米　一斗七升
三人の払代米　二斗五升五合
合計払代米　一石八斗二升五合
差引残りの代米　一斗七升五合（内一斗三升は鰹節代として支払う）

〔解説〕

杉丸太と板の買入代米が、個人宛支払代米の合計と一致していない。むしろ、過分に個人が支払ったことになっている。しかも、藤盛は丸太だけを買入れているのに、支払代米は仲為分の丸太・板代と時應分の板代も支払い、その上、一斗七升五合もオーバーしている。さらに、このオーバー分は鰹節の買入れに廻されている。このような支払いは、全員が了解した上で計算されたはずであり、結局、仲為が真米四俵でその大半を請負った形になっているようである。

〔板の買入れ〕

藤盛や仲為が購入した杉丸太や板は、三興丸が販売するために積込んできた品物であろうが、このような形で取引できたということは、厳しい売買禁止体制の中でも島役人の名義があれば、可能であった証拠となるが、果してこの他にも事例があるかどうか、今後の課題としたい。

板の価格は県史の「諸品代糖表」によれば、次のようになる。（大島の場合）

・七歩板　代糖五〇斤（文政一三年）　代米一斗五升（砂糖一斤米三合替の場合）
（一間）　四五斤（天保六年）　一斗三升五合
・四歩板　二五斤（文政一三年）　七升五合
（一間）　二〇斤（天保三年）　六升

差引壱斗七升五合過
　内壱斗三升　鰹節代
・五月五日　曇東
・同　六日　同南
一山下喜衛殿相頼、大和認方いたし候、
・同　七日　雨南
・同　八日　同
・同　九日　晴南
一今日実誠衆御懐さま死去弔に差越候、
・五月十日　晴南
一昨日義峯山衆東より被帰、段々談合致儀有之付、平土野へ出張候様申来差越、終日於番所御用談いたし、暮時分帰宅、
・同　十一日　右同
一今日井之川御蔵より兼久嗳村々前代大豆配当被仰付候、
・同　十二日　右同
（朱書）一明日西目様亀津御出立、浅間へ御差入の段被仰渡候、
・同　十三日　右同
一今日西目様亀津御出立、湾屋へ御差入両御蔵より御米払の段被仰渡、湾屋へ出張候処、殊の外波立と相成、居舟盛福丸難儀に付、阿布木名村へ村役中出張候様申遣相待居候処、九つ過時分西目様御越有之、直に砂糖樽卸方取付候処、追々平和の向に相成、船頭共より樽卸方及間敷申出、大鐘時分より西目様御引取浅間御宿へ御帰り候処、暮時分より以の外大浪起り立、亦々卸方取付其段御届申上卸方いたし居候処、追々西目様にも御出張、然処漸々平引強橋舟通融不相調卸方取止、同夜西目様始西目間切役々中夫人に至迄、津畑へ起通いたし居候得共、益々浪立強砂糖樽卸不相調、空津畑へ出張居候事、

[物品の価格・諸品代糖表]（『近世奄美の支配と社会』一七九・八〇ページ参照）

薩摩藩は道之島に貨幣の使用を禁止し、砂糖で取引させた。仲為や藤盛が買った板と丸太は米で支払っているが、これは特殊な事例であろうか。薩摩藩は天保六（一八三五）年、諸品の価格代糖を定めた。ここでは、先にあげた七歩（分）板・四歩（分）板以外の主な物品の代糖をあげておこう。なお、この価格（代糖）は天保六（一八三五）年に定められたものである。

品目	代糖額	品目	代糖額	品目	代糖額
米三合	砂糖一斤	昆布一斤	砂糖三斤	素麺百匁	砂糖三斤
酒一升	二八斤	種油一升	二八斤	蝋燭一斤	二〇斤
一寸釘百本	二斤	大豆二斗八升	九三斤	煙草包丁一刃	一八斤
白木綿一反	四〇斤	張傘一本	一六斤	斧一挺大	三五斤
煙草上一斤	二〇斤	煙草中一斤	一八斤	煙草下一斤	八斤
鰹節百匁	一〇斤	煎茶一〇斤入	二五〇斤	塩一俵	一二斤
百田紙一束	二八斤	半切紙一束	二八斤	焼酎甑一個	一六〇斤
繰綿一本（三九斤）	一五〇〇斤余				

これらのうち米・種油・木綿の代糖を大坂相場（天保二年）で比較すると
・米は約四倍高い（大坂で米一石＝砂糖七九斤、島では一石＝砂糖三三三斤）
・種油は約一一倍高い（大坂で油一石＝二四三斤、島では一石＝二八〇〇斤）
・木綿は約七．六倍高い（大坂で一反＝五．二斤、島では一反＝四〇斤）
となり、四〜一一倍高くなっていて、その分藩財政の増収となっていたのである。

[文面]（五月五日〜一二日の分は省略）

・五月一三日、西目様が亀津御出立、湾屋へ来られ両御蔵より御米払いの件を仰渡され、湾屋へ出張したが、殊の外波が荒く、停泊中の盛福丸も困っていて、阿布木名村へ島役全員に出張するよう申遣わして待っていたところ、午後二時ごろ西目様が来られた。直ぐ砂糖樽の降ろし作業に取り掛かったが、段々波もおさまり、船頭達から樽を降ろす必要はないとの申出があったので、夕方には西目様は浅間の御宿へ帰られた。ところが、暮時分より思いのほかに大浪がおこり、また樽降ろしの件を連絡して作業していると、追って西目様も来られた。しかし段々と波が強くなり、橋舟も通えなくなったので中止した。夜は西目様と間切役や人夫全員が海岸で起きていたが、ますます強くなり作業も出来ず、空しく海岸で待つだけであった。

・五月十四日　曇南風時化
一今日も夫人出揃、西目様始役々中津畑へ出張居候得共、益々波高く成立、終に八つ時分には取碇艫綱払切、北の方瀬涯打掛致破舟、柳氏亀津へ被差遣候、左候て明日少し波和き候はば、為致水入沈砂糖取揚方に付、水入共為出揃候様被仰付申渡候、
・同　十五日　晴西あなせ
一今日より殊の外平和相成、然処亀津より前御仮屋様富屋衆被召列、東間切水入人数被列越、沈砂糖取揚方并直に焚直し方取付候、
・同　十六日　晴北
一今日迄取揚焚上相済候、
・同　十七日　晴東
一今日前御仮屋様には岡前嗳井之川嗳岡前方御蔵より配当、西目様には秋利神出砂糖并弁天丸三興丸へ掛渡方御越、拙者には両艘底見いたし、昼時分秋利神へ橋舟より参着、七つ時分迄掛渡方相済、西目様陸道馬上より浅間へ御帰り、拙者には橋舟より平土野へ帰り番所泊り、
・同　十八日　晴南
一今日平土野出砂糖三興丸弁天丸住恵丸三艘向へ七つ時分掛渡相済候、御頭様浅間へ御帰拙者御供、
(朱書) 一今晩岡前へ帰宅、
・五月十九日　晴南
一今日於湾屋に破舟盛福丸より取揚砂糖、弁天丸三興丸へ掛渡方八つ後迄相済、夫より間切中取会於湾屋川原に牛突合相企候、
(朱書) 今晩帰宅、尤今朝早出立、浅間へ差越御見廻申上直に兼久方御蔵へ差越候、
・　同廿日　晴南
一今日亀津嗳兼久嗳兼久方御蔵より配当并諸手形払に付四つ時分より御出張、配当米の分御蔵出、岡前方御蔵へ面縄間切配当并諸御払方、兼

[文面]

・五月一四日、今日も人夫が出揃い、西目様や役々も海岸へ出向いたけれども、益々波は高くなり、ついに午後二時ごろには盛福丸の碇が切れ、艫綱も切り払われて流され、北の方の瀬際に打ち上げられて破船してしまったので、(報告のため)柳氏を亀津へ遣わされた。こうして、明日は少しでも波が和らいだら、海中に沈んでしまった砂糖の取揚げを行うので、潜水できる者を揃えるよう仰付けらた。
・一五日、今日から思いのほか波が穏やかになった。そして、亀津からは前御仮屋様が富屋衆を伴い、東間切の潜水できる人数を引き連れ来られて、沈んでいる砂糖の取揚げを行い、直ちに焚直しに取掛かった。
・一六日、今日まで取揚げた砂糖の焚上げを済ました。
・一七日、今日、前御仮屋様が岡前嗳と井之川嗳に対して岡前方の御蔵より配当を行い、西目様には秋利神出しの砂糖を弁天丸と三興丸へ掛渡すために来られた。私は二艘の検査(底見)を行うため、昼時分に秋利神へ橋舟(伝馬船)で参着した。午後四時ごろまでに掛渡方が済み、西目様は陸路を馬で浅間へ帰られ、私は橋舟で平土野へ帰り番所に泊った。
・一八日、平土野積出しの砂糖を三興丸・弁天丸・住恵丸の三艘に運び、午後四時ごろ掛渡しが済んだ。御頭様は浅間へお帰りになり、私がお供した。
(朱書) 今晩岡前へ帰宅した。
・一九日、湾屋において破船した盛福丸より取揚げた砂糖を、弁天丸と三興丸へ掛渡し、午後二時ごろまでに終った。それから間切中の取組みとして湾屋川原にて闘牛を行った。
(朱書) 今晩帰宅し、もっとも今朝早出立した。浅間へ行って御見舞申上げ、直ちに兼久方の御蔵へ出勤した。
・二〇日、亀津嗳と兼久嗳への配当を兼久方御蔵より行い、諸手形払いのために午前一〇時ごろ(御頭様が)出張されてきた。配当米の御蔵出しは岡前方御蔵へ変更し、面縄間切の配当米と諸御払方は兼久方御蔵から行い、午後四時ごろまでに諸払いを済まされた。御切封紙まで申請け、書役が立会って切封(封印)を行い、報告は岡前方御蔵の三役が出かけて申上げた。
(朱書) 一今朝、岡前を出立し、浅間から(御頭様を)お供して湾屋へ行き、橋舟で兼久方へお供申上げた。

久方の儀は七つ時分迄諸払為相済、御切封紙迄申請、書役相対致切封御届方岡前方御蔵、三役差越御届申上候、
（朱書）一今朝岡前出立、浅間へ御先御供にて湾屋へ差越、橋舟より兼久方へ御供申上候、
・同　廿一日　晴南
一今日西目様浅間村黍作御見分にて岡前村差入、私宅へ御宿付にて御迎等申上候、
（朱書）今朝浅間迄御見廻差越候、
・同　廿二日　晴南
一今日西目様岡前御出立、松原・与名間・手々・金見御掛通し山村へ御差入、拙者には大和取しらべ方并付届荷作方いたし候、尤住恵丸出帆、
（朱書）先日盛福丸沈舟の節、積入樽卸方并何歟衆に抽相働候もの書出候様被仰付、嶺安□□悦順書出し候、
・同　廿三日　晴南
一今日付届用荷物積入方平土野へ差越弁天丸へ積入安祐へ引渡し、船頭請書取入同人へ相渡、暮時分帰宅、
・同　廿四日　晴南
一弁天丸三興丸筋舟に付本船大島へ相迦《ママ》し、船頭儀御用済□□板付舟より大島へ差渡候付、右両艘早々□□出帆候様被仰渡、明日は□□為致出張候様、佐恵美衆へ拙宅にて申談平土野へ被差越候、
・五月廿五日　晴南
一今日平土野へ差越、義峯山衆柳氏在合御用談いたし候、尤今日前条出帆、
一秋徳村配所善太郎と申もの瀬瀧中宿いたし居、段々妨に相成候段村役共より申出、然共右もの御赦免被仰付置候ものの由にて、前条両船頭便より差登候様、可被取計旨、才領に付候て亀津嗳与人惣横目方へ申

［文面］

・五月二一日、今日西目様が浅間村の黍作御見分のため岡前村に入られ、私宅へ宿をとられるとのことでお迎えなど申上げた。
（朱書）今朝、浅間まで挨拶に出かけた。
・二二日、西目様は岡前を御出立され、松原・与名間・手々・金見を通って、山村へ入られた。私は大和の遠島人の取調べと付届用（鹿児島への土産か）の荷作りを行った。なお、住恵丸が出帆した。
（朱書）先日盛福丸が沈没したときに、積入樽を降ろしたり、他の作業で人並み以上に働いた者の名を報告するよう仰付けられたので、嶺安・□□・悦順を報告した。
・二三日、付届用の荷物を積込むために平土野へ行き、弁天丸へ積入れた。荷物を安祐（弁天丸で鹿児島に上国か）へ引渡し、船頭の請書を貰って同人へ渡して、暮時分に帰宅した。
・二四日、弁天丸と三興丸は筋舟（島伝いに航行する船か）につき、大島へ廻送するようにして、船頭は御用が済み次第、板付舟で大島へ渡るようにし、両船を早々大島向け出帆させるよう仰渡された。明日□□を出張させるようにして、佐恵美衆と拙宅で話し合い、平土野へ出かけた。
・二五日、今日、平土野へ出かけ、義峯山衆や柳氏と会っていろいろと相談した。なお、弁天丸と三興丸が今日出帆した。
・秋徳村へ配所の善太郎と申す者、瀬瀧に中宿（一時滞留）しているが、段々と村の妨げ（問題）になっていると村役から申し出があった。しかし、善太郎は御赦免になった者であるとのこと、前条の弁天丸・三興丸便で鹿児島に登るよう、取計らい処理したので、亀津嗳の与人と惣横目方へお知らせした。
（朱書）亀津嗳の惣横目から、瀬瀧村の言い分を糾した上で処置したいとの申出があったが、それでは却って面倒なことになるので、津口通手形を差出させて鹿児島に送るようにしたことを連絡した。

［解説］

五月一四日、盛福丸が遭難沈没した。積荷の砂糖も海中に没し、その引揚げ作業と、砂糖の焚き直しが行われた。盛福丸は四月一日、湾屋に米六〇〇石を積んできた船である。上り便で砂糖を積み風待ちしていたのであろうか。遭難時の作業にあって特に働いた人を調べて報告するように命じられている。

越候事、

（朱書）本文せたきもの共糺方ヵの上取計度、亀津噯惣横目方より申来り候付、左候はば却て面働筋にも相成候付、津口通為差出差登候様申越候事、

・同　廿六日　晴南

一今日台所崩方いたし候、

・同　廿七日　晴沖西

・同　廿八日　晴南

一今日兼久噯中於平土野に仕廻祝いたし候、

・同　廿九日　晴南

写

一来春砂糖樽用分の榑木底蓋取得方の儀、追々時節とも相成候条、当節より取下方申渡、来月廿五日限為致皆仕廻、惣横目見分にては□つつ面付相記届可申出候、右に付ては去年申渡置候趣意に基、聊無違失様可致取扱候、此段申渡候、

但早々致廻達留より返納可有之候、

代官勤　近藤七郎左衛門

寅五月廿一日

三間切　与人

惣横目

黍横目

右の通被仰渡候間、御趣意基御日限通□□仕廻□□横目方へ其届可申出候、

右申渡候、

寅五月廿四日

兼久噯　掟

同　三役

［文面］

・五月二六日、台所を取壊した。

・二八日、兼久噯中の砂糖積出し終了祝を平土野で行った。

・写～来春の砂糖樽用の榑木《くれき》と底蓋用の取得については、だんだんとよい時期になったので、当節より取掛かるよう申渡す。来月二五日限りで全部終了させ、惣横目が検査して個人ごとに記録し届出ること。これについては去年申渡して置いた趣意に基づき、いささかも違反がないよう取扱うこと。但し早々廻達して控えを取り、本文は返納すること。

［島々における砂糖樽用材の調達］

上記の写によると、徳之島では現地でくれ木や底・蓋用材が製造されていたことが分かる。森林資源が豊富な徳之島では木を切出し、さらに木挽《こびき》によって板が製材されていた。これらの作業については、昨年の閏五月七日にも令達が出されている（一一〇ページ）。おそらく、山からの切出しには村毎に夫役を割当てたであろうが、製材は専門の職人木挽が行ったと考えられる。木挽の技術者は鹿児島から来島していたことが、『道統上国日記』に記録されている（八二ページ参照）。

大島も徳之島同様現地調達ができた。手作業であった時代の記録が恵原義盛著『奄美生活誌』に詳しく記されている。同書によると原木は臭い木や毒素のある木は避け、真直ぐに割りやすいシラチグやアサゴロが用いられたという。

『喜界島代官記』の天保一一（一八四〇）年の記録には、「喜界島の砂糖樽くれ木は個人で調達していたが、大島から取寄せていたくれ木が減少し、個人ではどうしようもないので、鹿児島から二万挺分を送って欲しいという願い出が、島役からあり、国許で吟味の上、喜界島の上米三〇〇石一斗六升を大島へ送り、くれ木一挺宛代米一升六合で二万挺分を喜界島へ届けるように、天保一二年八月一日に仰渡された」とある。このように、喜界島はくれ木の一部を大島から購入していて、この他の交易についても『喜界町誌』に詳説されている。

なお、『喜界町誌』に記載されていない史料で、次の『河南文書』がある。この『河南文書』には、大島・徳之島に関する史料も収録されているので、ここでは「日帳写」の関係部分を要約しておこう。（阿久根市立図書館『河南文書第一集・第二集』）

・大島の一番と五番と七番船…喜界島樽木と喜界島鍛冶炭の積船にて大島御用船。

大島の二番と一一番船…大島用帯竹積船。三番と一二番船…大島用鍋積船。

黍見廻
追て名印にて早々相廻留より惣横目方へ可致返納候、
（朱書）今日弐才中相頼、台所材木取いたし候、
（朱書）本文五月廿九日取納有之、
・六月朔日　晴南
一今日より船崩方、
・同　二日　同
・同　三日　同
（朱書）一今日台所材木卸し方いたし候、瀬瀧銘々相頼秋□□神より茅刈為致候、
（注・「銘々」以下は下辺で右側へ横書きにしている）
・同　四日　同
一今日大つ川より南村々仕登祝として於瀬瀧に賑々敷参会有之候、今晩兼久泊り、
・同　五日　晴南、朝内小雨
一今日兼久方御蔵より亀津噯面縄間切御定式配当、川上彦太郎様花徳より御越、
（朱書）朝の間於兼久に遠島人共へ御用申渡候、
・同　六日　晴南
一今日岡前方より井之川噯西目間切同断、彦太郎様母間迄御帰、
・同　七日　晴南
一今日舟崩《クヤシ》方為談合わんやへ出張、亀津人数帰候、
・同　八日　晴南
一今日秋利神より茅津廻為致候、尤拙者福賢召列わんやへ差越木挽方為致候、
・同　九日　晴南
・同　十日　右同

大島の八番船…徳之島用の帯竹積船にて大島御用船。
・喜界島の一番船…喜界島用鍋積船。　二番船…喜界島用車木積船。
三番と四番と五番船…喜界島用帯竹積船。
・沖永良部島に関するくれ木の史料は現在のところ検索できないが、与論島については次のような史料がみられる。（口語訳で要約）
・与論島は竹木のない島であり、居宅や農具などの諸木や灯用の松節も皆琉球の山原で買求めている。もし、黍作を仰付けられれば砂糖製造用の薪が大量に必要となり、砂糖を焚き上げて上納することは難しい。（「與論在鹿児島役人公文綴」）
・砂糖樽のくれ木は昨年の残分を使い、また、山原から二〇〇挺分を取寄せ、さらに住徳丸が一二〇〇挺分積んで来たので、砂糖樽五五〇挺を拵え、六五〇挺分が余った。これは沖永良部に送ってもよい。（『猿渡家文書』一八六〇年の書状）
・文久三（一八六三）年の麦屋村の「亥春上納砂糖差引□」には、次のように砂糖を上納し、さらに正余計糖で注文した品々が記録されている。（『徳田家文書』）
砂糖　五八五二斤、但免本二三石四斗九合八勺代（上納分）
四枚入鍋・打綿・四部板代や拝借米返上分などに砂糖四六五九斤。
樽木代　砂糖三一九〇斤、三一九挺分のくれ木。一挺代は砂糖一〇斤。
先の「喜界代官記」によれば、大島から購入した一挺分のくれ木は米一升六合であった。また、大島では米一升であった（「南嶋雑集」）。この価格と比べると与論島では砂糖一〇斤（一斤四合替えでは米二升五合・後に砂糖一二斤になっている）と記録されていて、高く売りつけられていたことが分かる。

［文面］
・五月二九日、青年を頼んで台所用の木材を切倒した。
・六月一日、船の取崩しを行った。〈難破した盛福丸の解体であろう〉
・三日、瀬瀧の人々を頼んで材木の山出しをした。
・四日、大津川以南の砂糖積出終了祝を瀬瀧で、賑やかに行った。
・五日、兼久方御蔵から亀津噯・面縄間切の御定式糖代米の配当を行った。川上彦太郎様が花徳から来られた。
・六日、岡前御蔵から井之川噯・西目間切に配当をした。
・七日、船の解体を話合うために、湾屋へ出張した。亀津の人たちは帰った。
・八日、秋利神から茅を舟で運んだ。福賢を連れて湾屋に行き、木挽きをさせた。

・同　十一日　右同
・六月十二日　晴南
一今日兼久へ差越候、
一村々囲籾入替御免被仰付、解封にて銘々へ返方横目役中手分にて廻村申達候、拙者阿布木名村囲蔵開封相渡帰村、
・同　十三日　晴北
一今日当蔵建方いたし候、
・同　十四日　右同
一今日合ヵ毛稲刈取納いたし候、
・同　十五日　北東風雨
一今日破舟盛福丸解方として湾屋出張、
・同　十六日　雨北東風
・同　十七日　右同
・同　十八日　晴北東風
一御用談に付三役田地横目掟中役所出張、暮時分帰宅、

写

兼久噯　惣横目

右者明後十九日四つ時分、御用の条罷出申出候様可申渡候、此段申渡候、
但惣横目病気等も候はば、黍横目罷出候様可申渡候、

代官勤　近藤七郎左衛門

寅六月十七日

兼久噯　与人

右の通被仰渡候御用封、今七つ時分兼久役所にて拝見、

【文面】

・六月一二日、今日兼久へ出かけた。
村々の囲籾の入替えが許されたので、解封をして銘々へ返すため横目役中が手分して村々を廻り申伝えた。私は阿布木名村の囲蔵を開封して渡し、帰村した。
・一三日、当蔵（トーグラ・台所？）を建てた。
・一四日、合毛（地名か）の稲刈りをして取納めた。
・一五日、破舟した盛福丸の解体のため湾屋へ出張した。
・写～兼久噯惣横目は、明後日一〇時に御用があるので、出張の届を出すよう申渡す。但し、惣横目が病気の場合は黍横目が出張すること。
この通知書は今日午後四時ごろ、兼久役所にて拝見した。

【解説】

六月に入ると新しい籾の収穫時期となった。新米が収穫できると三年前に非常用に囲い置いた古籾と入れ替えるため、米蔵が開封されて個人ごとに古籾が返却されている。配付に当っては村々へ横目役が手分して通知している。囲籾については一一七ページ参照のこと。

【『道統上国日記』より⑪～道統の上国と献上物・進上物】

道統が御祝儀のため上国した記録は、『前録帳』と『上国日記』に残されている。この二つの史料から鹿児島への献上物・進上物をまとめてみよう。
・文政六（一八二三）年、大御隠居様（重豪）吹上御庭見物御祝儀につき上国。
献上物（進上物）～大御隠居・御隠居（斉宣）・太守（斉興）・若殿（斉彬）分。
芭蕉布八〇反～白四〇反と島（縞）四〇反
焼酎　八壷～五〇盃入
進上物〈家老以下三島方などの掛役に差上げている。一人分〉
芭蕉布一〇反・黒砂糖一桶（三〇斤）・焼酎一壷（四〇盃）～美濃様・内蔵様
芭蕉布六反・黒砂糖一桶（一五斤）・焼酎一壷（二〇盃）～伊集院戸右衛門
芭蕉布二反・黒砂糖一桶（一〇斤）・焼酎一壷（一〇盃）・尺莚二束～書役二人
黒砂糖一桶（一五斤）・焼酎一壷（二〇盃）～監物様・安房様
黒砂糖一桶（一〇斤）・焼酎一壷（一五盃）～内記様他六名分
黒砂糖一桶（八斤）・焼酎一壷（七盃）～長崎甚七他一八ヶ所へ
これらが正式に献上されたものであるが、これ以外にも、鹿児島に到着すると挨

・同　十九日　晴南
一今日一番鳥出立にて四つ時分亀津参着、御月番様御方へ御届、役座へ
控居候処、追々御用にて、左の通被仰渡候、
沖永良部島へ
兼久噯瀬瀧村　実　禎
（朱書）本文借島願書差出候処、便船次第届出候様被仰渡候、
大島へ
右同阿布木名村　喜　生
右の通借島可願出事
右通御代官様より被仰付、引次伊仙噯木之香村黍地へぬり虫付有之、
取除候届有之段、支配噯へも虫入有之儀も難計候付、罷帰候上は細々
手を付候様、尤岡前噯へも御書付を以被仰渡候へとも、猶亦拙者より
も申達候様致承知候、左候て七つ時分より亀津出立帰宅、
・六月廿日　晴南
一今日兼久へ差越、実禎喜生借島願書相調、亀津在柳氏へ遣、尤御蔵直
し願書も同断、
・同　廿一日　晴南
・同　廿二日　右同
一今日表家毛剥方為致候、
・同　廿三日　右同
一稲試給米として岡前噯中とのきにおひて、牛突合有之出張候、
・同　廿四日　右同
一今日当蔵ふき方いたし候、
・同　廿五日　右同

撈用の進上物が必要であった。また、御目見終了後は、担当家老にお礼用の進上物を贈っている。最初の挨拶廻りは、勝手方家老川上美濃・新納内蔵、勝手方用人伊集院戸右衛門、道之島掛書役山田彦助・黒田勘兵衛方であった。彼等には芭蕉布・黒砂糖・焼酎・塩豚・尺筵が贈られている。最後には家老川上には招待されたので、芭蕉布三反・焼酎一壷・黒砂糖一桶・塩豚一桶を贈っている。
・文久三（一八六三）年、故前藩主斉彬の従三位の追贈御祝儀につき上国。
道董（改名）が鹿児島に到着した六月二八日、異国船七艘が鹿児島沖に碇泊。七月二日には薩英戦争が起り、さらに大時化によって積荷が水浸などの被害を受けたので目録だけを進呈し、現物は来年届けることになった。
献上物～国父（久光）・太守（忠義）分。
芭蕉布八〇反～白四〇反と島（縞）四〇反
焼酎　八壷～五〇盃入
進上物（家老以下三島方などの掛役に差上げている。一人分）
芭蕉布一〇反・黒砂糖一桶（三〇斤）・焼酎一壷（四〇盃）～担当家老二人
黒砂糖一桶（一五斤）・焼酎一壷（三〇ヵ盃）～他の家老三人
黒砂糖一桶（一〇斤）・焼酎一壷（一五盃）～若年寄二人
黒砂糖一桶（一〇斤）・焼酎一壷（一五盃）～大目付二人
芭蕉布六反・黒砂糖一桶（一五斤）・焼酎一壷（二〇盃）～道之島御用人
芭蕉布二反・黒砂糖一桶（一〇斤）・焼酎一壷（一〇盃）・尺筵二束～書役二人
黒砂糖一桶（八斤ヵ）・焼酎一壷（七盃）～二八人（役職不明）
これらの他にも数多くの土産が贈られているが、ここでは省略した。

［文面］
・六月一九日、一番鶏が鳴くころ出発し、午前一〇時に亀津に着き、月番御方へお届を出し、役所に控えていたところ、御用として左のように仰渡された。
実禎の沖永良部遠島と喜生の大島遠島の借島願いを提出すること。
木之香の黍地で害虫ぬり虫が発生し駆除したというが、兼久噯にも入っていないかどうか帰って調査すること。岡前噯へも書付で申渡されたが、私からも連絡するよう承り、午後四時ごろ亀津を出立し帰宅した。
・二〇日、借島願いと御蔵直願いを提出。二三日稲試給米《しきゅうま》祭、岡前で闘牛があり出張。
・二二日に表家の屋根を剥がし、二四日には台所の屋根葺きをした。

一今日より表開修甫取付候、
（朱書）貞清仲静今日参呉候、
・同　廿六日　右同
（朱書）今日西氏徳紀衆被差越呉候、
・同　廿七日　右同
・同　廿八日　曇北東風
一今日表ふき方いたし候、
一□□水無田山地境見分□□役々立会の筋にて、柳氏其外同道ばん堂へ致登山候処、東人数登山無之引取、
（朱書）今日貞清仲静罷帰候、
・六月廿九日、東南時化雨
一今日終日降続、登山不相調、尤今日迄家ふき方相済候、
・七月朔日　晴南
一今日地境見分登山候所、為決儀無之、明日登山の筋取究引取阿布泊り、
・同　二日　晴南
一今日登山地境取究、左の通りヶ条書を以、阿布・兼久・花徳三ヶ村へ一通つつ払下ケ、尤地境見分相済御届連名にて御届申上呉候様、記喜美静衆へ相頼候、左候て○左衛成相頼同道帰宅、
・同　三日　晴南　○みやるぐた不快に付（朱書）
一今日船滓配分として湾屋へ出張候事、
・同　四日　右同
一今日も同断にて相済候、
・同　五日　右同
一今日阿布木名村榑木見分として佐恵貞衆同道差越、拙者には兼久へ差越候、左候て外村々手分ヶにて致見分候、
・同　六日　曇天南

[文面]

・六月二五日～二七日に表戸の補修取付け工事を行い、二八日に屋根を葺いた。
・六月二八日～七月二日、水無田山の地境調査立会いのため、柳氏やその他と一緒にばん堂へ登ったが東間切からは来なかったので取止めとなり、二日に地境を取決めることにした。二日、水無田山の地境を次のように決め、阿布木名・兼久・花徳三ヶ村に一通ずつ保管し、見分が済んだことを連名で報告するよう記喜美静衆へ頼んだ。みやるくたの体調が悪いため左衛成を頼み同行して帰宅した。
・三日と四日には、破船した盛福丸の残滓を配分した。
・五日、阿布木名村の榑木見分のため、佐恵貞衆を同行して出かけた。私は兼久へ行った。そして、他の村々も手分けして見分した。

[解説]

仲為は五月二六日に台所を取壊して以降、約一ヶ月間自宅の改修や屋根葺きを進めていて、貞清等が加勢に来ている。

公務としては、阿布木名・兼久・花徳三ヶ村の地境の確認調査を行なっている。

[『道統上国日記』より⑫ ～ 上国与人道統が記録した薩英戦争]

文久三（一八六三）年、前年に起きた生麦事件後、薩摩藩とイギリス間の交渉が解決せず、七隻のイギリス艦隊が鹿児島湾に侵入、薩摩藩の砲台と交戦、市街地を砲撃、相互に損害を蒙った。事件後和解が成立し、薩摩藩は攘夷の無謀を悟り、イギリスは幕府支持の方針を改め、薩摩藩に接近した。（数研出版『日本史辞典』参照）

丁度このとき、道統は鹿児島前之浜に到着して戦いの様子を目撃し、日記に記しているので、該当文を原文で引用しておこう。

・六月二七日…山川を出帆…佐多地方え火車船三艘かと相見得候処、漸々内海え乗参合、致見届候処七艘にて誠に早き舟々にて、…異国船は七艘とも一緒に拙者共より先に相成、前之浜へ乗行候…（道統舟は桜島沖にて夜に入る）
・二八日…異国船には喜入前えすべて掛居…桜島詰所見請候はば、最早津畑台場毎に大炮御備へにて…異国船は早一里計り乗来、前之浜築地の方へ見届候はば、御人勢の御集りは勿論大炮御備方等夥敷相見得…異国船も七艘とも築地より三町余の沖え相掛、御当地え夫々の御方様方大炮御備等の次第、誠に大粒《ママ》の事にて恐入次第に候…異国軍船前浜入船、御当地より大炮御備御出張の節は、町家諸道具

覚

一砂糖樽榑木底蓋千五百五拾丁		阿布
一同	千六百五拾挺	兼久
一〃	五百七拾弐丁	大つ川
一〃	百廿丁	平土野
一〃	千三百五拾丁	瀬瀧
一〃	弐百五拾丁	当部
一〃	六百八拾八丁	阿木
合	六千八拾丁	

右は去る朔日迄取下方相済候段申出候付、中御届申上置、村々廻勤昨日迄見分仕候処、右の通取下方相成候間、此段御届申上候、以上

寅七月六日　　惣横目　仲為

月番
御附役様

覚

（朱書）本文死躰致取置方届可申出候

小番
代官勤　近藤七郎左衛門

七月十日

寺山源右衛門家来
藤崎直助

右者弘化四未二月主人依頼居住被仰付召置候処、先比より病気相煩居、夜前病死いたし候段申出候付、差越死躰見分の上尚亦承合申候得共、不審の廉無御座候間、死躰取置方何分被仰渡度、此段御届申上候、以上

寅七月六日　　惣横目　仲為

月番

繰出、すべて伊敷辺え相迦候様、兼て申被渡置候由、既に今日前文の時宜に付、町方何連も諸道具奥方限えと相見得、問屋亭主共初直方大騒動に付…

・七月一日、今日も異国船方に付、世間中大騒動にて何事も不相調在宿（西田の加納氏稽古所を借りて避難している）、御殿御女様方玉里屋敷へ、上様西目頭千眼寺、三郎様御くるえ、昨日《ママ》（二九日）御移被為遊候風聞有之候、

・二日、今日も下町辺天家大騒動にて、昨日方迄不及手荷物等、辺方の村々え人馬にて持運び候事、…九つ時分御当地より異国船え大炮被打候処、不移時刻異国船数艘より掛、鹿児島諸所御台場より被打掛立に合戦の様にて、終に八つ時分上町の内え異人火術にて出火到来、なみり川建馬場冷水辺、武士町家数多今夜通に及焼失候、左候て今夜六つ時分半時分、双方より大炮打掛候儀、相止音無之候…尤今日七つ時分より大時化に相成、浪立大風の事にて、軍の央に火事と火合誠に恐《ママ》入次第にて候…今日合戦に付、御当代え五六人も怪我人為有之由、尤御当地蒸器船二艘、琉登楷船四艘、異人より火事差発しすべて及焼失候談承候事、

・三日、（大雨の中にて）…桜島奥島御当地御台場より大炮被打掛、異船よりも無絶間打掛争候処、七つ時分より異艘七艘共引取、喜入の沖乗越逃行候談承、夫より双方共鉄炮の音無之相止候、（献上物等の積船は昨夜の大時化で破船した）

・四日、昨日引取帰帆の異船七艘喜入方の方へ滞船の由、（八つ過ぎに異国船が鹿児島湾を出たというので）大鐘時分《ママ》於千眼寺に貝吹立候処、すべて御軍師中諸方より御集り惣人数にて、御勝時御旧式の由にて、高声にて御祝有之、御城其外諸所御寺におひても御同前為有之由承候事、…尤献上布其外取揚の品々用立の儀、無覚束候、

[文面]

・覚～砂糖樽榑木底蓋の合計六〇八〇丁（兼久曖）

これは七月一日まで取下げ（山から切出し製材した分？）が済んだとして申出があったので、途中報告として申上げて置き、村々を廻って検査した。右の通り取下したのでお届け申上げます。

・覚～右の者は弘化四（一八四七）年二月、主人の願いにより徳之島に居住申付けら召し置いていたが、病気を患い夜前に病死したという申出があった。出かけていって死体を見分し、聞き取りをしたが不審な点はなかったので、死体の処理について仰渡されたく、この段お届け申上げます。

御附役様

・七月七日　晴南

一今日平土野蔵屋敷見分いたし候、尤節句に付嗳中取会牛突合有之候、

・同　八日　晴南

一松原米時牛勝祝として被相招、為基衆其外列立差越候、

・同　九日　晴南

一今日より田袋稲取方取付候、

・七月十日　晴南

・同　十一日　晴南

覚

阿布木名配所
小番
寺山源右衛門家来
藤崎直助

右者致病死候付其御届申上候処、死躰致取置方届申出候様被仰渡、取置方為仕申候間、此段御届申上候、以上

仲　為

寅七月十一日

月番
御附役様

・同　十二日　晴南

（朱書）一森安今日参候、

・同　十三日　右同

（朱書）一同人今日稲取加勢いたし候、

・同　十四日　右同

［文面］

・七月七日、平土野の蔵屋敷を見分した。なお、今日は節句のため嗳中で闘牛大会があった。
・八日、松原米時牛が闘牛大会で優勝したのでお祝いに招かれ、為基衆や他の者と一緒に連れ立って出かけた。
・九日、今日より田袋の稲刈りを始めた。
・覚～右の者が病死したのでお届けしたところ、死体を処理したら報告するよう仰渡されたので、処置したことをお届けいたします。
・一二日、森安がやってきて、稲刈りの加勢をした。

［解説］

七月七日は七夕の節句があり、闘牛大会が行われている。

旧暦の七月前後は稲刈りの時期であった。森安がやって来て加勢をしたと記されている。仲為本人は体調が勝れず、親戚であろうか、森安が泊込みで加勢したようである。これらの文面からは、債務下人を使っていた形跡は伺えないが、当然のこととして省略したのであろうか。

［闘牛］

七月七日には「嗳中取会牛突合有之候」とあり、松原村の「米時牛」が優勝し、翌日祝勝会に招かれたと記されている。仲為日記には、次のような「牛突合」の記録がある。（日記自体が欠落している部分があり、全記録は不明）

・子年六月一九日、松原村しら網切の後、「牛突合御企」。
・同年六月二二日、しきょま祭にて、「牛突合有之」。
・同年七月五日、伊仙嗳中の「御慰」として「牛突合、相撲」があった。
・丑年五月三日、岡前嗳の豊年祝があり、とのざ浜にて「牛突合」。
・寅年五月一九日、西目間切中の「牛突合」が、湾屋川原にて行われた。
・同年七月七日、今日は七夕（節句）のため岡前嗳中で闘牛大会があった。

『徳之島事情』（明治二八年編）には「六月ノ内一日、始給米（方言シキウマ）ト称シ、…浜ニ出テテ、其日ハ各々酒肴弁当ヲ携ヘ、闘牛、角力、手踊等アリテ、男女老若共一同終日ノ遊楽ヲ尽ス。…」と記されている。

（朱書）一山下氏大工頼方池間迄被差越候得共不請合、
・同　十五日　半天沖西風
一右三日盆祭り在宅、
・同　十六日　雨西
・同　十七日　雨西

覚

右者大工職として罷下り阿布木名村へ中宿仕居候処、此内より腹中の病ひ相煩居養生不叶、夜前病死仕候段申出候間、此段御届申上候、
以上

谷山郷士　田中源太郎

寅七月十七日

物横目　仲　為

月番
御附役様

右阿布木名より直持を以遣候様仲友へ申付、書付相渡候、
・七月十八日　曇西
一今日役所出張の段、拙者にも出張候様柳氏より申来候得共、不塩梅にて頼越候、
・同　十九日　晴西
・同　廿日　右同
一今日造作一件に付、深江伊太郎殿被差越、来月廿日より取付候筋申談、七つ時分より被帰候、
・同　廿一日　曇西
（朱書）一来る廿四日、兼久へ差越候様、義峯山衆より問合来候、
・同　廿二日　右同
一今日岡前嗳浜出に付、浜出張いたし候、尤引次より祈祷踏《ママ》りいたし候、
・同　廿三日　雨南

【文面】

・七月一四日、（朱書）池間の山下氏に大工を頼むため出かけたが、断られた。
・一三日～一五日は盆祭りのため在宅。
・覚 ～ 谷山郷士田中源太郎は大工職として下島し、阿布木名に滞在していたが、この間より腹の病を患い養生の甲斐なく、夜前病死したという報告があったのでお届けいたします。
阿布木名から直持（飛脚）をもって届けるよう仲友に申付け、書付を渡した。
・一八日、役所に出勤するよう柳氏から連絡があったが、調子が悪く宜しく頼んだ。
・二〇日、造作（大工）につき、深江伊太郎殿が来られ、来月二〇日から取掛かることを話合い、午後四時ごろ帰られた。
・二一日、（朱書）二四日に兼久に来られるよう義峯山衆から問合せが来た。
・二二日、今日岡前嗳は浜出（浜下り）の日につき、浜へ出張した。引続き祈祷踊り（夏目踊り）を行った。
・二三日、今日も終日岡前村の踊りがあり、見物に出かけた。

【解説】

仲為は先月から家作り〈改築か新築か不明〉を始めていたようであり、大工を探している。池間の山下氏〈鹿児島の郷士であろう〉には断られたので、深江伊太郎殿〈在所は不明、鹿児島の郷士であろう〉に依頼したのであった。なお、同じ大工仲間で阿布木名村中宿の谷山郷士田中源太郎が病死した。

【浜オリ②】

七月二二日、岡前嗳は浜下りの日であった。「浜下り」について、『徳之島事情』は次のように記している。

七月ノ内一日ハ浜下（方言ハマウリト云フ）ト称シ、村民農業ヲ休ミ浜ニ下リテ終日ノ遊楽ヲ為スコト、始給米ノ日ト異ナルコトナシ。（中略）
西目間切阿布木名村ニ於テハ投水（方言トノギト云フ）ト謂ヒテ、男子十五六歳ヨリ三十四、五歳迄ハ、字秋利神ノ岸上高サ三間ヨリ海中ニ投身シ、拾分時間位ハ海中ニ遊泳シテ陸ニ揚リ、而シテ後チ酒宴ヲ開ク。（中略）
島中西目間切ニ於テハ、七月浜下日ノ翌日ヨリ夏目踊ト称シ、各戸ヲ廻リ庭前ニテ手躍リヲ為ス。其各家ニ於テハ応分ノ酒肴ヲ供シ馳走ヲ為ス。（後略）

一今日終日岡前村中踏《ママ》有之、見物に出張候事、
・同　廿四日　半西
一今日御用談に付兼久へ差越候様義峯山衆より問合来、嘉智美衆同道差越、七つ時分より帰宅、
（朱書）近々中より札方に付、地取より可被頼候間、其心得にて被罷居候様、山内甚左衛門殿へ申越置候事、
一明牢相成候付、重番人引取候様、亀津嗳与人惣横目より問合来、其段目指并村々掟方へ申渡候、
一明廿六日山口七之助様阿布木名村へ御差入、同日伊仙嗳御定式配当并東面縄両間切寅春過返茶御払被仰付候段被仰渡、右手都合向旁義峯山衆へ問合越候、尤阿布木名へも細々申渡候、
・同　廿五日　晴西
・同　廿六日　右同
一今日山口殿亀津御出立、湾屋兼久方御蔵より伊仙嗳御定式配当并東面南和間切過返し茶御品物御払方にて、阿布木名村御止宿、尤嘉智美衆掟中於阿布木名に取納米割付方いたし候、
・同　廿七日　曇東風
一今日兼久方御蔵より西目間切御定式配当并御品物払に付、御蔵出張、
・同　廿八日　晴東風
一今日兼久方御蔵残米并御品物都て岡前方へ蔵直し、兼久方明蔵相成候、左候て山口殿御帰館、御供紀喜美廣衆被差越、義峯山衆拙者には平土野蔵敷賦方に付平土野出張、八つ時分より阿木名へ差越、取納割付為相済、引次柳氏送□いたし候、尤拙者帰宅、
・同　廿九日　晴東
一今日打とん田道普請為致候、
・同　晦日　晴東

[文面]

・七月二四日、御用談があるので兼久に来るよう義峯山衆から問合せが来たので、嘉智美衆と一緒に出かけた。午後四時ごろ帰宅。
（朱書）近日中に、地取り（屋敷の区画・測量カ）を頼まれるから、その心つもりでおられるよう、山内甚左衛門殿へ伝えておいた。
・明牢（囚人がいない牢）になるので、兼務の番人は引取るよう亀津嗳の与人と惣横目から連絡が来たので、その件を目指と村々の掟方へ申渡した。
・明二六日、山口七之助様が阿布木名村へ来られ、同日伊仙嗳の御定式配当米と東・面縄両間切の寅春過返茶の払いをされると仰渡されたので、この日の都合を義峯山衆へ問合せた。さらに、阿布木名へも細々と申渡した。
・二六日、山口殿亀津を御出立。湾屋と兼久方の御蔵より伊仙嗳の御定式配当米並びに東間切・面縄間切の過返茶や御品物御払方のため、阿布木名村にお泊りになった。なお、嘉智美衆と掟中は阿布木名において取納米の割付を行った。
・二七日、兼久方御蔵より西目間切御定式配当米と御品物払いがあり、出張した。
・二八日、兼久方御蔵の残米と御品物をすべて岡前の御蔵へ移し、兼久方は空蔵になった。山口殿がご帰館、お供に紀喜美廣衆が出かけ、義峯山衆と私は平土野の蔵屋敷作業のため平土野へ出張した。午後二時ごろ阿木名へ出かけ、取納米の割付を済ませた。引続き柳氏を送り、私は帰宅した。
・二九日、今日は打とん田（地名）の道普請をさせた。

[解説]

七月下旬に入り、六月上旬に続いて昨年の砂糖定式分の米が配当された。また、余計糖で注文した品物も届いて配当され、さらに、過返分として、今回は茶が送られてきた。これらはいったん御蔵に収納され、四月から七月にかけて、次のように配当が行われている。

四月二九日・五月一日	六月五日・六日	七月二六日・二七日
兼久方御蔵　大津川村	兼久方御蔵　亀津嗳	兼久方御蔵　伊仙嗳
西目間切	面縄間切	湾屋方御蔵　東間切
岡前方御蔵　亀津嗳	岡前方御蔵　井之川嗳	面縄間切
面縄間切	西目間切	西目間切
		兼久蔵→岡前蔵移送

一明朔日札方誓詞御用被仰渡、岡前出立為基同道亀津へ差越候、
・八月朔日　晴東
一今日三役間切役々御座へ罷出、前書拝聞并血判首尾克相済、夫より亀津役所へ打寄札方諸事申談候、
・同　二日　晴南東
一今朝三間切与人惣横目御仮屋方へ罷出諸首尾合申上、御暇にて岡前へ帰宅、尤帰掛伊太郎殿へ立寄、来る廿日より細工方の談合等いたし候、
・同　三日　晴南東
一今日より札方内改取付候様被仰渡、大日如来へ致参詣、夫より湾屋弁財天堂へ義峯山衆同道致参詣、阿布木名村へ差越札方内改取付候、
・八月四日　晴南東
一今日も同断、
・同　五日　晴南東
・同　六日　右同
・同　七日　右同
一今日迄阿布木名村人数手札内改相済、阿木名村へ転村の賦にて拙者儀は内用に付帰宅、
・同　八日　晴東
一今日より手分ヶにて一手は阿木名、一手は瀬瀧へ差入、人数手札内改いたし候、
・同　九日　晴東
一阿木名方義峯山衆昼時分迄相済、兼久へ転村、拙者儀は昨今瀬瀧・当部・平山三ヶ村為相済、瀬瀧止宿、
・同　十日　雨東
一今日大つ川村へ転村、同村内改方為相済、同村止宿、
・同　十一日　雨南東

［文面］

・七月三〇日、明日、札方誓詞の御用を仰渡されるというので、岡前を出立し為基と一緒に亀津へ出かけた。
・八月一日、三役と間切の役々は御座へ参上して前書を拝聞し、血判も首尾よく済み、それから亀津役所へ集って札方（手札改め）の諸事について相談した。
・二日、今朝三間切の与人・惣横目は御仮屋方へ参上して相談した段取りを申上げ、お暇を貰って岡前へ帰った。帰りがけに伊太郎殿へ立寄り、来る二〇日より細工方（大工作業）を行う相談をした。
・三日、今日から手札内改めに取掛かるよう仰渡され、大日如来へ参詣し、それから湾屋の弁財天堂へ義峯山衆と一緒に参詣して、阿布木名村の札方内改めを始めた。
・七日、今日まで阿布木名村の人数手札内改めを済ませて、阿木名村へ移動のつもりであったが、私用のため帰宅した。
・八日、今日より手分けして一手は阿木名、一手は瀬瀧へ行き、手札内改めを行った。
・九日、阿木名方は義峯山衆が昼時分までに済ませ、兼久へ移動した。私は昨日今日と瀬瀧・当部・平山の三ヶ村を終えて、瀬瀧に泊った。
・一〇日、大津川村へ移動し、同村の内改めを済ませ、同村に止宿。

［手札改め］

慶応二（一八六六）年八月三日〜一二日の間、人口調査のため手札改めが行われた。徳之島における手札改めの詳しい史料が、『天城町誌』に収録されている。慶応二年の手札は、縦一四㎝、横八㎝、厚さ二・五㎝の硬い材質の木札であった。一例として、表面に「与人　禅宗　福記祐　当六十六歳」、裏面に「慶応二寅十一月十五日　徳之島面南和村　近藤七郎左衛門」と墨書された手札が掲載されている。手札は、元の木札の文字を鉋で削り取って再利用し、一一月に作製されている。すなわち八月に各村において「内改」を行い、「内改」に基づいて一一月に正式の手札が代官から交付されたのであった。

『天城町誌』によると「男女共に手札一名に付、玄米二合九勺の出米仰付けられ候間、役人一人書役両人見届け相改むべく候」として、交付代を負担しなければならなかった。

手札内改めに当っては、藩庁に誓詞を提出させている。それほど重要な業務であり、島役人は無事を祈願して大日如来や弁財天堂に参詣したのであった。

一今日兼久へ転宿にて、兼久二手にて内しらべ相済候、尤元儀美衆伊仙より被差越候、
・同　十二日　雨南東
一今日兼久札所へ出張、元儀美衆出席、帳面しらべ方いたし候、
・同　十三日　雨南東
一今日元儀美衆同道岡前へ帰る、尤他嗳請送り等為相済候上、内改相済候御届并古札引合申上度申談、明十四日には三間切十五夜に付、亀津へ差越約速《ママ》にて候処、井之川嗳岡前嗳古札□□□十五夜席いたし筋の段申来に付、村々古札十五夜席に亀津付越方致候様被申渡度、義峯山衆へ申越候、
・八月十四日　雨天北東風
一今日為基衆同道亀津へ差越候、
・同　十五日　雨南東
一今日三間切牛突合に付、御詰役様方三間切役々、雨天故伊知信宅へ御出張、七つ時分迄相済引取、
・同　十六日　雨南東
一今日より三方分ケ鉄砲の筋候処、雨天故取止、拙者には不快にて仮屋廻りの儀は義峯山衆へ相頼候事、
・同　十七日　晴北東
一今日三間切三方分ケ鉄砲矢先争有之候処東勝、
・同　十八日　右同
一今日同断、面南和勝、
・同　十九日　右同
一今日同断、面南和勝、
・同　廿日　雨東北
一今日西目間切古札引合有之、御座出勤、
・同　廿一日　右同

〔文面〕

・八月一一日、兼久へ転宿して、二手にて分かれて兼久村の内調べを済ませた。元儀美衆が伊仙より来られた。
・一二日、兼久札所へ出張。元儀美衆も同席して帳面の調べ方を行った。
・一三日、今日元儀美衆と一緒に岡前へ帰る。もっとも他嗳の請送り等を済ませた上、内改が済んだ届と古札引合せについて話合った。明日一四日は十五夜につき、三間切の島役は亀津へ出かける約束があり、井之川嗳と岡前嗳の古札引合せを十五夜の席で行いたいとの連絡があったので、村々の古札を亀津の十五夜の席に持っていくよう申渡して欲しいと、義峯山衆へ連絡した。
・一四日、為基衆と一緒に亀津へ出かけた。
・一五日、今日は三間切対抗の闘牛があり、御詰役様方と三間切役々が来られたが、雨天のため伊知信宅に集まり、午後四時ごろ済んだので引きあげた。
・一六日、今日より三方に分かれて鉄砲競技が行われる予定であったが、雨天のため取止めとなった。私は気分が勝れず、仮屋の挨拶廻りは義峯山衆へ頼んだ。
・一七日、三間切が三方に分かれて鉄砲狙い撃ち競技があり、東間切が勝った。
・一八日と一九日は面縄間切が勝った。

〔解説〕

手札内改めは八月一二日に帳簿との照合をもって終了している。その後は「古札引合せ」を三間切相互に行っている。この「古札引合せ」がどのような作業なのか、はっきりしないが、十五夜のとき亀津に集るので、古札を全部持っていって、十五夜の席で相互に点検したようである。

一五日～一九日は闘牛大会と鉄砲競技が行われている。五日間にも及ぶ大きな行事であり、おそらく酒宴が開かれて詰役と島役の交流が続いたことであろう。また、遊興日として一般島民も見物が許されたものと考えられる。

〔嘉永五（一八五二）年の徳之島の人口〕

この時の人口は『前録帳』記載では、二三四四七人であるが、『天城町誌』には二二八八五人となっていて、故小林正秀氏所蔵「三間切宗門改帳」による人数であるという。なお、この史料には、一時的に任命される札方与人六名の記載も見られる。手札改は約一二年毎の重要な調査であり、特別に札方与人が任命された。このときは、惣横目・黍横目・津口横目・書役稽古などが札方与人となっている。

一大島義保志抱恵満瀬瀧村へ迯渡居、右主人此節当島へ罷渡居、引渡方御代官様より被仰付、柳氏相役にて、右さばくり方いたし候処、身代を以取入当分通り当島へ召置呉候様、其身より主人へ致相談、左の通拝借願書差出候、

口上覚

瀬瀧村居留　大島義保志抱

恵　満

一米八石

右は乍恐奉訴上候、右恵満儀其身九歳の時両親へ被列当島へ迯渡瀬瀧村へ召置、両親儀為仕繰沖永良部島へ渡海の折行衛不相知、右恵満儀於瀬瀧に致盛長、当四拾六歳罷成ものにて同村へ致家内立、御高請持黍作は勿論諸作職等仕居候、然処此節主人義保志倅藤栄志と申もの列帰方として罷渡居候間、主人へ相付罷渡度候得共、幼少の子共三人七拾余歳罷成候舅姑罷居、肢ヵ体困窮のものにて、右もの共妻壱人にては迚も養方相調間敷、取捨罷渡候儀難相計別て込り入候所より、身代米を以主人方へ首尾合仕申度致相談候処、其通聞済候由承届申候、就ては則より才覚仕首尾合仕筈候得共、極貧もの故一圓才覚相調不申行迫り居候段、本行石数拝借の願申出候、依之近比恐至極奉存候得共、右恵満儀是迄当島人同様夫役等も相勤、当分瀬瀧村夫仕方も相勤居、村中為筋罷成ものに御座候間、何卒哉御憐愍被召加奉願候通、本行員数御取替御拝借被仰付被下度奉願候、左様御座候はば其身難有、尚亦精作仕夫仕旁に付ても廉直に相勤可申と乍恐奉存候、左候て御返上方の儀に付ては、来卯春過砂糖代米を以私引請、堅固に取納仕御届申上度奉存候間、此等の趣成合候様被仰上可被下儀奉頼候、以上

但黍見廻所役中へも申談此段奉願候

［文面］

・八月二〇日、西目間切の古札照合があったので、代官所へ出勤した。

・二一日、大島の義保志の抱（下人）恵満が瀬瀧村へ逃げて来て住み着いていたが、主人がこの節やってきて（代官所へ申出たので）、引渡方を代官様から仰付けられた。柳氏が担当役のため、右の件を取計らったところ、（本人が）身代米を支払うことで主人と相談したので、左の通り拝借米の願書を差出した。

・口上覚～米八石

恐れながら訴上げ奉ります。恵満は九歳の時、両親に連れられて徳之島へ逃げ渡り、瀬瀧村に住んでおりましたが、両親は稼ぎのため沖永良部島へ渡ったまま行方不明となり、恵満はそのまま瀬瀧で成長して四六歳になりました。瀬瀧村で家族を持ち、御高請持や黍作は勿論諸作職等も（村人同様）行っております。ところが今回、主人義保志の倅藤栄志が、連れ帰るためやって来ましたので、主人と共に帰したいところですが、幼少の子供が三人と七〇歳余になる舅姑もおり、身体が不自由で、彼等を妻一人ではとても養っていくことは難しく、これを見捨てて帰ることは出来ないので困っておりましたが、身代米を支払うことで主人方へ解決するよう相談したところ、それでよいと聞いてくれた由、承りましたので届けます。ついては早速工面して処理すべきところですが、極貧の者であり、身代米を調えて支払うことが出来ず困っておりますので、米八石を拝借したいと申出ております。これにより近頃恐れ多いことですが、恵満はこれまで当島人同様に夫役等も勤め、当分は瀬瀧村の出夫も勤めており、村中のためにもなっておりますので、何卒御憐愍を下され、願い出の通り米八石を拝借仰付けられるよう願い奉ります。そうしていただければ本人も有難く、さらに精作し仕夫についてもまじめに勤めるものと考えます。拝借米の御返上方については、来年春の過砂糖代米をもって私が引受け、必ず返納しお届けしたいと考えます。これらの意向が実現しますよう仰上げられ、許可されますよう願い奉ります。

瀬瀧村の掟の口上覚に対して、兼久噯の三役も代官所へ「願い奉り候通り、拝借を御免仰付けられ下されたく願い存じ奉り候」と、願い出ている。拝借米の返済に対しても「来年の春、過砂糖代米をもって、私共が引受けて（責任をもって）上納仕りさせ御届申上げたく」考えておるので、許可して欲しいと嘆願した。

八月廿一日

掟 佐和ヵ寛

兼久噯
　与人衆
　惣横目衆
　黍横目衆

右願申出趣承届申候間、奉願候通拝借御免被仰付被下度奉願存候、左様御座候はば、御返上方の儀は申出通来卯春過砂糖代米を以、私共引請上納為仕御届申上度存候間、此等の趣成合候様被仰上可被下儀奉頼候、以上

黍横目 福世喜 印
　紀喜美廣 印
惣横目 仲 為 印
与 人 義峯山 印

寅八月

月番
　御附役様

右願書柳氏より差出筋、御代官様御方へ申上置帰宅、願書相調義峯山衆印形押調、柳氏方へ被遣候様申越候

・八月廿二日 曇東
一今日御暇にて帰宅、
・八月廿三日 雨東
一明後廿五日より札方算用方取付度、義峯山衆へ問合、掛役々へも申遣候事、
・同 廿四日 雨東
・同 廿五日 晴北
一今日兼久役所へ差越、掟黍見廻中御用にて、黍詰立下草払方此涯為致

[島民の逃散]

恵満が九歳の時、大島から両親と一緒に徳之島に逃げてきて、三七年が経過している。義保志のヤンチュウ（債務下人）であった両親が、ヤンチュウ身分から逃げだしてきたのであった。しかし、三七年はあまりにも長い。徳之島の生活が一世代（約三〇年）以上にも及んでいたが、突然主人の息子が探し当てて連れ帰りに来たというのである。しかし、両親は行方不明となっていて、恵満はすでに結婚して家庭を持っていたのである。おそらくこの間、瀬瀧の村人が恵満をかくまって、親族同様に扱い、手札改めのときもうまく言い逃れたものと考えられる。

このように厳しい生活難から逃げて他の地に隠れることを「逃散《ちょうさん》」という。薩摩藩の本土領内では、厳しい門割制度から逃れて他領に「逃散」した百姓の記録が残されている。薩摩藩では百姓一揆はほとんど起きなかったが、極貧の百姓は夜逃げしたのであった。これを「欠落」（逃散）と記している。

徳之島でも「逃散」の記録がある。『前録帳』から抜き出してみよう。

・一七三六（元文元）年、栄文仁・喜志政・能悦・與合が伊仙と検福の百姓多数を引連れて、「島中諸出米について本琉球へ訴え出るため」、沖永良部島に滞留していたところ、旧喜念掟他四人が屈強の者を伴って渡り、連れ帰った。
・一七五七（宝暦七）年、詰役の川上郷次郎と町田次郎八、与人納山が、大島へ逃げ渡った者を捕らえるために渡海した。惣横目義那覇と黍横目清和瀬が先に大島に渡っていた。〈事前に逃散した者を調査していたのであろう。〉
・一七六二（宝暦一二）年、詰役北郷喜三次・面高九右衛門と島役政城・清和瀬・池里や枦見廻《はぜみまわり》四人が、大島へ逃げ渡った者を捕らえるために渡海した。〈この頃はまだ枦が栽培されていてようであり、「枦見廻」が置かれていた。〉
・一七六四（明和元）年、代官神戸五郎右衛門・附役中村弥三次と島役人面縄間切与人佐栄城他八人、枦見廻四人、合計一五人が「大島へ離散の者共御取寄方として」一〇月ごろ井之川湊を出帆したが、逆風にあって大島へ着けられず、秋徳湊へ乗付けたが、その後順風が吹かず、中止となった。
・一七七三（安永二）年、「大島へ離散の者共御取寄せ、西目間切荒地御高開き方遣わされ候様、倭《やまと》より仰せ出され」、西目与人政孝他九人の島役が渡海して、三〇〇人余りを連れ帰った来た。
・一七七九（安永八）年、大島に逃れた男女二〇〇人余りを連れ帰った。

候様申渡、引次札方取付候、
・同　廿六日　晴北
一終日札方出勤、尤兼久村囲籾取納方嘉知美衆出張、
・同　廿七日　晴北
一今日も同断、
・八月廿八日　晴北
・同　廿九日　右同
・同　晦日　右同
一右三日札方出勤、今晩帰宅、
・九月朔日　曇北
一今日西目間切取会於湾屋川原に牛突合、帰宅、
・同　二日　曇北
一今日早天兼久へ差越候、今晩帰宅、
・同　三日　晴北
一今日平土野普請に付、飯料差支拝借願として亀津へ差越候、
・同　四日　晴北
一今朝御仮屋方へ罷出、拝借願方申上候処、都合能御座御出勤の上、願通三拾石御免被仰付候、
・同　五日　雨南東風
一今日帰村の賦候処、雨天川支故亀津滞在、
・同　六日　曇北
一今日亀津出立、岡前へ帰宅、
・同　七日　曇北
一今日兼久へ差越候、暮時分帰宅、
・同　八日　右同
一今日は不快故灸治等いたし候、

[文面]

・八月二三日、明後二五日より手札の計算を始めるよう義峯山衆へ問合せ、係役々へも連絡した。
・二五日、兼久役所へ出かけ、掟と黍見廻に黍の下草払いをこの時期にさせるよう申渡して、引続き手札の仕事に取掛かった。
・二六・二七日、終日手札出勤。また、兼久村の囲籾取納方として嘉知美衆が出張。
・二八〜三〇日、三日間手札の仕事で出勤し、今晩帰宅した。
・九月一日、今日は西目間切対抗の闘牛が湾屋川原であった。
・二日、朝早く兼久へ出かけ、今晩帰宅。
・三日、今日は平土野の普請につき、飯料（賃金）が差支えたので、拝借願いのため亀津へ出かけた。
・四日、今朝御仮屋方へ伺い、拝借願いを申上げたところ、都合よく御座に御出勤されていたので、願い通り拝借米三〇石をお許しいただいた。
・五日、今日帰えるつもりであったが、雨天で川が氾濫し、亀津に泊った。
・六日、亀津を出立、岡前へ帰宅した。
・七日、兼久役所へ出かけ、暮時分に帰宅した。
・八日、今日は体調が勝れず、灸治等を行った。

[飯料と島出米]

九月三日の日記には「平土野で普請（蔵建て）を行っているが、その飯料（賃米）が支払えないので、御蔵から拝借米をお願いするために、亀津の代官所に行った」と記されている。この「飯料」は、一日につきどれくらいであったか、また、その出所はどこかなど、具体的な記述がないので分からないが、この場合は、夫役としての割当ではなく、人夫賃として支払われているので、村人にとってはよい稼ぎになったと考えられる。

「飯料」については、『大島御規模帳』に、仕明地（開墾）などの用夫は二日以上の場合一日につき「飯米五合宛」、宿泊を伴うときは七合五勺宛と定められていた。また、『前録帳』には、代官所書役も「一日先米五合宛被下置」とあるので、平土野普請でも飯料は五合ではなかったか。『前録帳』には「島出米を以て右の通り」定められたとあり、間切役所の各種費用として「島出米」が徴収されていたことが分かる。この「島出米」と先に述べた「取納米」の関係は分からない。

・同　九日　右同
一今日岡前出立、兼久札所へ出勤、
・同　十日　晴北
一今日御廻島御両様伊仙村御出立、糸木名村へ御差入の段問合来、三役同道糸木名へ差越御見廻申上、阿木名へ帰る、
・九月十一日　雨天北東風
一今日阿木名村御差入の賦候処、雨天ゆへ糸木名御滞在、
・同　十二日　雨北東
一今日も同断、
・同　十三日　右同
一今日雨天無構、阿木名へ御転村の段問合来、為御迎三役列立糸木名へ差越、御供にて九つ時分阿木名村御着、
・同　十四日　雨北東
一今日雨天ゆへ阿木名御滞在、
・同　十五日　晴北東
一今日阿木名御出立、秋利神通り瀬瀧御通、大つ川村御差入、
・同　十六日　半天東
一今日水無田山御狩立被為在候処、大三才完壱丸吉峯小次郎殿打留、昼時分より雨天相成取止御下山、西目様御事は御不快にて大つ川より義峯山衆御供にて、直に兼久へ御越有之候、
・同　十七日　晴北東
一今日兼久御出立、平土野御蔵普請御見分并当秋取納米御切封、夫より間切中取会於湾屋川原に牛突合にて、浅間村へ御差入、
・同　十八日　晴北東
一今日浅間村御出立、湾屋御蔵御封切并御品物払にて、岡前御通掛松原御差入、尤私宅にて昼御膳差上候、
・同　十九日　晴北東
一今日大城山道御狩立、拙者も致□□被仰付登山、得物無し、
・九月廿日　晴北東
一今日は上御仮屋有馬郷左衛門様一周忌に相当り、御狩立御取止、松原

[文面]

・九月九日、岡前を出立し、兼久札所（役所）へ出勤。
・一〇日、御廻島中の御両様が伊仙村を御出立し、糸木名村へ来られるというので、三役が一緒に糸木名へ出かけお見舞申上げ、阿木名へ帰った。
・一一・一二日、阿木名村へ来られる予定であったが、雨天のため糸木名に御滞在。
・一三日、今日は雨天でも阿木名へ移動されるとの連絡があり、三役がお迎えのため連れ立って糸木名へ出かけた。お供をして正午ごろ阿木名村へ御着。
・一四日、雨天のため阿木名御滞在。
・一五日、阿木名を御出立し、秋利神・瀬瀧を通って、大津川村に入られた。
・一六日、今日は水無田山で御狩立をされたところ、大三才猪一頭を吉峯小次郎殿が打留めた。昼時分より雨になり、狩を取止めて下山された。西目様は具合が悪く、大津川から義峯山衆がお供して、直ちに兼久へ行かれた。
・一七日、兼久を御出発され、平土野の御蔵普請御見分と今年秋の取納米に切封（封印）をされ、それから間切対抗の闘牛が湾屋川原であり、浅間村へ入られた。
・一八日、浅間村を御出立され、湾屋御蔵の御封切と御品物の配当を行って、岡前を通りがけに松原に入られた。なお、私宅にて昼の御膳を差上げた。
・一九日、大城山にて御狩立があり、私も仰付けられ登山したが、獲物はなかった。
・二〇日、今日は上御仮屋有馬郷左衛門様の一周忌に当り、狩を取止められて松原でお休みになった。

[解説]

　この期間には代官の廻島が行われている。近藤代官は四月下旬にも崎原から松原までの新黍地の検分のため巡廻していた。今回は、九月一三日から始まり、二二日には手々に発っている。この間、一六・一九・二一・二二日には狩を行い、一七日には三間切対抗の闘牛大会を見物している。三役は送迎や接待や猪狩などに大童であったはずである。

　今回の目的の一つは、「平土野御蔵普請御見分」であった。平土野湊については『前録帳』が天保一二（一八四一）年「御試しとして一ヶ年居船場仰付けられ、鹿児島船観授丸へ砂糖十四万余積み入れ罷り登り候処、外湊よりも湊柄宜しき場所にて、兼久嗳惣出来砂糖すべて平土野湊より御仕登相成り、同冬下り便より二艘づつ居船場御證文をもって仰渡され候」と記載していて、二艘の船を係留して砂糖積出

へ御休み、
・同　廿一日　晴北
一今日南河関平御かり立、得物無し、
・同　廿二日　右同
一今日せんかよりはけ嶽とふ山迄御狩立の所、奉行間伏にて大三才完壱丸拙者打留、御両様手々村御差入、拙者には是より御暇にて帰宅、
・同　廿三日　晴北東
一今日は在宅、御月待いたし候、
・同　廿四日　晴
一今日兼久札所出張、
・同　廿五日　晴東
一今日大工伊太郎殿、ぬり師吉次郎殿被差越候、
・同　廿六日　右同
一今日より居宅造作取付候、
・同　廿七日　右同
一今日兼久札所出張、
・同　廿八日　右同
一今日御両様花徳より水無田山御かり立に付、致登山候様問合来、兼久嗳狩立人数中列立致登山候処、横倒椎木にて五年がら芳澄衆打留、御頭様方母間へ御下り、拙者は岡前へ帰宅、
・同　廿九日　晴東
一今日兼久札所出張、
・十月朔日　晴東
・同　二日　右同
一今日兼久札所出張、
・同　三日　雨北東
一今日迄札方皆掛相成候、

港とし重視されていたことが分かるが、まだ御蔵は設置されていなかったのであろう。四月二八日の日記には、近藤代官が「平土野へ御越し湊御見分並びに御蔵平土野へ引寄せ御見分、掛渡し樽津下ろし場普請御見分等にて」と記されている。そして、七月二八日には義峯山と仲為が「平土野蔵敷賦方につき平土野へ出張」して敷地作業が行われている。これらの人夫には一日五合の飯料が支払われたのであろう、九月三日、飯料の拝借を願い出て三〇石を融通して貰った。こうして、九月一七日、代官の「平土野御蔵普請御見分」が行われたのであった。

【文面】
・九月二一日、南河関平にて狩をされたが、獲物はなかった。
・二二日、せんかよりはけ嶽まで御狩立のところ、奉行間伏で三才猪一頭を私が打留めた。御両様は手々村へ移動され、私はお暇して帰宅した。
・二三日、今日は在宅して、御月待を行った。
・二四・二七・二九・一・二・三日まで兼久札所へ出張。一〇月三日、手札改めの作業を終了した。
・二五日、大工伊太郎殿とぬり師吉次郎殿が来られた。
・二六日、今日より自宅の造作に取りかかった。
・二八日、御両様が花徳より水無田山へ狩をされるので、登山するよう連絡があり、兼久嗳の狩立人数を引連れて登山したところ、横倒椎木にて五才猪を芳澄衆が打留めた。御頭様方は母間へ御下り、私は岡前へ帰った。

【月待ち】
九月二三日には二十三夜を祭っている。一月・五月・九月の二三日に祭り、航海安全を祈願した。二三日は月が出る時間が遅いので、祭壇に線香をあげながら昔話を語る場でもあった。太陽に見立てた大き目の親餅と星の子餅多数を供える。徳之島ではシダラ（ヤブニッケイ）の枝を東に向けて活けるという。

【狩夫】
九月二八日の狩においては「兼久嗳狩立人数中列立」とあるので、夫役として「狩夫」が割当てられたのである。大島の場合『大島規模帳』には「春秋二度狩夫代として用夫一人につき起米四升または代銀一匁二分を申付け、米・銀で上納できない場合は下芭蕉六斤・尺筵二枚ずつ代納」と定められている。なお、狩夫においては与人・横目・筆子・掟と長患いの者は除かれた。

・同　四日　右同
一今日札改済祝於兼久に牛突合、拙者には雨天ゆへ不差越候、
・同　五日　半天東北
・同　六日　曇北
・同　七日　曇北
一今日御用談に付、兼久役所へ出張候、尤帰掛ケ平土野へ立寄、普請差引いたし候、
・同　八日　曇北
・同　九日
・同　十日
・同　十一日　曇北
一今日惣役々役所へ出会、諸事申談、尤横目役中村々砂糖方其外請込相究候事、
・同　十二日
・同　十三日　曇北
一今日平土野御蔵普請成就、祝として三夫婦相揃候人通初いたし度相しらべ、福嘉美衆子孫相栄へ居候付、実盛通し初候処、子孫惣人数弐ヵ拾壱人順々通し初□、与人惣横目其次役順々入初賑々敷祝いたし、暮時分より引取、
・同　十四日　曇北
一明十五日手本樽改方に付、亀津へ差越候、
・十月十五日　晴北
一今日三間切手本樽村々より壱挺御座御庭へ差出請御見分候処、皆とも都合能相済候、左候て引次惣横目黍横目御座へ罷出候様被仰付罷出候処、養蚕調方に付、桑木仕立方の儀、先年より被仰渡置候得共、桑木不致繁茂、役々染付薄所より右式に相及候間、以来三役には心添にて津口横目にも掛可被仰付候付此涯□□、**（以下欠落している）**

［文面］
・一〇月四日、手札終了祝として兼久で闘牛があった。私は雨のため行かなかった。
・七日、話合いがあり役所に出張。帰りに平土野に立寄って蔵普請の指図をした。
・一一日、今日は全役々が出勤し、諸事について話合った。なお、横目役は村々の砂糖やその他の分担を決めた。
・一三日、今日は平土野の御蔵普請が成就し、祝として三夫婦（三代）揃いの人を通り初めにしたいと調べたところ、福嘉美衆の子孫が栄えており、実盛が先頭に立って子孫惣人数二一人が順々に通り初めをした。与人・惣横目以下も役順に従って通って賑やかに祝をし、暮時分に終った。
・一四日、明日、手本樽の改め方があり、亀津へ出かけた。
・一五日、今日は三間切の手本樽を村々から一挺ずつ御座の御庭へ差出し、御見分を受けたところ、全部都合よく終った（合格した）。それから引続き、惣横目と黍横目は御座へ来るよう仰付けられたので参上すると、養蚕調方に関して「桑木の栽培については先年より仰渡しておいたが、桑木が繁茂していない。これは役々が馴染み薄く（熱心でないため）右のようになったので、今後は三役が心して、津口横目にその係を仰付け…」と仰渡された。**（以下欠落している）**

［『道統上国日記』寄り⑬ ～ 養蚕の導入］

文久三年の道統上国日記にも「養蚕方掛」を仰付けられた次のような「写」があり、養蚕が政策的に導入されて、新たな収奪が始まったことが分かる。

写

一扇子一対　一白紙十帖　一帯一筋

徳之島　道董

右は養蚕方掛被仰付候処、当座え追々罷出、何遍懸心頭致習受寄持の至候、依之右の通頂戴被仰付候、

亥十一月朔日　御織物方

右（道董）は御用白糸御国産を以被為整候処、島々迄も養蚕御取建被仰渡、就ては右掛被仰付候付、御趣意奉汲受万端行届、屹と御用分相満候様、精勤可致事、

亥十一月朔日　御織物方

（一〇月一六日～一一月一日の日記が欠落している。）

・十一月二日

（前を欠く）

御越兼久嗳役々中には阿布黍地見賦いたし候、尤今朝御膳右人数中より差上候、

・同　三日　晴北

一東様御蔵払、役々中には阿布木名黍地見賦いたし候、

・同　四日　晴北

一東様御蔵払、役々中には兼久村黍地見賦、東様今日兼久御差入、拙者には今日御代官様岡前村御差入に付帰宅、拙者より御迎に差上候、

・同　五日　晴北

一御代官様今日松原へ御移に付、四つ時分より出立兼久へ差越候処、兼久村今日昼時分迄見賦相済、昼過より大つ川黍地見賦にて大つ川御止宿。

・同　六日　晴北

一今日大つ川御出立、水無田山御狩立当部御下り、今日小三才完壱丸犬喰有之候、

・十一月七日　晴天

一今日当部黍地、昼時分迄相済、瀬瀧村黍地御見分、

・同　八日　晴天

一今日瀬瀧村残り黍地御見分、阿木名御差入、

・同　九日　晴北

一今日東様阿木名黍地御見分、役々中にはかり立いたし候得共得物無之、

尤今日厚徳丸井之川着にて、東様御宿許状今晩届来候、

・同　十日　晴北

一今日東様阿木名残黍御見分にて□□□御通掛崎原へ御差入、役々中に

徳之島問屋

来春島許飼用の蚕種子紙并糸取道具可被相渡候間、糸数取調願可被成候、此段申達候、

い十一月廿二日　　御織物所

大島においては年代不明であるが、早くから養蚕が行われていた。宇検村阿室の山畑家には「文政三年八月　辰秋　阿室村桑納内納牒」が保存されている。この文書によると、六三名が一五三本の桑の木を割当てられていて、上納真綿が五三七匁九分とあり、桑一本につき三匁三分（三分は口打）の上納が義務付けられていた。

なぜこの年に徳之島に新たな上木高として養蚕を命じたのであろうか。幕末の薩摩藩は軍備の強化が急務であった。その資金源として養蚕が導入されたものと考えられる。薩摩藩は黒砂糖で収奪し、さらに養蚕で収益を目論んだのである。こうして討幕資金は道之島の「御国産」にその大半を依存していたのであった。

［文面］

・一一月二日、（前を欠く）来られ、兼久嗳の役々は阿布木名の黍地を見積りした。なお、今朝の御膳（朝食）は右の人達が差上げた。

・三日、東様は御蔵払いを行い、役々は阿布木名黍地の見積りをした。

・四日、東様は御蔵払いをされ、役々は兼久村黍地の見積りを行った。東様は今日兼久に入られた。私は今日御代官様が岡前村に来られるというので帰宅して、お迎等をした。

・五日、御代官様は松原へお移になり、一〇時ごろ出発して兼久へ行ったところ、兼久村の見積りは昼時分まで済んだ。昼過ぎから大津川黍地の見積りを行った。大津川にお泊りになった。

・六日、大津川御出立。水無田山で御狩立を行い当部へお下り。今日は小物三才の猪一頭を犬喰（犬が追出し）で仕留めた。

・七日、当部の黍地見積りを昼時分まで済ませ、瀬瀧村の黍地御見分をされた。

・八日、今日も瀬瀧村の残り黍地御見分。阿木名へ入られた。

・九日、東様は阿木名黍地を御見分。役々は狩をしたが獲物はなかった。なお、今日厚徳丸が井之川に来た。鹿児島から東様の宿もとへ書状が今晩届けられた。

・一〇日、東様は阿木名の残りを御見分され、崎原へ入られた。役々中は当部村の再

は当部村見賦再見分として当部へ差越候、
・同　十一日　晴北
一当部村再見賦昨日相済、今朝の間算用方為相済、御届方黍横目両人并時應衆被差越、拙者には兼久へ差越候、
・同　十二日　晴北
一昨日当部村見賦御届申上候処、不都合に付、拙者崎原村へ差越候様被仰越、未明出立五つ時分崎原へ差越罷出候処、当部村見賦少く御付、今千四百斤丈ヶ相重候様被仰付相重、糸木名にて御届申上候処、都合能相済、時氏同道兼久へ罷帰り候、
・同　十三日　晴北
一今日黍見廻中御用にて、三役出席於役所に見賦切札作人中□へ渡方并砂糖方諸事申渡、岡前へ帰宅、
・十一月十四日　晴北
一今日岡前嗳先祖祭りに付墓参いたし候、尤徳吉衆平土野御蔵絵図取方として今日兼久へ被差越段問合来、兼久へ差越候、
・同　十五日　晴北
一今日平土野より湾屋迄徳吉衆同道見分いたし、昼時分同人井之川へ被帰、拙者岡前へ帰宅、
・同　十六日　晴北
・同　十七日　晴北
一今日御代官様花徳より水無田山御かり立候段、登山候様申来**（以下欠落している）**

（この後、一一月一八日～一一月晦日の日記が欠落している。）

見積りのため当部村へ出かけた。
・一一月一一日、当部村の黍再見積りは昨日で終り、今朝まで計算を済ませ、御届方には黍横目両人と時應衆を遣わし、私は兼久へ出かけた。
・一二日、昨日当部村の見積りをお届け申上げたところ、不都合があるということで、私に崎原村へ来るよう連絡があった。未明に出立し、午前八時ごろ崎原へ伺ったところ、当部村の見積りは少ないということで、これに一四〇〇斤だけ追加するよう仰付けられた。追加して糸木名でお届け申上げたところ、都合よく済んだので、時氏と一緒に兼久へ帰ってきた。
・一三日、黍見廻を御用として集め、三役も出席して役所で砂糖見積りの切札（割当の札？）を作人中へ渡すとともに、砂糖方について諸事を申渡した。岡前へ帰宅。
・一四日、岡前嗳では先祖祭のため墓参した。また、徳吉衆が平土野御蔵の絵図作成のため、今日兼久へ来られるとの問合せがあり、兼久へ出かけた。
・一五日、平土野から湾屋まで徳吉衆と一緒に検査し、昼ごろ徳吉衆は井之川へ帰られたので、私は岡前へ帰宅した。
・一七日、御代官様が花徳から水無田山まで狩をされるので、登山するよう連絡があったが…**（以下欠落している）**

［先祖祭］

先祖祭のことをウヤフジ祭という。現在のウヤフジ祭については故徳富重成氏の詳しい調査と右のような分布図が作成されている。（徳富重成著『雑記集成（8）』）

祭日が三地域に分かれているが、その理由は『徳之島事情』『徳之島小史』に記されている。呼称については徳富氏によると神之嶺ではミネ祭りといい、井之川ではトゥルミという。そして伊仙ではドンガ、亀津ではウヤフジ祭という由。沖永良部島でもトゥールミといい、ドンガは大島ではミハチガツの中にある。ウヤホジは喜界島・沖永良部島でも使われているが、古称はトゥールミであろうか。

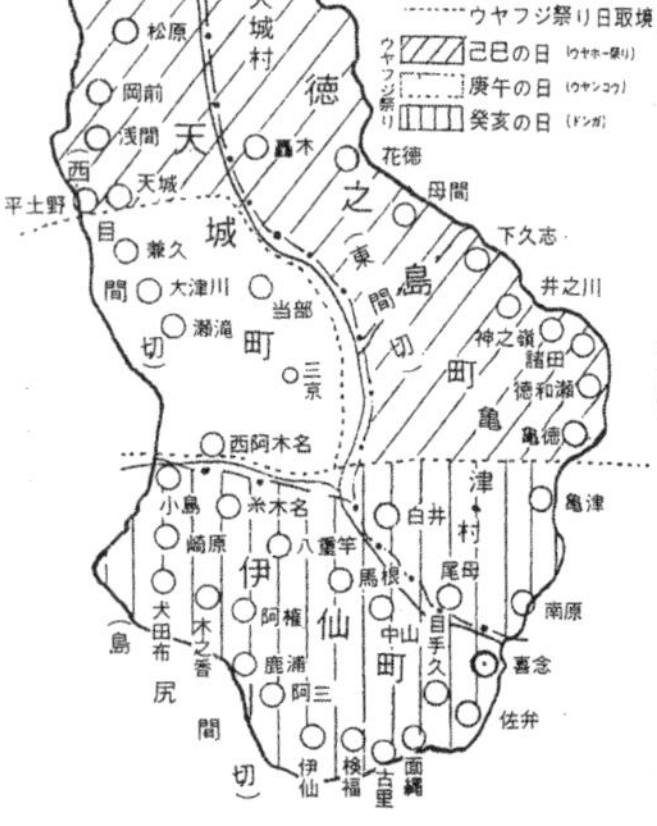

（前を欠く）
・十二月朔日
一今日砂糖煎方取締一件、御請書相調御届方、佐恵美衆を以兼久へ差出候、
・同　二日　晴北
・同　三日　右同
口上手控
乍恐申上候、先日
御前より承知仕候沖永良部島下城村西原と申もの、去秋当島へ稼方として罷渡、帰帆の節乗後、当島へ狼狽居候段、住居場所承付可申上旨被仰付、聞繕方為仕候処、福世喜下女めしやと申者へ取会、木之香村下島群原と申所へ木屋掛にて罷居候段承届候間、何様可仕候哉御前へ御伺の上、何分為御知被下度奉頼候、以上
十二月三日　仲為
前御館様
御役人衆
・十二月四日　晴北
一今日兼久役所へ差越、諸事申談帰宅、
・同　五日　晴北
一今日紀氏阿木名へ被差越候様申談候事、
・同　六日　晴北
一前御かり屋様、花徳より水無田山御かり立、得物なし、
・同　七日　晴北
一今日前御仮屋様花徳村御出立、轟木村御通掛砂糖煎例并御かり立にて、浅間御下り完弐丸得物有之候、

［文面］
（前を欠く）
・一二月一日、砂糖煎方の取締一件につき御請書を調えて、提出を佐恵美衆に頼んで兼久役所へ差出した。
・三日、
口上手控～恐れながら申上げます。先日、代官所から承りました沖永良部島下城村の西原という者、去年秋に徳之島へ稼ぎのため渡ってきていたが、帰帆のときに舟に乗り遅れ、徳之島でうろうろしていて、その住居場所を聞いて届けるよう仰付けられたので、いろいろと聞きだしたところ、福世喜の下女めしやという者と関わり、木之香村の下島群原という所へ小屋を作って住んでいるとの届けがありましたので、どのようにしたらよいか代官所へお伺いいたします。何分対応をお知らせ下さいます様頼み奉ります。
・四日、兼久役所へ出かけて諸事について話合い、帰宅した。
・五日、今日紀氏に阿木名へ行かれるよう相談した。
・六日、前御仮屋様が花徳より水無田山へ御狩立をしたが、獲物はなかった。
・七日、前御仮屋様は花徳村から轟木村へ通りがけに、砂糖煎例をされ、また、御狩立をして浅間へお下りになった。猪二頭の獲物があった。

［『仲為日記』の記した徳之島と沖永良部島の関係］
・一八六三年一〇月二一日、沖永良部島に流罪中の大島吉之助（西郷隆盛）に、手紙と猪の肉を贈ろうとしたが、船が昨日出帆していた。（私的な用事）
・一八六三年一一月一〇日、安沢（四〇才）が一八四五年に行方不明になったが、沖永良部島に渡っていて、病気に罹り稼ぎも出来なくなったので帰ってきた。
・一八六六年八月二一日、大島から逃げてきた恵満（九才）の両親が沖永良部島に渡ったまま行方不明になった。現在四六才になり、そのまま滞島が許された。
・一八六六年一二月三日、沖永良部島下城村の西原が徳之島に稼ぎに来ていたが、帰りの舟に乗り遅れ、そのまま福世喜の下女めしやと一緒に木之香村に住んでいる。
・沖永良部島に借島（遠島）の記録が五件記されている。
一八六三年一一月、伊仙の喜美徳は不行状により折檻のため、兄達が願出て沖永良部島に借島となった。一八六四年三月、犬田布騒動の首謀者六名が大島・沖永良部島・与論島に一三年間の流罪となった。同年九月、砂糖樽二丁の積込みが遅れた宮

・同　八日　晴北
一今日東様亀津御出立糸木名御差入の段被仰渡候、且前御仮屋様浅間御出立、同村煎例并湾屋御蔵配当為御済岡前御差入、拙者より御迎申上候、
・同　九日　曇北東
一今日前御仮屋様、岡前煎例并南川関平御かり立、松原御差入、五年かり御得物有之由、且東様今日糸木名御出立崎原御差入、明十日阿木名御差入の段問合来、義峯山衆同道阿木名へ差越候、
・十二月十日　曇南
一今朝義峯山衆紀氏拙者同道、為御見廻崎原村へ差越御見廻申上、東様には小島御通掛阿木名村煎例に付、地境へ御待受、尤紀氏御供小島へ差越候、尤阿木名煎例首尾克相済候、
・同　十一日　曇北
一今日阿木名御出立、瀬瀧村煎例にて同村仕《ママ》宿、
・同　十二日　晴北
一今日瀬瀧村御出立、当部村御差入、煎例相済同村御仕宿、
・同　十三日　曇北
一今日当部御出立、大つ川御通掛兼久村御差入、拙者には佐恵美衆在会当部村在《ママ》例いたし候、
・同　十四日　晴北
一今日兼久御出立、兼久伊仙噯へ平士野御蔵より御定式配当払并諸御手形払、尤御蔵御払切候て阿布御差入、尤拙者并両黍横目手分にて兼久村煎例いたし候、
・同　十五日　曇北
一今日阿布木名煎例、尤紀氏拙者には東様御供にて山数寄人数列立、水無田山御狩立の処完古跡も不相見得、七つ時分より下山、阿布御仕宿、
・同　十六日　晴北

賢が流罪となった。一八六五年七月、評判が悪く村役の願い出により為清が大島へ、宮福が沖永良部島へ借島となる。一八六六年六月、砂糖樽の斤数をごまかした実禎と喜生を大島と沖永良部島に流罪とした。『沖永良部島代官記』には一八三一年に徳之島から遠島など六人、一八三八年に借島など五人の記録がある。

[文面]

・一二月八日、東様が亀津を出立され、糸木名へ入られると仰付けられた。また、前御仮屋様は浅間を御出立し、同村の煎例を行い、湾屋御蔵から配当を済まされ、岡前へ入られた。私がお迎えした。
・九日、前御仮屋様は岡前の煎例と南川関平で狩をされ、松原へ入られた。五才ものの獲物があったという。また、東様は今日糸木名を発たれ崎原へ入られた。明十日は阿木名の来られるという連絡があり、義峯山衆と一緒に阿木名へ出かけた。
・一〇日、今朝義峯山衆と紀氏と私は、お見舞いのため崎原村へ出かけて挨拶申上げた。東様には小島をお通りがけ、阿木名村の煎例をされるので、地境へお待ちした。なお、紀氏はお供のため小島へ行かれた。阿木名の煎例も首尾よく済んだ。
・一一日、阿木名を御出立し、瀬瀧村の煎例を行い、同村に仕宿された。
・一二日、瀬瀧村御出立、当部村へお入りになり、煎例を済ませお泊りになった。
・一三日、当部村御出立、大津川を通りがけに兼久村へ入られた。私は佐恵美衆と立会って当部村の煎例をした。
・一四日、兼久村を御出立し、兼久と伊仙噯へ平士野御蔵より御定式配当払と諸御手形払を行った。もっとも御蔵御払を終了し阿布木名へお入りになった。私と両黍横目は手分して兼久村の煎例を行った。
・一五日、阿布木名の煎例をした。なお、紀氏と私は東様をお供して、狩好きな人数を連れて、水無田山で御狩立をしたが、猪の通った跡も見えなかったので、午後四時ごろ下山して、阿布木名に泊られた。

[解説]

　一二月には入ると砂糖焚きが始まった。村ごとに詰役が立ち合って「試し焚き（煎例）」が行われている。おそらく、厳しい品質指導が行われたものと考えられる。前御仮屋様は、浅間・岡前・松原の北部を巡廻し、東様は阿木名・瀬瀧・当部・兼久・阿布木名の南部を廻っている。また、定式代米と注文の品々が配当され、さらには猪狩を楽しんでいる。この間、詰役の接待も大変であったと思われる。

一今日御帰館、拙者帰宅、
・同　十七日　晴北
一今日より歳暮かり、二手分ヶ南の手に小三才完壱丸得物有之候、拙者には内様に付面縄迄差越候、
・十二月十八日　晴北
一今日面縄出立、検福村親類中へ見廻にて阿木名村へ差入、砂糖方作人中へ申渡候、
・同　十九日　曇北
一今日早天出立、瀬瀧村作人中砂糖方申渡、暮時分兼久へ参り候、
・同　廿日　雨天北
一紀氏今日せたき迄差越候、
・同　廿一日　晴北
一今日為歳暮狩、名山よりとふな穴山迄致かり立候得共、得物無之付、狩立取止候筋申談候、尤今日紀氏兼久へ被差越候、
・同　廿二日　曇北
一今日役々中拙者旅宿歳暮物吟味いたし、池為衆所持牛殺方の相談いたし候、義峯山衆□□差越候由、
・同　廿三日　晴北
一今日池為衆所持牛殺方の上、御仮屋方へ歳暮相配り、残り銘々致候拙者帰宅、
・同　廿四日　曇北
・同　廿五日　右同
・同　廿六日　右同
一今日井之川御蔵より大豆壱升つつ、米壱升つつ配当被仰付差引、佐恵美衆被差越候、
・同　廿七日　右同

［文面］

・一二月一六日、今日東様が御帰館し、私は帰宅した。
・一七日、今日より歳暮のため狩を行った。二手に分かれ、南では三才猪一頭の獲物があった。私は私用があり面縄まで出かけた。
・一八日、面縄を出立して検福村の親類中を訪問し、阿木名村へ入って砂糖の件を作人中へ申渡した。
・一九日、早朝出立して瀬瀧村の作人中へ砂糖の件を申渡し、暮時分兼久へ着いた。
・二〇日、紀氏が瀬瀧村まで来られた。
・二一日、今日も歳暮ための狩をした。名山よりとふな穴山まで狩立てしたが、獲物はなかったので、狩を取止めるよう話合った。紀氏は兼久へ出かけられた。
・二二日、島役々が私の旅宿に集り、歳暮物を吟味し、池為衆所持の牛を殺す（牛肉を歳暮として贈る）相談をした。
・二三日、池為衆の牛を殺し（牛肉を）御仮屋方へ歳暮として配り、残りを銘々で分配した。私は自宅へ帰った。
・二六日、今日、井之川御蔵より大豆一升ずつと米一升ずつ配当すると仰付けられ差引き（帳簿記録など）のため、佐恵美衆が行かれた。

［歳暮と牛肉］

　仲為日記によると、島役は一二月下旬になると、猪を獲って詰役に歳暮として贈っていたことが分かる。昨年は一一月一七・一八日に狩を行い、一頭を「西御館」に歳暮として差上げていた。一昨年（元治元）は日記が欠落しているので不明であるが、文久三年には一一月一一日に、逃げる大猪の後足を捕まえて短刀でしとめたという「古今稀なる得物の片平ずつを御館様と東御仮屋様」に贈っている。これらの記録によると、嗳を割当てて代官と附役四人に歳暮を贈っていたようである。今年は、猪が獲れなかったので相談した結果、牛を殺して牛肉を「御仮屋方」に贈ったと記されている。おそらく、代官所の了承を得て牛肉を贈ったのであろう。それにしても薩摩藩士が牛肉を食べたという記述は珍しい。

　当然、牛を殺すためには代官の許可が必要であろう。それも畜力としては役に立たない牛であったはずである。そして、その皮が重要な上納品となったのである。これまでの日記には、一八六三年一〇月一〇日、一〇月一八日、一八六四年五月三〇日、一八六五年閏五月八日に牛馬皮の件が記載されている。

・同　廿八日　右同
一大津川富嘉登衆幸福丸より亀津へ着、直左右倅仲祐儀西郷家家来□にて上京御供被仰付、十月十五日蒸気船より前浜出帆の段承り候、
・十二月廿九日　曇南
一今日富屋衆乗船より政頂等帰島、
・同　晦日　曇北
一今日福得丸より義志孝下島、仲祐書状并直左右承り安心いたし候、

写

町田監物地頭所高城郡高城郷士山内
五兵衛弟当分山岡斎宮家来本名次助
□□ **（以下欠落している）**

（この後、慶応三年一月一日～二月二九日の日記が欠落している。）

（前を欠く）
右者明後晦日、御用の条廣帯致着用、亀津嗳与人へ相付罷出届可申出候、

二月　　代官勤　近藤七郎左衛門
兼久嗳　与　人

右の通被仰渡候処、不快にて難差越、其訳御届申上候処、快気次第罷出候様被仰渡候、
・二月晦日　晴北東風
一今日於役所に差上切砂糖并伺願書しらべ方いたし候、
・三月朔日　右同

［文面］
・一二月二八日、大津川の富嘉登衆が幸福丸で亀津へ着いた。すぐあれこれ聞くと倅仲祐は西郷家の家来として上京のお供を仰付けられ、一〇月一五日に蒸気船に乗り前浜を出帆したという話であった。
・二九日、今日富屋衆の乗船した舟から政頂等が帰島した。
・三〇日、今日福得丸で義志孝が帰島。仲祐の書状と様子を伺って安心した。
・写～（本文を欠く）
・（写）～（前を欠く）右者（仲為）は明後朔日、御用があるので廣帯を着用（正装）して、亀津嗳与人を伴って参上するよう届け出ること。

代官勤　近藤七郎左衛門

右の通り仰渡されたが、体調が悪く出かけられないので、その訳をお届申上げたところ、快気次第参上するよう仰渡された。
・二月三〇日、三月一日、両日とも役所にて献上糖と伺願書を調べた。

［解説］
ここでは重要な事項が三点記されている。一点は仲祐の件、二点は正装して参上せよとの連絡、三点は献上糖の件である。二点目については前文が不明のため正確なことはわからないが、与人への昇格辞令の交付ではないかと考えられる。

［仲祐と大島吉之助（西郷隆盛）］
・一八六二年七月、西郷が徳之島に流罪。仲為が世話をし、その子仲祐が師事する。
・八月、西郷が沖永良部遠島のため井之川に移る。仲祐は世話のため同行する。
・一八六三年六月・一〇月、西郷、仲為宛の礼状を出す。仲祐に伝言を頼む。
・一八六五年五月一四日、仲祐が永保丸で鹿児島へ学問修行に上った。
・一八六六年一〇月一五日、西郷のお供をして京都見物に出かけた。そして一二月二五日、京都にて疱瘡に罹り亡くなってしまった。この間の様子は一〇九ページに記したので参照されたい。

父仲為が一二月二八・二九日に、鹿児島から帰ってきた富嘉登衆と義志孝（仲祐と同年代で親族。一緒に島では西郷の世話をした）から「仲祐書状并直左右承り安心いたし候」と記したときには、すでに仲祐は亡くなっていたのであった。

一今日も同断、
・三月二日　晴南
一今日於役所に砂糖方諸事申談、引次伺人数願書并差切砂糖しらべ方いたし候、
・同　三日　雨北
一今日節句に付、兼久・阿布木名人数、平土野出張参会いたし、岡前へ帰る。

赦免写

名越左源太
家来　白濱伊左衛門

右文久三年亥十二月、主人依願徳之島へ居住の処、此節赦免の願被申出令免許候条、便舟を以差登候様可申渡者也

慶応二年
寅十二月十九日　　大目附御座　㊞

御用人
右の通被仰渡候条、便舟を以差登候様可申渡候、以上、
寅十二月十九　　川上正十郎
細瀧権八

右の通被仰渡候間可申渡候、左候て当夏便舟相究、津口通願出候様可申渡候、
代官勤　近藤七郎左衛門
卯二月二十八日
兼久噯　与　人
惣横目

仲祐が亡くなった以後の経緯を関係資料でまとめておこう。（徳之島郷土研究会報第三二号「西郷隆盛と仲為と仲祐」参照）

一八六六年一二月二五日、仲祐が疱瘡に罹り病死する。この日、孝明天皇も疱瘡で崩御した。一二月二八日、西郷は京都に帰り、仲祐の死を知った。二九日、西郷は鹿児島の川口量次郎に書状を認め仲祐の死を知らせている。一八六七年二月一日西郷が鹿児島に帰ってくる。二月一三日、西郷は高知・宇和島に出発する。二月二一日中原万兵衛が西郷の依頼で、徳之島に附役として在島していた福山清蔵に書状を送り、仲為に仲祐の病死と墓の建立などを知らせた。五月一五日、仲為が西郷家に書状を送った。文面に「老少不定の掟は数遁れがたく是非なき仕合」と綴る。

［文面］
・三月二日、今日も役所において砂糖の件で話合い、引続き伺人数願書（代官所の指示を仰ぐ島役昇進願書？）と献上糖の調べをした。
・三日、今日は三月三日の節句につき、兼久と阿布木名の人たちが平土野にやって来て寄り合いがあった。岡前へ帰る。
・赦免写 ～ 名越左源太の家来白濱伊左衛門は、文久三年一二月、主人の依願により徳之島へ居住していたが、この節赦免の申出があり許可されたので、便舟（便乗できる船）をもって帰国させるよう（島代官に）申渡すこと。

［解説］
名越左源太自身も一八五〇～五五年、お家騒動の「高崎崩れ」で大島小宿村に遠島になっていて、在島中の五年間で島の風物や実態を克明に『南島雑話』に記録した。なぜ家来を遠島（借島）にしたか記されていないが、自分の遠島体験と重ねながら、家来に島人と共に生活させて、改悛を期待したのであろうか。

［砂糖の献上と討幕資金］
幕末の動乱期、西郷を中心とした討幕活動費は増大していった。これを支えたのは奄美の黒砂糖であった。島民は惣買入制で搾取され、島役は活動費の足しにでもなればと、砂糖の献上に努めていた。『喜界島代官記』には、明治二年八月の令達で、藩の意向が右のように伝えられている。

方今の世態殊更亥春以来戦争旁の次第も人々承知のはず、遠海相隔て候孤島においては、生死と申すほどの御奉公はさらにこれなく、とにかく御産物（砂糖）増

阿布木名村配所

今和泉家来

上井仲太夫嫡子　上井嘉吉

右主人依願徳之島徳之島《ママ》へ居住被仰付候間、慶応二寅十二月十九日、川上正十郎細瀧権八取次御引付を以被仰渡、此節長安丸より被差下候付、右村へ配所申付候条、早々相請取、他村不致徘徊等相慎罷居候様、堅可申渡置候、

代官勤　近藤七郎左衛門

（以下欠落している）

（この後、三月四日～四月三日の日記が欠けている）

（前を欠く）

牛馬皮の儀当時一廉の御産物に候処、近年仕登相少く、就中大島の儀不應島柄に僅計仕登にて、喜界には全無之、抜皮いたし候者も有之哉に相聞得、大坂表手付相成候処段々抜皮致露顕取揚相成、別て不埒の至候付、以来取締向一握厳重手を付、精々御買入相増候様可取計候、此旨島代官并見聞役へ申渡、左候て此節下島の上先詰役申談取締向々趣法相立、委細成行届申出候様是亦申渡、大坂詰見聞役へも可申越候、

二月右衛門

右の通被仰渡候間御趣意に基、已来猶亦可致取締此段申渡候、以上

代官勤　新納源左衛門

卯三月二十七日

三間切　与人

惣横目

し行き方肝要のことにて、一島中昼夜心がけざるには相すまざる時勢柄、…

ここには亥（一八六三）年の薩英戦争以来、戦い続きのことは承知のはずであり、孤島においては「生死の御奉公」が出来ないので、砂糖の増産で奉公することが肝要であると命じられている。本土領内で「生死の御奉公」をしたのは藩士であって百姓ではない。しかし、道之島の百姓に対しては「君達は生死のご奉公が出来ないから砂糖を増産せよ」と、詭弁の論理で命じているのである。この令達は明治二年のものであるが、「生死の御奉公」は、討幕資金源として道之島の黒砂糖が重視されていてことを示す藩庁の基本方針ではなかったか。

原口泉氏は「黒砂糖の収益なんて、もうとるにたりません。薩摩の討幕資金、つまり中央での政治資金というのは、黒砂糖の収益からでてきたわけではありません。」（知名町教育委員会編『江戸期の奄美諸島』）と、道之島の島民を収奪した黒砂糖の歴史的役割を否定し、その資金源は黒砂糖ではなく上海貿易の利益であったと主張している。原口氏の見解は全く史実に反しており、上海貿易は幻であった。

［文面］

・（配所申渡書）～右の者は主人の依願により慶応二年十二月、徳之島に借島を仰渡され、この度長安丸で差し送ったので、阿布木名村へ配所を申付け、早々受取り、他村へ徘徊せず、謹慎するよう堅く申付け置くべきこと。

・（牛馬皮の取締令）～牛馬皮は現在、重要な「御産物」であり、近年は仕登せが少ないが、中でも大島は島柄に似合わず僅かばかりの仕登せに過ぎず、喜界は全くなく、抜皮（密売）する者もあると聞く。大坂表で調査したところ、段々と密売が露顕したので取揚げとなった。これは特に不埒の至りであり、以降取締を一層厳しくして、出来るだけ御買入が増加するよう取計らうべきである。この旨を島代官や見聞役へ申渡す。そして、今回下島したら前詰役と相談し、取締の趣法を定めて、詳しくその経緯を届けるよう申渡す。大坂詰の見聞役へも通達すべきこと。

［解説］

牛馬皮の取締令には新代官名が記されている。『天城町誌』によれば慶応三年三月、代官新納源左衛門、横目町田甚助、附役深見龍之進・池水七之助・新納次郎五郎が着任した。他に橋口甚左衛門も赴任しているが町誌には記されていない。

・四月四日
一今日伊勢丸積下り米為御取納、橋口甚左衛門様浅間へ御差入、
・四月五日　晴東
一今日わんや御蔵へ伊勢丸積下り米御取納、
・同　六日　晴南
一今日昼時分迄わんや御取納為御済、平土野へ御越、宝圓丸積下り米御取納、長昌丸積下り大豆御例為御済、阿布木名村へ御止宿、
・同　七日　晴西
一今日長昌丸積下り大豆御取納并西目間切御定式配当、
・同　八日　晴東
一今日井之川噯伊仙噯同断、
・同　九日　晴東
一今日亀津噯喜念噯御定式配当、尤寶山丸御米積入平土野へ下着、
・同　十日　晴東
一今日寶山丸積下り御米取納候事、
・四月十一日　晴東
一今日三興丸へ砂糖掛渡為御済候、
・同　十二日　晴北
一今日西目様岡前御蔵御米御取納、尤池水七之助様為御代合阿布木名村へ御差入、
・同　十三日　晴東
一今日橋口殿御帰館《ママ》、池水殿御事《ママ》、秋利神出砂糖宝圓丸へ掛渡方為御済、阿布へ暮時分より御帰、
・同　十四日　雨東
一今日雨天ゆへ御休み、
・同　十五日　曇南

[牛馬皮と薩摩藩の産物売上高]

『仲為日記』では一八六三年一〇月、牛馬皮取締を厳重にするよう命じている。また、島役の引継帳簿の一つに「牛馬皮御届留帳」があり、五月には、牛馬皮を鹿児島に送り、牛馬皮見積書を代官所へ提出していた。このように、牛馬皮は黒砂糖に次ぐ重要な産物であったが、その割合は黒砂糖の四％にしか過ぎなかった。

一八六四（元治元）年の大坂蔵屋敷収支決算書には、藩内の産物を売り捌いた収入が、次のように記されている。（『鹿児島県資料　玉里島津家史料　四』、五〇〇〇両以上の産物のみをあげる。数字は漢数字に直し、朱以下は切捨てた）

一金　四一八、七〇二両　砂糖代
一金　五、二七一両　米御囲替に付、古米御払代
一金　一一、四一六両　生蝋代
一金　六、〇四九両　新製砂糖代　（一一、〇八九両　御下渡金）
一金　六、一三三両　御手山産物代　（　六、七六一両　御手山方通帳払）
一金　一五、二七二両　牛馬皮代　（一五、四三四両　牛馬皮方通帳払）
一金　一三、九四一両　紅花代　（一二、七八四両　紅花方通帳払）

これらの売上高を比較すると、奄美の砂糖収入がいかに藩財政を支えていたか一目瞭然である。「新製砂糖」は本土領内の桜島や指宿で生産された砂糖であり、これには「御下渡金」という補助金が支出されていて、差引きすると赤字になっている。結局、奄美の砂糖は経費をかけずに収奪し、新製砂糖は補助金を出して保護したのであった。こうして薩摩藩は奄美の砂糖には差別政策を貫徹していたのである。なお「通帳払」は担当役所へ振り込んだ売上金ということであろう。

[文面]

四月四・五・六・九・一〇・一二日には積下米があり、蔵に取納めている。また、大豆も運ばれてきた。七・八・九日には定式砂糖代米が配当されている。さらに、一一・一三日には砂糖の掛渡しが行われていて、この期間は砂糖の積込みと米の積下しや米の配当であわただしく過ぎていった。

・四月六日、（橋口甚左衛門が）昼時分まで湾屋御蔵へ伊勢丸の積んできた米を取納めて平土野へ行かれ、宝圓丸の米も取納められた。長昌丸積下りの大豆が先例にならって配当され、阿布木名村にお泊りになった。

・一三日、橋口様は御帰館。池水様が秋利神の砂糖を宝圓丸へ積渡しされ終了した。

一今日湾屋入着泰運丸御米（以下を欠く

（四月一六日～二三日が欠落している。）

・同　廿四日　曇東

一今日迄砂糖樽卸方相済、焚直し方迄相済候、尤今日御代官様にも御差入に付、拙者花徳迄御迎差越候、

・同　廿五日　晴東

一今日寶圓丸取揚砂糖無難樽弐百丁余并焚直し、樽五百丁余湾屋居舟泰運丸へ掛渡いたし候、

・同　廿六日　晴東

一今日御代官様御帰り、御供紀喜美実衆被差越候、尤御船寶山丸船滓入札被仰出候、

・同　廿七日　晴南

一今日御船寶山丸船滓番付并帳留いたし候、

・四月廿八日　曇北

一今日寶山丸網類仕登に付尋取、御見分被為在、右引ヵ揚方差引私へ被仰付候、

・同　廿九日　雨天東

一今日上御横目様御帰り、御供喜美川衆、前御仮屋様御休み、

・同　晦日　曇天東

一今日前御仮屋様湾屋御取納方にて松原へ御差入、尤今日入札御届申上候、

一今日網干方平土野へ出張候得共、半天故干方不相調候事、

・五月朔日　曇東

・同　二日　晴東

［文面］

・四月二四日、今日まで砂糖樽の下し方を済ませ、砂糖の焚直しまで終えた。なお、今日御代官様が来られるので、私は花徳までお迎えに行った。

・二五日、寶圓丸から取揚げた（下した）無事な砂糖樽二〇〇丁余と焚き直した樽五〇〇丁余を湾屋に停泊していた泰運丸へ積込んだ。

・二六日、御代官様が帰られ、お供に紀喜美実衆が来られた。なお、御船寶山丸の船《せん》滓《し》（破船した残骸）の入札が仰付られた。

・二七日、御船寶山丸の船滓の順位（入札価格か）を定め、帳簿に記入した。

・二八日、寶山丸の網類を鹿児島に送るため探し出して見分された。右の網の引揚げや差引（入札価格の計算か）を私に仰付けられた。

・二九日、今日上御横目様が帰られ、お供を喜美川衆がした。前御仮屋様はお休み。

・三〇日、前御仮屋様は湾屋の御取納方をして松原へ入られた。なお、今日入札の届けを行った。

・五月一日、網干しに平土野へ出勤したが、曇天のため干すことが出来なかった。

・二日、今日は諸御届とご挨拶のため松原へ出かけた。なお、寶山丸の網切れを干した。

［解説］

この期間は、時化によって遭難した御船の事後処理が記録されている。一六日～二三日に砂糖積船寶圓丸と、御船（藩保有の船）寶山丸二隻が難破したようである。

寶圓丸からは、潮に濡れた砂糖樽や海底に沈んだ砂糖樽を引揚げて、焚き直しを行っている。その数五〇〇丁余であった。また、海水がかからなかった無事な樽が二〇〇丁余あった。合計七〇〇丁余の砂糖樽を湾屋に停泊していた泰運丸に積替えている。

二六日には破船した御船寶山丸の「船滓」について、払い下げの指示が行われている。また、網類を積んでいたが、これは鹿児島に「仕登せ」するためのもののようである。これらの網は島で作製し上納するための網であろうか、あるいは琉球から取寄せた網類なのか。網は干してから上りの船で鹿児島に送ったと考えられる。なお、破損船具については、あらかじめ仲為が品定めを行い、それらを記帳して入札に臨んでいる。

一今日諸御届向并御見廻として松原へ差越候、尤今日寶山丸網切れ干方
干し方いたし候、
兼久村中宿
検福村の　納里
右者御用有之ものにて、慥成才領《ママ》相付当所へ列越、亀津噯惣横目方
へ相付、届申出候様可取計、此段申渡候、以上
代官勤　新納源左衛門
卯五月朔日
兼久噯　惣横目

右の通被仰渡、宰領人阿布木名黍見廻富傳に古役人壱人村横目相付差
遣候、
・五月三日　曇南
一今日古方御代官様両御附役様、御乗船弁天丸井之川湊より出帆の段承
り候、
一御船寶山丸船滓入札去る晦日御届申上候処、至極下直の入札にて御詰
役方別て御不納得にて、外破舟弐艘同様人数組合候て、売払方いたし
候様、書役徳友衆早打にて平土野へ被差越候付、嘉鼎保衆喜美川衆浅
間へ船滓買入候方聞合被差越候処、左の通願書を以申請方願出候、
・同　四日　曇北
口上覚
（「口上覚」に続くページが欠落し、「口上覚」の本文を欠く）
（この後、慶応三年五月四日～明治元年一月七日の日記が欠落している）

[文面]
・（写）～兼久村中宿《なかやど》の納里に御用があるので、身元の確かな監督を付けて代官所へ連行し、亀津噯惣横目が付き添って届出すよう取計らうべきこと。
右の通り仰渡されたので、監督として阿布木名の富傳に元島役人一人と村横目を付けて遣わした。
・五月三日、今日、前御代官様と両御附役様の御乗船弁天丸が、井之川湊より出帆したとのことを聞いた。
・御船寶山丸の船滓入札を去る三〇日にお届け申上げたところ、大変安値の入札だとして御詰役方は特に納得されず、他の破舟二艘と同様に人数を組合せて、売払うよう命じられ、書役の徳友衆が早馬で平土野へ伝達のため来られたので、嘉鼎保衆と喜美川衆が浅間へ行って、船滓を買入れる者たちを問合わせた（募った）ところ、左の通り願書を提出して申請けることを願い出た。（願書の記載なし）

[解説]
「中宿」については全く徴すべき史料が未見である。本土領内で「中宿《なかやど》」とは、生活困窮者を一定の期間、経済的余裕のある地域に移住させることをいうとある。その一例として、大久保利通家も一時市来に「中宿」して経済力を回復させたという。（鹿児島県社会科教育研究会高等学校歴史部会編『鹿児島の歴史』一二七ページ）
「御船寶山丸船滓入札」については、入札価格が安かったので、再入札を行うよう命じられている。これは藩役人の横暴ではなかったか。結局、島民は惣横目の面子を立て、「人数組合」をもって高く買い付けなければならなかったのである。

[前詰役の滞在]
任期を終えた前詰役は、二・三月に鹿児島から下った帆船が、島の砂糖を積んで上る五・六月に便乗して帰国していた。その間、彼等は井之川の移仮屋で過ごすのであるが、この時期の慌しさと島民の負担については、次のような上申書に記録されていた。（「與論在鹿児島役人公文綴」より。口語訳で引用する）
この文書は一七五〇（寛延三）年、上国していた与人納山に、藩庁から島方へ赴任する詰役の任期を一年交代にしたいが、「島方差支えの有無の訳をお尋ねに付き」上申したものである。与人納山はこの上申書で一年交代では、負担が大きく「百姓共禿《はげ》入り申すべきと存じ候」と訴えていたが、『前録帳』によれば寛延三年「此御代ヨリ壱年御代合御国許ヨリ被仰出候」となり、結局、一年任期は、寛延

（前を欠く）

辰正月六日　　井之川噯
西目間切
与　人

右の通被仰渡拙者には不快故頼遣候事、

・正月八日　晴北

一今日四つ時分、御用左の通り自御国元御褒詞被仰付候、

写

一徳之島製砂糖の儀追品位宜相成、就中当年仕登の株には製法行届、大坂表直成相進候段申来、畢竟与人掛役々諸下知行届、作人共へ一統製法方入念候処より、右次第別て御都合相成候付、代官より屹と褒置、猶亦入念致煎方品位弥相増候様可申渡旨、代官へ可申越候、

八月　　右衛門

右の通被仰付候旨、此節三島方掛御役々より申来候間難有承知仕、製法向尚亦行届候様可致精勤候、左候て砂糖方掛役々中へも右の趣可申渡候、

兼久噯　与　人
惣横目
黍横目

・正月九日　晴北

・同　十日　晴南

一今日兼久へ差越候、

三（一七五〇）年から宝暦六（一七五六）年まで実施されてしまった。この間、島民は左のような夫役を負担しなければならなかったのである。

・徳之島では、代官所仮屋は東間切亀津村にあり、代官交代の年には前詰役は二月初め頃、一里半ほど離れた井之川村の隠居仮屋に転居した。このときに仮屋の普請を行うので、一年交代になると毎年普請しなければならなくなり、賦役が二倍になる。さらに、前代官の井之川移転の荷物運びと新代官の荷物受入れが毎年行われ賦役が重なってしまう。…新代官は三月頃下島し、前代官が六月頃上国する間、亀津・井之川に詰役が八人も滞在し、殊に前代官は上国前に諸御用を言いつけるので出夫がかさみ、このような負担が毎年続くことになる。…この時期は田植えや麦刈り、粟・大豆などの植付けの最中であり、百姓は少しも暇がない時である。代官が毎年交代になると、右の他にも色々と出夫が多くなり、島中が迷惑を蒙ることになる。徳之島の田地の大部分が天水田であり、田ごしらえや植付けに時間がかかるため、今のような出夫でさえようやく農作業が調っているところであり、これ以上の出夫が重なると、早速百姓が「禿《はげ》入り申すべきと存じ候（百姓がいなくなるほど困窮するものと考える）」。

［文面］

・一月八日、今日一〇時ごろ、御用として左の通り御国元から御褒詞が仰付られた。

・写～徳之島製の砂糖品質が追々よくなり、中でも今年の仕登せの砂糖は製法が行届いていて、大坂表の値段も高くなったという連絡があった。結局与人や係役々の諸下知（指導監督）が行届き、作人共がそろって製法方を入念に行ったため、右のように特によくなったので、代官から必ず褒め置き、さらに入念な煎方で品位をますます高めるよう申渡すことを、代官へ申伝える。右の通り仰付けられるよう、この度三島方係御役々より伝達があり、有難く承り、製法向がなお行届くよう精勤し、また、砂糖方の役々中へも右の趣を申渡すこと。

［解説］

この褒詞は一八六七年八月に出されていて、品質がよくなった徳之島産糖は戊辰戦争（一八六八年）の資金源として大いに貢献したものと考える。

写
一砂糖入小樽百挺
　但皆掛三拾斤
右は是迄御免被仰付候音物小樽七百挺にては役々音信不引足、本行の通重仕登の願出伺置候処、願の通被仰付候旨、卯十月六日税所行兵衛取次を以被仰渡候段、三島方掛御役々より申来申渡候、
　　　　　　代官勤　新納源左衛門
辰正月八日
　　　　　　三間切　与　人

・正月十一日　晴北
一今日兼久村所役中作人中召寄、此節御国許より被仰渡候褒詞申渡候、
・同　十二日　晴北
一今日大津川村へは義峯《ママ》山時氏、阿布木名へは拙者富祐恵衆差入、前条同断申渡候、
・同　十三日　曇南
一義峯山衆拙者には前条御褒詞一件并砂糖（以下を欠く）

（ここで仲為日記は終っている）

　七〇ページにあげたように、徳之島の産糖は一八六七年春には約四四七万斤にも達し、例年にない豊作となっている。この年の道之島産糖は五島の合計で一八〇〇万余斤になり、この収益が薩摩藩の財政を支え討幕資金となったのである。このような貢献に対して、藩庁は「代官より屹と褒置」と褒詞を与えたのであった。
　徳之島産糖は、与人以下役々がよく作人を指導して品質向上に努め、その結果、大坂における値段も高くなり、藩蔵入を増大させたのであった。この増産に対して藩庁は、島役人に僅かばかりの音信用小樽を追加して与え、一般の作人に対しては通り一遍のお褒めの言葉をかけただけで、逆に「亦入念致煎方品位弥相増候様可申渡」と命じて、一層の収奪を目論んだのであった。このような封建制の権力構造の中では、島役人は収奪されながらも「難有承知仕」と媚びへつらう他はなく、藩庁の命令に抗すべき術を知らなかったのである。これがまさに幕末時代の「生死と申すほどの御奉公」（『喜界島代官記』）に換わるべく、藩庁が命じた惣買入制下の「飴と鞭」の悲しい現実であった。

［文面］

・写～砂糖入小樽一〇〇挺（三〇斤入れ）
　右は、これまで許可されてきた音物《いんもつ》（贈物用の）小樽七〇〇挺では役々の贈答用が不足したので、本行の通り追加の仕登せを願い出ていたところ、願いの通り仰付られた（許可された）旨、昨年一〇月六日、税所行兵衛の取次ぎをもって仰渡されたという、三島方係からの連絡があったので申渡す。
・一月一一日、兼久村のシマ役人と作人を集めて、この度御国元から仰渡された褒詞を申渡した。
・一二日、今日、大津川村へは義峯山衆と時氏、阿布木名へは私と富祐恵衆が入って、同じように申渡した。
・一三日、義峯山衆と私は御褒詞の一件と砂糖（以下を欠く）

［解説］

　音信用の小樽追加の許可は、先の砂糖増産に対する報奨であったと考えられる。この小樽が許されたのは、五〇ページであげたように島・シマ役人であった。藩庁は小樽を追加することによって、彼等に忠誠を求めたのである。そして、島役以外の百姓は収奪の対象でしかなかったのである。が、この後、時代は大きく変転して封建制下の藩政時代も、明治七（一八七四）年をもって終焉したのであった。

第二章　解題・解説と砂糖政策に関する項目

第二章　目次

一　『仲為日記』解題

「仲為日記」が最初に活字本となって刊行されたのは、昭和三三年であった。当時、徳之島町亀津において南西日報社（後に徳州新聞社と改称）を経営し、南西日報（後に徳州新聞と改称）を発行されていた小林正秀氏が『犬田布騒動』という表題で出版したものである。

その後、昭和四三年に第二版が出版されている。この第二版は『郷土資料集　第9集　仲為日記　犬田布騒動』という表題になっている。

小林氏は第一版序文において、『仲為日記』の出版に至るまでの経緯を次のように述べている。

今年（昭和三十三年）は南西日報社の創立五周年に当るので記念出版として本書を刊行した。

本書の前篇には仲為日記を、後篇には犬田布騒動を語る座談会を収録した。

仲為日記は南西日報の古くからの読者は御存知のことと思うが、昭和二十八年七月一日から二十三回にわたって南西日報に連載したもので、ひとたびこれが、紙上に紹介されるや、島の内外各方面から非常な反響を呼んだ…（以下略）

さらに、古文書の原本をどうして手に入れたかについても、次のように記している。この記述によれば、原本は反古紙として廃棄されようとしていたものであったといい、まさに小林氏による奇遇な発掘であった。

なお仲為日記は筆者が若い頃岡前の琉信武氏（現在岡本家）宅で反古紙として使い棄てていたものをもらい受けたものであるが、百田紙四半切の大福帳にこまかい草書体の文字で書いてあり、読めないままにおいてあるうち、どこにいったか紛失したと思っていたが、戦後再びそれが出てきたので、これを刊行するはこびとなったものである。

ここに記されているように、初めのうちは草書体が読めないので原文書は放置されたまま、いつしか所在不明になっていたという。その後、小林氏が日本大学で古文書解読を学んで帰郷すると、その原本が出てきたのだという。

原本は表紙が破損し、その上枚数は不明であるが数十枚が失われていて、表題も分からなかったため、小林氏が「仲為日記」と名付けて、その解説文を自分で発行している南西日報に連載した。こうして小林氏の解読と研究により「仲為日記」が初めて公表され、古文書資料としての価値が高く評価されたのであった。

小林氏は昭和二〇～四〇年代に、徳之島に関する多くの古文書をはじめとした郷土資料を収集され、重要なものについては翻刻や復刻出版して、郷土研究に大きく貢献された方である。

『仲為日記』について小林氏は、『沖縄大百科事典』下巻（1983年、沖縄タイムス社発行）に次のように執筆している。なお、『鹿児島大百科事典』（1981年、南日本新聞社発行）には項目として収録されていない。

『仲為日記』なかためにっき　徳之島の総横目仲為（1820～70）の日記。仲為は面縄間切《おもなわまぎり》検福村与人《よひと》仲祐《ゆう》の三男で、岡前《おかぜん》、井之川、伊仙《いせん》、兼久《かねく》の各噯《あつかい》総横目となり、1863～70（文久3～明治3）の7年間の記録を残した。その間、明治に入り郷士格となっている。日記帳は、大福帳型で5冊分あり、破損散乱の部分が多いが、貴重な記録である。甘蔗《かんしょ》の植付、除草、畑地や製糖見聞、密造酒摘発、犯人全島引回し後留置、焼酎《しょうちゅう》甑《こしき》ツブル見分け、五人組請書、犬田布《いぬたぶ》騒動関係、牛馬皮上納、平土野《へとの》港開港、あるいは、代官の命令で全島一斉に雨乞《あまご》いをさせたこと、西郷隆盛をはじめ遠島人見分けなどについて記している。なお、同様の文書としてほかに『佐和応《さわおう》日記』（亀津の与人佐和応著。安政6年［1859］の薩摩への上国日記で、往復寄港地や集落、航海中のことを記す）、『道統《みちとう》日記』（面縄噯面縄与人道統著。文久3年［1863］の記録で、とくに全島的天然痘流行とその措置や、島内の出来事を記す）、『義祐喜《ざゆうき》日記』（伊仙噯伊仙掟《おきて》の南義祐喜著。明治3年［1870］の上国日記）、『佐和統《さわとう》上国日記』（亀津与人佐和統著。明治3年［1870］5月7日〜11月2日まで）、『佐和統日記』（亀津の一等副戸長となった佐和統の明治9年［1876］御用日記。諸制度の変遷がわかる）などがある。いずれも小林正秀所蔵。

現在、原本は徳之島町立図書館に併設されている郷土資料館が保存し展示している。

日記帳は横半帳といわれる大福帳型であり、和紙を用いたい約三六〇ページに認められている。日付の下には、天候と風向きを記し、日記は御家流といわれる草書体の筆跡で丹精に記されている。

日記の文面は、ほとんどが惣横目（寄）として関わったその日の出来事を記録したものであり、詰役人（派遣藩士）の動向と送迎や島役人同士の連絡などが丹念に記されていて、誠実なる筆忠実な性格が感じ取られる。

時には、闘牛やシキョマ祭やハマオリなどの年中行事の記載も見られるが、その内容などは記されていない。

この日記の特徴は、その日の出来事を簡潔に記した上で、「覚」「写」を書き留めたことにあり、島役人として藩や代官所の令達などを忠実に記録し、職責を実直に果たしていた几帳面さを示している。この「覚」や「写」は当時の薩摩藩の支配政策を知るうえで、極めて重要な史料であり、他に例のない記録となっている。支配政策の内容については、第三節の『仲為日記』による砂糖政策の検索項目と解説で、詳しく述べてみたいと思う。

小林氏が著した『仲為日記　犬田布騒動』には、「第二篇　仲為日記篇」において文久三年九月二一日から翌元治元年三月八日までの全文と、元治元年四月以降の「日記抄」が同年八月まで収録されている。したがって原古文書の全文が翻刻されてはいなかった。

原文書そのものは、文久三年九月二一日から明治元年一月一三日までの日記が記されているが、失われたページも多く、現存する日記の分量は、実日数の約半分である。次に日記を欠く日付と日数をあげておこう。（一ケ月を三〇日として計算した。実日数を一五五三日とする）

日記を欠く期間	その間の日数
・元治元年八月一五日　〜八月二六日	一二日
・　一〇月一四日〜翌慶応元年五月二日	一九九日
・慶応元年六月二七日　〜七月九日	一三日
・　七月一六日　〜一二月九日	一四四日
・　一二月二〇日〜慶応二年一月二日	一三日
・慶応二年一月五・六日	二日
・　二月一日　〜二月八日	八日
・　一〇月一六日〜一一月一日	一六日
・　一一月一八日〜一一月三〇日	一三日
・慶応三年一月一日　〜二月二九日	五九日
・　三月四日　〜四月三日	三〇日
・　五月四日　〜翌明治元年一月七日	二四四日
合計日数	七五三日

この貴重な「仲為日記」の現存する全文が翻刻されたのは、平成二四年三月であった。徳之島町教育委員会は奄美市在住の郷土史家山下文武氏に解読を依頼し、その解読文と口語訳を『仲為日記』として発行した。

秋武喜一郎教育長は「刊行のことば」で、次のように述べている。

小林氏は平成二年に亡くなられましたが、御遺族から「小林文庫」として徳之島教育委員会に対し、先生の収集資料一式を寄贈いただきました。このため教育委員会は平成十一年、奄美の古文書解読では第一人者である山下文武先生にいくつかの古文書と共に「仲為日記」の解読を依頼し、「解読」「読み下し」「意訳」の三点を書いていただきました。

依頼を受けた山下氏は、原文書のページを確認することから解読作業を進められている。小林氏が解読し公表したのは元治元年三月までの約半分であった。山下氏は元治元年四月以降について、小林氏が「後日の研究を期してそのまま」にしておかれたのであろうと推察している。この四月以降の原文書は「バラバラに綴られて日付の判明しない分もあった。そこで正しい年月日に並べ替える必要があったので、まずその作業の検討をすることにした」と「あとがき」で記している。

このような文書をつなぎ合せていく作業は、時間がかかり根気のいる仕事である。さらに、三六〇ページに及ぶ草書体の古文書を全部解読することは、想像以上に困難な作業となり、判読の難しい文字がある場合は、その文字の解読に時間を要して、なかなか前に進まないのである。山下氏は大変苦労の多いこのような解読作業をされた上で、さらに口語訳をつけて『仲為日記』を完成させている。

小林氏は、先に引用した第一版序文で、「仲為日記」の解読文を昭和二十八年七月一日以降、南西日報紙上に掲載すると島内外の各方面から大きな反響を呼んだと記している。その一人に四本健光氏をあげている。

「鹿児島大学の四本助教授はわざわざ来島して、原本の仲為日記を写真にして持ち帰り、鹿児島県社会郷土史年表に文久四年（一八六四年、西暦一八六四年、この年の二月二十日元治と改元）三月十八日犬田布騒動起きるを一行加えて、これまでの歴史年表を是正された」と記述している。

当時、四本氏（笠利町出身）は鹿児島大学教育学部日本史担当の助教授として社会科教員養成の学生を指導していた。研究室には「仲為日記」のネガと名刺判の大きさに焼付けられた写真が保存されていた。筆者は学生時代（昭和三六〜四〇年）に四本助教授（昭和四二年教授）の古文書演習の講座を受講していたので、このネガを借りて写真を焼き増しし、解読を試みたことがあった。しかし、写真版からは古文書の解読は不可能であった。四本助教授も写真版からの解読が難しかったのであろう、「仲為日記」の利用は、犬田布騒動の発生年月日の訂正だけで終ったようである。

古文書の解読は難しい。この難解な古文書を地元で解読された小林氏の功績は大きい。そして、今回全文を翻刻された山下氏の『仲為日記』はこれからの研究に大きく寄与するものである。とはいえ、難解な文字や文面があり、原文から判読するとそれぞれに解読が異なる文字や箇所があって、互いに検討する必要を感じてきた。幸い、時代の進展によって原本そのものは借り出すことはできなくても、原寸大で原本をカラー複写し、このコピー版から解読することができるようになっている。今回は、奄美史研究者の弓削政己氏と徳之島町郷土資料室の米田博久氏からコピー版を提供していただいて、先達の小林氏と山下氏の解読を参考に、直接コピー版から読み取る作業を行った。そして、解説や参考資料を収録することによって、より多面的に「仲為日記」の史料的価値を掘り起こしてみようと試みたのである。翻刻にあたっては故小林氏と山下氏の学恩と、弓削氏・米田氏の資料提供に感謝申し上げたいと思う。

二、薩摩藩の砂糖政策の概要

奄美の島々は薩摩藩政時代には「道之島」と称されて、琉球王国と薩摩藩の往来航海路の島々として位置づけられてきた。さらに、政策的には琉球王国を仲介とした薩摩藩の中国貿易のために、藩の直轄地でありながら「琉球国の内」として見返りのない異国差別政策がとられてきた。

そして、砂糖黍が栽培されるようになると黒糖生産のモノカルチュア惣買入制が導入されて、薩摩藩財源の収奪地となったのである。

特に砂糖政策は、薩摩藩の財政危機を救済して立ち直りさせ、藩の富国強兵の財源を生み出し、さらには、幕末の動乱期の倒幕資金として、増産が命じられたのであった。こうして、奄美の島民は薩摩藩のために、異国差別政策を強いられながら必死に砂糖増産に励んで、「御奉公」したのであった。このような道之島の「御奉公」に対して、原口泉志學館大学教授は「黒砂糖の収益なんて、もうとるにたりません」と主張しているのである。（知名町教育委員会編発行『江戸期の奄美諸島』八九ページ）

薩摩藩の砂糖政策の流れを年表でまとめると、次のようになる。

・黍検者が喜界島・大島に派遣される。　元禄八（一六九五）年
・第一次定式買入制となる。　正徳期（一七一三年前後）
・換糖上納令が出る。　延享二（一七四五）年・延享四年ヵ
・第一次惣買入制（専売制）の実施。　安永六（一七七七）年
・第二次定式買入制に変更する。　天明七（一七八七）年
・沖永良部島に砂糖黍御差方を派遣する。　文政二（一八一九）年
・第二次惣買入制（専売制）の実施。　天保元（一八三〇）年
・沖永良部島に惣買入制実施。　嘉永六（一八五三）年
・与論島にも惣買入制実施。　安政六（一八五九）年

奄美に砂糖黍が栽培されて黒砂糖が製造できるようになった時期については諸説あるが、薩摩藩が政策的に砂糖生産に着目したのは、元禄八年の黍検者派遣以降であった。その後、砂糖政策は一七〇〇年から明治五（一八七二）年まで約一七〇年間も実施され、その間、島民は様々な方法で収奪されながら、薩摩藩の財政を支え続けてきたのである。これらの具体的な内容については、松下志朗氏の『近世奄美の支配と社会』という名著があり、詳しく分析されている。

上にあげた年表で注目したいのは、惣買入制が二回行われていることである。第一次惣買入制は一〇年間の短期間で終っている。それから四三年後、第二次惣買入制が実施され、厳しい収奪が行われたのであった。

なぜ第一次惣買入制が短期間で終ったのか。筆者は沖永良部島に砂糖黍が導入されたことと関連づけて、砂糖運送に携わっていた船主や船頭や水主などが、島民から砂糖を買い入れて大坂で販売し、利益を上げていた自由交易制が禁止されたことによる不満が高まり、惣買入制に反対したからではなかったかと考えてきた。船頭たちが七島灘の危険を乗り越えて砂糖を運搬していたのは、自由交易によって十分な利益を得ることができたからであろう。こうして、砂糖に群がる様々な利害関係者が第一次専売制に反対したために、十分にその効果を上げることができなかったからではなかったか。

この原因について最新の研究が『大和村誌』に掲載されている。史料としては喜界島の「鹿島家文書」と「御趣法替仰渡写」が活用されていて、第一次惣買入制が変更された具体的な施策が九点あげられている。この変更された施策こそが原因である。ここでは、その内容を次のようにまとめてみた。

・代官は五万斤、附役は三万五千斤の砂糖購入を許可する。
・代官・附役・船頭・水主らに「余計糖」との物々交換を認める。
・船頭・水主の砂糖買入斤数は制限しないが入札払いとする。

・島民との取引は「売掛」ではなく「現引替」とする。
・砂糖上納が終了までは、島民との取引は禁止する。
・船頭・水主が一七七七年以前に取引した島民の負債は免除する。
・島民の負債を家財と農具の売却や身売りなどで回収してはならない。
・船頭の買入れた物品の積込みで、船の出帆が遅れてはならない。
・与人らが上納品を水増しして「役用」にすることは禁止する。

このような変更を総括して『大和村誌』は「…品物代のかたとして身売りをさせないなど島民を保護する一方で、詰役ら渡海の面々に対しては買入れ数量の制限を設け、船頭・水主らに対しては売却方法を定めたうえで、自由な砂糖取引を認めている。この藩の政策変化は、『余計糖』取引を元に戻すことで、島民の生産意欲をはかり、砂糖の増産を促そうとしたものと考えられる。」（同書二三八～二四〇頁）と解釈している。果たしてそうであろうか。

歴史史料の解釈には基本的に二つの視点がある。一つは史料に記されている事項をそのまま読み取る視点である。もう一つは「身売りをさせてはならない」と記されていることは、「身売りをさせていた史実がある」ということを証明しているという解釈の視点である。筆者は後者の視点にたって、第一次惣買上制変更の目的は、渡海の面々に以前のように砂糖の自由交易を許可することであったと、考えている。その場合以前のように交易によって島民の負債が生じても、身売りを強要してはならないという禁止令が必要であったと解釈する。

第二次惣買入制の際に、沖永良部産糖も惣買入制の対象にしようという意見もあったが、調所笑左衛門は次のように、反対している。

・…亦砂糖之価格低くなりたる年、外に産物を殖さんと需むれども、俄に良産なき時、沖之永良部之一島を諸人交易を停め、三島に同じセント云ひしが尤なり。去りながら残らず利を納しては下々立難しと…（「調所笑左衛門広郷履歴概要」）

・…沖ノ永良部モ其比ハ今程ハナク、凡百万程モ出産スト雖トモ、他ニ夫程ノ産ハナキコトナレハ、三島ト同シク方ヲ立度ト僕モ申シタレ共、広郷ノ申スニハ、先ツ彼島ハ従前通リニ置クヘシト、…多年商人ノ産業トセシヲ引揚テハ、市中立行難シト云ヒ、…（「海老原清熙略歴概略」）

この史料から類推すれば、惣買入にして一番困るのは「下々」「商人」であったことが分かる。彼らが沖永良部産糖の「諸人交易」で利益を上げていたのであった。当然「諸人交易」をしていた者たちは、詰役と船頭や水主たちであったから、彼らが第一次惣買入制に反対したのではなかったか。

沖永良部産糖が「諸人交易」のために惣買入制から外されていたことは、「第一次惣買入制の失敗に学んで、船頭や詰役のため自由交易の出来る新たな産地が必要であった」ということを意味するものである。したがって、第一次惣買入制が短期間で変更されたのは、船頭や詰役が強く望んだ「諸人交易」の復活によるものであったと考える。あくまでも藩の砂糖政策の変更は、「下々」や「商人」の協力を得て「御物」としての収益を上げることがねらいであった。もし「島民を保護する」ものであったとしても、それは一つの手段として主要政策に付随した施策にすぎなかったのである。

次に明治維新のとき、奄美から献上された砂糖について述べてみよう。『喜界島代官記』には、代官が令達した明治二年八月の砂糖増産に関する次のような「写」が記載されている。

写

一黍作一條ニ付ては度々申達候通、此内より十分雨潤相掛、…大切成御産物増行方之儀は作人之手入ニ依候訳にて…方今之世態殊更亥春以来戦争旁之次第も人々承知之筈、遠海相隔候於孤島は、生死と申程之御奉公更ニ無候之、兎角御産物増行方肝要之事にて、一島中昼夜不心掛候て不相済時勢柄、御国元当分ニ至候てハ追々御出兵之段も相聞得、…

このときはすでに戊辰戦争は終わっていたが、文面では「薩英戦争以来、戦争が続いているが、遠く海を離れている孤島では生死にかかわる御奉公はできないから、御産物（砂糖）の増産が肝要である」と厳しく命じている。『和家文書』には、戊辰戦争の軍資金として大島の島役人たちが、砂糖三〇万斤を献上した口上覚が記録されている。

口上覚

砂糖三拾万斤

右は乍恐奉願候、御国元之儀、近来余多之御人数諸国え御出兵に付、莫大之御入荷に被為及候段、追々承知仕候、依之恐至極奉存候得共、御軍用金之端にモ、罷成申候半、乍纔モ郷士格中ヲ始役々ヨリ右之斤高当春余計糖ヲ以差上切之御願申上度奉存候間、何卒御免被仰付被下候様仰上可被下奉頼候以上

明治二年巳三月　名瀬方間切横目　慶　邦良

（以下一三名省略）

口上覚の文面には「大変恐れ多いことですが、御軍用金の端にでもなれば…差上げ切りのお願い申上げたく」とあり、一四名の島役人が自主的に「余計糖」を献上したように記されている。

徳之島でも砂糖二〇万斤が献上されている。

坂井友直著『首里之主由緒記』の「第二節　郷士同盟嘆願」は、次のような解説と明治一二年六月、鹿児島県令岩村通俊宛に提出した、徳之島士族格三八名の嘆願書が収録されている。ここでは嘆願書については関係する文面だけを引用しておこう。

徳之島三十八家の郷士《ママ》は、王政復古御維新に当り戸籍調査の節、平民籍へ編入すべき旨県庁出張の官吏より口達されしを以て、一同連署を以て嘆願書を提出し遂に士族の格を与えられたり。その嘆願書左の如し。

…砂糖ノ如キハ無類ノ産物トナリ、常ニ藩庁費途ノ幾分ヲ補イ或ハ螻蟻ノ志情以テ、藩主湯沐ノ用度ニ献ジ候ヨリ、其ノ功ヲ感賞セラレ擢テ一家ノ族種ヲ被立置候。是ヲ以テ戊辰ノ役ニハ士族格以下製糖二十万斤ヲ出シ軍資ヲ助ケ、身親ラ戦場ニ臨ミ汗馬ノ労ハ無之候得共、日々風雨ヲ冒シテ耕作シ、兵食ノ欠ヲ補イ候ハ、銃剣ヲ手ニシ敵ヲ斃シ候戦士ト大差無之様奉存候。…

これによれば徳之島の士族格（郷士格）たちは、砂糖の生産に励んで「常に藩庁の費用を補い、戊辰の役には二〇万斤の砂糖を献上して軍資を助けた」と、自分たちが藩財政に尽力してきたことを披瀝した。そして、このような「先祖来累世ノ功績」に鑑み、全国の士族と同様「無禄士族ノ籍」に編入して欲しいと嘆願している。

さらに、沖永良部島については操坦勁編の『沖永良部島沿革私稿』に「明治二年、産糖の内拾万斤島中より軍務局へ差上」と簡単に記されている。

結局、「戊辰戦争の軍用金の端にでもなれば」という名目で、大島から三〇万斤、徳之島から二〇万斤、沖永良部島から一〇万斤の砂糖が献上されていた。喜界島や与論島からも献上があったはずであり、総計では七〇万斤～八〇万斤が献上されたものと考えられる。

沖永良部島の場合は、「島中より軍務局へ差上」ているので、全島民が相応に負担したのであろう。こうした島中への割当ては、軍務局から命じられ

た半強制的な献上ではなかったか。

軍務局は明治元年一〇月の「藩治職制ヲ定ム」（『鹿児島県史料　忠義公史料　第六巻』文書番号五〇）によれば「軍務局　海陸二軍・兵器方ヲ管ス　総裁一人　海陸軍庶務・守衛・簡閲、及ビ戎器修造・軍功ヲ検覈スル等ノ事ヲ総判スルヲ掌ル」として設置された部局であり、戊辰戦争の戦費などの後始末にも取りかかっていたはずである。そして不足分を調達するために、奄美に対しては砂糖の献上を引き続き命じたものと考えられる。

次に、島ごとの幕末から明治初期にかけた砂糖生産額の推移を、「南嶋雑集」六の「砂糖惣買上方法」の史料からあげてみよう。

	大島	徳之島	喜界島	永良部島	与論島
砂糖生産高（斤）					
元治元年	8,802,684	3,627,665	2,284,822	1,478,952	220,804
慶応元年	8,747,457	3,773,483	2,179,713	1,151,310	226,081
二年	10,210,956	4,212,644	1,900,225	1,452,022	293,360
三年	8,740,524	4,469,718	2,101,001	2,400,977	319,315
明治元年	9,491,275	4,137,394	3,092,011	1,605,595	316,840
二年	15,052,750	4,625,692	3,042,256	1,740,347	266,293
三年	6,198,834	2,137,222	695,908	1,187,077	208,157
四年	7,620,669	1,953,704	1,156,913	1,443,091	342,618
五年	7,999,101	3,077,973	2,045,682	2,323,816	395,727
六年	6,853,766	2,350,784	1,507,079	1,515,082	294,354
作付面積（町）					
文久三年	2,297.41	1,085.00	800.00	746.94	110.89
反当生産高（斤）					
元治元年	303.15	334.34	285.60	198.01	199.28

この砂糖生産額の数字の推移をみると、果たして島ごとの集計が正確なのか疑わしい思いを持つものであるが、唯一の統計であることからこれらの数字に頼らざるを得ない。

一番豊作になったのは明治二年であった。この年に奄美の島々からは「軍用金の端にもなれば」として砂糖七〇万斤（推定）が献上されている。翌年は一転して凶作の年になった。五島の合計で見ると、明治三年は前年比の約四二％に落ち込んでいる。中でも喜界島は二三％にしか過ぎない。

『鹿児島県史料　忠義公史料　第六巻』の「六〇三　大風ニヨル藩財政困難ノタメ、各所造営費節約並東京駐在徴兵ノ半減ヲ布達ス」によれば、昨年は奄美に数度の台風が襲来し、砂糖黍が大きな被害を受けて、明治三年の砂糖産出高は大きく減少することが予想され、さらに、外国産糖の輸入により価格が低下しているため、藩財政の歳入が減収となるので、歳出の抑制を図るよう、三月一九日に布達したのであった。布達は本文において、奄美の様子を次のように述べている。

> 一三嶋・沖永良部嶋之儀、昨年数度之大風ニて、黍作別て相痛候哉ニ相聞得居候処、今般平運丸大嶋より大坂直乗之節、内之浦江致汐繋、在藩より之御用封差出、黍作格外致痛損、近年千万斤余之出来砂糖ニ候処、当年は五百三拾万斤程之出来ニて候段相達、外嶋之儀、未慥成報知は無之候得共、徳之島弐百八拾万斤、喜界嶋八拾万斤位之風評ニ有之、第一御産物右通致減少候付ては、来年新砂糖到着迄之御金繰至て御難渋ニて、誠以当惑之次第、…

この布達は「会計局」が出した文書であり、明治維新後も藩財政は「第一御産物」である奄美の砂糖に大きく依存していたことが分かる。

明治三年の砂糖産額の減収はあまりにも大きい。果たしてこの急減の原因は台風災害のみであろうか。ここにあげられている数字にも疑問が残る。

大島については「近年千万斤余の出来」とあるが、「砂糖惣買上方法」によれば、明治元年には約九五〇万斤、同二年には約一五〇〇万斤となっていて「一〇〇〇万斤余」ではない。また、明治三年の予想は「五百三拾万斤程」としているが、実際は約六二〇万斤であった。

また、徳之島と喜界島については「徳之島弐百八拾万斤、喜界嶋八拾万斤位」と予想しているが、実際は徳之島二一七万余斤、喜界島約七〇万斤であった。結局予定額よりもさらに低下している。大島の場合も前年の一五〇〇万斤に比べれば四一％減となっていて、予想の五三％（五三〇万斤）より一〇％も低かったのである。この原因は台風襲来の他に人的な要因が加わったと考えたい。当然その要因は、農民の耕作意欲の減退によるものであったと考える。この事については、本文の解説でも述べておいたものである。

当然、農民の意欲減退は、それまで藩が推し進めてきた一方的な増産奨励（収奪政策）に対する反動であった。増産（収奪）に次ぐ増産（収奪）の藩命は統計の数字に表れている。慶応二年の倒幕資金から明治元年の戊辰戦争による戦費増加を、道之島の砂糖増産で賄う他なかった藩庁は、収奪を強化したのであった。その証拠が大島と徳之島の砂糖生産高の数字に表れている。明治元年に対して翌二年の異常な増産は、まさに戊辰戦争の戦費を道之島の砂糖収奪によって補ったことの証左に他ならない。

藩政時代の砂糖収奪の構図は次のようになる。

藩庁（三島方）→代官詰役 ⇓ 島役人（三役）→黍見廻（村）→作人

この支配（命令）系統図では、藩庁と道之島は支配・被支配の関係にあり、決して島役人は支配階層ではない。藩庁は砂糖増産を命じて島役人を督促し、生産高が増大すると島役人が作人の指導に精励したことを讃えて「御褒詞」を与えている。

『仲為日記』では、慶応二年と翌三年の増産について三役に、仰せ付けられた「御褒詞」が記されている。

慶応二年には「島内の惣内斤は四〇九万斤余」にも及び、役々が藩の「御趣意（増産）を厚く貫いて指揮が行届き、昼夜精励」したためであり、「これからも手入など油断なく下知して一層増産に精勤して欲しい」と、近藤代官から嗳三役に「御褒詞」が与えられている。

慶応三年八月には、家老（桂右衛門久武）が直々に「御褒詞」を与えている。文面は「徳之島製砂糖は品質が良くなり値段も高くなった。これは与人や役々の下知が行届き、作人共の製法が入念になったためであり、今後も念入りに煎じて品質が相増すよう、申渡すことを代官へ申し伝える」とある。

このときは、国家老が直接徳之島の増産を喜び「御褒詞」を与えたのであった。家老の「御褒詞」は三島方に「代官に申し伝えるよう」指示されて、三島方から島詰の代官に送られてきた。代官は「三島方から伝達があったので有難く承知し、製法が行届くよう精勤せよ」と、島役に命じている。こうした国元から送られてきた家老の「御褒詞」は、それだけ奄美の砂糖が重要な財源であったことを物語っている。

最後に南二島の砂糖政策について概観しておこう。

沖永良部島の砂糖生産は一八〇〇年ごろから始まったと考えられる。与論島には安政五（一八五八）年に砂糖黍栽培と惣買入制が藩命で同時に導入されている。初め「諸人交易」であった沖永良部島では、嘉永六（一八五三）年、ペリー来航の年に惣買入制となっている。惣買入制に当ってはそれまでの島民の負債は棒引きとなった。三島の第二次惣買入制の時にも、負債が免除されているが、このような徳政令は一時的な民心掌握のためであった。

こうして沖永良部島も与論島も斉彬時代に惣買入制となったのであった。

沖永良部産糖の収益については、藩主斉彬本人が認めた書状に、次のように記録されている。（『鹿児島県史料　斉彬公史料』第三巻・九一四ページ）

（前略）右は昨年承候へは沖永良部惣買入後之一昨年分之益七千両程有之段は申来居候、昨年も大かた六七千之益相成居可申（後略）

この書状の前半を要約すると、「この度は、名越盛光に干鰯掛を申付ける。干鰯製造は初めてのことであり、損失もあるかも知れない。初めは損失も多いだろうが、収支について四五年は構わなくてもよい。干鰯事業も資金がなくては十分に進まないであろう。昨年聞いたところでは、沖永良部産糖惣買入後の利益が七〇〇〇両程あったという。昨年も大方六・七〇〇〇はあったと聞く。この中から一〇〇〇両は田中呉服に支払い、残りが少なくとも一二〇〇〇両はあると考える。この金筋は初めから予定していたもので、手をつけないよう三島方に命じてあるので、この内から二〇〇〇両でも三〇〇〇両でも資金として使ってよい。」とあり、さらに「手元に資金が少なくては不都合が生じるので、『右の金筋（沖永良部の砂糖利益）』は様子次第三島方から取り上げてよいと考えている」と念を押していて、沖永良部産糖の益金が干鰯事業の資金として計画されていたことが分かる。しかし、斉彬の急死により干鰯事業は実現しなかったようである。

この事例が示すように、斉彬が描いた殖産興業の資金源は、モノカルチュアと惣買入制によって収奪された奄美の黒砂糖でしかなかったのである。その後、綿花貿易や藩際交易が仮に行われたとしても、その原資はやはり黒砂糖であった。

与論産糖の記録は「徳田家文書」として保存されている。ここでは慶応三（一八六七）年の記録と思われる史料の一例をあげてみよう。この史料は、砂糖政策導入時初期に二戸が生産した砂糖による支払いと、貸し借りの様子などが記されていて、当時の実態を如実に示している貴重なものである。

与論島でも薩摩藩の砂糖政策が一〇年以上続けば、例示した内里家の生産した砂糖八九〇斤から一〇〇斤が貸し出されているように、相互の賃貸を通して次第に貧富の差が拡大してきて、債務下人が生じる恐れが予測できるのである。（先田光演編著『与論島の古文書を読む』二九二ページ）

内里の砂糖生産（船積み）とその支払い

・船積みの砂糖総額　八九〇．〇〇斤（砂糖樽七丁）
・支出分
　貢米上納分として　七一．五四斤（免本約二八六合分）
　四枚入鍋代　五一．二五斤（一鍋代）
　打綿代　六〇．〇〇斤（二斤代）
　古拝借米代返上　九．一二斤
　一二月配当米代　五〇．〇〇斤（米二〇〇合分）
　樽木代　四八．〇〇斤（四丁代）
　札方出米　一一．八二斤
　所用分　一三．六三斤
・貸出　中間村政都子方へ一〇〇．〇〇斤
・正余計糖　四七四．六四斤

この内里家は、記録されている三八戸の中で一番生産量が多い作人である。三八戸の内訳は砂糖樽一丁が四戸、二丁が九戸、三丁が一三戸、四丁が九戸、五丁が一戸、六丁が一戸、七丁が一戸であった。平均は約三丁になる。

上納額は砂糖一斤米四合替えであった。また、買重糖と考えられる配当米代も四合替えである。その他に以前に藩庁から借りた拝借米代が差し引かれ、また手札改めの代金として「札方出米」の支払いが細かく計算されている。さらには、砂糖鍋代と樽木代があり、「御物」である砂糖の経費が作人の負担として収奪されていたことが分かる。

三、『仲為日記』に見る砂糖政策項目と解説

各項目に該当する記録を抜き出すにあたっては、十二支で次のように年時を示した。また、代官所から命じられた事項については「仰渡」「写」とし、控書は「覚」として「一」を付した。

・亥年は文久三（一九六三）年　・子年は元治元（一八六四）年
・丑年は慶応元（一八六五）年　・寅年は慶応二（一八六六）年
・卯年は慶応三（一八六七）年　・辰年は明治元（一八六八）年

1　砂糖黍の栽培作業

砂糖黍栽培は一年を通した農作業である。しかし、稲作に比べると管理作業は比較的に軽減されるが、製糖作業は黍の刈取りから運搬や黍搾りと砂糖焚きが続き、重労働であった。また、藩政時代の黍作は強制的に栽培させられていて、除草作業が厳しく命じられていたのであった。

①亥年

一〇月一〇日の「仰渡」

一新黍の植付けと一番・二番・三番の草取りは、期日通りに終了して日延べ願いをしてはならない。万一やむをえない故障で終了しない畑がある場合は、村中総出で予定通り完了すること。

②子年

五月　六日　嗳役所へ黍見廻を集め、三役が出席して二番草取りを行い、内竿坪付帳を早々提出するよう指示した。

一〇月　九日の「仰渡」

一人数と高に応じて割当てた黍地の畑拵えを、今から一一月中に済まさせて届出ること。

〈丑年の日記には、栽培作業の記載は欠落している〉

③寅年

二月二三日　阿布木名村に出かけて二回目の樽検査を行い、砂糖増産の黍草取りを指示した。

三月　一日　黍の古苗植付けを指導するため、嘉鼎保衆と小佐智衆がやって来た。

四月　二日　兼久役所にて黍見廻を集め、三役も出席して草取りを指示した。二人の黍見廻は草取りを指示するため、手分けして村に入った。

八月二五日　兼久役所にて掟と黍見廻に、この時期に黍畑の下草払いをさせるよう指示した。

以上、七点の栽培作業が『仲為日記』に記録されているが、日記自体に欠落部分が多いために、通年の作業過程は知ることはできない。

ここには新黍と古黍苗の植付け作業の他は、全て除草作業が記録されていて、作業の監督指導は黍見廻の重要な任務であったことが分かる。除草は三番まで行い、その時期は定められていて決して遅れてはならなかった。作業が遅れている畑は村中総出で期日内に終了しなければならなかった。こうして村中が島中が、砂糖政策に追い立てられていた様子が記録されているのである。

当時の砂糖黍の品種はシマヲゥジ（島荻）であった。現在の砂糖黍と比べると太さが約半分ぐらいで、長さも六尺ぐらいのようである。『鹿児島大百科事典』（南日本新聞社昭和五六年刊）によると、日本の在来種は竹蔗系統だという。長田須磨編著『奄美方言分類辞典』には「シマウギ」の項で「小さくて節も短く、汁気は少なく、皮は黒味が多い」と記されているが、もう実物を目にすることは出来ない。今では藩政時代のシマヲゥジの原種

を特定することは難しいが、在来種のいくつかは、農業試験場徳之島支場（徳之島糖業支場を昭和六二年改称）で栽培されているという。

この時代の砂糖黍栽培作業については『名瀬市史』が史料を引用して、黍荒地起・植付時・黍草取について詳しく記載している。

『仲為日記』によると、黍地の畑拵え作業（耕耘や畝上げ・施肥など）を一〇～一一月に行うよう命じられている。一二月になると製糖が始まり、畑の耕耘ができなくなるからである。製糖作業と並行して砂糖黍を切り倒し運搬する作業が続くので多忙を極める。この黍倒しをしながら新黍植付けの黍苗を準備した。黍苗は倒した黍の梢頭部を五・六寸切取るのである。切取った黍苗は早めに植えつけたであろうから、一・二月の農作業は休む暇もなかったことが推察できる。こうして新黍を植え付けた後には、「古苗植付け」が待っていた。この古苗植付けは株出し畑の手入であろうか。

刈り取った後の株出しには芽が出ない株もあり、補植をしなければならない。この補植は来春の砂糖増産のためには不可欠な作業であり、さらには中耕・追肥なども必要であった。これらの作業が三月中に行われている。補植や追肥の仕方は栽培技術の優れた者が指導したのであろう。三月に入ると嘉鼎保と小佐智がやって来た。おそらく黍見廻も同行して、指導と共に厳しく監督したはずである。

こうして新黍と古黍畑の作業が終わると、いよいよ黍畑の草取り（除草）が義務付けられた。除草は三回行うよう定められていた。大島では一回目は四月中、二回目が七月中、三回目は一〇月中であったが、『仲為日記』によると、一回目は二～四月、二回目は五月、三回目は一〇月に行われたことが記されている。また、臨時に八月の下草払いが行われていた。

これらの農作業は農家が個別に行っている。もし期限内に終了しない恐れの農家がある場合は、連帯責任によって村中が駆り出されたのであった。

藩政時代の一戸当たりの黍畑割当面積はどれぐらいであったか。徳之島の集落ごとの史料は現存しないので全く分からないが、おおよその見当を次の史料に基いて算出してみた。

明治六年大蔵省の調査官が奄美諸島を実地調査して報告した「南嶋雑集」の「砂糖惣買上方法」には、次のように記録されている。ここでは必要な資料のみ掲載してみた。（原文はカタカナ、要約はひらがな書きにした。「南嶋雑集」は南方新社刊『奄美史料集成』に所収）

・島民持地ノ内毎年黍ヲ植ルノ地ヲ割賦スルニ、天保五六年以来千八十町歩ヲ以テ之カ定額ト為ス、（以下略）
・村ごとの黍地総面積を村高（約六割）と人員高（約四割）に割り振る。
・事例の村高は六九六石（四一町七反）。人員高は五三五石で人員は一〇九〇人と例示している。
・人員高は上男一人六畝、下男一人三畝、上女一人三畝、下女一人一・五畝として割り振る。（上男・下男は資産の有無によるもの）
・上地一反歩ニ砂糖四百斤以上ヲ得ルモノ上等ノ作熟トス、
・亥年黍地割賦　一〇八五町　子春出産糖　三六二万七六六五斤
・子年黍地割賦　同　丑春出産糖　三七七万三四八三斤
・丑年黍地割賦　同　寅春出産糖　四二一万二六四四斤
・寅年黍地割賦　同　卯春出産糖　四四六万九七一八斤

これらの史料を基に、祖父母・夫婦・子供二人がいる計六人家族を基準に考えてみよう。当時は一五～六〇歳の男と一三～五〇歳の女に割賦があり、資産のある農家は上男六畝・上女三畝が割当てられていたので、祖父母も入れると約一反八畝となる。逆に耕作地が少ない場合は下男三畝・下女一・五畝となり、四名で九畝となる。

この人員高の他に集落の割当てが加算される。「南嶋雑集」の徳之島の某村の事例から一人宛の平均面積を割り出すと、三・八畝の割賦となる。

一戸四人宛の計算では約一反五畝余となり、これを加算すれば、資産家は三反三畝余となり、約三反余の割当てであったと考えられる。また、下男女の農家では二反四畝となる。これらを平均して、一戸当たりの面積は約二反五畝であったと考えた方が適切であろう。

徳之島全体の栽培面積は一〇八五町であったから、この二反五畝で除すると四三四〇戸の農家戸数となる。全島の戸数を約四三〇〇戸とし、一家六人を掛けると総人口が二五八〇〇人になる。これは嘉永五（一八五二）年の人口二三四四七人に近い数字になる。

以上の計算で、一戸の黍畑は約二反五畝の割賦であったと考えておこう。そしてこの手入に薩摩藩は厳しい作業を命じたのであった。ただし、ここでは郷士格などの耕作面積は考慮せずに、全体を平均化したものとして計算した。

2　黍地検査

黍地検査は連続して行われているので、見分（検査）した場所を拾い出して掲載した。見分は島役だけで行う場合と詰役が巡回して行う場合があり、詰役巡回のときは「御見分」と表示した。

①亥年

一〇月　二日　諸田・神之嶺の黍畑の見分（検査）をした。
　　二二日　東様をお供して諸田の黍地位付（等級）御見分を行った。
　　二三日　神之嶺と井之川入作の黍地の御見分をすまされた。
　　二八日　井之川の残りと久志の黍地御見分を行った。
　　三〇日　久志・池間の黍地御見分。
一一月　三日　池間の黍地御見分。
　　八日　麦田原の黍地御見分。
一〇日と一二日　花時名の黍地御見分。
　　一三日　当部の黍地御見分。
　　一七日　母間の黍地御見分。
　　二三日　御仮屋様が来られ轟木の黍地御見分をすまされた。
　　二五日　村役と書役で岡前の黍地検査を終った。
一二月一一日　山の黍地を手分けして御見分されたが、二〇〇坪残った。
　　一五日　前原の残り黍地御見分を終え、花徳に入られた。
　　一七日の「写」
　　　一黍地位付見分も終了したので、係役々は一筆ごとに細かく砂糖出来高の見積を行い、個人に羽書（余剰糖の斤高を記入した木札）を渡して、帳簿を二五日まで提出すること。

②子年

六月一七日　岡前の黍作御見分、昼時分に終了。
　　二七日　上御仮屋様から新黍地の竿入御見分を仰付けられた。
　　　　伊仙の黍地半分を終了。
七月　一日　二手に分かれて浅間の黍地を御見分。
　　二日　馬根の黍地御見分。伊仙・阿権・木之香の半分を見分。
　　三日　島役と書役で阿権の黍地を見分した。
　　四日　犬田布の黍地御見分。
　　七日　糸木名の黍地御見分。今日で伊仙噯の見分は終了した。
〈丑年の記録は欠落している〉

③寅年

四月二三日　御代官様が崎原に入られて、新黍地御見分。
　　二四日　小島の黍地を御見分。
　　　　阿木名の新黍地見分を三手に分かれて昼過ぎに終了。
　　二五日　瀬瀧の新黍地を御見分。

二六日　当部の新黍地と母間の入作黍地を御見分。
二七日　大津川・兼久の新黍地を御見分。
二八日　阿布木名の新黍地を御見分。
五月二一日　西目様が浅間の黍地御見分。
二二日　松原・与名間・手々・金見・山の新黍地を御見分か。
一一月二・三日　兼久噯の役々で阿布木名の黍地見積をした。
四日　兼久の黍地見積。
五日　兼久・大津川の黍地見積。
七・八日　当部の黍地見積を昼までに終え、御代官様が瀬瀧の黍地御見分をされた。
九・一〇日　東様が阿木名黍地御見分。役々は当部の再見積をした。
一一日　当部の再見積を提出。
一二日　当部の見積が少ないとして、一四〇〇斤の追加を命じられた。

これらの記録によると、黍地検査が三回行われていたことが分かる。製糖作業と並行して黍苗の植付けが行われ、その後一番目の除草作業が四月に終了すると、新黍地の検査が詰役の巡回で四～五月に行われている。二回目の検査は五月の二番草取りが終ると六～七月に実施され、三回目が一〇月の三番草取り後の一一～一二月に行われた。

『名瀬市誌』によると六月ごろに草葉見賦《くさばみつもり》を、一〇月ごろに正葉見賦を行ったと記されている。この間の八月には八月見聞《はちがつけんぶん》を行ったとある。さらに、年が明けると再見賦が行われたようだと述べている。『仲為日記』によると『名瀬市誌』の記した八月見聞の記事は見られないが、草葉見賦の前に新しい黍畑の生育状況の見分が行われていた。

六・七月の「黍地御見分」は詰役が黍畑の状況を視察して生産高の等級を定めて、島役・シマ役に生産高の見積を提出させた重要な検査であった。子年の六月二七日の日記には、「古黍地の儀は昨年御見分相成居候付、新黍地の分竿入御見分」とあり、古黍地（株出しの黍畑）の面積は測量済みであり、今回は新黍畑の測量と生産高が見積られている。

この見分によって、来春の伊仙噯の総見積高は七一万五千斤と定められて、七月八日村々に「請持割合（割当）」が行われた。果たしてこの見積高が生産可能な斤数であったか、疑問は残る。

亥年は一〇月初旬から三回目（正葉見賦）が始まったが、二三日には詰役が巡回して諸田の黍地位付（等級）を行っている。そして、一二月一七日には「黍地位付も終了したので、役々は一筆ごとに細かく砂糖出来高の見積を行い、個人に羽書を渡して、見積高の帳簿を二五日まで提出すること」と命じられている。

寅年の見積見分ではトラブルが起こっている。一一月七・八日に行われた当部の見積が間違っていたので、一〇日に島役は当部の再見積を行って一一日に詰役に提出したが、その見積高に不都合があるというので仲為は崎原へ出頭するよう命じられている。翌日未明に兼久を出立して午前八時ごろ出向くと、当部の見積が少ないと言われて、一四〇〇斤の追加を命じられたのであった。おそらく仲為は苦渋の決断を迫られて、やむなく一四〇〇斤の追加をして提出したのであろう。あるいは、従来の生産高と比較して追加を承諾したのであろうか。日記は「糸木名にて御届申上候処都合能《よく》相済、時氏同道兼久へ罷帰り候」と記している。

ここには黍地見分の記事だけを抽出し、当部の見積査定に伴うトラブルのみ言及したが、この後も数々のトラブルが日記に記録されているので、関連事項をまとめながら詰役の高圧的な砂糖政策については後述したいと思う。

3　砂糖樽の作製

砂糖樽の作製について『名瀬市誌』には「樽拵《たるこさえ》」の項で、榑取《くれとり》（榑木《くれぎ》取《とり》）・シシロトリ・樽結《たるゆ》いの作業が解説されている。

『仲為日記』では五月から始まる材木の山出しから翌年二月の第二回目の樽改め（検査）までの記録が、次のように記されている。なお、日記の本文が欠落している月日も多く、年によって記録が前後しているため、作業の流れを正確に把握することが難しい。

①亥年

一〇月二六日の「覚」

一板付舟一艘が帯竹を買い求めるため、大島への渡海が許可された。

一二月一八日　諸田と神之嶺の砂糖樽改め（検査）を行った。

二〇日　井之川の樽検査を行った。

②丑年

〈子年の記録はみられない〉

閏五月七日の「写」

一砂糖樽用の榑と底・蓋用の材は厚めに製作し、五月から六月二〇日までに山から切り出すこと。（以下略）

③寅年

二月二三日　阿布木名の二回目の樽改めを行った。

二六日　瀬瀧の二回目の樽改めを行った。

五月二一日の「写」

一来春の砂糖樽用の榑と底・蓋用の材の取得の時期になったので、六月二五日までに全部終了すること。惣横目が検査して個人ごとに記録して提出すること。

七月　五日　阿布木名の榑木見分（検査）をした。手分けして他の村も検査した。

六日の「覚」

一砂糖樽（榑・底・蓋）の合計六〇八〇丁を届けた。これは七月一日までに済ませた中間報告の分である。

一〇月一五日　手本用の樽検査が亀津で行われた。三間切から村ごとに手本樽が一挺ずつ御座の御庭に運ばれて御見分を受けた。全部合格した。

砂糖樽の作製は、まず木材の切出しから始まっている。②の「写」には六月二〇日まで終了することが命じられている。『名瀬市誌』には山出しは九・一〇月に行うと記されており、徳之島でも同様であったが、「写」には「これまでのように九・一〇月になると、榑木の乾燥が不十分となり、たまたま上質に焚きあげた砂糖も樽に入れると、上縁の廻りがゆるみだしてしまう」ので、この年（一八六五年）から「この間は先ず皆が暇になる時期だと聞く。その後になれば稲刈りと収穫にかかり」農繁期に入るので、五・六月に用材の切出しと木挽き（製材）を命じたのである。

七月に入ると榑木見分（検査）が行われた。砂糖樽の側面の板（榑）と底板・蓋材の木挽きが終ると、検査を行ってその数を届けなければならなかった。

そして、一〇月には砂糖樽が組み立てられた。②の「写」では「樽寸法は定法通り見定め、斤目も確かめて不揃いにならないように入念に作ること」が指示されている。

日記には砂糖樽の寸法は記されていないが、『大島私考』では、高さ一尺五寸・樽口差渡一尺五寸・底口差渡一尺三寸、樽斤目一六斤と定められていた。（『名瀬市誌』上巻三七五ページ）

砂糖樽結いには竹帯が必要である。徳之島では竹帯が不足したのであろう、①の記録では大島へ板付舟で買入れに出掛けている。『南島誌』（奄美社刊）の「徳之島の部」には、次のような記述がみられる。

竹は砂糖樽のたがに用ひるものにして、亦必用の物たり。故に島吏に竹木横目等を置きてこれを監督せしむ。嘉永六丑年（今を去る二十年）には全島の数十一万三千百本余なり。その後漸く繁殖にいたるべしといへども即今の員数分明ならず。

このように竹山は保護され監視されていたが、島内の需要を満たすには不十分であったため、大島から買い求めたり、鹿児島から購入したりしていたのであろう。

『河南文書』（昭和四二年阿久根市立図書館発行）によると、大島に下る八番船に「徳之島帯竹積船ニ大島御用船」とあり、さらに、大島の「阿丹崎早船　但薬師藤太郎方江被仰付置候徳之島帯竹積船ニ而、大島御用船当戌秋下相勤筋ニ取究置申候」と記されていて、嘉永三亥年（一八五〇）に薬師藤太郎持船の秋の下り便は徳之島へ帯竹を運送するよう割当てられていた。

砂糖樽は頑丈にして統一した基準で作られた。その見本樽が寅年には一〇月一五日、詰役の検査を受けるため御座に集められている。こうして検査に合格すると、砂糖樽結いの作業が村々の「会所」で始まった。②の「写」の二項目では「一村毎に会所を設け、見本樽を置き、詰め合わせた樽としふた(蓋)もそれぞれ添えて一緒に差出させ、これは惣横目の担当として、一〇日おきに村々を巡廻して検査し、見本樽と相違ない分は樽底としふた裏に焼印をして渡すこと。」と細かく命じられている。

このような厳しい検査と指示によって、道の島々の砂糖樽は大坂へ運ばれて、藩の財政を支え続けていたのであった。

4　砂糖生産高の見積と届出

前述した「黍地検査」でも、「黍地御見分」と共に行われた寅年一一月の当部「黍地見積」のトラブルをあげたが、以下に「砂糖見積」に関連する記事とトラブルをまとめ、藩役の圧力について解説してみようと思う。

①亥年

一一月一九日　黍見廻に来春の砂糖見積を提出させ、車建てを一月四日から行う請書を提出した。

一二月一七日の「写」

一黍地位付見分も終了したので、係役々は一筆ごとに細かく砂糖出来高の見積を行い、個人に羽書を渡して、帳簿を二五日まで提出することと、「上品炊揚」になるよう細々命じられた。

二三日　井之川噯の砂糖見積高を西目様へ、羽書届帳を東様へ提出した。

②子年

二月　七日　井之川噯の砂糖内斤届が少ないのは何故か、煎じ時に油断したため確かめて代官所へ提出せよと東様から連絡があった由。黍見廻へ厳しく指示した。

九日　黍横目に出頭命令があり、東様から井之川噯は一一五万斤を引受けよと仰せられたが、八〇万斤以上は無理だと申上げると御叱りを受けた。

西目様から再度出頭命令があり、御算当高の達成が出来なければ停職もあり得ると厳しい御叱りがあったので、黍見廻や作人に請合せた上で届けることにした。

一一日　黍見廻を集め、煎例の二割減で羽書を渡すよう指示。

一三日　黍見廻を集め、村々の砂糖見積書を提出させた。

一四日　井之川噯の出来砂糖の見積高元帳を代官所へ届けた。
一五日　六噯の見積書を提出したが、昨年より減収した噯もあり、煎例より少ないのにその理由も書いてないので受理されなかった。黍見廻にその理由を書かせて、一八日に三役同道で再提出せよと命じられた。
一六日　黍見廻を集め藩役の趣意を伝えると、皆々煎例の御算当通りは出来ない、六九万斤以上は無理だという。その理由を差出させて保管した。
一八日の「御證文」
　一今春の砂糖生産が御算当より減少した理由書の提出はないが、まだ残っている黍の見積書を届出ること。
二〇日　東様が来られて掟・黍見廻を集め、井之川村の分として煎例二割減の一九万斤を厳しく命じられた。
　諸田分は九万五千五百斤で證文を受け取った。
二六日　新黍地の坪付帳・集計簿・内斤届書を提出した。
二七日　東様が井之川の「見賦砂糖拾五万斤御請書」を受け取られた。
三月　三日　井之川噯の内斤が三万余では見積高に及ばないが、その理由を糺して五日に「御見当通り御届」せよと、東様から命じられた。また、与人は村々を巡廻し「御請の斤高より一斤も引入なきよう」下知することを命じられた。
　六日　内斤届が見積高に届かないのは「黍見廻共の不埒」であり、その後残りの砂糖がないか調べて届けるよう東様から命じられた。その趣を黍見廻に申渡したが、ほとんど製糖が終り二・三組しか残っていないため、総高は六〇万八千斤余になるというので、明日届けることにした。
　七日　東様が御請書通り達成できなかったのはやむを得ないが、さらに村々を調べて取隠しがないか取締を命じられたので、三役で相談した。
　九日　代官より与人に出頭命令があり、九四万斤の御受書を黍見廻共から差出しながら、何故六〇万斤余になったのか、お尋ねがあったので理由を説明したという。
七月　八日　伊仙噯の黍地見分が終ったので、来春の出来砂糖を七一万五千斤として村々に割当てた。

　以上一九点を拾い出してみたが、丑年と寅年に関する砂糖見積の日記は見当たらない。おそらく、この年の二月と一一月の日記が大半欠落しているからであろう。

　ここに記されている月日と内容を見ると、一二月までは黍畑一筆ごとの砂糖出来高の見積とその集計帳や個人の余計糖を予想した羽書届帳が提出させられている。

　二月になって、代官所では砂糖内斤届（砂糖見積書と同じか）を詳細に点検したようである。既に製糖も一ヶ月が経過しており、実際の砂糖の出来高が気になる時期に入り、代官所では御算当高（見積を各噯に割当てたもの）が達成できるかどうか喫緊の課題であった。

　時期的には一二月中旬までの黍地見分によって、一筆ごとの黍畑の等級が査定されると、それに応じた生産高見積が行われ、さらには一二月に始まる村毎の煎例（歩留りのサンプルとして砂糖焚きを行った）に基き村毎・噯毎に生産高見積の「請書」を提出している。おそらくこの時期の提出は大方の予想であり、代官所でも従来の生産高と比較をする程度で受理したものと思われる。

　年が明けると製糖が始まる。そして、二月になれば村々の生産高が見えてくる。この時期になって詰役は各噯や村の見積高を厳しく点検して、高圧的に目標達成を島役に迫っているのである。こうして見積高と生産高をめぐって、詰役と島役の駆け引きが行われた。その様子を井之川噯の例でまとめてみよう。

二月　九日・東様から一一五万斤の生産が提示された。
　・八〇万斤以上は無理だと申上げると御叱りを受けた。
　・西目様に達成できなければ停職もあり得ると叱責された。
一五日・全噯が見積書を提出したが減額があり受理されなかった。
一六日・黍見廻を集めて検討したが六九万斤以上は無理だという。
三月　六日・東様から内斤届が見積高に届かないので、再調査を命じられたが、黍見廻は六〇万八千斤にしかならないという。
七日・六〇万八千斤で届出た。
　・東様が達成できなかったのはやむを得ないが、取隠しがないか取締まるよう命じられた。
九日・代官が六〇万八千斤になった理由を尋ねたので回答した。
二八日・井之川噯の内斤を六〇万六千余として届出た。

このように詰役と島役の駆け引きが行われたが、結局、文久四子年における井之川噯の実際の生産高は六〇万六千余であった。それにしても最初の提示が約二倍にも達していたことは、薩摩藩の砂糖政策が現地の状況を無視した植民地的な政策であったことを物語っている。そして、達成できなければ国元に報告して島役の停職もあり得ると脅かされ、厳しく叱責されたのであった。

藩政時代には、詰役から叱責を受けた島の上役は、保身のために下役に責任を押し付けてしまう。下役は百姓にそのはけ口を求める図式が構造的な支配関係であるが、『仲為日記』からは島役同士の確執は感じられない。ということは、島役の上役と下役とが、さらには村人が薩摩藩士の無理難題に対して島人としての連帯感を持っていて、それぞれがその立場を十分に理解していたということではなかったか。島役たちが全面的に藩の砂糖政策の推進者であったとは考えられない。状況に応じて彼等の対応は異なっていたはずである。

しかし、ここには詰役の個人的な性格が砂糖政策による収奪に深く関与していた事例が記されている。それが西目様の態度に現われている。

『天城町誌』によると、当時の詰役は次の藩士たちであった。

代官　上村笑之丞
附役　中原万兵衛　福島新二郎　根占助右衛門　寺師孫次郎
横目　平川助七　橋口清之進

『仲為日記』では東様や西目様のように、詰役の名は仮屋（住居と役所を兼ねる）の位置の名称によって記されている。東様は井之川噯と亀津噯を担当し、西目様は伊仙噯と喜念噯を担当していた附役のようである。山下文武氏の解説によると、この時の東様は根占助右衛門といい、西目様は寺師孫次郎であったという。

二月九日の日記が記しているように、東様は黍横目たちを叱りながらも与人や惣横目と相談して報告することを認めているが、西目様は黍横目を呼び返して高圧的な言動で叱責している。この性格の違いが収奪政策の強化につながり、西目様の管轄する伊仙噯では、約一ヶ月後の三月一八日に犬田布騒動が起きたのであった。

5　製糖作業

砂糖車で砂糖黍を搾り、その汁を焚きあげて黒砂糖の製造が行われたのは一月からであった。その前に諸準備が行われ、一二月には各村で「煎例」

が行われている。ここでは製糖作業に関わる事項をまとめみた。
『名瀬市誌』では、砂糖木切《さたぎきり》（薪採）・砂糖仕用意《さたしようい》・砂糖小屋《さたやどり》・黍仕《うぎし》・砂糖焚き《さたたき》・中祝い《なーゆーえ》・上祝い《あがりゆーえ》・樽詰・砂糖仕廻《さたじまい》の順で一連の作業が詳しく解説されている。

①亥年

一〇月一〇日の「写」

一砂糖焚きについては年内に砂糖木屋を建て薪や諸道具を準備し、一月四日～一〇日に砂糖車を組立てて製糖作業に取り掛かり、製糖の終了日は各嗳で定めること。

一〇日の口達

一砂糖焚きの二度焚きはしてはならない。

一一月一九日　黍見廻に来春の砂糖見積を提出させ、砂糖車の組立てを一月四日から一斉に行う「御請書」を提出した。

一二月一五日の「写」

一砂糖木屋・製法道具・樽結綱・しふた掛縄などの準備をすませ、二五日までに届出ること。

一黍や砂糖の取散しがないよう五人組の請書を今月中に提出すること。

一砂糖製法については入念の上、上品の砂糖を焚くよう掛役は心掛け指導すること。

二三日　砂糖樽並びに製法道具の準備が済んだことを届けた。

②子年

一月　六日　近々砂糖の「煎例方」が行われるという連絡があった。

二月　三日　前御仮屋様が兼久嗳の砂糖煎例をされた。

③丑年

閏五月七日の「写」

一今年の砂糖車の組立は一一月二五日に申付ける。

白灰製法は各自で焼いていたが、今回から村中のウル石を取りまとめて役々が付添って焼き、精細に製法すること。白灰は黍作高に応じ各自に配分し、湿気を受けないよう壺類に入れて保管すること。

徳之島の砂糖製法は値段に影響してきたが、今回白灰製造や火加減については三間切の役々を集めて、山口七之助考案の方式を指導したので、作人共にも会得させること。

一二月一一日　阿布木名の砂糖煎例が仰付けられた。

一二日　浅間と岡前の煎例が行われた。

一五日　阿布木名にて役々中が煎例をした。

④寅年

一二月　一日　砂糖煎例の取締について請書を兼久役所へ提出した。

七日　前御仮屋様が轟木の煎例をされた。

八日　前御仮屋様が浅間の煎例をされた。

九日　前御仮屋様が岡前の煎例をされた。

一〇日　東様が阿木名の煎例をされた。

一一日　東様が瀬瀧の煎例をされた。

一二日　東様が当部の煎例をされた。

一三日　島役が当部の煎例をした

一四日　島役で兼久の煎例をした。

一五日　島役で阿布木名の煎例を行った。

これらの日記によると、一二月に砂糖小屋建てと諸準備が完了し、年が明けると車建てが行われている。各村に砂糖車がいくつ設置されたか不明であるが、砂糖車や砂糖鍋の購入は村人の負担となったはずである。

寅年には一二月七日から煎例が始まっているので、サンプルとしての試し焚きのため特別に早く砂糖車を設置し、砂糖焚きの竈を造ったものと考えられる。

砂糖黍を搾り、その汁で焚き上げた砂糖の歩留りはどれほどであったか。『徳之島事情』によると次のように歩留りが記録されている。

一日五六十斤ノ砂糖ヲ製造スルモノニテ、甘蔗百斤ヨリ平均糖汁一斗四五升ヲ搾出シ、容量一斗ノ汁液ヨリシテ平均四斤ヨリ四斤半ノ黒糖ヲ得、其歩留ノ割合ヲ一般ニ平等スレバ、甘蔗百斤ニ付黒糖六斤七合五勺ニ当ル。

一人の作人が製造する砂糖は約五〇〇～六〇〇斤といわれている。五〇〇斤で計算すると約一〇日間の製糖作業が続くことになる。この砂糖焚きの作業までは、砂糖黍の刈取りと運搬が行われ、サタグルマで黍の圧搾作業が続くので、サタヤドリに泊り込んで働いた。北風の吹きすさぶ日々の製糖は想像以上に苛酷な作業であった。

当時の砂糖車の大半は木製のサタグルマであった。金輪の砂糖車は、まだ十分には普及してはいなかったものと思われる。

「道統上国日記」には次のように、文久三（一八六三）年鹿児島で鉄製の砂糖車を購入した記録はあるが、その代金は記されていない。

口上覚

一中壷百本　　徳之島中
一金床一挺桝目五十斤　　徳之島松原村之　実誠
一鉄碇一頭桝目三十斤　　右同亀津村　清信　鸖令
玉屋形七連石
石塔二組　　道董
代砂糖　千六百斤　一組ニ付八百斤ツツ
（中略）
一二尺五寸金輪五切　　嶺順　面南和村之富盛　栄悦　実生
但一人一切ツツ　　亀津村之元儀美
一二尺二寸同　十切　　面南和村之富盛　栄悦　実生
但一人二切ツツ　　元儀美　徳貞
（後略）

鉄製砂糖車は大島で、文化八（一八一一）年有度が発明し、普及したといわれている。

『南島雑話』には「有度工夫を以て金輪車と云もの作出し、また木口車とも云も作立る。何れも用を弁ず。然ば島中一統相用、就中金輪車は至て用を弁ず。木口車より黍汁の垂ることも一倍すと云。先年迄木口車、金輪車を用ふるは纔に一、二ヶ村、今は島中過半此金輪車を用。木口車は金輪車より猶相用る事也。大島にも近年樫木、車の用をなす木共少く、木絶ると申程の事也」と詳しく記されている。

この記述は名越左源太が遠島中の嘉永三（一八五〇）年から安政二（一八五五）年までの間に見聞した様子である。まだ大島でも木口車が使用されていたことが分かる。

徳之島では明治中期まで木製車が使用されていたようであり、次のような木車が平成一九年に天城町のユイの館で、復元された記事が新聞で報じられた。（平成一九年一月二八日付の大島新聞）

（前略）明治中期ごろまでサトウキビの圧搾に使われたという「木製さ

たぐるま（砂糖車）」の復元資料が登場した。鉄輪がない時代に、知恵と巧みな技術で黒糖の製造を支えた先人たちの苦労をしのばせている。

「木製のさたぐるま（別名・さたぐんま）」の3本は２００４年、同町当部の山中の沼で発見されていたもの。腐ったり乾燥したりして壊れるのを防ぐために水中保存されていたものと考えられる。徳之島で一番堅い木材オキナワウラジルガシを巧みに削り、歯車の凸凹もじつに精巧に作られている。（後略）

ここにあげた製糖作業の日記で特筆すべき出来事は、白灰の製造と山口七之助による砂糖焚きの実地指導である。

上質の黒砂糖を焚きあげるためには相当な研鑽が必要である。品質を左右するポイント（技術）には三点あるという。一点目は黍畑の土質と肥沃度である。耕地は一筆ごとに糖度が異なり、この糖度の見極めが重要であった。

二点目は白灰を入れる時期とその加減にある。畑ごとに異なる糖度の黍汁を焚きあげて、沸騰して泡立つ状況を見ながら色合いと粘り気を瞬時に判断して白灰投入の量を加減した。そして、三点目は竈の火加減であった。白灰を入れる人の合図によって竈の火力を強めたり、素早く火を消したりしなければならない。こうした勘と技術が砂糖焚きには求められていたのであった。

山口はこのような技術指導のために遣わされた附役であった。そして、代官近藤の下で徳之島の島役に現地で徹底した指導を行い、砂糖増産に大いに貢献したのであった。

6　砂糖樽の積渡し

三月になると砂糖樽の船渡しが各港で行われて、いよいよ藩の惣買入制の下で全ての砂糖がヤマト（大坂）に運ばれて入札されたのであった。

こうして島の砂糖が藩財政を支えたのであったが、船積み期間中にはいくつかのトラブルも発生し、砂糖政策の厳しさが記録されている。

①子年

二月二八日　近日中に寳寿丸に砂糖積渡しを行うため、砂糖樽を港へ運び出すよう命じられた。

三月　一日　母間の砂糖掛渡方として、新納次郎様が来られると連絡があり、諸手筈を係に申渡した。

（左は樽数と砂糖斤高）

二日　寳寿丸へ母間の砂糖樽を積渡す。九〇丁・一二三七五斤

三日　右同。雨天のため中止。一六〇丁・二二三三七斤

五日　右同。五五四丁・七四〇七一斤

七日　右同。七七六丁・一〇三九一一斤

八日　右同。一六〇丁・二一〇六四斤

九日　久志の砂糖樽を積渡す。二三四丁・三〇六八六斤

一三日　寳寿丸へ母間・久志・井之川・諸田の分積渡し終了。
積渡し合計　三三〇〇八七斤（入樽二四七三丁）

〈三月一八日「犬田布騒動」が起る〉

二三日　手々の樽五三〇丁を湾屋停泊の盛徳丸へ積渡す。手々の板付舟一艘では運送ができないので、井之川と母間からも一艘ずつ出すよう命じられた。

二六日　手々の砂糖樽五〇丁を積んだ板付舟が崎原沖で沈没し、衛勝が溺死行方不明になった。

四月二〇日　上御館様が鹿浦に来られ、稲荷丸へ一〇万斤積渡した由。

二四日　鹿浦にて稲荷丸・順通丸へ積渡し、平土野と秋利神出しの砂糖も弁天丸へ終了した由。

五月　二日　稲荷丸が湾屋から鹿浦へ廻船し、砂糖を積込んだ。

三日　稲荷丸が正午ごろ出帆。順通丸が亀津から鹿浦へ廻船して直ちに積込み、四日昼ごろ出帆した。
一七日　上御館様が来られ、面縄の砂糖を三神丸に掛渡した。
一八日　三神丸への掛渡しが終了した。
二八日　東様が鹿浦に来られ、寶吉丸に砂糖を掛渡した。
二九日　残りの砂糖を松恵丸に積み終えた。
三〇日の「写」
一三神丸への廻送積込賃米は船主が半分、島方が半分を支払い、寶吉丸と松恵丸は船主三分の二、島方三分の一とする。
六月　八日　上御仮屋様が面縄にて二〇〇丁掛渡されたが、雨で中止。
九日　午後四時ごろに掛渡しが終了。
八月　二日　西目様が面縄に来られ、残り砂糖の掛渡しに取りかかったが、伊仙の砂糖樽の内七丁に「ゆるみ」があり、さらに、宮賢の二丁が届かなかったので、今夜中に九丁を代官所まで運び届けるよう命じられた。
四日　昨日運んだ「ゆるみ砂糖」を焚き直し、井之川へ運んだ。
五日　樽の運び遅れと樽口の喰禿については黍見廻に調査させ、三役が代官所へ出かけて説明することにした。
六日　伊仙の黍見廻を集め、理由書を提出させた。
七日　代官所へ提出したところ、黍見廻の調査では不十分であり、三役が直接取調べて届出るよう命じられた。
八日　運送遅れと樽口底付不良と劣等製造の者共を掟役所に集め一人ずつ取調べた。九・一〇日も取調べた。
一一日　調書を西目様に提出したが書直しを命じられ、再提出した。

九月二〇日　出頭命令があり、運送遅れと劣等砂糖の処罰が仰付けられた。運送遅れの宮賢は借島願いを出すよう命じられた。
二五日　宮賢は沖永良部島へ遠島になった。
「ゆるみ砂糖」積出しの処罰として、作人たちには亀津に鉄砲木屋造りが命じられた。

②丑年
閏五月八日　上御仮屋様が来られ、鹿浦から清武丸へ八万斤、幸福丸へ三万七千斤掛渡した由。

③寅年
三月一八日　前御館様が兼久噯砂糖を平土野で三〇八〇〇〇斤余、圓通丸へ掛渡された。
一九日　阿布木名の砂糖を湾屋で五六一九七斤掛渡した。幸福丸に二〇万斤余積込んだ。
二三日　圓通丸に積込んだ兼久の砂糖八〇〇丁に計量間違いがあった。一丁につき一六《ママ》斤余不足している。
二三・二四日　兼久の砂糖八〇六樽を船から下ろした。
二五日　前御館様が来られて八〇六丁の掛直しをされ、約八〇〇〇斤の不足が発覚した。
二六日　湾屋にて六五丁を掛渡された。
斤目違いにつき斤量係の喜生と直豊を亀津へ連れて来るよう仰付けられた。
二八日　亀津の会所において喜生を糺したところ、実禎が一丁につき一〇《ママ》斤増しで読上げるよう指示したと白状した。
二九日　実禎を取調べたが白状しないため、格護所預りとした。
三〇日　実禎を「割木の上取居御法の折檻」したが、白状しなかった。兼久で聞取り調査をするよう命じられた。

四月　三日　兼久で調査すると、終日実禎は喜生の側を離れず、何か
　　　　　密事を語っていたと話す者がいた。
一八日　岡前の砂糖を自福丸へ計量し二万斤積込んだ。
一九日　松原・与名間の砂糖を永保丸へ島役が掛渡した。
二〇日　西目様が手々の砂糖掛渡しに松原を御出立した。
五月　四日　盛福丸へ残りの砂糖三万斤余を平土野より掛渡した。
一三日　海が荒れ、西目様が来られて盛福丸から砂糖樽下ろしに
　　　　かかったが、波が収まったので中止した。暮時分から再
　　　　び荒れたが橋舟も出せないので、夜通し海岸で待機した。
一四日　盛福丸は午後二時頃、纜が切れて干瀬に打ち上げられ破
　　　　船してしまった。
一五日　東間切の潜水夫が来て沈んだ砂糖を引揚げ、直ちに焚き
　　　　直しにかかった。一六日に終了している。
一八日　平土野から三興丸・弁天丸・住恵丸に砂糖を積込んだ。
一九日　湾屋において盛福丸から引揚げた砂糖を弁天丸と三興
　　　　丸に積替えた。
二八日　兼久噯中の砂糖積出し終了祝いを平土野で行った。
六月　四日　大津川以南の砂糖積出し終了祝いを瀬瀧で行った。
一九日　斤目ごまかしの指示をした実禎は沖永良部遠島を、計量
　　　　係の喜生は大島遠島の借島願いを出すよう仰付けられ
　　　　た。

④卯年

四月一一日　三興丸へ砂糖掛渡しを済まされた。
一三日　池水七之助様が秋利神出しの砂糖を寶圓丸へ掛渡され
　　　　た。
(月日不明)　砂糖積船寶圓丸が座礁し、御船寶山丸が沈没した。
二四日　寶圓から砂糖樽を下ろし、砂糖を焚き直した。
二五日　無事な砂糖樽一〇〇丁と焚き直し樽五〇〇丁を湾屋停
　　　　泊の泰運丸へ積込んだ。

ここに約六〇日間の日記を書き出してみたが、薩摩藩の砂糖政策がこの砂糖樽の積出しを通して、島民にとってはどれほど大きな負担となっていたか、さらには恐怖を覚えるものであったか、その実態が克明に記されている。日記は欠落分が多いが、それでもこれだけの積込み作業と、詰役の厳しい監督があり、様々なトラブルが起きているのである。日記にはその時々の感情や悲哀や感想は記されていないが、同じ項目を拾い出すことによって、書き手仲為の思いが伝わってくる。

これらの砂糖樽の船積み作業を二つの側面から分析してみよう。

一つは積込み作業の危険性であり、二つ目は詰役による厳しい検査と処罰による島民支配の様子である。

船積み作業は海が荒れると命がけの運送作業となった。まず小さな板付舟で沖に停泊している帆船へ運んで行く。多い日には七・八〇〇丁を積込んでいるが、手々のように陸路で湊まで運搬できない村にとっては、停泊中の湊まで自分たちの板付舟で運ばなければならなかった。子年三月二六日には手々の衛勝舟が、砂糖樽廻送中に崎原沖で沈没し、溺死して行方不明になってしまった。おそらく波が荒くなっても積込めと命じられていたのであろう。このように積込み作業は遭難者が出ても日延べできないし、定められた数量を積んだ帆船は、日和を見計らって出帆していった。

この時の盛徳丸は不幸なことに、四月二三日には七島灘で遭難し、中之島へ漂着したが破船したのであった。この事例が示すように、島から大坂へ砂糖を運ぶことは、船頭や水主《かこ》にとっても命がけの運送であった。

薩摩藩の財政を支え続けてきた道之島の砂糖が、大坂に仕登せするまで

には島民や船頭たちの幾多の生命を奪ってきた史実を忘れてはならない。

島の湊で行われた砂糖樽の積込み作業は、藩役の厳しい監督の下で行われていたのであった。島民にとっては、積込む前の検査が無事合格するかどうか、一番気になったはずである。他方、詰役にとっては島民の不正を摘発することがこの作業監督の任務であったに違いない。

砂糖は「御物」といわれていて藩主の所有物であった。したがって、不正は藩主への反逆行為であり、絶対許すことはできないという支配構造の下で、砂糖樽の船積みは行われていた。島民は砂糖製造の機械に過ぎなかったのである。

そのような厳しい監督の結果、事件が起きたのであった。斤量をごまかした不正が発覚して、関係した実禎は拷問による取調べを受け、遠島処分になっている。何故、実禎は斤目をごまかしたのであろうか。斤目の不足は大坂における入札時の計量によって必ず発覚するものであった。個人的感情で処罰覚悟の不正は出来ないはずである。八〇〇丁にも及ぶ斤量不足は地域ぐるみの不平を実禎が感じ取っていて、自らの責任で働いた不正ではなかったか。そのため本当の理由を白状しなかったのであろう。そして、詰役も遠島処分で幕引きを図ったものと考えてみた。

また、品質の悪い「ゆるみ砂糖」を焚き出した者や湊へ砂糖樽を運び遅れた者や砂糖樽に荷崩れのある者は、全て処罰されている。

絶対的権力を持っていた詰役たちは、島役の責任として調査と報告を命じ、島役は黍見廻や村人から聞取り調査を行っている。その調査は事実関係を確かめるためのものであり、関係者の処分は代官所が行っている。

こうして難儀な船積みが終ると、島役や村人は「今日大つ川より南村々仕登祝として瀬瀧に於いて賑々しく参会これ有り候」（寅年の六月四日の日記）と、酒宴を開いて憂さを晴らしたのではなかったか。

徳之島における砂糖樽の積出港を日記から拾い出すと、井之川・面縄・鹿浦・平土野・湾屋の湊が記されている。他に山や亀津の湊もあったが、この日記には欠落部分があって、これらは記されていない。

井之川湊の千瀬には「千石クビリ」という帆船の艫綱をくくる岩穴が残されている。井之川在住の町田進氏の案内でこの「千石クビリ」を実見したが、船の係留に適した深い浦が広がっていて、藩政時代の歴史を垣間見ることができた。実際、井之川湊には千石船が出入りしていたのであろう。

日記には米五〇〇石や七〇〇石を積んだ帆船の徳之島入着が記されている。弁天丸が米七〇〇石を積んで平土野湊へ、幸福丸が米六〇〇石を積んで山湊に入ったとある。『道之嶋船賦』によると弁天丸は一六反帆、幸福丸は一八反帆の帆船であったことから類推すれば、二三反帆の船が千石船であったことが分かる。徳之島への配船では観珠丸・白恵丸・承恵丸・自福丸が二三反帆であった。当時これらの帆船が井之川湊に出入りしていたのであろう。

7　砂糖隠匿や密売の記事

ここまでは、砂糖黍を植え付けて砂糖を生産し、その砂糖が島から積出されるまでの工程に関する記事を抜出してみた。そして、それぞれの工程に関わる薩摩藩の砂糖政策の実態を見てきたが、島民は時には厳しい政策に抵抗の姿勢を示したのであった。

抵抗とは押付けられた政策に立向かって、その改善を求める行動であり、時には命を賭した越訴や一揆などに出る場合もあるが、あまりにも厳しい収奪政策の下では、自分たちの生命を守りながら極秘のうちに違反をする場合もある。

次に砂糖政策に抵抗した島民の行動ついて、「犬田布騒動」の他、砂糖隠匿や密売の記録を拾い出してみよう。

①亥年

九月二八日　母間村で一六人が砂糖の隠匿をしているという情報があり、手分けして自宅を捜索。三人違反の者がいたので夜通し折檻し、白状させた。

二九日の「覚」

一砂糖一八斤を麦田の貞政が、二七斤を富傳が所持していたので取上げて封印した。

一〇月　四日　母間の一六人について捜索したが、特に不正は見つからなかった旨、代官所へ報告し、許しを得た。

一〇月一〇日の「写」

一湊の取締は厳重に命じてあるが、今年の春に菓子用の砂糖や牛皮等を船中の者に密売した者がいたので、三月には廻文をもって徹底するよう申渡した。

②子年

二月二四日の「口上」

一母間の元能富が砂糖を密売しているという噂を聞き、取調べたところ壺に入れ野原に隠していて売渡したことを白状した。代官所が休みのため家に帰すと、今日未明に縊死していた。死体の処置について仰付けください。

二九日の「写」

一砂糖密売に関係した母間の三名に母間村引廻しの刑が仰付けられた。

黍見廻兼屋は免職となった。

三月一五日　母間を緊急探索したが、見つかったのはわずか砂糖四〇斤であった。

三月一八日　西目様が犬田布で砂糖の件を取調べていたところ、作人一五〇名ほどが、木刀を持って立向かってきた。すぐさま駈け馬で帰られたが、多人数が伊仙入口まで追掛けてきた。

大事件となり三間切の横目以上が代官所へ招集された。

一九日　三間切役々は阿権へ出掛け、犬田布の取鎮めを命じられた。

二一日　「犬田布騒動」の一件はまだ「取鎮め」中だという。そのため、犬田布の者共が鉄砲や刃物類を借りに来るかもしれないので手立てをするよう伝言があった。

二三日　「犬田布村徒党者共」が母間より鉄砲を借りたという噂があり、調べるよう指示した。

二三日の「写」

一右の者たち（五名）が小廻船で逃げたようであり、浦々で厳重に見張り、海岸の「繰舟」は全部引揚げておくこと。

二四日　逃げた者の他に「張本人」二人を捕えて亀津へ送った。

二五日　四名を与名間で捕え、黍見廻が亀津へ連行して行った。

二五日の「写」

一右の者（四名）は与名間で捕えたが、他の者にも気を付け、見つけたら捕えて早々送ること。

二六日の「写」

一小板舟で逃げていた者全員捕えたので探索を終る。

（朱書）義仙・義佐美・義武・義福・安子森・喜美武が大島と沖

永良部島へ「借島」を仰付けられた。

九月　九日　浅間の勝為他七名が砂糖を安値で売り払ったというので取調べた。

よく言われるように、薩摩藩の本土領内では一揆が起きなかったが、道之島では母間騒動や犬田布騒動が起きたといわれている。しかし、ここに拾い出したように、その背景には極秘のうちに個人的な抵抗行動が、数多く起きていたことを知る必要がある。

その代表的な事例が能富の砂糖密売である。能富は砂糖密売が「…殊更惣御買入の儀御趣法被召立候に付ては、…向後抜砂糖取企候本人は不依誰人死罪、本人任申同意の者は依軽重遠島可被仰付旨…」（『種子島家譜』四六所収）と命じられていたことは重々承知していたはずである。したがって砂糖密売が発覚した能富は、密売の責任を全て自分で背負い込み、他へ類が及ばないように縊死したのであろう。しかし、母間の三名が加担した者として母間村引廻しの刑に処せられ、さらに、黍見廻兼屋は免職となってしまった。この能富等の密売も、砂糖政策に対する大きな抵抗であった。

このような事例が犬田布騒動以前の日記には記されている。そして、これらの事例のように、高圧的な藩役の砂糖増産第一の姿勢に対して、おそらく島民の不満は深く広く鬱積していたはずである。こうして、三月一八日、厳しい藩役の拷問に島民が立ち上がったのであった。

8　羽書制度（砂糖札）と砂糖代米他

薩摩藩の砂糖惣買入制の下で、最も巧妙な政策は「羽書」制度であった。この制度は金銭使用を禁止し、あらゆる生活物資を砂糖との物々交換によって入手しなければならない制度であり、海を隔てて他地域との交流が自由に出来ない離島においては、すべての砂糖を徹底して収奪するのには最も有効な支配政策であった。

この制度のためあらゆる物資が鹿児島から送られてきたが、砂糖との交換比率は藩庁が一方的に定めたものであった。

『仲為日記』には鹿児島から輸送されてきた物資の記録が随所に記されているが、その大半が砂糖と交換した「御米」の記録である。

①亥年

一〇月　六日　来春の「御品物申請通帳」を一〇月一五日まで提出するよう仰渡されたので連絡した。

一〇日の「仰渡」

一島民が通帳の品物の受取りを願い出たら、元帳と照合し、与人が押印して渡すこと。

一毎年砂糖の船積み後、「過砂糖（余った砂糖）」がある者には黍横目から留帳に記載割印をした羽書を渡し、この羽書で貸借取引きを行うこと

一〇日の「写」

一砂糖(羽書)や米・諸品物の貸借利子は三割とすること。

一一月一八日　東様が花徳から亀津へお帰りの途中、井之川御蔵の米を配当された。

二七日の「写」

一兼久噯と伊仙噯へ定式砂糖代米を岡前御蔵より一二月一日に配当するので、村人は早朝蔵元へ集まること。

一二月　一日　岡前御蔵から井之川噯へ御定式砂糖代米を配当した。

一六日　上御仮屋様が井之川噯の残りの御免斤茶や諸拝借米・扶持米の払出しをされた。

一六日の「写」

一黍地検査が終ったので、見積高や羽書の記載簿を二五日

までに提出すること。
二三日　井之川噯の砂糖見積書と羽書留帳を東様に提出した。
二四日の「写」
一来春の井之川噯定式砂糖代米の見積通帳を明日中に提出していただきたい。
二五日の「写」
一今年の正余計糖決算後、内払い分を差引き残った砂糖は「四部一割」の代米支払いをするので、面付帳を二七日まで提出すること。
二八日　三間切の村々へ過返米を配当された。

②子年
二月　三日　湾屋停泊中の盛徳丸から御品物を取納められた。
七日の「写」
一母間村池内の火災につき、拝借米四石四斗五升を井之川噯定式砂糖代米から配当するので申請書を提出すること。
八日の「覚」
一自福丸積下りの定式砂糖代米の配当が行われた。
九日の「写」
一去年春の過返米の精算をしたいので過返米申請書を提出すること。
三月　三日の「写」
一御定式砂糖代米一〇〇斤に付き米三斗配当で、通帳面付帳を提出させ精算すること。
四日　湾屋御蔵より御品物配当があった。
二三日　青龍丸が大豆・綿・茶・焼物を積入れて亀津湊へ到着。
二八日　稲荷丸が御米五〇〇石積入れて湾屋湊に入着。
三〇日　順通丸が御米五〇〇石積入れて亀津湊へ入着した由。
四月　五日　井之川噯へ湾屋御蔵より配当が仰付けられた。
八日　亀津御蔵より井之川噯過返の御品物配当が仰付けられた。
二六日　幸福丸が御米六〇〇石積入れて山湊へ入着の由。
五月　三日　三神丸が御米・御品物を積んで亀津湊へ入着の由。
四日　伊仙噯へ井之川御蔵から配当仰付けられた。
七日　昨年春の過返米半分を井之川御蔵より払出すよう仰渡された。
八日　寶吉丸が亀津湊へ、三社丸が井之川湊へ御米と御品物を積入れ下着した。
一六日　喜念噯の御定式砂糖代米の配当。
二三日　伊仙噯へ亀津御蔵より配当仰付けられた。
六月一二日　長生丸が御米五〇〇石積入れて湾屋湊に入津。
一八日　湾屋御蔵から西目間切へ過返米を西目様が配当された。
二〇日　兼久御蔵から伊仙噯へ過返米配当が仰付けられた。
二一日　岡前御蔵から喜念噯・岡前噯・伊仙・浅間へ御定式砂糖代米と井之川噯の過返米を配当した。
九月一六日　井之川御蔵より伊仙噯へ過返米配当を仰付けられた。

③丑年
閏五月一八日　兼久御蔵より伊仙噯へ御定式砂糖代米の配当をした。
一九日　湾屋御蔵より伊仙噯・西目間切へ御品物の配当があった。
一二月一一日　兼久御蔵より兼久噯・伊仙噯へ御定式砂糖一〇〇斤に付き代米三斗の配当を仰付けられた。
一二日　前御館様が浅間と岡前へ代米の配当を済まされた。

郵 便 は が き

料金受取人払郵便

鹿児島東局
承認

300

差出有効期間
2027年2月
4日まで

有効期限が
切れましたら
切手を貼って
お出し下さい

892-8790

168

鹿児島市下田町二九二—一

図書出版
南方新社 行

ふりがな 氏　名		年齢　　歳
住　所	郵便番号　　－	
Eメール		
職業又は 学校名		電話(自宅 ・ 職場) (　　)
購入書店名 (所在地)		購入日　　月　日

書名　（　　　　　　　　　　　　　　）愛読者カード

本書についてのご感想をおきかせください。また、今後の企画についてのご意見もおきかせください。

本書購入の動機（○で囲んでください）

A　新聞・雑誌で　（紙・誌名　　　　　　　　　　）
B　書店で　C　人にすすめられて　D　ダイレクトメールで
E　その他　（　　　　　　　　　　　　　　　　）

購読されている新聞，雑誌名

新聞　（　　　　　　　　）　雑誌　（　　　　　　　　）

直接購読申込欄

本状でご注文くださいますと、郵便振替用紙と注文書籍をお送りします。内容確認の後、代金を振り込んでください。（送料は無料）		
書名		冊
書名		冊
書名		冊
書名		冊

④寅年

二月一七日　大津川御蔵より御米と過返米の配当が仰付けられた。

三月一七日　兼久御蔵・大津川御蔵より兼久噯へ昨年春の島米から配当された。

三月三〇日　成福丸が御米六〇〇石を湾屋湊へ運んできた由。

四月一六日　湾屋御蔵・岡前御蔵へ成福丸の御米を取納められた。

一七日　西目間切に御米の配当を仰付けられた。

弁天丸が御米七〇〇石を積入れて平土野湊へ入着。

二〇日　三興丸が御米四五五石を積入れて平土野湊へ入着。平土野の砂糖蔵への収納を湾屋御蔵へ変更して取納めた。

二九日　大津川と西目間切へ御定式糖代米と諸手形の米を兼久御蔵より配当された。

五月　一日　亀津と面縄間切へ御定式糖代米と諸手形の米を岡前御蔵より配当された。

二〇日　亀津噯と兼久噯へ岡前御蔵より配当。面縄間切への配当と諸御払いは兼久御蔵から済まされた。

六月　五日　兼久御蔵より亀津噯・面縄間切へ御定式糖代米の配当。

六日　岡前御蔵より井之川噯・西目間切へ御定式糖代米の配当。

七月二六日　湾屋御蔵と兼久御蔵から伊仙噯へ御定式糖代米配当。東間切と面縄間切へは過返米と御品物払いをされた。

二七日　兼久御蔵より西目間切へ御定式糖代米配当と御品物払いを行った。

九月一八日　湾屋御蔵から御品物の配当が行われた。

一二月　八日　湾屋御蔵から御品物の配当を済まされた。

一四日　兼久と伊仙噯へ御定式糖代米と諸手形払いを平土野御蔵より配当された。

⑤卯年

四月　五日　伊勢丸より積下り米を湾屋御蔵へ取納められた。

六日　宝圓丸より積下り米と長昌丸積下りの大豆を取納められた。

七日　長昌丸積下り大豆を取納め、西目間切の御定式を配当。

八日　井之川噯・伊仙噯の御定式を配当。

九日　亀津噯・喜念噯の御定式を配当。寶山丸が御米を積入れて平土野へ下着。

一〇日　寶山丸の積入れ御米を御蔵へ取納めた。

一二日　西目様が岡前御蔵へ御米を取納められた。

一五日　泰運丸が御米を積入れて湾屋湊へ入着。

（この寶山丸と泰運丸は四月二〇日前後の大時化によって遭難した。）

薩摩藩は島からすべての砂糖を収奪し大坂に輸送した見返りに、不等価交換の品々を帆船で島に運んできた。そして各地に置かれている「御蔵」に収納し、随時配当している。

日記によると御蔵の所在地は、亀津・井之川・兼久・大津川・湾屋・岡前であった。これでは伊仙方面や花徳方面に御蔵が置かれていなかったことになるが、面縄・鹿浦や山にも設置されていたとも考えられる。

御蔵から配当された品物は、御定式砂糖代米・御品物・御免斤茶・過返米・拝借米・扶持米であった。「御」が付けられていることから定式代米や品物は藩主の「御物」であり、島民には藩主の恩情として配当されたものであるということになる。したがって「過返米」だけが砂糖と交換した百姓の物であるという論理になる。すなわち、島で生産された砂糖は藩主の所有物であり、島民はわずかな過返米と扶持米だけを所有していたことになるのである。なお、拝借米は後日返済しなければならなかった御米であった。

定式代米に関する当時の実状は近藤代官の書状（丑年）で前述したが、改めてその問題点をあげておこう。

・昨年分の定式糖と正余計糖の代米三七〇〇石が島に届いていない。

・来春の買重糖の代米二〇〇石を早めに届けてほしい。

ここにある買重糖については『仲為日記』に該当記事が記されていないが、近藤書状によれば定式糖の他にさらに追加した買上げ（買入れ）砂糖があったことが分かる。

藩庁は近藤書状が認めているように、島民からの収奪には徹底した取締りを行いながら、島民の命綱である「代米」配当には怠慢であった。これが薩摩藩の本性であった。

日記には記録されていないが、御蔵から配当される御品物や過返米については、おそらく全く配当されなかった村人がいたはずである。

彼らは、大島のヤンチュといわれる債務下人であり、主家のために砂糖を生産する村人であった。砂糖政策を論じる場合にはこうした債務下人層の存在も忘れてはならない。『仲為日記』には彼らに関する記述は見られないのであるが、日記の記した「過返米」の用語から、推測することは可能である。

「過返米」は義務的な上納や必要な支払いをして、なお余った砂糖の代米であり、裕福な百姓が手に入れた米である。この「過返米」を得るためには大量の砂糖生産が必要であった。とうてい一家族で生産できる量ではない。広い耕作地と多数の下人を使って生産した砂糖である。

こうして薩摩藩の砂糖政策によって、一握りの主家が多数の債務下人を擁するという貧富の二極化が生じたのである。

前田長英著『黒糖悲歌の奄美』によると、徳之島では債務下人を「使部《ちけべん》」「草刈り坊」といい、身売り年限や身代糖は五ヶ年で三〇〇〇〜五〇〇〇斤であったと記述している。しかし、一旦「使部」となっては、主家に負債（身代糖）を支払うことは不可能に近い。主家は年三割の利息で彼らの一生を支配したのであった。

日記には寅年の二月一七日に兼久噯の「差上切」の願書を作成したとある。また、卯年二月三〇日に「差上切砂糖」について調査したと記されている。この「差上切砂糖」は藩庁への献上糖であった。「過返米」を受け取ることのできた主家たちは、「過砂糖」を薩摩藩へ献上することもできたのである。こうして主家はこの献上糖によって島役になったり、「郷士《ごうし》格《かく》」という特権を藩庁から付与されたのであった。

9　焼酎製造用の甑

道之島においては、焼酎はすでに一七世紀前半に造られていた。

薩摩藩の道之島統治（支配）政策が、元和九（一六二三）年「大嶋置目条々」に定められているが、その一項に「諸百姓なるへき程しやうちうを作り可相納事」とあり、初期のころは「しやうちう」（焼酎）が貢納品の一つであったことが窺える。この「しやうちう」が二次仕込みを行った焼酎なのか不明であるが、黒砂糖はまだ生産されていない。

『仲為日記』には焼酎製造用甑の記録が次のように記されている。これらの日記から、当時の焼酎があるいは「黒糖焼酎」であった可能性も、推察できそうである。

①亥年

一〇月一〇日の令達

一焼酎甑は封印しているが、隠し持っている者が数多《あまた》いるという。以後は村中で五人組を組織し、證文（誓約書を提出すること。

一〇日の「御口達」
一甑は切封の時、隠し置かないように五人組を作ること。
一甑の細工人（製作者）は以後禁止する。
二三日の「村々焼酎甑挺数覚」
一焼酎甑一二挺　　諸田村
　内三挺　去冬御届本
　　九丁　去冬御届後相求候　（以下略）

この「覚」には井之川噯の諸田・神之嶺・井之川・久志・母間・轟木・山の報告が記載されている。合計は、一九四挺（内五三丁は去冬に届け済み。一一四挺はその後買い求めた物。二七丁は破損物）であった。

二六日の「写」
一届出た甑は集めて横目が切封して保管し、二九日まで報告すること。

一二月二九日　南浅間において砂糖車五組で焼酎造用の黍搾りを見たという報告があった。昼過ぎに各村々を調査した。
（その後の対応は日記に記載されていない）

三〇日　井之川噯の届出た焼酎甑は全部切封したことを届けた。

②子年
二月一五日　井之川の女かなごめが「焼酎甑つぶる」の不用物を所持していると報告あり、調べると不用立の物であった。
一九日　亀津と和瀬で甑を隠し持っていた者がおり、代官所で取調べがあり、義峯山が控役（休職）となる。両村の掟と黍見廻は免職となった。
二三日　山の富福が甑の封を切り、焼酎を煎じたことが分かり、取調べのため母間へ連れて行った。
二七日　甑調査に漏れがあり二人が控役、また、岡前の掟と黍見廻が退職させられた由。
二九日　山の焼酎密造の富福他が処罰された。
富福は三間切引廻し、三日晒し、三〇日労役。
仲春他五名は二一日の労役。
五月　六日　浅間の焼酎甑の切封を解き、使用を許可した。

一般的に甑とは、蒸籠《せいろう》と同様に米などを蒸すための調理用具のことである。蒸籠は箱型や曲物製の円筒形の箱を積重ねて使われているが、甑は鉢型の素焼の土器であり、弥生時代から使われていたという。この甑が桶型に改良されて、蒸気を冷やすために使われたものが焼酎用の甑である。したがって、もろみを濾過して醸造する清酒には使われないので、この甑は焼酎文化圏の冷却器具なのである。

『南島雑話』に描かれている「焼酎を煮て垂るゝ図」には甑の上に鍋を置き、この鍋に水を入れて下から上がる蒸気を冷やす仕組みになっている。このような装置が今でもラオスで使われていることが、『海上の道』（鹿児島県歴史資料センター黎明館発行の図録）に掲載されている。また、鹿屋市で収集した桶型の「焼酎蒸留器」の写真もあり、「桶の中には冷却器（ツブロ）がはめ込んである形である。ツブロの受け口から引き出された焼酎を垂らすパイプが胴部から出ている。一般的にはコシキと呼ばれる」と解説されている。さらに、ツブロの写真もあり、「ラオスの冷却器を逆さに伏せた形をしている。底の縁を折り返して中央部の円筒の縁に向け少し高くなるようにして、滴る焼酎を受ける。これを桶にはめ込み、上に水を入れて冷却し、内側に結露させる」と述べている。このツブロが井之川のかなごめが隠し持っていた「焼酎甑つぶる」であろう。

『仲為日記』の記している「焼酎甑」には、このような焼酎文化圏のル一ツが秘められているのである。

日記によると亥年一〇月一〇日の「御口達」には「焼酎甑細工人巳来屹と差留候事」と命じられていて、徳之島で甑を作ることが禁止されている。これはおそらく砂糖樽の製作に支障をきたすことから禁止したのであろうが、あるいは鹿児島の甑を売りつけるための命令であったかもしれない。甑作製禁止令は前々から出されていたようである。日記には一〇日の「御口達」からわずか一二日後の甑所持調査では、井之川噯においては去年の冬以降の届後に購入した甑が急増している。約二倍の一一四丁が「御届後相求候」物であった。当時の甑価格は砂糖二〇〇斤であった。

日記には、すでに徳之島では黒糖焼酎が造られたいたことを示すような記録が見られる。亥年一二月二八日、「南浅間村へ車五組焼酎造用、黍しぼりいたし候を掛銘々へ見当り今朝御届相成候由」という記述がある。ここには明らかに「焼酎用の黍搾り」が発覚した由とあり、二次仕込みのための砂糖黍を搾る砂糖車が組み立てられたというのである。実際には黍を搾り焼酎甑を使った酒造りは行われなかったようであるが、砂糖作りの季節を迎え、焼酎甑が厳重に封印されたのであった。

大島の様子は『南島雑話』が「留汁焼酎とて砂糖黍を清《すま》したる汁を焼酎に入れることあり。至て結構なり。」と記録している。

この二点の記録から、現在の黒糖焼酎の二次仕込みが、すでに藩政時代にさかのぼっていたことが指摘できるようである。

もう一つその可能性を示唆している記録があるのであげておこう。『道統上国日記』の亥年八月一七日に、次の文面が記されている。


…此節一様分献上焼酎、此内諸方より買圓置候焼酎ニて不引足、大島問屋佐藤助右衛門殿え買入方頼置候処、大島焼酎有之候向ニ承候得ども不相調、琉球泡盛相談いたし置候…


文久三亥年（一八六三）の道統上国は、鹿児島で薩英戦争と嵐に巻き込まれて、献上物や積荷をすべて失う不幸に見舞われてしまった。

この文面は「一人分の献上用の焼酎が、各方面から買い求めた量では不足し、大島問屋へ買入れを頼んだところ、大島焼酎はあるとは聞いたが調達ができないので、代用として琉球泡盛の買入れを相談した」というのである。この「大島焼酎」と「琉球泡盛」の用語の違いは、現在の「黒糖焼酎」と「泡盛」の違いではないか。この見解が妥当ならば、二次仕込みの黒糖焼酎が献上焼酎として藩政時代にはすでに醸造されていたということになる。

焼酎甑は一一月から四月までの製糖期には、役所に集められて封印されたため、使用することはできなかった。そのために、一般島民が自家用に造った焼酎に砂糖を用いることはできなかったものと考えられる。

しかし、献上焼酎はこの期間でも醸造できたのであった。次の記録も『道統上国日記』の三月四日に記載されているものである。


…面南和村福富、焼酎甑一挺献上焼酎煎方として、御解封之願半書を以申上置候処、喜念噯与人宛御張紙を以御免被仰付候、

三月四日には献上用の焼酎煎方が許可され、甑一挺が開封された。さらに、六日には「焼酎作米が亀津御蔵より」渡されている。こうした特例が許されていたことは、それなりの理由があったからであり、あるいは黒糖を二次仕込みに入れるためであったかもしれない。

以上あげた関連史料は、状況証拠としての資料であるが、二次仕込みに黒糖を使ったという確かな史料ではない。これ以上手元の史料では検索できないので、黒糖使用の有無については後学の研究にゆだねたい。

与人以下の島役人は、薩摩藩の砂糖政策を現地で直接遂行する責任者であった。そして、藩庁から派遣された詰役の無理難題にも対応しなければならない立場にあった。すなわち、上からの圧力による下への下知が大きな任務であり、彼らの地位は詰役と藩庁に握られていた。

こうした忠誠心に対して藩庁からは、全ての島役に相当の特権が与えられたのであった。それが音信用として許された砂糖小樽である。

①亥年

一〇月一一日　与人衆中が集まって代官所へ口頭で「許可されている砂糖小樽の鹿児島に送る丁数をこれまで通りに仰付けられて欲しい」などとお願いした。

②子年

二月一一日の「写」

一音信用の砂糖小樽は余計砂糖がある場合のみ、焚き入れること。現砂糖を売買して小樽を詰めてはならない。

③寅年

一〇月一四日　仲為が砂糖小樽四五挺を鹿児島滞在の仲祐宛に送るため、津口通手形を申請し、これらの小樽を一九日に自福丸に積込んでいる。

④辰年

一月　八日の「写」

一砂糖小樽七〇〇挺に一〇〇挺（三〇斤入れ）を追加することが、昨年一〇月六日に許可されたので申渡す。

『道統上国日記』の四月二四日の「差出」には、砂糖小樽九八挺を鹿児島に積上る津口通手形の申請が記されている。これらの小樽については、「御国許御改相済候上、徳之島問屋久田甚太郎方え御渡方奉願、尤此節上国ニ付於鹿府表ニ御知音之方え付届音信用ニ御座候」と認められていて、鹿児島に到着後検査が済み次第問屋預けとなし、この度の上国のお土産として知り合いの方々へ付届けるというのである。

実際に七月四日、伊集院健母為様へ「砂糖入小樽二挺　白地木綿一反　地豆一重　焼酎瓶」が「島土産且類焼御見舞」として贈られている。また、一～一〇斤に小分けされて多くの藩士に届けられている。そして、島土産の返礼として様々な鹿児島土産を貰い受けたはずである。このように島役人にとっては有難い役得の小樽であった。

『仲為日記』に記されている最後の一〇〇挺の追加は、藩政時代の砂糖政策における象徴的な出来事であった。

日記によると、卯（一八六七）年八月には、今春の徳之島砂糖の生産額は、「製法が行届き、大坂表の値段も上がり」四四七万斤にも達している。これは「与人以下役々の下知が行届いたから」だと「御褒詞」が出されていて、その褒賞として翌年一月、さらに砂糖小樽一〇〇挺が許可されたのである。

一八六七年は薩摩藩を中心とした雄藩が討幕運動に明け暮れた年であり、翌六八年には戊辰戦争が起って江戸幕府が滅び、明治維新が始まった年であった。この薩摩藩の活躍時期に徳之島の砂糖が増産されて倒幕資金となり、新しい日本の夜明けを迎えたのであった。そして、現存する『仲為日記』は、この砂糖増産の「御褒詞」と「砂糖小樽」の追加をもって、その記録を閉じている。

この後に続いていたであろう日記には、どのような事件が記されていたのであろうか、知る術はないが、道之島には明治維新の恩恵はまだ届いてはいなかったのである。そして、道之島における薩摩藩の砂糖政策は、まだまだ続いていたのであった。

「喜界島代官記」には、明治二（一八六九）年八月四日付で、藩庁が在番役所（藩士）・与人・間切横目・黍横目宛に申達した次のような「写」が記載されている。

一黍作一條ニ付ては度々申達候通、此内ヨリ十分雨潤相掛、漸々葉立も宜候得共、何分不手入の島多成長不致、大切成御産物増行の儀は作人の手入に依候訳にて、第一与人初役々平日行廻り、精疎の次第時々致見分、就中黍横目の儀は、毎日受持の村々へ差入致原廻、諸下知相加へ候……方今の世態殊更亥春以来、戦争旁の次第も人々承知の筈、遠海相隔候於孤島は、生死と申程の御奉公更に無候之、兎角御産物増行方肝要の事にて、……愚昧の百姓共には倭の形勢得と為申聞筈……御用筋等閑差心得居候者は無用捨勤方差免、不埒の作人は名前申出候はば夫々取扱可申付候……

幕藩体制の崩壊後二年経過してもなお、薩摩藩は道之島に「大切成御産物の増行」を命じ、「愚昧の百姓共には倭《やまと》の形勢を得と申聞せ」、疎かな役人は罷免するとした。このように道之島の人びとは依然として藩王の支配下に置かれていて、砂糖増産の道具でしかなかったのであった。

（二〇一四年一一月三〇日脱稿）

あとがきにかえて

奄美史をどう解釈するか

知らないことは、罪なことである。

「犬田布騒動」（『仲為日記』は文久三年三月二一日の日記で「犬田布騒動一件平氏へ尋越候処」と記している）について、筆者は次のように書いたことがある。（琉球新報社・南海日日新聞社編著・二〇一一年五月刊『薩摩侵攻400年　未来への羅針盤』一六一ページ）

一八六四年、徳之島犬田布村で住民が砂糖取り立てにやってきた代官を襲う事件が起こった。犬田布騒動である。砂糖の生産高が見積高に達しないために、砂糖を隠匿したという嫌疑で、代官立会いの下、一人の村人が拷問を受けていた。付近の村人が鍬や鎌を持って現場に駆けつけてきたので、代官は危険を感じて逃げ帰った。直ちに島役人が招集され、首謀者の探索が始まり、逮捕された六人は大島、沖永良部島、与論島へ流罪となった。島民の怒りで突発的に起こった事件であったが、犬田布騒動では島役人が騒動の鎮圧と犯人探索に動員され、島役人と島民が藩の支配権力の前で相対することになってしまったのである。

この文面では、「犬田布騒動」を「代官を襲う事件」と書いたが、正しくは「附役を襲う事件」であるが、このような用語の誤謬だけではなく、この文面は根本的な間違いを犯している。この間違いは、無知ゆえに起こしてしまった誤った解釈であり、その解釈が活字となって不特定多数の読者に読まれているのである（しかし、筆者としては訂正を申し入れていない。訂正を申し入れても取り消すことは不可能であろうから）。

何が問題か。「島民の怒りが突発的に起こった事件であった」という認識に問題がある。以前から、シマ役人と村人が代官役所へ計画的に訴え出ていて起こした母間騒動と比較して、「犬田布騒動」は「突発的であった」と解釈していたのであった。

果たしてそうだろうか。今回、『仲為日記』を読み通して、その誤りに気付かされたのである。この「犬田布騒動」は、薩摩藩の砂糖政策が必然的に引き起こした一揆に他ならなかったのである。

このように、『仲為日記』は当時の様子を事細かに記録していて、様々な日記文から薩摩藩の支配政策を読み取ることのできる、第一級の古文書史料なのである。

『仲為日記』を繙くことによって奄美の歴史はより深く、その内実を正確に把握することができると確信している。特に、財政危機に陥った薩摩藩の財政を立て直し、倒幕の雄藩として活躍した資金源は『仲為日記』の記した奄美の黒砂糖であったことを、確認することができるのである。

昭和四〇年代に『名瀬市誌』の編纂を指導された、鹿児島大学法文学部教授故原口虎雄氏は、『名瀬市誌』上巻（昭和四三年刊行）の「まえがき」で次のように、奄美史を解釈している。

奄美の第一の特徴は、天保度における薩摩藩財政回復の妙手としての密貿易に利用された。だがそれ以上に重要なことは、財政改革の大本として施行された南島特産、特に黒糖の総専売制度の施行であった。仮借なき藩吏の手によって、全島が島ぐるみ黒糖工場化され、島民は黒糖奴隷化された。しかしそのお蔭で、崩壊寸前の薩摩藩は一変して日本一の富裕藩になった。近代日本の扉を開いたのが薩摩藩であるならば、まさしくそのエネルギーは奄美の島々から汲み取られたといえよう。案外に明治維新の蔭の功労者は、奄美の島民なのである。（同書三一ページ）

このような奄美史の解釈は、その後奄美の人々を勇気づけ、郷土史発掘のきっかけともなった。五〇年代以降は各島々で地方文書の発掘に基づいた研究が進められてきた。そして『奄美史談』や『奄美大島史』や『大奄美史』を乗り越えた実証研究に支えられて、大いに進展してきたのである。

ところが、平成二三年三月、奄美史の従来の解釈について予想もできない出来事が起こった。奄美史に誇りを持ち、真摯に積み上げられてきた奄美史の解釈が、一気に吹き飛ばされてしまったのである。

鹿児島大学法文学部教授原口泉氏が、知名町教育委員会編発行の『江戸期の奄美諸島』で、次のように発言した。

そして龍馬を長崎に行かせて、上海貿易をさせるわけですよ。それまで薩摩は武器艦船を買って、土佐藩や、広島（安芸）に横流しをしていたわけですよ。黒砂糖の収益なんて、もうとるにたりません。薩摩の倒幕資金、つまり中央での政治資金というのは、黒砂糖の収益からでてきたわけではありません。薩摩藩という大きな組織をマネジメントする基本的な収入は、上海貿易からの収益です。薩摩藩が奄美の黒砂糖の収益で明治維新をやったという話は、資金の出所の問題でいうと、まちがっています。黒砂糖の収益で、明治維新をやったわけではありません。（同書八九ページ）

先に引用した原口虎雄氏は、原口泉氏の尊父である。奄美の歴史に造詣が深く、より正確な奄美史発掘のために指導的役割を果たしてきた父親の姿が、息子によって打ち壊されたのである。

真実は何か。幕末から明治維新に至るまでの奄美史の実像は「明治維新の薩の功労者」なのか、全く逆の「とるにたらない」ものなのか。その回答は『仲為日記』が語ってくれる。しかし、原口泉氏はこの『仲為日記』を全文解読し、研究したことがないようである。

なぜ、原口泉氏は「奄美の黒糖なんて、もうとるにたらない」と発言したのであろうか、実はそこには伏線があった。

平成六年一一月発行の鹿児島大学法文学部紀要『人文学科論集』第四〇号所収の、「世界綿花飢饉と幕末薩摩藩」の書き出しにおいて、原口泉氏は次のように述べている。

薩摩藩が明治維新の主体的勢力となりえた資金源は何か。従来は、奄美の黒糖専売制の強化による天保度財政改革に帰せられていた。たしかに改革により天保期の藩財政の危機は回避できたが、その後大坂市場における糖価は下落傾向にあり文久期（一八六一～四）以降顕著となる武器・艦船の購入資金を得るには、不十分であった。

この問題意識（歴史認識）が一つの伏線であった。ここに記されているように、原口泉氏は最初から黒砂糖以外の資金源を探していたのであった。この論文ではアメリカの南北戦争中の綿花不足により、日本産の綿花が高値で上海を経由してヨーロッパに輸出されたといい、その取引が薩摩藩の上海貿易だという。そして「言いかえれば南北戦争が起こらなければ、薩摩藩は明治維新で活躍できなかったかもしれないのである」と主張している。

しかし、南北戦争は一八六五年には終り、一時的なヨーロッパの綿花不足は解消され、しかも、西郷に代表された薩摩藩の倒幕方針は一八六六年一月に成立した薩長同盟以降のことであった。したがって、南北戦争と薩摩藩の活躍とを結びつける原口泉説は論理の飛躍であり、唐突な見解であると考えるのである。また、「〜かもしれないのである」という表現は専門家の正しい歴史認識であろうか。この文面の表現が「とるにたらない」という文言と同じ表現であると感じるのは、筆者だけであろうか。

第二の伏線は、『江戸期の奄美諸島』の単元構成にあった。

次に『江戸期の奄美諸島』に掲載されている「本書の案内」から、関係個所を引用しておこう。執筆者は前利潔氏（知名町役場職員）である。

本書は二〇〇九年五月一七日、知名町（沖永良部島）で開催された琉球侵攻四〇〇年シンポジウム「〈琉球〉から〈薩摩〉へ」をもとに編集されている。シンポジウムの内容をさらに掘り下げるために、私と弓削政己氏（奄美市文化財保護審議会会長）でコンビを組み、原口泉氏（志學館大学教授）、豊見山和行氏（琉球大学教授）、池内敏氏（名古屋大学教授）に話をうかがい、その内容も盛り込んでいる。（同書九ページ）

と最初に述べ、「第二章　座談会Ⅰ「薩摩からみた、近世奄美諸島」においては次のように座談会の経緯を記し、さらに、原口発言を要約している。

座談会「薩摩からみた、琉球侵攻四〇〇年」（原口泉／弓削政己／前利潔）は、二〇一〇年一月一五日、鹿児島大学法文学部で行われた。この座談会では、薩摩藩と奄美諸島との関係に視点をおいて、議論が行われた。以下、主な発言を紹介する。（中略）

［原口］一八六三（文久三）年、攘夷が勅命になる。そんな攘夷の嵐が吹き荒れている時代に、久光は上海貿易をやっている。薩摩藩が上海と交易していることが隠せない状況になったときに、龍馬の亀山社中を使った。薩摩の倒幕資金というのは、上海貿易からの収益だ。資金の出所からいえば、黒砂糖の収益で、明治維新をやったわけではない。（同書一五ページ）

ここに記されている原口発言では、坂本龍馬の「上海貿易」が莫大な利益をあげていたことを強調し、その巨利が薩摩藩の軍資金になったと結論づけているのである。読者はどう受け止めるであろうか。大方は薩長同盟を実現させた龍馬が絡んでいたとすれば、史実だと受け取ってしまうであろう。

ここで事の正否を論じる必要はないが、「上海貿易」が幻であったことだけは、明らかにしておきたい。

竹下倫一著『龍馬の金策日記』（祥伝社刊・二〇〇六年）には、一八六六年四月二八日、亀山社中所有のワイルウェフ号は、ユニオン号（長州藩の軍艦）とともに長崎から鹿児島へ出港したが、五月二日に暴風に巻き込まれて五島列島沖で座礁沈没してしまったと、記されている。その後龍馬は、七月二七日、三吉慎蔵宛に次のような書状を送っている。

何も別に申上事なし。然ニ私共長崎に帰りたれバ、又のりかへ候船ハ出来ず、水夫らに泣泣いとま出したれバ、皆泣泣に立チ出るも在り、……

この書状によれば、「長崎に帰って来たが、乗るべき船がなく、水夫を泣く泣く解雇した」とある。竹下氏は「この時期、船の保険などはない。だから沈没してしまえば、船の持ち主は丸損となる。ワイルウェフ号は、薩摩藩の保証で購入されたものと考えられ、そのため、薩摩は多額の損失を蒙ったとみられる」と述べている。

なぜこのような先行研究がある中で、原口泉氏は奄美の砂糖は「とるにたりないもの」、薩摩の「上海貿易は巨利をもたらしたもの」と結論づけたのであろうか。その伏線は座談会の副題「薩摩からみた、近世奄美諸島」にあったと考えている。

この座談会も「琉球侵攻四〇〇年シンポジウム『〈琉球〉から〈薩摩〉へ』」の一環である。そして、琉球王国を侵した側から「奄美諸島」を見た座談会であった。当然薩摩主体の座談会である。したがって、薩摩近世史の研究者原口泉氏は、今まで考え続けてきた見解を明確に主張することのできる場を得たのであった。「もうとるにたりません」という発言は、奄美諸島に向けて発せられた挑戦的文言である。この座談会では「内なる奄美諸島の苦悩」などは眼中になかったのである。

しかし、二〇一〇年一月二七日、琉球大学教育学部で行われた座談会Ⅱ「琉球からみた、近世奄美諸島」では、弓削氏と豊見山氏は、次のように発言している。


［弓削］薩摩藩は、上海貿易をやって、鉄砲なんかを買って、土佐などに転売して莫大な利益を儲けたという話は、聞いたことがないですよ。上海貿易で薩摩が儲けたということは、初耳でした。

［豊見山］薩摩藩が直接、上海貿易をやっていたということは一種の密貿易ですよね、その密貿易をやっていたという史料が出てくれれば、新しい歴史像ということで、興味深いのですが。（同書一五〇ページ）

これらの発言は、原口発言とは全く異なっている。「琉球からみた」発言のためであろうか。しかし、重大な原口発言に対し、今後研究して明らかにしなければならないという姿勢は示されていない。

その後も、原口泉氏は「上海貿易は着々と進んでいたんです」と繰り返し、五代友厚構想や大島スキームを引き合いに出して、次のように自説を強弁し続けているのである。この発言は、二〇一三年二月一一日、知名町教育委員会主催の講演会で述べられたものである。


……五代友厚の構想は実現されています。五代友厚が上申書を出したのは元治元年四月ですね。……上海貿易は着々進んでいたんです。そして、その次にさらに大きな大島スキームというのがあって……（『えらぶ郷土研会報』No.21）

ここにあげられている五代友厚構想が上海貿易の原形であったが、石井孝著『明治維新の裏舞台』（岩波書店刊・一九六〇年）は「この大規模な構想の商社も、五代の理想とモンブランの山師的企画の結合たるにとどまり、とても実現の運びにはいかなかったが、……五代のもりだくさんの理想のうち実現したのが紡績工場であった」（同書七二ページ）と、上海貿易などが実現しなかったことを述べている。

さらに、「大島スキーム」に至っては大島に建設された白糖工場の失敗によって、徒労に帰してしまったのであった。その上、一時生産された白糖は、次の史料が記しているように、その売上金を回収することができなかったのであった。

大島ヨリ白砂糖ヲ大坂へ出荷ノ件
白砂糖壱万三千五百斤余
右於大島出来白糖本行、当年大坂御仕登相成居候、右之外出来白糖之儀は、都て大賀方へ被相渡、同人方より積船致手当、於大島右船へ積渡相成候、未引渡成候斤数不相分、尤大賀方売捌直段不相達候、
（『鹿児島県史料　玉里島津家史料』九・文書番号二九六三）

この文書は年代不明の文書であるが、おそらく慶応三年のものであろう。これによると「大賀」なる人物が大島で生産された白糖を、自分の船で大坂に運んで売り捌いたが、その代金はまだ藩庫に達していないというのである。そして間もなく大島の白糖工場は閉鎖されたのであった。

原口泉氏が主張する「上海貿易」は、これらの史料から読み取ると実現しなかったのが確認できる。しかし、それでもなお原口泉氏は「上海貿易は動かしようのない史実」だと主張している。

先にあげた二〇一三年の知名町における原口泉氏の講演会において、

「知名町教育委員会」が作成した次のようなレジュメがＯＨＰで投映された。

「幕末薩摩の上海貿易」（知名町教育委員会）二〇一三・二・一一

1、安政六年（一八五九）開港以前と以後
2、なぜ丸田南里は渡英したか
3、ＴＰＰ問題と奄美のキビ作（耕地六割、産額三割→補助金）
4、復帰六〇年の意味　親子→子→孫
5、上海貿易の実態（綿・生糸・水油・蝋等）
・文久二年～文久三年一〇月以降、本格化～資料③⑩
　薩英戦争和平談判、二〇万ドル相当の軍艦数艘購入
6、元治元（一八六四）年の収支
①大坂留守居　百万両のうち三八万両が砂糖～資料①上海貿易の元手
②長崎貿易利潤　二万八九九三両三珠～資料③
③長崎貿易収入　約四六万両プラス小判～資料④～⑥
④鋳銭利潤　約四〇万両＝贋金つくり～資料⑪
⑤米五〇〇〇両（正利潤）上海貿易の実績があって、拡大の構想は実現しなかった。
上海貿易の実績は動かしようがない。～資料⑩

ここに全文を引用したのは、これらのレジュメから原口泉氏の研究姿勢を読み取ることが出来ないか、そして、これだけの史料で果たして「上海貿易の実績は動かしようがない」と証明できるのか、と考えたからである。

ここまでは、原口虎雄氏と原口泉氏親子の、奄美史に対する正反対の歴史解釈（認識）について述べてきたが、このような対立する事象を記述するに当たっては、拠り所となる史料が不可欠である。そのような史料として、筆者はこの『仲為日記』を第一級の史料として活用するために、全文の判読作業と解釈に約二年間かけてきた。

原口泉氏によって「とるにたらない」と断じられた奄美史の内実は、『仲為日記』の中から拾い出し、第二章で述べた様々な砂糖政策によって、倒幕資金づくりの犠牲になった歴史であったと確認することができるのである。この項のまとめに、『仲為日記』から、次の三点をあげて締めくくりにしたいと思う。

①　母間村能富の縊死・元治元（一八六四）年二月二四日

一右は御物砂糖取隠し置き、密々商売致し候御聞こえこれ有り、御糺し方在らせられ候処、砂糖壺に入れ、原野に土中格護いたし置き、且つ余人へ売渡し置き候儀もこれ有る段白状致し、差し出させ、御用御暇にて差返し置き候処、今未明自分牛屋に自縊居り、則解き卸し未だ温かく居り、近所へ医師罷り在り、則時に養生方相頼み仕り候らえども、其の侭相果て候段申し出候に付、（以下略）

（原文は本文五七ページ参照）

②　兼久村実禎の砂糖斤量事件・慶応二（一八六六）年三月三〇日

一今日役所に於いて御詰役皆様御下り、実禎糺し方在らせられ候えども、昨日同様白状致さず、喜生と対決致させ候処、弥実禎指図にて斤目相重ね候形に見え候えども白状致さず故、役儀差し免じられ庭前に引き出し、割木の上取り居り、御法の折檻在らせられ候えども白状致さず、今日も日暮れに相成り格護所へ召し込み候、（以下略）

（原文は本文一三二ページ参照）

③　砂糖増産による代官の賞詞・慶応二（一八六六）年四月五日

・右は島中当春出来砂糖の儀、惣内斤届四百九万斤余に及び、御改革以来無比類増し行き、殊に船の仕登せ方に付きても、例年より速やかに

相運び候段、当時柄かたがた一段の御都合に候、右に付きては去る夏旱魃ぬり虫などの憂い少なからず、別けて心配に及び居り候処、畢竟掛役々御趣意厚く貫き、誠実に指揮行き届き、日夜精励致し候一筋に関係致し、役々の美目至って我々に満足せしめ候条□□申し渡し置き候通り、此れ末黍草取り手入れなど油断なく諸下知相加え、往年猶また一廉増し行き相成り候様精勤いたすべく候、
左候て前文の形行き委細言上に及ぶべく候付き、其の意うべく此れ段申し渡し置き候条、砂糖方掛役中へも分けて申し渡すべく候、

（原文は本文一三二ページ参照）

①と②は薩摩藩の仮借なき収奪に、命をかけて抵抗した島人の犠牲の記録であり、このような犠牲の上に、薩摩藩の倒幕資金は捻出されていったのである。そして、現地で収奪を指揮した藩士詰役たちは、砂糖が増産できると「係の島役人たちが誠実に作人を指導し、日夜精励したその美目は我々を満足させるものである」と一片の褒詞で誤魔化し、さらに「今後とも黍畑の手入れを油断なく指導し、さらに一層増産するよう精勤すべきである」と命じたのである。

三年後には、明治維新一五〇周年がやって来る。すでに鹿児島県では一五〇周年に向けて準備を始めたと新聞は報じている。おそらく原口泉発言は、この一五〇周年事業に大きく影響を及ぼすものと考えられ、奄美史に対する認識が「とるにたらないもの」になる可能性は否定できない。

今、原口発言を受けた奄美史の検証は、喫緊の課題であると考えているが、真剣に取り組んでいる研究者をまだ知らない。先人が書き残した貴重な『仲為日記』が、明治維新一五〇周年を迎えるにあたって、内なる奄美からの「薩摩藩の砂糖政策」を告発する史料として、広く知られて欲しいという願いを込めて、この拙著を発行することにした。

発行に当たっては、諸般の事情が厳しい中で装丁や印刷製本や販売などを快く引き受けて頂いた南方新社に感謝申し上げたいと思う。

二〇一五年二月二〇日

■編著者紹介

先田光演（さきだ　みつのぶ）
1942年10月、鹿児島県大島郡和泊町国頭生まれ。1965年、鹿児島大学教育学部卒業。同年より鹿児島県内の小中学校に勤務。2003年に和泊中学校校長を最後に退職。現在、えらぶ郷土研究会会長。主な著書に『奄美諸島の砂糖政策と倒幕資金』（南方新社・2012）、『与論島の古文書を読む』（南方新社・2012）、『沖永良部島のユタ』（海風社・1989）、『奄美の歴史とシマの民俗』（まろうど社・1999）、編書に『分類　沖永良部島民俗語彙集』（南方新社・2011）
現住所：鹿児島県大島郡和泊町国頭1353番地
電　話：0997-92-3517

仲為日記—犬田布一揆を記した唯一の文書、薩摩藩砂糖政策の第一級史料—

二〇一五年五月十五日　第一刷発行

編著者　先田光演
発行者　向原祥隆
発行所　株式会社南方新社
〒八九二—〇八七三
鹿児島市下田町二九二—一
電話〇九九—二四八—五四五五
振替口座〇二〇七〇—三—二七九二九

印刷・製本　株式会社イースト朝日
定価はカバーに印刷しています
乱丁・落丁はお取替えします
ISBN978-4-86124-318-9 C3021